MAZARINADES:
A Checklist of Copies in Major Collections in the United States

by
Robert O. Lindsay
and
John Neu

The Scarecrow Press, Inc.
Metuchen, N.J.   1972

INTRODUCTION

One result of the intense religious and political struggles produced by the four-and-a-half year civil war of the Fronde (January 1649-October 1652) was the appearance of large numbers of pamphlets. It is impossible to know exactly how many appeared; estimates range from 5,000 to 11,000.[1] In all likelihood, only about a quarter of all pamphlets written were published; the rest remained in manuscript, but, nevertheless, had a wide circulation. Reflecting as they did the social and political aspects of the Fronde, these "Mazarinades," as they were called, remain one of the most fruitful sources for a study of this exciting period.

The Société de l'Histoire de France published in 1850-51 a three-volume bibliography of Mazarinades, edited by Celestin Moreau.[2] This monumental work that explained the background and circumstances of the publication of the pamphlets was the first major attempt to compile a list of these publications, and has remained the point from which all subsequent listings of Mazarinades begin.[3] Even though Mazarinades have generally been well cataloged, scholars in the United States working in this period have found it difficult to locate holdings of these materials. It is the intention of this work to provide a checklist that will facilitate the location of Moreau items.

In order to determine the extent and location of Mazarinade collections, a preliminary questionnaire was sent to all major universities and to certain research institutions. Further investigations revealed that, though many libraries owned some Mazarinades, the largest collections were limited to a few libraries. Rather than attempt to provide a national union list of all Mazarinades, it seemed more feasible to restrict this work to a listing of titles from Moreau's Bibliographie des Mazarinades (with supplements)[4] located in the major collections in the United States. The holdings of the following libraries are represented in this checklist: Brigham Young University, Cleveland Public Library, Folger Shakespeare Library, Harvard University, New York Public Library, University of Maryland, University of Minnesota, and University of Wisconsin.

In an attempt to make this work as useful a research tool as possible, the complete title, imprint, and collation are included for each pamphlet exactly as listed in the Bibliographie des Mazarinades. Since the present work is intended only as a checklist and location tool, no attempt was made to examine personally each pamphlet in order to compare it with the Moreau description. Instead, information about a library's collection was taken from various catalogs and listings supplied by librarians. Thus, it was not always possible to determine if a pamphlet held by a library was exactly the same pamphlet described by Moreau, or, in fact, a variant edition. Whenever a library did make this distinction, the symbol "(ve)" is used to denote that the pamphlet owned by a particular library is not exactly as described in the Moreau bibliography; "& (ve)" indicates that a library has the pamphlet listed by Moreau as well as another edition. Abbreviations sometimes used by Moreau in the imprint citations are: s.l., when no place of publication is available; s.d., when no date of publication appears on the title page; and s.l.n.d., when neither place nor date is given.

This checklist was undertaken in conjunction with another project[5] and it, like the other work, owes much to many persons and institutions. We are especially indebted to Richard Bernard, former Head of Special Collections, University of Minnesota; Professor De Lamar Jensen, Brigham Young University; and Dr. Robert L. Beare, Assistant Director of Libraries, University of Maryland, who willingly supplied information about their Mazarinade collections; and to the curators and librarians who kindly allowed us to examine and record their holdings of pamphlets. Part of grants from the Folger Shakespeare Library and the American Philosophical Society supported work on this project.

Robert O. Lindsay
John Neu

Notes

1. See Celestin Moreau, Bibliographie des Mazarinades, 3
   vols. (Paris: 1850/51), pp. i-lxiv; J. Edouard Gardet,
   "Détails Bibliographiques sur la collection des
   Mazarinades de la Bibliothèque Impériale de Saint-
   Pétersbourg," Bulletin du Bibliophile, (1862), pp.
   1148-1151; and Philip A. Knachel, England and the
   Fronde (Ithaca: Cornell University Press, 1967), pp.
   78-79, and especially 79n for comments on the size
   of the Mazarinade output.

2. Bibliographie des Mazarinades, 3 vols. (Paris: 1850-
   1851).

3. "Additions et Corrections" in Bibliographie des Mazari-
   nades, III, 419-464; "Supplément à la Bibliographie
   des Mazarinades," Bulletin du Bibliophile et du
   Bibliothécaire, (1862), 786-829; "Supplément à la
   Bibliographie des Mazarinades," Bulletin du Biblio-
   phile et du Bibliothécaire, (1869), 61-81; Philippe
   van der Haeghen, "Notes Biographiques sur les
   Mazarinades," Bulletin du Bibliophile Belge, (1859),
   XIV, 384-395; Emile Socard, "Supplément à la
   Bibliographie des Mazarinades," Le Cabinet
   Historique, (1876), XXII, 223-247; Ernest Labadie,
   "Nouveau Supplément à la Bibliographie des
   Mazarinades," Bulletin du Bibliophile et du Bibliothé-
   caire, (1903), 293-303, 363-372, 435-443, 555-565,
   676-680; (1904), 91-98, 131-141.

4. The Supplement by Haeghen, "Notes Biographique sur les
   Mazarinades," Bulletin du Bibliophile Belge, (1859),
   XIV, 384-395, is not included, since this is largely
   a listing of erratum and variant editions to the main
   Moreau work.

5. Robert O. Lindsay and John Neu, French Political
   Pamphlets, 1547-1648: A Catalog of Major Collections
   in American Libraries (Madison: University of
   Wisconsin Press, 1969).

LIBRARY SYMBOLS

BYU	-	Brigham Young University
Clev	-	Cleveland Public Library
Fol	-	Folger Shakespeare Library (Washington, D. C.)
Har	-	Harvard University (Houghton Library)
Md	-	University of Maryland
Minn	-	University of Minnesota
NYPL	-	New York Public Library
Wis	-	University of Wisconsin

Bibliographie des Mazarinades, 3 vols. (Paris, 1841/1851)

M 1   A la reine, par un ecclésiastique. "Vade, quoniam
       vas electionis est mihi, ut portet nomen meum
       coram gentibus et regibus et filiis Israel. " Act. ,
       IX, 15. Paris, 1652, 19p.
       Fol, Har

M 3.   A monseigneur Charles de Lorraine, duc d'Elbeuf,
       généralissime des armées du roi. (S. l. n. d.), 4p.
       Fol (ve), Md, NYPL

M 4.   A monseigneur le Coadjuteur sur sa retraite du 5
       avril 1651, Sonnet. (S. l. n. d.), 1p.
       Md

M 5.   A monsieur de Broussel, conseiller du roi au
       parlement de Paris. Paris, François Noël, 1649, 4p.
       BYU, Clev, Fol, Har, Md, Minn, NYPL, Wis

M 6.   A nos seigneurs du parlement. (S. l. n. d.), [1650], 7p.
       Clev (ve), Fol, Har (ve), Md, Wis

M 7.   A nos seigneurs du parlement. (S. l. n. d.), [1649], 2p.
       Fol (ve)

M 8.   A qui aime la vérité. (S. l. n. d.), [1649], 4p.
       Clev

M 9.   A savoir (l') si nous aurons la paix et si notre guerre
       civile s'achèvera bientôt. Paris, 1652, 19p.
       Har, Minn

M 11. A tous les habitants de la terre, l'heureux génie
       salat. Les advenues du bien souverain de l'homme,
       c'est à savoir le traité de la paix entre les hommes,
       de la guerre contre les vices, et de l'intelligence
       dans l'amour du ciel, vrai miroir de l'homme
       d'honneur, de l'homme sage et de l'homme heureux.
       (S. l.), 1652, 47p.
       Har, Md

M 12. A très-haut prince, nostre très-cher et amé cousin,
——— le seigneur Armand de Bourbon, prince de Conty, du
sang royal. (S. l. n. d.), [1652], 3p.
Har

M 13. A un ministre d'Etat sur les oeufs. (S. l.), 1649, 7p.
——— BYU, Clev, Fol, Har, Md

M 14. Abolition (l') de Mgr. le duc de Beaufort au parle-
——— ment de Paris, avec les dernières nouvelles de
l'armée de M. le prince, et l'ordre que M. le
prince a donné pour ôter les vivres au maréchal de
Turenne. Paris, L. Laureau, 1652, 8p.
Fol, Md., NYPL

M 15. Abrégé de l'Arsenal de la foi qui est contenu en cette
——— copie de la conclusion d'une lettre d'un secrétaire de
Saint-Innocent, par lui écrite à sa soeur sur la
détraction de la foi d'autrui, lequel n'ayant de quoi
la faire imprimer tout entière, il a commencé par
la fin à la mettre en lumière, étant en peine
d'enfanter la vérité de Dieu en lui, comme une femme
enceinte de mettre son enfant au monde. (S. l. n. d.),
4p.
Fol, Har, Minn

M 17. Acclamations (les) de joie des bons Parisiens sur
——— l'heureuse arrivée de la paix. Paris, Nicolas de La
Vigne, 1649, 8p.
Clev, Har (ve), Md, Minn, NYPL, Wis

M 18. Accord (l') passé entre les quatre empereurs de
——— l'Orient et les empereurs, rois et princes de
l'Occident, pour venger la mort du roi d'Angleterre
à la sollicitation de la noblesse de France. Paris,
Claude Morlot, 1649, 8p.
Fol, Har, Md, Minn, NYPL, Wis

M 19. Accouchée (l') espagnole, avec le caquet des
——— politiques, ou le frère et la suite du politique lutin
sur les maladies de l'Etat, par le sieur de
Sandricourt. Paris, 1652, 23p.
Fol, Har &(ve), Md, NYPL

M 21. Achat (l') de Mazarin en vers burlesques. (S. l.),
——— 1649, 11p.
BYU, Clev, Fol, Har, Minn, Wis

M 22. Acte de la révocation du vicariat général de M. Du
Saussay, en l'archevêché de Paris. Placard in-folio,
daté du 15 mai 1656.
Har

M 23. Acte (1') d'opposition de M. le duc de Chaulnes,
gouverneur et lieutenant général pour le roi du Haut
et Bas (sic) Auvergne, à la proposition faite de
donner à M. le duc de Bouillon en propriété lesdites
provinces, pour partie du remplacement de Sédan.
Paris, 1649, 7p.
Har

M 25. Action de grâce à nos seigneurs de parlement par
les habitants de la ville et faubourgs de Paris, pour
l'acquittement et la décharge des louages des maisons
du quartier de Pâques dernier par un arrêt solennel.
Paris, Claude Morlot, 1649, 3p.
BYU, Clev, Fol (ve), Har (ve), Md, Minn (ve),
NYPL, Wis

M 27. Actions de grâce de la France au prince de la paix,
monseigneur le duc de Beaufort, par le sieur D. P.
Paris, veuve A. Musnier, 1649, 8p.
Fol, Har &(ve), Md, Minn

M 28. Actions de grâces de toute la France à monseigneur le
prince de Condé, touchant son consentement à la
paix, fait par un Bourguignon. (S. l. n. d.), 8p.
Fol (ve), Har &(ve), Minn, NYPL, Wis

M 29. Actions (les) de grâces des bourgeois et habitants de
la ville de Paris faictes au roy, à la reyne et aux
princes après l'herex (sic) retour de Sa Majesté en
sa bonne ville de Paris. Paris, Claude Boudeville,
1649, 8p.
Fol, Har, Md, NYPL

M 30. Actions de grâces des pauvres paysans de l'élection
de Paris pour le soulagement des tailles que le
reine leur a promis par la déclaration de la paix.
Paris, veuve Jean Rémy, 1649, 16p.
Clev, Fol, Har, Md, Minn, Wis

M 31. Ad annam austriacam Ludovici XIV, Gallorum regis
christianissimi, reginam matrem, de Julio Mazarino
solemni senatûs consulto fugere jusso. (S. l. n. d.), 4p.
BYU, Clev, Fol, Har, Md, Wis

M 34.   Ad regem Ludovicum XIV ut in urbem regni
principem redire velit. Ode. Parisiis, Dyonisius
Langloeus, 1649, 7p.
Fol, Minn

M 36.   Adieu (1') burlesque de la France à la guerre.
Paris, Pierre du Pont, 1649, 8p.
BYU, Clev, Fol, Har, Md, Minn, NYPL, Wis

M 37.   Adieu (1') de Jules Mazarin à la France, à Paris
et à messieurs du Parlement. Paris, Mathurin
Henault, 1649, 6p.
BYU, Clev, Fol, Har, Md, Minn, NYPL

M 38.   Adieu (1') de la France au cardinal Mazarin.
Paris, 1652, 6p.
Har

M 39.   Adieu (1') de Mazarin à monseigneur le Prince,
avec la réponse qu'il lui a faite pour l'empêcher
de partir. Paris, 1649, 4p.
BYU, Clev, Fol, Har, Md, Minn, NYPL, Wis

M 41.   Adieu (1') de monseigneur le duc de Beaufort fait
aux bourgeois de Paris avant son départ pour le
soulagement des peuples. Paris, Jacob Chevalier,
1652, 6p.
Fol, Md, NYPL

M 43.   Adieu (1') du sieur Catalan envoyé de Saint-Germain
au sieur de La Raillère dans la Bastille. Paris,
Claude Huot, 1649, 8p.
BYU, Clev, Fol, Har, Md, Minn, Wis

M 45.   Adieu (1') et le désespoir des autheurs (sic) et
écrivains de libelles de la guerre civile, en vers
burlesques. Paris, Claude Morlot, 1649, 8p.
Fol, Minn, NYPL

M 46.   Admirable (1') harmonie des perfections, qualités
et reproches de Mazarin. Paris, Claude Morlot,
1649, 7p.
BYU, Clev, Fol, Har, Md, NYPL

M 47.   Admirables (les) sentiments d'une fille villageoise
envoyée à monsieur le prince de Condé touchant le
parti qu'il doit prendre. Paris, Jean Hénault, 1648, 7p.
Clev, Fol, Har, Md, Minn, NYPL (ve)

M 50. Affectionnés (les) souhaits du peuple de Paris pour
la conservation et progrès de leurs majestés dans
leurs voyages (sic) et leur marche en Bourgogne.
(S. 1.), 1650, 6p.
   Har, Minn

M 52. Affiche: l'arbitre de la paix aux Parisiens. Paris,
1652, 8p.
   Fol, Har, Md, Minn, NYPL

M 53. Agatonphile (1') de la France. Paris, 1649, 12p.
   Clev, Fol, Har, Md, Minn

M 54. Agréable conférence de deux paysans de Saint-Ouen
et de Montmorency sur les affaires du temps.
Paris, 1649-51.
   BYU (pts I, III), Fol (pts I-VII), Har & (ve),
   Md (ve), Minn (pts I-IV), NYPL (ve), Wis
   (pts I-IV)

M 55. Agréable et véritable récit de ce qui s'est passé
devant et depuis l'enlèvement du roi hors de la
ville de Paris par le conseil de Jules Mazarin,
en vers burlesques. Paris, Jacques Guillery,
1649, 16p.
   BYU, Clev, Fol, Har & (ve), Md, Minn,
   NYPL, Wis

M 56. Agréable récit de ce qui s'est passé aux dernières
barricades de Paris, décrites en vers burlesques.
Paris, Nicolas Bessin, 1649, 23p.
   BYU, Clev (ve), Fol (ve's), Har & (ve), Md,
   Minn, NYPL, Wis

M 57. Agréable (1') remercîment des enfants sans souci
aux donneurs d'avis. Paris, 1649, 7 p.
   Fol

M 58. Alcion (1') des tempêtes de l'Etat. Paris, 1652, 8p.
   Har

M 59. Allarmes (les) de la Fronde et l'insensibilité des
Parisiens sur les approches du cardinal Mazarin,
où les frondeurs et bons François pourront voir
qu'ils ont plus sujet de craindre que si l'archiduc
s'avançoit avec une armée de cinquante mille
hommes, et que Paris ne sauroit le recevoir

qu'avec autant de danger que d'ignominie après l'affront que ce ministre a reçu dans l'enterprise de Bordeaux, et le dessein qu'il a de se faire gouverneur de Provence. (S. 1.), 1650, 24p.
Har, Md, Minn

M 60. Alliance (1') des armes et des lettres de monseigneur le Prince avec son panégyrique, présenté à son Altesse Royale. Paris, 1652, 79p.
Fol, Md

M 61. Almanach de la cour pour l'an 1649, fait par M. François Le Vautier, grand spéculateur des choses présentes. Paris, 1649, 6p.
BYU, Clev & (ve), Fol (ve), Har & (ve), Md, Minn, NYPL, Wis

M 62. Almanach politique marquant ce qu'on doit attendre de l'état présent des affaires du monde suivant la constellation de chaque royaume. (S. 1. n. d.), 8p.
Clev, Fol (ve), Har & (ve), Md, Minn, NYPL

M 63. Amazone (1') françois au secours des Parisiens, ou l'Approche des troupes de madame la duchesse de Chevreuse. Paris, Jean Hénault, 1649, 7p.
BYU, Fol, Har, Md, Minn, NYPL, Wis

M 65. Ambassade burlesque des filles de joie au cardinal. Paris, 1649, 7p.
Clev, Fol, Har, Minn, NYPL, Wis

M 67. Ambassade de l'Ange gardien de la France au roi très-chrétien et de Dieudonné Louis XIV et à la reine régente, sa mère, pour le bien public et particulier de tous leurs Etats, par le sieur de B. L. C. , gentilhomme à la suite de son Altesse royale. Paris, Rolin de La Haye, 1649, 12p.
BYU, Clev, Fol, Har (ve), Md, Minn, NYPL, Wis

M 68. Ambassade de la bonne paix générale, avec un combat contre ceux qui publient un faux repos et par conséquent la méchante guerre. (S. 1. n. d.), 16p.
Fol, Md

M 69. Ambassade (1') des Parisiens envoyés à l'éminence Mazarine pour son retour dans la ville de Paris

et rendre compte du mal qu'il a fait. Paris,
Nicholas de La Vigne, 1649, 8p.
Fol, Har, Md, NYPL

M 70. Ambassadeur (1') de Savoie envoyé du mandement
de son Altesse, par le sénat de Chambéry, à la
reine régente, mère du roi. Paris, Claude Morlot,
1649, 8p.
Har, Md, NYPL

M 71. Ambassadeur (1') des Etats de Catalogne envoyé
par don Joseph de Marguerite à la reine régente,
mère du roi, touchant les affaires de cette province
et la paix particulière et générale. Paris, Claude
Morlot, 1649, 8p.
Clev, Fol, Har, Md, Minn, NYPL, Wis

M 72. Ambassadeur extraordinaire apportant à la reine
des nouvelles certaines de son royaume et de ce
qui s'y passe. Paris, N. Charles, 1649, 7p.
BYU, Fol, Har (ve), NYPL, Wis

M 73. Ambitieux (1'), ou le Portrait d'OElius Séjanùs en
la personne du cardinal Mazarin. Paris, Pierre
du Pont, 1649, 7p.
Clev, Fol, Har, Minn, NYPL & (ve)

M 74. Ambrion (1') de Mazarin sur sa naissance. Paris,
1651, 8p.
Clev, NYPL

M 76. Amende honorable (1') de Jules Mazarin des crimes
qu'il a commis contre Dieu, contre le roi et contre
lui-même. Paris, 1649, 8p.
BYU, Clev, Fol, Har, Md, Minn, NYPL, Wis

M 78. Amuse badaud (1') Mazarin, ou l'Intrigue des
créatures du Mazarin qui sont dans Paris, pratiquée
jeudi dernier pour empêcher l'effet de l'assemblée
du parlement qui se devait faire ce jour-là.
(S. l. n. d.) 8p.
Fol, Har

M 79. Anagramma acrostychoeum in Julium Mazarinum.
Paris, 1649, 7p.
Clev (ve), Har

M 80. Anagrammes sur l'auguste nom de sa majesté très-chrétienne Louis quatorzième du nom, roi de France et de Navarre, dédiées à la reine par le sieur Douet, écuyer, sieur de Rom Croissant. Paris, François Noël, 1649, 8p.
Clev (ve), Har (ve), Md

M 81. Anathème (1') et l'excommunication d'un ministre d'Etat étranger, tiré de l'Ecriture sainte. Paris, Mathieu Colombel, 1649, 12p.
BYU, Clev, Fol, Har (ve), Md, NYPL, Wis

M 82. Anathème (1'), ou Détestation du tabac. Ode. Paris, Claude Boudeville, 1648, 4p.
Har

M 83. Anatomie (1') de la politique de coadjuteur faite par le vraisemblable sur la conduite du cardinal de Retz, où l'auteur donne à connaitre: 1º que le cardinal n'est innocent que parce qu'il soutient que ses crimes sont plus cachés que ceux des autres; 2º que ce prélat n'est religieux que parce qu'il a l'adresse de se déguiser sous le voile de l'hypocrisie; 3º que sa conduite est pharisienne, c'est-à-dire apparemment innocente, en effet coupable. Les vraisemblances du vraisemblable sont ensuite combattues l'une après l'autre par des évidences que justifient tous les bruits qui ont couru contre le cardinal de Retz. (S. l. n. d.), 32p.
Fol (ve), Har, Md, NYPL

M 84. Ane (1') du procureur ressuscité, en vers burlesque. Paris, 1649, 11p.
Clev, Fol, Har, Md, Wis

M 85. Ane (1') rouge dépeint avec tous ses défauts en la personne du cardinal Mazarin: 1º sur son incapacité et (sic) maniement des affaires; 2º sur son ignorance et ambition démesurée; 3º sur ses actions et entreprises qui font connaître ses trahisons et perfidies contre l'Etat. Paris, Louis Hardouin, 1652.
Fol, Har

M 86. Ange (1') tutélaire de la France aux François amis de la paix. Paris, 1649, 24p.
Clev, Fol, Har

M 87. Antidésintéressé (1'), ou l'Equitable censeur des
libelles semés dans Paris sous le nom du
Désintéressé, commençant par ces mots: "Pauvre
peuple abusé, dessille tes yeux," et tendant à
désunir les habitants de cette ville d'avec les
princes et le parlement. Paris, Cardin-Besogne,
1649, 8p.
BYU, Clev, Fol, Har, Md, Minn, NYPL, Wis

M 88. Antidote (1') au venin des libelles du royaliste à
Agathon et de la vérité nue. Paris, 1652, 32p.
Fol, Har (ve), Md

M 89. Antidote (1') pour guérir la France. (S.1.), 1649,
12p.
Clev, Fol, Har, Minn, NYPL, Wis

M 91. Antilibelle (1'), en vers burlesques. Paris, Pierre
du Pont, 1649, 12p.
BYU, Clev, Fol, Har, Minn, NYPL, Wis

M 93. Antinopcier (1'), ou le Blâme des noces de monsieur
le duc de Mercoeur avec la nièce de Mazarin. Amiens (Paris), (1649), 12p.
BYU, Clev, Fol, Har & (ve), Md, Minn, NYPL,
Wis (ve)

M 94. Antiréfutation (1') de la Réponse au bandeau de
Thémis, avec jugement. (S.1.), 1649, 15p.
Fol (ve), Har, Minn

M 95. Antirequête (1') civile. (S.1.), 1649, 8p.
BYU, Clev, Fol, Har, Minn, NYPL, Wis

M 96. Antisatyre (1'), ou la Justification des auteurs.
Paris, 1649, 7p.
Har, NYPL, Wis

M 97. Antithèze du bon et du mauvais ministre d'Etat.
Paris, veuve Théodore Pépingué et Est. Maucroy,
1649, 8p.
Clev, Fol, Har, Md, Minn, NYPL

M 98. Apocalypse (1') de l'Etat faisant voir le parallèle,
1º de l'attachement que la reine a pour le Mazarin,
avec l'attachement que Brunehaut avait pour
Proclaïde, et Catherine de Médicis pour un certain

Gondy; 2º que l'attachement de la reine pour le
Mazarin est criminel d'Etat; 3º que ce même
attachement donne fondement à toute sorte de
soupçons; 4º que par cet attachement la reine fait
voir qu'elle aime Mazarin plus que son fils;
5º que par cet attachement la reine dispose toutes
choses à un changement d'état ou à l'établissement d'une tyrannie qui sera sans exemple.
(S. 1. n. d.), 40p.
  Fol, Har, Md

M 99. Apologie curieuse pour les justes procédures du
parlement de Paris jusques au jour de la conférence (de Ruel), et pour servir de supplément
aux Motifs véritables de la défense du parlement,
etc. Paris, Cardin Besogne, 1649, 22p.
  BYU, Clev, Fol, Har & (ve), Md, Minn,
  NYPL, Wis

M 100. Apologie de l'Autruche, en vers burlesques.
(S. 1.), 1650, 8p.
  Clev, Fol, Har, Md, Minn

M 101. Apologie de la vertu contre l'imposture de l'envie
en faveur de monsieur le Garde des sceaux.
Paris, Jacob Chevalier, 1652, 12p.
  Fol, Har, Md

M 103. Apologie de messieurs du parlement. Paris,
1650, 12p.
  Har (ve), Md

M 104. Apologie de messieurs du parlement de Pontoise.
Paris, 1652, 8p.
  Har (ve), Minn

M 105. Apologie de messieurs du parlement, répondant,
de point en point, au libelle intitulé: Les Sentiments d'un fidèle sujet du roi sur l'arrêt du parlement, du 29 décembre 1651. Paris, 1652, 40p.
  Fol, Har, Minn, NYPL

M 106. Apologie de messieurs les députés du parlement
de Bordeaux sur les affaires de ce temps. (S. 1.),
1650, 8p.
  Fol, Har & (ve), Md, NYPL

M 107. Apologie de monseigneur l'éminentissime cardinal
Mazarin. Paris, 1649, 11p.
Fol, Har, Minn, NYPL

M 109. Apologie de monsieur le Prince pour servir de
réponse aux calomnies de deux libelles
diffamatoires, c'est-à-dire du Discours libre et
véritable sur la conduite de monsieur le prince et
de monsieur le coadjuteur, et de la Remontrance
de la province de Guyenne. (S. l. n. d.), 36p.
Fol, Har

M 110. Apologie des bons François contre les Mazarins,
ou Réponse au libelle intitulé: Avertissement
salutaire donné aux bourgeois de Paris. (S. l.),
1650, 12p.
Clev, Har, Md, Minn

M. 111. Apologie des Ecossois, et les véritables raisons
pour lesquelles ils ont élu Charles second contre
l'injuste procédé des Anglais. Paris, Antoine
Quenet, 1649, 8p.
Fol, Md, Minn, Wis

M 112. Apologie des Frondeurs. (S. l.), 1650, 11p.
Fol, Har, Minn

M 113. Apologie des Normands au roi pour la justification
de leurs armes. Paris, Cardin Besongue, 1649,
12p.
BYU, Clev, Fol, Har & (ve), Md, Minn, Wis

M 114. Apologie du cardinal, burlesque. Paris, 1649, 8p.
BYU, Clev, Fol, Har, Md, Minn, Wis

M 115. Apologie du révérend père Chartreux contre le
père Faure sur la réponse à la harangue faite à
la reine. Paris, 1652, 24p.
Clev, Fol, Har, Md, NYPL

M. 116. Apologie du théâtre du monde renversé, ou les
Comédies abattues du temps présent, par J. C. D.
L. (de Lorme). Paris, Rolin de la Haye, 1649, 8p.
Clev, Fol, Har (ve), Md, Minn, NYPL, Wis

M 117. Apologie, ou Défense du cardinal Mazarin, traduite
ou imitée de l'italien de L. Paris, 1649, 8p.
Clev, Fol, Har, Md, Minn, NYPL

M 118. Apologie particulière de monseigneur le prince de
Conty, pour la justification entière de sa conduite,
présentée à messieurs du parlement. (S. l. n. d.),
20p.
Fol, Har, Md, Minn, NYPL

M 119. Apologie particulière pour monsieur le duc de
Longueville, où il est traité des services que sa
maison et sa personne ont rendus à l'Etat, tant
pour la guerre que pour la paix, avec la réponse
aux imputations calomnieuses de ses ennemis, par
un gentilhomme breton. Amsterdam (Paris),
1650, 116p.
Fol

M 120. Apologie pour la défense des bourgeois de Paris,
sur la dernière déclaration du roi, portant
amnistie, donnée à Mantes. (S. l.), 1652, 15p.
Fol, Har

M 121. Apologie pour la défense du cardinal Mazarin.
"Aliud in ore promptum, aliud in pectore
reconditum. " (S. l.), 1649, 10p.
Clev, Har, Minn, NYPL

M 122. Apologie pour la France, sur sa préséance contre
l'Espagne en cour de Rome. Paris, François Noël,
1651, 31p.
Fol, Md, Wis

M 123. Apologie pour le parlement de Bordeaux et pour
le père Bonnet contre le Curé bordelois, à
messeigneurs du parlement. (S. l.), 1651, 16p.
Md, NYPL

M 124. Apologie pour Malefas. (S. l. n. d.), 11p.
NYPL

M 125. Apologie pour messieurs du parlement contre
quelques libelles faits à Saint-German-en-Laye.
Paris, Nicholas De la Vigne, 1649, 12p.
BYU, Fol, Har, Md, Minn

M 126. Apologie pour messieurs les princes, envoyée par
madame de Longueville à messieurs du parlement
de Paris. (S. l. , 1650), 37p.
Clev, Fol (ve), Har (ve), Md, Minn, NYPL, Wis

M 127. Apologie pour monseigneur le cardinal Mazarin,
tirée d'une conférence entre son éminence et
monsieur***, homme de probité et excellent
casuiste, tenue à Saint-Germain, deux jours
consécutifs. Première journée. Paris, François
Preuveray, 1649, 39p.
BYU, Clev (ve), Fol (pts I-II), Har (ve),
Md, Minn, NYPL & (ve), Wis

M 128. Apologie pour monsieur de Broussel, conseiller du
roi en son parlement, sous-doyen de la Grand'
chambre et prévôt des marchands de Paris, contre
les imposteurs qui le qualifient du nom de factieux
dans les édits, déclarations et arrêts du conseil.
Paris, Jacob Chevalier, 1652, 8p.
Clev, Fol

M 129. Apologie pour monsieur le président Perrault.
Paris, Guillaume Sassier, 1651 (ad calcem), 8p.
Md

M 130. Apologie royale, ou la Réponse au Manifeste de
monsieur le prince. (S. l. , 1651), 4p.
Fol (ve), Har (ve), Md, Minn

M 131. Apologie sur la puissante union des princes, du
parlement, de la ville et des peuples pour bannir
le tyran de l'Etat, et pour redonner la paix
générale à toute l'Europe. (S. l.), 1652, 20p.
Fol, Har, NYPL

M 132. Apophtegmes de l'esprit de vérité contre les
ecclésiastiques qui abandonnent le gouvernement
politique des affaires de Dieu pour (sous le masque
d'une piété simulée) usurper avec plus de facilité
le gouvernement public des affaires d'Etat.
(S. l. n. d.), 22p.
Fol, Har, Md, NYPL

M 133. Aposthume (l') de toute la cour mazarinistes (sic)
crévé contre les Parisiens, avec la réponse des
frondeurs aux mazarinistes. Ne dis mot, paix!
paix! Paris, 1652, 15p.
Har

M 135. Apothéose de madame la duchesse de Longueville,
princesse du sang. (S. l.), 1651, 15p.
Har

M 136. Apothéose (1'), ou le Mémorial de la vie partout
célèbre-miraculeuse (sic) du bienheureux maître
Jean-Clément, le coustelier, très-illustre
méthodiste aux controverses, exterminateur des
hérétiques, donnant la fuite à tous leurs ministres
par toutes les provinces du royaume de France, et
très-merveilleux victorieux triomphateur en con-
férant, et les convertissant en très-grandes-
quantités à la sainte foi catholique, apostolique et
romaine, s'étant reposé en Dieu notre Seigneur
Jésus-Christ, le 8 février 1650, âgé de quarante-
neuf ans. (S. l. n. d.), 3p.
    NYPL (inc)

M 138. Apparition (1') d'un fantôme à Saint-Germain-en-
Laye, et les discours qu'il tint. Paris, veuve
Jean Remy, 1649, 8p.
    Clev, Fol, Har, Md, Minn

M 139. Apparition (1') de la guerre et de la paix a l'hermite
du mont Valérien, et le dialogue de ce religieux
avec un gentilhomme, sur les desseins pernicieux
du cardinal Mazarin, sur le mérite du sacerdoce
et la gloire du parlement. Paris, François Noël,
1649, 16p.
    Clev, Fol, Har, Md, Minn, NYPL, Wis

M 140. Apparition de la Vierge à la reine régente, mère
du roi, dans sa chapelle de Saint-Germain-en-Laye.
Paris, Claude Morlot, 1649, 8p.
    Fol, Har, Md, Minn, NYPL

M 141. Apparition du cardinal de Sainte-Cécile à Jules
Mazarin, son frère. Paris, veuve Théodore
Pépingué et Estienne Maucroy, 1649, 8p.
    BYU, Clev, Fol, Har (ve), Md, Minn, NYPL,
    Wis

M 142. Apparition merveilleuse de l'Ange gardien à la
reine régente. Paris, Robert Sara, 1649, 8p.
    Clev, Fol, Har, Md, Minn, NYPL, Wis

M 143. Apparition merveilleuse de trois phantosmes (sic)
dans la forêt de Montargis à un bourgeois de la
même ville. Paris, 1649, 11p.
    Har

M 144. Apparitions (les) épouvantable (sic) de l'esprit du
marquis d'Ancre, venu par ambassade à Jules
Mazarin. Le Marquis d'Ancre en reproches avec
Mazarin. (S. 1.), 1649, 8p.
BYU, Clev, Fol, Har & (ve), Md, Minn, NYPL,
Wis

M 146. Archipraesulis, in Joanne, Francisco, Paulo Gondoeo,
propter impugnatum Mazarinum, germanus charac-
ter. Oratio panegyrica. Parisiis, Mathurinus
Henault, 1649, 32p.
BYU, Har, Md, Minn, Wis

M 148. Armandus armans. Parisiis, Joannes Henault,
1649, 7p.
BYU, Clev, Fol, Har, Md, Minn, NYPL, Wis

M 149. Arrêt de la chambre des comptes, portant sup-
presosion de l'office quatriennal de l'argenterie de
la maison du roi, en conséquence de la déclaration
de Sa Majesté, du mois d'octobre 1648, servant
d'exemple pour les autres offices quatriennaux et
restans (sic) à pourvior depuis ladite déclaration.
Du quatorzième jour de février 1650. Paris,
Denys de Cay, 1650, 8p.
Har

M 151. Arrêt de la cour des Aydes, portant vérification de
la déclaration de Sa Majesté, donné pour faire
cesser les mouvements et pour rétablir le repos
et la tranquillité en son royaume. Du 3 avril
1649. Paris, par les imprimeurs et libraires
ordinaires de Sa Majesté, 1649, 4p.
Fol, Har, Minn, NYPL, Wis

M 153. Arrêt de la cour des Aydes, obtenu par monsieur
le procureur général, par lequel défenses sont
faites d'exécuter des prétendus mandements, donnés
à Stenay au préjudice des commissions des tailles
et ordres du roi. (S. 1.), par les imprimeurs et
libraires ordinaires du roi, (s. d.), 4p.
Har & (ve), Md

M 156. Arrêt de la cour des Aydes, donné en faveur des
officiers des gabelles de France, portant défenses,
à tous maires, échevins, syndics et consuls, de
les comprendre aux logements des gens de guerre

en quelque sorte et manière que ce soit. Du 23
janvier 1651. Paris, Mathieu Colombel, 1651, 4p.
Har

M 157. Arrêts de la cour de parlement de Bordeaux, portant
défenses, aux gens de guerre, d'approcher de la ville;
enjoint aux consuls et communautés de les faire
vider dans vingt-quatre heures; permis de leur
courre sus et s'assembler au son du tocsin; défenses, à tous officiers de ladite cour et autres
officiers du roi, juges, consuls et principaux
habitants, de sortir de ladite ville sans congé et
sans permission expresse; enjoint, à tous seigneurs
et gentilshommes de la sénéchaussée de Guyenne,
de se rendre au plus tôt dans ladite ville pour le
service du roi; et défense de continuer la construction de la citadelle de Libourne; donnés, les
chambres assemblées, deux du 30 mars, et un
[du 3] avril 1649. Paris, veuve Musnier, 1649, 8p.
Fol, Har, NYPL

M 158. Arrêt de la cour de parlement de Bordeaux,
prononcé les chambres assemblées, par lequel il
est fait défenses, à monsieur d'Epernon, de faire
fabriquer monnaie avec son nom et effigie, et de
prendre les qualités de très-haut et très-puissant
prince et d'altesse qu'il s'attribue, avec cassation
de ses ordonnances. Paris, Claude Morlot, jouxte
la copie imprimée à Bordeaux chez Millanges,
1649, 11p.
Har

M 161. Arrêt de la cour de parlement de Bordeaux, portant
que les officiers de ladite cour et chambre de l'édit
continueront l'exercice de leurs charges, pour le
bien du service du roi et la conservation de la
tranquillité publique. Paris, jouxte la copie
imprimée à Bordeaux, 1649, 8p.
Har

M 163. Arrêt de la cour de parlement de Bordeaux, portant
inhibitions et défenses, à tous les gentilshommes
de ce ressort, de porter les armes à la suite du
sieur duc d'Epernon, à peine de privation de
noblesse et autres plus grandes peines, portées par
ledit arrêt. (S. l.), jouxte la copie imprimée à
Bordeaux, 1649, 6p.
Har

M 164. Arrêt de la cour de parlement de Bordeaux, portant
que le roi sera très-humblement supplié de donner
un autre gouverneur à sa province de Guyenne.
(S. l.), jouxte la copie imprimée à Bordeaux, 1649,
6p.
> BYU (Pt II), Har

M 166. Arrêt de la cour de parlement de Bordeaux, portant
rabais de la moitié des tailles, et aussi contenant
une fidèle relation des ruines et désordres faits
dans ladite ville.
> Har

M 167. Arrêt de la cour de parlement de Bordeaux pour la
traite et conduite des blés dans la ville de Paris,
suivant la permission et approbation de Sa Majesté,
qu'en ont un nommé le Baiily et autres marchands
de ladite ville de Paris d'y en amener; et défenses
sont faites, sur peine de la vie, d'y mettre
empêchement. Paris, Alexandre Lesselin, jouxte
la copie imprimée à Bordeaux, 1649, 6p.
> Har

M 168. Arrêt de la cour de parlement de Bordeaux, portant
injonction à tous les marchands du haut pays de
faire descendre, par la Garonne, des bleds sur le
port et havre de la présente ville, pour subvenir
à la nécessité de Paris. Paris, Guill. Sassier,
jouxte la copie imprimée à Bordeaux, 1649, 6p.
> Har, Md

M 169. Arrêt de la cour de parlement de Bordeaux, portant
que les forteresses, construites par le duc d'Epernon
sur les rivières de Garonne et de Dordogne, seront
rasées, comme faites contre le service du roi
et à la ruine du commerce. Paris, jouxte la copie
imprimée à Bordeaux, 1649, 7p.
> BYU, Har (ve), Md

M 171. Arrêt de la cour de parlement de Bordeaux pour la
paix générale de la province, avec ordre de chanter
le Te Deum par toute ladite province. Paris,
Guill. Sassier, 1650, 8p.
> Har

M 172. Arrêt de la cour de parlement de Bordeaux, portant
que tous ceux qui se sont absentés de cette ville,
payeront, chacun, la somme de mil (sic) livres,
pour être employées pour la necessité urgente de
la ville. Bordeaux, J. Mongiron Millanges, 1650,
4p.
     Har

M 177. Arrêt de la cour de parlement de Bordeaux, portant
cassation des jugements, condamnations et ordonnances du sieur Foulé; ensemble inhibition et
défenses, aux gens de guerre, de s'employer pour
la levée des tailles. Paris, Thomas Lozet, 1650,
8p.
     Fol (ve), Har (ve), Md, Wis

M 179. Arrêt du parlement de Bordeaux, du 6 mai 1650,
contre le sieur Foulé en faveur des trésoriers de
France, de Limoges. Paris, Thomas Lozet,
(s. d.), 6p.
     Har & (ve)

M 180. Arrêt de la cour de parlement de Bordeaux, portant
que le roi sera très-humblement supplié d'agréer
que madame la princesse de Condé et monsieur le
duc d'Anguien (sic), son fils, demeureront en la
présente ville, sous sa sauvegarde et de sa justice,
avec le registre y mentionné. Bordeaux, J.
Mongiron Millanges, 1650, 8p.
     Har

M 181. Arrêt de la cour de parlement de Bordeaux, portant
que le sieur duc d'Epernon, le chevalier de La
Valette, son frère, et leurs adhérans (sic) sont
déclarés infracteurs de la paix, perturbateurs du
repos public, ennemis du roi et de son Etat.
Bordeaux, J. Mongiron Millanges, 1650, 8p.
     Har

M 184. Arrêt de la cour de parlement de Bordeaux sur le
refus de l'entrée des gens de guerre et du cardinal
Mazarin dans la ville de Bordeaux, et sur le sujet
de la députation vers le roi, garde et sureté de
ladite ville. Paris, veuve J. Guillemot, jouxte la
copie imprimée à Bordeaux, 1650, 6p.
     BYU, Fol, Har, Md

M 186. Arrêt de la cour de parlement de Bordeaux, portant
inhibitions et défenses, à toutes personnes, de
quelque qualité et condition qu'elles soient, de
reconnoître le sieur duc d'Epernon pour gouverneur
de la province, suivant la dernière déclaration du
roi, ensemble, à ses gardes, de porter la livrée.
Paris, jouxte la copie imprimée à Bordeaux par
J. M. Millanges, 1651, 6p.
Md

M 188. Arrêt de la cour de parlement de Bordeaux contre
le cardinal Mazarin, portant qu'il videra le
royaume dans huitaine. Paris, Guill. Sassier,
(s. d.), 3p.
BYU, Har

M 189. Arrêt de la cour de parlement de Bordeaux, portant
que le libelle diffamatoire, intitulé: le Curé
bordelois, sera brûlé par la main du bourreau,
avec un avertissement au lecteur. Paris, jouxte
la copie imprimée à Bordeaux par J. M. Millanges,
7p.
Md

M 191. Arrêt de la cour de parlement de Bordeaux, donné
sur la publication des provisions de monseigneur le
prince, contenant le dire et réquisitoire de monsieur
Dufault (sic), avocat général du roi audit parlement,
sur la publication desdites provisions accordées par
Sa Majesté, et expédiées au nom de mondit seigneur
le prince, pour le gouvernement de Guyenne et
de Bordeaux. Bordeaux, J. M. Millanges, 1651,
31p.
Har (ve)

M 192. Arrêt de la cour de parlement de Bordeaux, portant
la justification de monsieur le prince sur le sujet
des calomnies, inventées contre son altesse par les
factionnaires du cardinal Mazarin, pour le faire
sortir de Paris et faciliter le retour de leur
maître; ensemble les remontrances du même parlement, faites au roi sur ce sujet, et les lettres
écrites à la reine régent, à monsieur le duc d'Orléans
et à monsieur le prince. Paris, 1651, 12p.
BYU, Fol (ve), Md, NYPL

26

M 194. Arrêt de la cour de parlement de Bordeaux, portant
que très-humbles et itératives remontrances seront
faites au roi sur le sujet de la retraite de monsieur
le prince et des affaires présentes, avec les
remontrances faites en conséquence dudit arrêt.
Bordeaux, Mongiron Millanges, 1651, 30p.
Fol (ve), Har (ve)

M 195. Arrêt d'union du parlement de Bordeaux, portant
ratification du serment, fait en faveur de monseigneur le prince de Condé, gouverneur, pour le
roi, dans ladite province, et résolution des quatre
autres chefs, contenus dans ledit arrêt; ensemble
l'ordonnance de monseigneur le prince de Conty
pour faire cesser tout ce qui nuit à l'autorité
publique, rendus le 15 juin 1652. Paris, Nicolas
Vivenay, (s. d.), 7p.
Fol, Har (ve), Wis (ve)

M 196. Arrêt de la cour de parlement de Bretagne, donné
les semestres assemblés, touchant la convocation
des états généraux du royaume et particuliers de
la province. Paris, par les imprimeurs et
libraires ordinaires du roi, 1649, 4p.
Clev, Har, Minn

M 197. Arrêt de la cour de parlement de Bretagne contre
le cardinal Mazarin et ses adhérents. Du 22 mars
1651. Paris, François Preuveray, 1651, 7p.
Fol, Har, Md, Minn

M 198. Arrêt du parlement de Bretagne, portant défenses,
à monsieur de Vendôme et à tous autres, de troubler
monsieur le duc de Rohan en la présidence des
états de ladite province. Paris, Pierre Le Petit,
1651, 4p.
Md

M 199. Arrêt de la cour le parlement de Dauphiné sur
l'exécution des déclarations de Sa Majesté, concernant le paiement des tailles, non obstant
l'ordonnance faite par le sieur Le Tillier conseiller
du roi en ses conseils et intendant des finances
de France. (S. l. n. d.), 4p.
Har

M 200. Arrêt de la cour de parlement de Dijon, donné,
les chambres assemblées, contre le cardinal
Mazarin; ensemble deux lettres dudit parlement,
écrites, l'une à monsieur le prince, et l'autre à
messieurs du parlement de Paris. Paris, veuve
J. Guillemot, 1651, 8p.
Md

M 203. Arrêt de la cour de parlement, du 8 janvier 1592,
pour la diminution des baux et loyers des maisons
en la ville et faubourgs de Paris. Paris, par les
imprimeurs et libraires ordinaires du roi, 1649,
4p.
NYPL

M 204. Arrêt de la cour de parlement, du 8 juillet 1617,
donné contre le défunct marquis d'Ancre et sa
femme. Paris, veuve J. Guillemot, 1649, 4p.
BYU, Fol, Har, Md, Minn, NYPL (ve), Wis

M 205. Arrêt de la cour de parlement de Paris contre les
intendants de la justice police et finances dans les
provinces de ce royaume du ressort de ladite
cour. Paris, 1651, 8p.
Har (ve)

M 206. Arrêts de la cour de parlement, portants (sic)
règlement général pour le paiement des rentes
constituées sur la ville. Des premier et
quatrième septembre 1648. Paris, par les
imprimeurs et libraires ordinaires du roi, 1648,
10p.
NYPL

M 207. Arrêt de la cour de parlement, les chambres assemblées, le 27 septembre 1648. Paris, par les
imprimeurs et libraires ordinaires du roi, 1648, 4p.
Md

M 210. Arrêt de la cour de parlement, les chambres
assemblées, contre les jurés vendeurs de vins de
cette ville de Paris. Paris, par les imprimeurs
et libraires ordinaires du roi, 1648, 4p.
Har (ve)

M 211. Arrêt de la cour de parlement, portant défenses,
aux vendeurs contrôleurs de vins, de recevoir et

prendre plus grands droits que les deux tiers de
ce dont ils jouissent à présent. (S. 1.), veuve
J. Guillemot, 1648, 4p.
Md

M 212. Arrêt de la cour de parlement, portant décharge de
58 sols 6 deniers sur chacun muid de vin et autres
breuvages à l'équipolent, entrans dans la ville et
faubourgs de Paris, lu et publié le 15 octobre 1648.
Paris, par les imprimeurs et libraires ordinaires
du roi, 1648, 4p.
Md

M 213. Arrêt du parlement, donné toutes les chambres
assemblées, pour le rabais des entrées de vin.
Paris, Alex. Lesselin, 1648, 4p.
Har (ve)

M 214. Arrêt de la cour de parlement, du 17 décembre
1648, portant défenses, sur peine de la vie, à
tous gens de guerre, capitaines, soldats et autres,
de commettre aucunes exactions et violences à
l'endroit des sujets de Sa Majesté, et à eux
enjoint de vivre et se contenir suivant les
ordonnances. Paris, 1648, 4p.
Fol (ve)

M 216. Arrêt de la cour de parlement, donné, toutes les
chambres assemblées, le sixième jour de janvier
1649, pour la sûreté et police de la ville de Paris.
Paris, par les imprimeurs et libraires ordinaires
du roi, 1649, 4p.
Fol, Har, Md, Minn, NYPL, Wis

M 217. Arrêt de la cour de parlement, donné, toutes les
chambres assemblees, le huitième jour de janvier
1649, par lequel il est ordonné, que le cardinal
Mazarin videra le royaume, et qu'il sera fait
levée de gens de guerre, pour la sûreté de la ville
et pour faire amener et apporter sûrement et
librement les vivres à Paris. Paris, par les
imprimeurs et libraires ordinaires du roi, 1649, 4p.
BYU, Fol, Har (ve), Md, Minn, NYPL & (ve),
Wis

M 218. Arrêt de la cour de parlement, toutes les chambres,
assemblées. Du huitième janvier 1649. Paris,

Michel Mettayer, 1649, 4p.
Fol (ve), Har (ve), Md, Minn, NYPL

M 219. Arrêt de la cour de parlement, concernant la
levée des deniers pour le payement des gens de
guerre, du 9 janvier 1649. Paris, par les
imprimeurs et libraires ordinaires du roi, 1649, 4p.
Clev, Fol, Har, Md, Minn, NYPL & (ve), Wis

M 220. Arrêt de la cour de parlement, toutes les chambres
assemblées, le dixième jour de janvier 1649.
Paris, par les imprimeurs et libraires ordinaires
du roi, 1649, 4p.
Fol, Har, Md, Minn, NYPL & (ve), Wis

M 221. Arrêt de la cour de parlement, donné, toutes les
chambres assemblées, le 10 janvier 1649, par
lequel il est défendu, à tous gouverneurs des
ville frontières ou autres places, de laisser sortir
aucuns canons, armées et munitions de guerre de
leurs dites places, et enjoint, à tous capitaines,
soldats et gens de guerre, qui sont proches de
Paris, de s'en éloigner de vingt lieues; là faute
de ce, permis aux habitants des villes, bourges et
villages, de s'armer et leur courir sus. Paris,
par les imprimeurs et libraires ordinaires du roi,
1649, 4p.
Fol (ve), Har, Minn, NYPL, Wis

M 222. Arrêt de la cour de parlement, contre les gens des
guerre, qui ont quitté les frontières pour empêcher
les vivres en cette ville, avec injonction aux communes de courre sus, publié l'onzième jour de
janvier 1649. Paris, par les imprimeurs et
libraires ordinaires du roi, 1649, 4p.
Clev, Fol, Har & (ve), Md, Minn (ve), NYPL
& (ve), Wis & (ve)

M 223. Arrêt de la cour de parlement, concernant les
retranchements pour la sûreté de la ville et
faubourgs de Paris. Du 12 janvier 1649. Paris,
par les imprimeurs et libraires ordinaires du roi,
1649, 4p.
Fol, Har, Md, Minn, NYPL, Wis

M 224. Arrêt de la cour de parlement, portant que tous
les biens meubles ou immeubles et revenus des

bénéficies du cardinal Mazarin seront saisis, et
commissaires, séquestres et gardiens commis
à iceux. Du 13 janvier 1649. Paris, par les
imprimeurs et libraires ordinaires du roi, 1649,
4p.

    BYU, Clev, Fol, Har & (ve), Md, Minn,
NYPL & (ve)

M 225. Arrêt de la cour de parlement, portant injonction,
à tous marchands et artisans de cette ville et
faubourgs de Paris, de tenir leurs boutiques
ouvertes et continuer leurs trafics, ainsi qu'il est
accoutumé. Du 14 janvier 1649. Paris, par les
imprimeurs et libraires ordinaires du roi, 1649.
4p.

    Fol, Har, Md, NYPL

M 226. Arrêt de la cour de parlement, portant absolution
de la calomnieuse accusation intentée contre
monseigneur le duc de Beaufort par le cardinal
Mazarin. Paris, veuve Théodore Pépingué et
Est. Maucroy, 1649, 7p.

    BYU, Clev, Fol, Har, Md, Minn, NYPL & (ve),
Wis

M 227. Arrêt de la cour de parlement, portant que tous
les deniers publics, qui seront dus par les
comptables et fermiers, tant de cette ville de
Paris qu'autres de ce ressort, seront saisis et
mis ès coffres de l'Hôtel de Ville. Du 19 janvier
1649. Paris, par les imprimeurs et libraires
ordinaires du roi, 1649, 4p.

    Fol (ve), Har (ve), Md, Minn, NYPL, Wis

M 228. Arrêt de la cour de parlement, portant défenses, à
toutes personnes en cette ville et faubourgs de
Paris, de changer leurs noms et de se travestir et
déguiser pour sortir de ladite ville, sur peine de
la vie. Du 20 janvier 1649. Paris, par les
imprimeurs et libraires ordinaires du roi, 1649,
4p.

    Fol (ve), Har (ve), Minn, NYPL, Wis

M 229. Arrêt de la cour de parlement, portant défenses,
aux gens de guerre, de commettre aucunes
violences, voleries, pillages, incendies et autres
acts d'hostilité sur les sujets du roi et habitants

des villes, bourgs, bourgades et villages ès
environs de Paris et ailleurs, à peine de la vie.
Du 20 janvier 1649. Paris, par les imprimeurs
et libraires ordinaires du roi, 1649, 4p.
Fol, Har

M 230. Arrêt de la cour de parlement, du 25 janvier 1649,
par lequel il est ordonné, aux payeurs des rentes,
de payer les arrérages dus et échus aux rentiers,
qui sont présents en cette ville. Paris, par les
imprimeurs et libraires ordinaires du roi, 1649, 4p.
Har (ve), Minn

M 231. Arrêt de la cour de parlement pour le payement des
rentes de l'Hôtel de Ville de Paris. Paris,
Gervais Alliot, 1649, 4p.
NYPL

M 232. Arrêt de la cour de Parlement, portant défenses,
à tous imprimeurs et colporteurs, d'imprimer et
exposer en vente aucuns ouvrages et autres écrits
concernant les affaires publiques, sans permission
registrée au greffe de ladite cour, sur peines y
contenues. Du 25 janvier 1649. Paris, par les
imprimeurs et libraires ordinaires du roi, 1649,
4p.
Fol

M 233. Arrêt de la cour de parlement, portant qu'ouverture
sera faite de toutes les chambres de la maison du
cardinal Mazarin, et description sommaire de tout
ce qui se trouvera dans ladite maison. Du 25
janvier 1649. Paris, par les imprimeurs et
libraires ordinaires du roi, 1649, 4p.
Har (ve), Minn, NYPL (ve), Wis

M 234. Arrêt de la cour de parlement, par lequel il est
ordonné que les villes de Meaux, Lagny et autres,
voisines du ressort de ladite cour, continueront
d'apporter des blés et autres vivres en la ville de
Paris, ainsi qu'il est accoutumé. Du 26 janvier
1649. Paris, par les imprimeurs et libraires
ordinaires du roi, 1649, 4p.
NYPL

M 235. Arrêt de la cour de parlement, portant défenses,
à tous colonels, capitaines, lieutenants, officiers

et gardes des portes de cette ville de Paris, de
laisser passer aucunes personnes, de quelque
qualité et condition qu'elles soient, avec passeport,
que par les portes Saint-Jacques et Saint-Denys.
Du 29 janvier 1649. Paris, par les imprimeurs et
libraires ordinaires du roi, 1649, 4p.
Har, Minn, NYPL

M 236. Arrêt de la cour de parlement, du 30 janvier 1649,
portant règlement pour le prix des mousquets avec
bandoulières, picques (sic), paire d'armes avec
le pot, pistolets avec les foureaux, poudre, plomb
et mesche (sic). Paris, par les imprimeurs et
libraires ordinaires du roi, 1649, 4p.
Har

M 237. Arrêt de la cour de parlement, portant qu'il sera
delivré passeports aux courriers tant ordinaires
qu'extraordinaires, sous la signature de deux de
messieurs de la cour, commis pour l'ordre des
postes, ou de l'un en l'absence de l'autre, et du
greffier. Du 30 janvier 1649. Paris, par les
imprimeurs et libraires ordinaires du roi, 1649,
4p.
Fol, Har, Minn, NYPL

M 238. Arrêt de la cour de parlement, portant que les
quarante-six mille livres, provenant de la recette
générale de l'Auvergne, seront apportées dans
cette ville, et mis ès coffres de l'hôtel d'icelle.
Du 30 janvier 1649. Paris, par les imprimeurs et
libraires ordinaires du roi, 1649, 4p.
Har

M 239. Arrêt de la cour de parlement, portant que les
deniers de la recette générale de Reims seront
apportés en cette ville et mis ès coffres de l'hôtel
d'icelle. Du 30 janvier 1649. Paris, par les
imprimeurs et libraires ordinaires du roi, 1649, 4p.
Har, NYPL

M 240. Arrêt de la cour de parlement, portant défenses, à
tous quinqualiers (sic), armuriers et autres marchands de cette ville et faubourgs de Paris, de
cacher, recéler ou détourner les armes qu'ils ont
en leur possession, avec injonction de faire leur
déclaration, au greffe de ladite cour, de la quantité

qu'ils en ont. 4 février 1649. Paris, par les
imprimeurs et libraires ordinaires du roi, 1649,
4p.
>Har

M 241. Arrêt de la cour de parlement, pour la validité
de tous contrats, obligations et autres actes, faits
et passés en cette ville de Paris entre tous
particuliers et communautés. Du 4 février 1649.
Paris, par les imprimeurs et libraires ordinaires
du roi, 1649, 4p.
>Har, Md

M 242. Arrêt de la cour de parlement, pour empêcher le
divertissement des deniers des tailles, subsistances,
fermes, aides, gabelles et autres deniers de Sa
Majesté, ordonnés, par précédents arrêts de ladite
cour, être portés en l'Hôtel de Ville de Paris.
8 février 1649. Paris, par les imprimeurs et
libraires ordinaires du roi, 1649, 4p.
>Har, Wis

M 243. Arrêt de la cour de parlement, portant défenses,
aux officiers du présidial, prévôté maire et
échevins d'Orléans, de connaître et juger d'autres
matières que de celles à eux attribuées par les
édits du roi, vérifiés en ladite cour. Du 8 février
1649. Paris, par les imprimeurs et libraires
ordinaires du roi, 1649, 4p.
>Fol, Har

M 244. Arrêt de la cour de parlement, portant qu'aucunes
personnes ne pourront sortir de cette ville en
vertu de passe-ports, après huitaine du jour et de
la date d'iceux. Du 11 février 1649. Paris, par
les imprimeurs et libraires ordinaires du roi,
1649, 4p.
>Har

M 245. Arrêt de la cour de parlement, portant que les
arrêts de ladite cour et ordonnances des commissaires, commis pour les taxes, seront exécutés,
et les gens d'affaires et traitants contraints au
payement desdites taxes par emprisonnement.
13 février 1649. Paris, par les imprimeurs et
libraires ordinaires du roi, 1649, 4p.
>Har, Minn

M 246. Arrêt de la cour de parlement, portant que les
meubles, étans (sic) en la maison du cardinal
Mazarin, seront vendus. Du seizième février
1649. Paris, par les imprimeurs et libraires
ordinaires du roi, 1649, 4p.
Clev, Har

M 247. Arrêt de la cour de parlement, portant que taxes
seront faites sur tous les secrétaires, avocats,
procureurs et autres particuliers habitants de cette
ville et fauxbourgs de Paris, comme bourgeois,
pour la subsistance des gens de guerre. 14 février
1649. Paris, par les imprimeurs et libraires
ordinaires du roi, 1649, 4p.
Har (ve)

M 248. Arrêt de la cour de parlement, par lequel il est
enjoint, à tous les quartiniers de la ville de Paris,
de porter ou envoyer ès mains de Sébastien
Cramoisy et Jean-Baptiste Forne, toutes les taxes,
par eux reçues, et celles qu'ils recevront ci-après
des particuliers, habitants de ladite ville. Du
18 février 1649. Paris, par les imprimeurs et
libraires ordinaires du roi, 1649, 4p.
Har (ve), Wis

M 250. Arrêt de la cour de parlement, portant qu'il sera
fait recherche des moyens d'avoir argent, pour
l'armement et subsistance des gens de guerre,
avec défense, aux habitants, de payer aucunes
tailles ni autres taxes; et en case de contravention,
qu'il sera procédé par voie de représailles. Du
22 février 1649. Paris, par les imprimeurs et
libraires ordinaires du roi, 1649, 4p.
Fol, Har, Minn, NYPL

M 251. Arrêts de la cour de parlement, pour l'ouverture
de la conférence et passage des vivres et autres
choses nécessaires en cette ville de Paris, avec
députation d'aucuns présidents en ladite cour et
autres y dénommés, pour traiter et resoudre de
tout ce qui sera utile et nécessaire à cet effet en
ladite conférence, pour la paix générale et
soulagement des peuples. Du dernier février et
premier mars 1649. Paris, par les imprimeurs
et libraires ordinaires du roi, 1649, 4p.
BYU, Fol (ve), Har, Md, NYPL & (ve), Wis

M 252. Arrêt de la cour de parlement, par lequel il est
enjoint, à tous comptables, fermiers, traitants et
autres particuliers, d'aller au greffe de ladite cour
faire déclaration des deniers par eux dus, recélés
ou retenus, dans trois jours, à peine de confisca-
tion de corps et de biens. Du 2 mars 1649.
Paris, par les imprimeurs et libraires ordinaires
du roi, 1649, 4p.
Har

M 253. Arrêt de la cour de parlement, donné, toutes les
chambres assemblées, le 8 mars 1649, en faveur
du maréchal de Turenne, et pour autoriser l'entrée
de son armée en France. Paris, Gervais Alliot et
Jacques Langlois, 1649, 4p.
Fol (ve), Har, Minn (ve)

M 254. Arrêt de la cour de parlement, portant défenses,
à tous gentilshommes et autres, de faire aucunes
levées de gens de guerre dans les provinces,
qu'en vertu de commissions du roi et attaches de
ladite cour sur icelles, à peine de la vie et
d'être dégradés de noblesse, et, à tous receveurs
et comptables, de délivrer aucuns deniers ni s'en
dessaisir, que par ordre de ladite cour, à peine
du quadruple, et en cas de contravention, enjoint,
aux communes, de s'assembler à son du tocsin
et de leur courir sus. Du 9 mars 1649. Paris,
par les imprimeurs et libraires ordinaires du roi,
1649, 4p.
Har, Minn

M 255. Arrêt de la cour de parlement, portant que tous
ceux qui sont compris ès rôles de modérations pour
l'armement et subsistance des gens de guerre,
demeureront déchus desdites modérations, et seront
contraints de payer leurs taxes par emprisonnement
de leurs personnes, et les autres particuliers,
y dénommés, contraints par la vente de leurs biens.
Du 10 mars 1649. Paris, par les imprimeurs et
libraires ordinaires du roi, 1649, 4p.
Har

M 256. Arrêt de la cour de parlement, donné en faveur des
habitants de la ville de Rheims contre le cardinal
Mazarin, le marquis de la Vieuville et leurs
adhérents. Paris, Jean Guignard, 1649, 6p.
Har, Wis

36

M 257.　Arrêt de la cour de parlement, sur l'avis que
monseigneur le prince de Conty a donné, de l'entrée
de l'archiduc Léopold en France.　Du 22 mars 1649.
Paris, par les imprimeurs et libraires ordinaires
du roi, 1649, 4p.
　　　BYU, Fol, Har, Minn, NYPL & (ve), Wis
　　　& (ve)

M 258.　Arrêt de la cour de parlement, sur la proposition, faite
par monseigneur le prince de Conty, pour l'éloignement
du cardinal Mazarin.　Du 27 mars 1649.　Par les imprimeurs et libraires ordinaires du roi, 1649, 4p.
　　　BYU, Fol, Har & (ve), Md, Minn, NYPL &
　　　(ve), Wis

M 259.　Arrêt de confirmation de la cour de parlement, du
8 janvier 1649, donné contre le cardinal Mazarin.
Paris, Jérémie Bouillerot, 1649, 4p.
　　　NYPL

M 260.　Arrêt de la cour de parlement, portant confirmation de l'arrêt du 8 janvier dernier à l'encontre
du cardinal Mazarin.　Du 27 mars 1649.　Paris,
veuve Fr. Targa, 1649, 4p.
　　　Clev, Har, NYPL

M 261.　Arrêt de la cour de parlement pour la diminution
des loyers des maisons dans la ville et fauxbourgs
de Paris.　Du 6 avril 1649.　Paris, par les
imprimeurs et libraires ordinaires du roi, 1649, 5p.
　　　Fol

M 262.　Arrêt de la cour de parlement, pour la diminution
des loyers des maisons dans la ville et fauxbourgs
de Paris.　Du 10 avril 1649.　Paris, par les
imprimeurs et libraires ordinaires du roi, 1649, 7p.
　　　Fol, Har (ve), Md, NYPL & (ve), Wis

M 263.　Arrêt de la cour de parlement, portant injonction,
à tous les sujets du roi, d'obéir à la déclaration du
mois de mars dernier, et aux troupes, étant dans
l'Anjou et autres lieux, de poser les armes, avec
défense de commettre aucuns actes d'hostilité, sous
peine d'être déclarés perturbateurs du repos public.
Du 12 avril 1649.　Paris, par les imprimeurs et
libraires ordinaires du roi, 1649, 4p.
　　　Har, Md, Minn, NYPL, Wis

M 264. Arrêt de la cour de parlement, pour la décharge
entière des loyers des maisons du quartier de
Pâques en la ville et fauxbourgs de Paris, rendu
en interprétation de celui du 10 avril dernier, avec
règlement pour les baux. Du 14 avril 1649. Paris,
par les imprimeurs et libraires ordinaires du roi,
1649, 8p.
Fol, Har, Md, Minn, NYPL & (ve), Wis

M 265. Arrêt de la cour de parlement, en faveur des
locataires et sous-locataires des maisons de la
ville et fauxbourgs de Paris, pour leur décharge
du loyer de Pâques dernier, avec règlement pour
les baux, rentes foncières et autres, constituées
pour la construction des bâtiments, donné sur les
requêtes des propriétaires desdites maisons, et
pour l'exécution des arrêts précédents des 10 et
14 présents mois et an. Du 27 avril 1649. Paris,
par les imprimeurs et libraires ordinaires du roi,
1649, 4p.
Har, Md

M 266. Arrêt de la cour de parlement, portant confirmation
des arrêts des dix et quatorzième (sic) de ce mois,
pour la décharge du terme de Pâques, avec défenses, aux propriétaires, de présenter aucune requête.
Paris, Michel Mettayer, 1649, 6p.
Har (ve)

M 267. Arrêt de la cour de parlement, contre les désordres
que commettent les gens de guerre. Du onzième
mai 1649. Paris, par les imprimeurs et libraires
ordinaires du roi, 1649, 4p.
Fol, Har, NYPL

M 269. Arrêt de la cour de parlement, contre quelques
particuliers, ennemis du repos public, contrevenants
aux précédents arrêts de ladite cour, et au préjudice,
et depuis la déclaration du roi du mois de mars
dernier, publiée tant pour faire cesser les mouvements que pour le rétablissement du repos et de
la tranquillité dans son royaume, donné, les prévôt
des marchands et échevins ouïs, le 28 jour de mai
1649. Paris, par les imprimeurs et libraires
ordinaires du roi, 1649, 4p.
Har, Minn

M 270. Arrêt notable de la cour de parlement contre
plusieurs partisans. (S. 1. n. d.), 8p.
Fol, Minn

M 272. Arrêts de la cour de parlement contre le libelle
intitulé: Très-humbles remontrances du parlement
de Normandie, au semestre de septembre, au roi
et à la reine, imprimé et publié au préjudice du
traité de paix, avec la lettre du parlement de
Normandie, sur ce sujet, au parlement de Paris.
Paris, Claude Hulpeau, 1649, 7p.
Clev

M 273. Arrêt de la cour de parlement pour le paiement
des rentes, tant sur la maison de ville que sur le
sel. Paris, Nicolas Vivenay, 1649, 8p.
Har (ve)

M 274. Arrêt de la cour de parlement, en vacations, donné
pour le maintien de l'authorité de la justice, contre
les personnes qui empêchent l'éxecution des arrêts
de ladite cour par force et voie de fait; avec injonction, aux prévôts et officiers de justice, d'emprison-
ner tous blasphémateurs du nom de Dieu, joueurs
de cartes et dez, fainéants et gens sans aveu.
Paris, Nicholas Bessin, 1649, 6p.
Fol

M 275. Arrêt de la cour de parlement, du 29 décembre
1649, portant réglement pour le paiement des rentes,
constituées tant sur les gabelles, clergé, aydes,
recettes générales, tailles anciennes, entrées et
cinq grosses fermes. Paris, Pierre Rocollet, 1650,
6p.
Har, Md

M 277. Arrêt de la cour de parlement, toutes les chambres
assemblées, portant renvoi et décharge de l'accusation contre Messieurs de Vendôme, duc de Beaufort,
Gondy, coadjuteur, Broussel et Chareton (sic).
Du 22 janvier 1650. Paris, par les imprimeurs et
libraires ordinaires du roi, 1650, 4p.
BYU, Fol, Har & (ve), Md

M 278. Arrêt de la cour de parlement sur l'accusation
portée contre M. le duc de Beaufort, M. le
coadjuteur en l'archevêché de Paris, M. de
Broussel, conseiller en ladite cour, et M. Charton,

aussi conseiller, président aux requêtes du
palais. 7p.
Fol (ve), Har (ve), Minn

M 279. Arrêt de la cour de parlement donné en faveur de
Monsieur Joly. Paris, Jean Brunet, 1650, 4p.
Har

M 280. Arrêt de la cour de parlement, portant défenses,
à monsieur l'archevêque de Sens, de convoquer
aucune assemblée du clergé à Paris ni ailleurs,
dans la province dudit Paris. Paris, Pierre
Targa, (s. d.), 4p.
Har, Md

M 281. Arrêt de la cour de parlement, portant défenses,
à toutes personnes, de s'assembler en troupes
en la salle du palais et avenues de ladite cour.
Paris, par les imprimeurs et libraires ordinaires
du roi, 1650, 4p.
Har, Md

M 282. Arrêt de la cour de parlement, toutes les chambres
assemblées, sur les propositions faites par monseigneur le duc d'Orléans pour la pacification des
troubles de la ville de Bordeaux et province de
Guyenne, avec la nouvelle députation, vers le roi
et la reine régente, faite par ledit parlement pour
cet effet. Du 5 septembre 1650. Paris, Antoine
Estienne, 1650, 6p.
Har, Md, Minn

M 284. Arrêt de nosseigneurs de la cour de parlement,
toutes les chambres assemblées, portant remontrance être faite au roi et à la reine sur
l'emprisonnement et liberté de messieurs les
princes de Condé, de Conty et duc de Longueville.
Du vendredi trantième (sic) décembre 1650. Paris,
Jacob Chevalier, 1651, 4p.
Har

M 285. Arrêt de la cour de parlement, du vendredi
trentième décembre mil six cent cinquante, toutes
les chambres assemblées, portant que très-
humbles remontrances seroient faites au roi et
à la reine régente pour la liberté de messieurs
les princes. 1651, 7p.
Md, NYPL

M 286. Arrêt de la cour de parlement, faisant deffenses,
à tous soldats du regiment des gardes et autres,
de s'attrouper, porter armes deffendues, tenir
les advenues de cette ville, exiger de ceux qui y
viennent et qui en sortent, à peine de la vie. Du
douziesme janvier 1651. Paris, par les imprimeurs
et libraires ordinaires du roi, (1651), 6p.
Har, Md

M 287. Arrêt de la cour de parlement, toutes les chambres
assemblées, portant que le roi et la reine régente
seront très-humblement suppliés, de la part de
ladite cour, d'envoyer, au plutôt, lettre de cachet
pour mettre en liberté messieurs les princes et
duc de Longueville, et éloigner de la personne de
Sa Majesté le cardinal Mazarin. Du 4 février
1651. Paris, Jacob Chevalier, 1651, 4p.
BYU, Fol (ve), Har, Md, Minn (ve), NYPL

M 288. Arrêt de nos seigneurs du parlement, portant
l'éloignement du cardinal Mazarin et sortie hors
du royaume, et Leurs Majestés très-humblement
suppliées de mettre en liberté messieurs les
princes et duc de Longueville, et d'envoyer une
déclaration, pour exclure d'entrer ès conseils du
roi tous étrangers, même les naturalisés, et qui
auront serment à un autre prince que le roi. Du
7 février 1651. Paris, Jacob Chevalier, 1651, 4p.
BYU, Fol (ve), Har

M 289. Arrêt de la cour de parlement, pour la liberté de
messieurs les princes et l'éloignement du cardinal
Mazarin hors du royaume de France. Du 7 février
1651. Paris, par les imprimeurs et libraires
ordinaires du roi, (s. d.), 6p.
Md, Wis

M 290. Arrêt de la cour de parlement, toutes les chambres
assemblées, portant que le cardinal Mazarin, ses
parents et domestiques étrangers vuideront le
royaume de France; autrement permis, aux communes et autres, de courir sus, avec autres ordres
pour cet effet. Du jeudi 9 février 1651. Paris,
par les imprimeurs et libraires ordinaires du roi,
1651, 4p.
Fol, Har

M 291. Arrêt de la cour de parlement, donné contre le
cardinal Mazarin, ses parents et domestiques, à
ce qu'ils aient à vuider le royaume de France,
terres et places de l'obéissance du roi. Du
9 février 1651. Paris, Toussaint Quinet, 1651, 4p.
BYU, Har, Md

M 292. Arrêt de la cour de parlement, portant qu'aucuns
cardinaux étrangers, naturalisés, même françois,
ne seront reçus dans les conseils d'Etat du roi, et
que les qualités de Notre cher et bien amé, attribuées au cardinal Mazarin, seront retranchées de
la déclaration de Sa Majesté. Du lundi 20 février
1651. Paris, Jean Guignard, 1651, 4p.
Har, Md

M 293. Arrêt de la cour de parlement, toutes les chambres
assemblées, contre le cardinal Mazarin. Du
samedi 11 mars 1651. Paris, par les imprimeurs
et libraires ordinaires du roi, (s. d.), 6p.
BYU, Fol, Har & (ve), Md, Minn

M 295. Arrêt de la cour de parlement, toutes les chambres
assemblées, monsieur le duc d'Orléans présent,
sur l'extrémité des désordres arrivés en ce
royaume par les armées et troupes de gens de
guerre, avec commission et règlement pour cet
effet. Du 25 mai 1651. Paris, par les
imprimeurs et libraires ordinaires du roi, 1651, 6p.
Md

M 296. Arrêt de nosseigneurs de la cour de parlement,
donné en faveur des marchands de vin et bourgeois
de Paris, portant défense, aux jurés vendeurs de
vin, de faire aucune contrainte ni poursuivre
lesdits marchands de vin ailleurs qu'en ladite cour,
à peine de mille livres d'amende et de tous dépens,
dommages et intérêts. Du 2 juin 1651. Paris,
Thomas Lacarrière, (s. d.), 7p.
Har & (ve), Md

M 297. Arrêt de la cour de parlement donné, en faveur de
monseigneur le prince, contre le cardinal Mazarin
et ses adhérents. Paris, Nicholas Vivenay, 1651,
7p.
Fol (ve), Md

M 298. Arrêt de la cour de parlement, sur les désordres, meurtres et pillage d'une maison, arrivés à Paris en la rue Saint-Denys, le jeudi 10 du présent mois d'août 1651, avec injonction, aux officiers, habitants et bourgeois, d'empêcher les assemblées. Du 11 août 1651. Paris, par les imprimeurs et libraires ordinaires du roi, 1651, 6p.
Md, Minn

M 299. Arrêt de la cour de parlement, toutes les chambres assemblées, du lundi 21 août 1651, sur ce qui s'est passé, ledit jour, au palais. Paris, par les imprimeurs et libraires ordinaires du roi, 1651, 4p.
Har, Minn

M 300. Arrêt de la cour de parlement donné en faveur des créanciers du cardinal Mazarin, portant la vente de ses meubles, et que les deniers en provenant, ensemble ceux des revenus de ses bénéfices, seront mis ès mains de Me Claude Martinet, payeur des gages de nosdits seigneurs du parlement, pour être distribués entre lesdits créanciers, ainsi qu'il sera par ladite cour ordonné. Paris, veuve J. Guillemot, 1651, 22p.
Har

M 301. Arrêt de la cour de parlement, du 7 septembre 1651, donné en faveur des trésoriers de France, de Picardie, portant défenses, à toutes personnes, de prendre qualité d'intendants de finances, sans avoir fait vérifier leur commission en ladite cour, ni, à aucun officier, d'accepter aucune commission sans la délibération du bureau. Paris, veuve Lozet, 1651, 8p.
Har

M 302. Arrêt de la cour de parlement, toutes les chambres assemblées, portant défenses, à toutes personnes, de quelque état et condition qu'elles soient, de faire aucunes levées de gens de guerre qu'en vertu de lettres patentes, scellées du grand sceau, à peine d'être déclarées criminels (sic) de lèze Majesté. Du 7 octobre 1651. Paris, par les imprimeurs et libraires ordinaires du roi, 1651, 4p.
Fol, Har

M 303. Arrêt de la cour de parlement, toutes les chambres
assemblées, contre le cardinal Mazarin. Du 13
décembre 1651. Paris, par les imprimeurs et
libraires ordinaires du roi, 1651, 8p.
Fol (ve's), Har (ve), Md, Minn, NYPL

M 304. Arrêt de la cour de parlement, toutes les chambres
assemblées, contre le cardinal Mazarin et ses
adhérents. Du vingtième jour de décembre 1651.
Paris, par les imprimeurs et libraires ordinaires
du roi, 1651, 7p.
Fol, Har, Md

M 305. Arrêt de la cour de parlement donné contre le
cardinal Mazarin, publié le 30 décembre 1651.
Paris, par les imprimeurs et libraires ordinaires
du roi, 1651, 7p.
Fol, Har (ve), Minn

M 306. Arrêt de la cour de parlement, portant cassation
de la déclaration, donnée contre monseigneur le
prince de Condé. Paris, Nicholas Vivenay, 1652,
4p.
Fol, Har, Minn, NYPL, Wis

M 308. Arrêt de la cour de parlement, donné, toutes les
chambres assemblées, contre le cardinal Mazarin.
Du 25 janvier 1652. Paris, par les imprimeurs
et libraires ordinaires du roi, 1652, 6p.
Fol, Har (ve), Md, Minn

M 309. Arrêt de la cour de parlement, toutes les chambres
assemblées, du 8 février 1652, portant que les
prévôt des marchands et échevins continueront leurs
poursuites, et feront toutes diligences nécessaires
pour le payement des rentes, conformément à la
déclaration et arrêts intervenus en conséquence
d'icelle. Paris, par les imprimeurs et libraires
ordinaires du roi, (s. d.), 7p.
Fol, Md

M 310. Arrêt de la cour de parlement, toutes les chambres
assemblées, du 17 février 1652, portant que l'arrêt
des rentes, du 8 de ce mois, sera exécuté; a
cassé l'ordonnance des trésoriers de France à
Lyon; que celui qui a présidé viendra rendre raison
à la cour, et qu'assemblée sera faite en la salle
de Saint-Louis pour aviser ce qui est à faire pour

le payement des gages des officiers et desdites rentes sur la ville. Paris, par les imprimeurs et libraires ordinaires du roi, 1652, 7p.

Fol, Md, Minn

M 311. Arrêt de la cour de parlement, toutes les chambres assemblées, portant que, sans s'arrêter à l'arrêt du grand conseil du 28 février dernier, les arrêts de la cour de parlement, donnés contre le cardinal Mazarin, seront exécutés. Du 21 mars 1652. Paris, par les imprimeurs et libraires ordinaires du roi, 1652, 4p.

Fol, Har

M 312. Arrêt de la cour de parlement, du 9 avril 1652, portant la décharge entière du terme de Pâques, tant en la ville qu'aux fauxbourgs, ensemble la sentence de monsieur le lieutenant civil rendue sur icelui, le 12 dudit mois. Paris, Henry Ruffin, 1652, 5p.

Fol, Har

M 314. Arrêt de la cour de parlement, pour la descente de la chasse de sainte Geneviève. Du 29 mai 1652. Paris, par les imprimeurs et libraires ordinaires du roi, (s. d.), 5p.

Fol (ve), Har

M 315. Arrêt du parlement de Paris, du 21 juin 1652, toutes les chambres assemblées, contre les évêques absents et suivant le Mazarin, pour les faire résider dans leurs diocèses, comme ils y sont obligés, de droit divin, par les conciles et les ordonnances. Paris, L. Chevalier, 1652, 8p.

Fol, Har (ve)

M 317. Arrêt de la cour de parlement donné à la requête de monsieur le procureur général du roi, demandeur et complaignant, contre Jean Michel et Claude Guelphe, atteints et convaincus de la sédition arrivée en l'Hôtel de Ville, le 4 du présent mois de juillet, par l'ordre et à la suscitation du cardinal Mazarin. Paris, veuve J. Guillemot, 1652, 4p.

Fol (ve), Har (ve)

M 318. Arrêt de la cour de parlement, portant permission
de déménager sans payer les termes de Pâques et
de Saint-Jean, et défenses, à tous huissiers, ser-
gents et autres, de l'empêcher, à peine de mille
livres d'amende. Paris, J. Brunet, 1652, 7p.
Har

M 319. Arrêt de la cour de parlement, touchant la réponse
du roi faite à messieurs les députés de ladite cour,
du samedi treize juillet 1652, ensemble la lettre,
écrite par Son Altesse Royale à monsieur le
président de Nesmond en conséquence dudit arrêt,
et sur la réponse de Sa Majesté auxdits députés,
touchant l'éloignement du cardinal Mazarin. Paris,
veuve J. Guillemot, 1652, 8p.
Fol (ve), Har, Md, Minn, NYPL

M 321. Arrêt de la cour de parlement de Paris donné,
toutes les chambres assemblées, en présence de
Son Altesse Royale, des princes du sang et des
officiers de la couronne, le samedi 20 juillet
1652, par lequel le roi est déclaré prisonnier entre
les mains des ennemis de l'Etat, enjoint, au
capitaine des gardes et autres officiers proche de
sa personne, de le ramener incessamment et sans
délai dedans sa bonne ville de Paris, à peine d'être
déclarés criminels de lèze majesté, et, pendant la
captivité dudit seigneur roi, monseigneur le duc
d'Orléans, oncle unique de Sa Majesté, establi
lieutenant général du royaume, avec les raisons et
motifs de cet arrêt solennel. Paris, 1652, 8p.
Har (ve)

M 322. Arrêt de la cour de parlement, portant qu'il sera
fait fonds de cent cinquante mille livres pour
exécuter l'arrêt du mois de décembre contre le
cardinal Mazarin. Du mercredi 24 juillet 1652.
Paris, veuve J. Guillemot, 1652, 4p.
Fol, Har

M 323. Arrêt de la cour de parlement, portant qu'il sera
fait assemblée, en l'hôtel de cette ville, pour aviser
les (sic) moyens d'entretenir et augmenter les
troupes levées contre le cardinal Mazarin, liberté
du commerce et des passages, et pour le payement
des rentes, dues par Sa Majesté. Du mercredi
24 juillet 1652. Paris, veuve J. Guillemot, 1652, 4p.
Fol, Har (ve)

46

M 324.   Arrêt de la cour de parlement, portant cassation
de l'assemblée de Pontoise.   Du vendredi 9 août
1652.   Paris, par les imprimeurs et libraires
ordinaires du roi, 1652, 4p.
Fol, Har, Md

M 326.   Arrêt de la cour parlement, donné contre le
cardinal de Retz, en présence de Son Altesse
Royale et de messieurs les princes.   Du 12 août
1652.   Paris, J. Poirier, 1652, 4p.
Fol

M 327.   Arrêt de la cour de parlement de Pontoise, donné
contre le cardinal Mazarin, sur le sujet de son
éloignement.   Du 14 août 1652.   Pontoise, Julien
Courant, 1652, 8p.
Fol, Md, Minn

M 328.   Arrêt de la cour de parlement donné en exécution
de la déclaration du roi, du dernier juillet, et
injonction, à tous les officiers demeurés à Paris,
de se rendre à Pontoise.   Rouen, veuve Courant,
jouxte la copie imprimée à Pontoise, 1652, 4p.
Har

M 330.   Arrêt de la cour de parlement, portant injonction,
à tous les sujets du roi, de courir sus et tailler
en pièces les troupes, qui sont ès environs de
Poris (sic) et ailleurs sans les ordres du roi et
contre son service.   Rouen, chez la veuve Courant,
jouxte la copie imprimée à Pontoise, 1652, 4p.
Fol, Har (ve), Md, Minn (ve), NYPL (ve)

M 331.   Arrêt de nos seigneurs du parlement sur les
déclarations de monseigneur le duc d'Orléans et
de monsieur le Prince, et supplication faite au
roi de vouloir donner la paix dans son royaume et
de revenir en sa bonne ville de Paris.   Paris,
J. Chevalier, 1652, 6p.
Fol, Har, Md, Minn, NYPL

M 332.   Arrêt de la cour de parlement, portant décharge
des loyers des maisons, chambres et boutiques,
tant pour les principaux locataires que sous-
locataires, obtenu à la requête des marchands,
artisans et bourgeois de Paris, avec la sentence
de M. le lieutenant particulier, donnée en faveur

des conditions ci-dessus dénommées, faisant
diminution des termes de Pâques, de Saint-Jean
et de Saint-Remy. Paris, A. Lesselin, 1652, 8p.
Fol (ve), Har

M 333. Arrêt de la cour de parlement, portant décharge
entière du loyer du terme de Pâcques dernier;
et, pour faire droit sur la remise de celui de la
Saint-Jean ensuivant, a renvoyé les parties à la
barre de ladite cour, pour contester par instances
séparées. Paris, Alexandre Lesselin, 1652, 6p.
Har, Md

M 334. Arrêt du parlement de Pontoise donné le 25e jour
de septembre 1652. Pontoise, Julien Courant,
1652, 7p.
Fol, Har, Md, Minn

M 336. Arrêt de la cour de parlement, portant que
députation sera faite vers Sa Majesté, pour la
supplier de donner une amnistie dans les termes
ordinaires, vérifiée en sa cour de parlement de
Paris. Du 3 octobre 1652. Paris, par les
imprimeurs et libraires ordinaires du roi, 1652,
7p.
Fol, Har, Md

M 337. Arrêt de nos seigneurs du parlement, toutes les
chambres assemblées, M. le duc d'Orléans y
étant, pour obtenir du roi la paix et l'amnistie
générale. Du 3 jour d'octobre 1652. Paris,
J. Chevalier, 1652, 6p.
Har

M 338. Arrêt du parlement de Pontoise, du 5 octobre
1652, rendu sur les plaintes, faites, en icelui,
par les principaux de la cour contre trois sortes
de créatures. jouxte la copie imprimée à
Pontoise par les imprimeurs ordinaires de la
cour, 1652, 8p.
Fol, Har, Minn

M 339. Arrêt de la cour de parlement rendu, toutes les
chambres assemblées, le roi séant et président
(sic) en icelle, suffisamment garnie de pairs,
contre messire Louis de Bourbon, prince de
Condé, ses adhérans (sic) et complices, le lundi

19 janvier 1654. Paris, par les imprimeurs et libraires ordinaires du roi, (s. d.), 7p.

Md

M 340. Arrêt de la cour de parlement, toutes les chambres assemblées, garnie de pairs, le roi séant et président en icelle, et publié en parlement, le roi tenant son lit de justice, contre messire Louis de Bourbon, prince de Condé. Paris, par les imprimeurs ordinaires du roi, 1654, 7p.

Har

M 341. Arrêt de la cour de parlement rendu, toutes les chambres assemblées, le roi séant et président (sic) en icelle, contre les sieurs Viole, Le Net (Lenet), le marquis de Persan, Marchim (sic) et autres adhérents du prince de Condé. Paris, par les imprimeurs et libraires ordinaires du roi, 1654, 7p.

Md

M 342. Arrêt de la cour de parlement de Provence contre les perturbateurs du repos et tranquillité publique. Aix, 1649, 8p.

Clev, Fol (ve), Har

M 343. Arrêt du parlement de Provence sur les nouveaux troubles arrivés dans la ville de Marseille. (S. 1. n. d.), 3p.

Har

M 344. Arrêt du parlement de Provence contre le cardinal Mazarin. Paris, Pierre Du Pont, 1651, 2p.

Har, Md

M 345. Arrêt de la cour de parlement de Rennes en Bretagne contre le nommé Jules Mazarin et ses fauteurs et adhérents, par lequel ils sont tous déclarés criminels de lèse majesté, tous leurs biens acquis et confisqués. Paris, veuve Théod. Pépingué et Est. Maucroy, 1649, 4p.

BYU, Fol, Har, Md, Minn, NYPL & (ve), Wis

M 346. Arrêt de la cour de parlement de Rouen, portant que le cardinal Mazarin, qui séjourne dans les places de ladite province, lève les garnisons et les change, ait à s'en retirer promptement, ses

parents et domestiques étrangers, autrement
permis, aux communes et autres, de courir sus.
Du 15 février 1651. Paris, Alexandre Lesselin,
1651, 4p.
> Clev, Fol (ve), Har (ve), Md, Minn

M 347. Arrêts notables du parlement de Toulouse, des
30 avril et 5 mai 1650, donnés contre le sieur
Moran, maître des requêtes, et autres soi
prétendants intendants de justice. Paris, Thomas
Lozet, (s. d.), 7p.
> Har (ve), Md

M 348. Arrêt de la cour de parlement de Toulouse donné,
les chambres assemblées, contre les intendants.
Paris, N. Bessin, 1650, 7p.
> Har (ve), Md, Wis

M 349. Arrêt de la cour de parlement de Toulouse donné,
les chambres assemblées, le 1er jour d'août 1650,
sur les désordres de la province de Guyenne,
causés par le duc d'Epernon, portant que le roi
sera très-humblement supplié de donner la paix
à la ville de Bordeaux et un autre gouverneur à
ladite province. Jouxte la copie imprimée à
Toloze, 1650, 4p.
> Har (ve), Md

M 350. Arrêt de la cour de parlement de Toulouse donné
contre ceux qui arment pour M. le duc de Bouillon.
Paris, Guill. Sassier, 1650, 4p.
> Har

M 351. Arrêt de la cour de parlement de Toulouse donné,
les chambres assemblées, contre les commissions
extraordinaires et les intendants de justice dans
les provinces du ressort de ladite cour. Jouxte
la copie imprimée à Toloze, 1651, 8p.
> Md

M 352. Arrêt de la cour de parlement de Toulouse, donné
contre le duc d'Epernon et ses adhérents. Du
1er février 1651. Paris, jouxte la copie imprimée à Toulouse, 1651, 6p.
> Md

M 353. Arrêt de la cour de parlement de Toulouse donné
aux chambres assemblées le 15 février 1651,
portant cassation des déliberations des Etats de
la province de Languedoc des 15 novembre, 5 et
9 janvier derniers.   Paris, Louis Sévestre, jouxte
la copie imprimée à Toulouse, 1651, 8p.
Md

M 354. Arrêt du parlement de Toulouse, donné contre le
cardinal Mazarin, ses parents et domestiques
étrangers, avec la lettre dudit parlement,
envoyée à messieurs du parlement de Paris.
Du 20 février 1651.   Paris, Jacob Chevalier,
1651, 7p.
Har, Md

M 356. Arrêt de la cour de parlement de Toulouse donné
contre Le Tellier, Servient (sic), Lyonne et
autres pensionnaires du cardinal Mazarin, sur la
lettre de monseigneur le Prince.   Paris, Nic.
Vivenay, 1651, 6p.
BYU, Fol, Har, Md, Minn

M 357. Arrêt de la cour de parlement de Toulouse donné,
les chambres assemblées, le 5 octobre 1651,
contre la défection de Marsin et ses troupes,
faisant défense de briguer ni monopoler les sujets
du roi, et à tous gouverneurs, officiers et consuls, de prendre garde à la sûreté des villes.
Paris, 1651, 6p.
Fol, Har (ve), Wis

M 359. Arrêt de la cour de parlement de Toulouse donné,
les chambres assemblées, contre le retour de
cardinal Mazarin.   Du 29 décembre 1651.   Paris,
veuve J. Guillemot, 1652, 7p.
Fol, Minn

M 360. Arrêts du conseil d'Etat du roi portant réglement
général pour le paiement des rentes constituées
sur l'hôtel de ville de Paris, registrés, en
parlement, le vingt-sixième juillet mil six cens
(sic) quarante-neuf.   Paris, Pierre Rocollet,
1649, 22p.
Har (ve)

M 362. Arrêt du conseil d'Etat du roi pour faciliter
l'enlèvement et transport des blés des villes de
ce royaume en celle de Paris. Paris, Pierre
Rocollet, 1649, 4p.
Fol (ve)

M 363. Arrêt du conseil d'Etat du roi portant que par les
commissaires, députés par Sa Majesté, il sera
procédé au bail de la ferme générale des gabelles
de France, au chateau du Louvre; ensemble
l'ordonnance desdits sieurs commissaires portant
que ledit bail sera publié ès prônes des églises
parrochiales (sic) et affiché ès lieux publics et
endroits accoutumés. Paris, Pierre Rocollet,
1649, 8p.
Md

M 364. Arrêt du conseil d'Etat du roi, pour la liquidation
des prêts et avances faites (sic) à Sa Majesté
par plusieurs de ses sujets, et pour leur
remboursement après lesdites liquidations. Du
13 novembre 1649. Paris, Pierre Rocollet,
1649, 4p.
Har, Md

M 365. Arrêt du conseil d'Etat du roi, portant réglement
du paiement des rentes, assignées sur les gabelles,
qui seront payées en l'hôtel de cette ville de
Paris. Du 13 novembre 1649. Paris, Pierre
Rocollet, 1649, 4p.
Har

M 366. Arrêt du conseil d'Etat du roi, contre les menées
et pratiques secrètes, fomentées par quelques
particuliers dans la ville de Limoges au préjudice
du service de Sa Majesté, avec translation et
établissement, dans la ville de Saint-Léonard, des
bureaux des trésoriers de France et recettes
générales et particulières des tailles et taillons,
ci-devant établis en ladite ville de Limoges. Du
[3 du] mois de juin 1650. Paris, Antoine
Estienne, 1650, 7p.
Har, Md

M 370. Arrêt du conseil d'Etat du roi, Sa Majesté y
étant, avec commission pour surséance des
paiements, assignés par les trésoriers de

l'Epargne, sur les deniers provenant des tailles,
aydes, gabelles et autres fermes et droits, du
8 janvier 1652; en interprétation du susdit arrêt,
le roi, par lettres et arrêts du 16 février audit
an, a déclaré entendre n'y comprendre les rentes
de l'hôtel de ville de Paris, et les gages des
officiers que Sadite Majesté veut être payés sans
aucune surséance ni divertissement de fonds.
Paris, par les imprimeurs et libraires ordinaires
du roi, 1652, 8p.
Fol, Har, Minn

M 371. Arrêt du conseil d'Etat du roi donné en faveur du
cardinal Mazarin. Jouxte la copie imprimée à
Poitiers par Julien Thoreau, 1652, 4p.
Fol, Har

M 372. Arrêt du conseil du roi, tenu à Pontoise le dix-
huitième jour de juillet 1652, portant cassation
de l'arrêt de la cour de parlement de Paris,
du 1er juillet 1652, et autres procédures. (S. l.
n. d.), 8p.
Fol, Har, Md, Minn, Wis

M 373. Arrêt du conseil d'Etat du roi donné contre les
auteurs des troubles présents et des assemblées,
résolutions et délibérations faites et à faire tant
en la cour de parlement que dans l'hôtel de ville,
contre le service de Sa Majesté et tranquillité
de son royaume. (S. l. n. d.), 8p.
NYPL

M 374. Arrêt du conseil d'Etat du roi, portant nouveau
règlement sur toutes les marchandises et denrées
qui entreront dans la ville de Paris, tant par eau
que par terre; avec la tarif de ce que chaque
marchandises et denrées (sic) doivent payer.
(S. l. n. d.), jouxte la copie imprimée à Pontoise,
7p.
Fol, Har

M 375. Arrêt du conseil d'Etat, portant défense de lever
droits d'entrée en la ville de Paris, du quatorzième jour d'août 1652. Autre, portant le payement des rentes de l'hôtel de ville (à Pontoise
et dans les provinces fidèles), du 17 dudit août.
Et autre, portant cassation de la prétendue élection

faite du sieur Broussel à la charge de prévôt des
marchands de la ville de Paris, et des nommes
Gervais et Holry à celle d'échevins, du 19 du
meme mois ci-dessus. Pontoise, Julien Courant,
1652, 8p.
Fol (ve), Har & (ve), Md, Minn

M 376. Arrêt du conseil d'Etat du roi, du 29 août 1652,
portant injonction, à messieurs de la cour des
aydes de Paris, de se rendre, dans trois jours,
dans la ville de Pontoise; à faute de ce, déclarés
criminels d'Etat, désobéissants et rebelles à
Sa Majesté. Pontoise, Julien Courant, 1652, 6p.
Fol, Md, NYPL

M 377. Arrêt du conseil d'Etat du roi, portant cassation
de tout ce qui a été et pourrait etre fait contre
les particuliers qui se sont assemblés au Palais
royal et autres lieux pour le service du roi.
Du 5 octobre 1652. Pontoise, Julien Courant,
1652, 7p.
Fol (ve), Md

M 378. Arrêt du conseil d'Etat, portant commandement,
au parlement de Paris et de Pontoise, de se
rendre au château du Louvre, le mardi, 7 heures
du matin, donné, à Saint-Germain-en-Laye, le
18 octobre 1652. Paris, par les imprimeurs et
libraires ordinaires du roi, 1652, 7p.
Fol, Har, Md, Minn

M 380. Arrêt du conseil d'Etat du roi, portant revocation
des droits imposés sur toutes les marchandises,
destinées pour la provision de la ville de Paris,
avec défenses, à toutes personnes, d'en recevoir
aucuns, à peine de la vie, sur les blés, vins et
autres marchandises venant en ladite ville, et
pour rétablir la liberté du commerce. Paris,
Pierre Rocollet, 1652, 7p.
Fol (ve), Har

M 382. Arrêt (1') du conseil d'en haut, prononcé par le
prophète royal David, contre Mazarin et les
partisans, par F. M. S. D. R. Paris, (s. d.),
8p.
Clev, Fol, Har & (ve), Md, Minn, NYPL, Wis

54

M 384. Arrhes de la paix universelle sur les cérémonies
et allégresses, faites à Rome pour le roi très-
chrétien Louis XIV, dit Dieudonné, présentés à
la reine régente à Saint-Germain-en-Laye. Paris,
J. Pétrinal et Nic. Jaquard, 1649, 16p.
BYU, Clev, Fol, Har, Minn, NYPL, Wis

M 385. Arrivée (1') de l'armée de l'archiduc Léopold à
La Ferté-Milon, et la honteuse fuite du maréchal
de Turenne; ensemble les particularités de ce qui
s'est passé au combat de messieurs les duc de
Beaufort et de Nemours. Paris, Louis Legaillard,
1652, 8p.
Fol, Har, Minn

M 387. Arrivée de monseigneur le Prince à ville d'Orléans,
avec le sujet de son arrivée, et les généreuses
résolutions des bourgeois de la ville de Paris.
Paris, Jacob Chevalier, 1652, 7p.
Fol

M 388. Arrivée (1') de monsieur le duc de Beaufort dans
la ville d'Orléans, et la sortie du marquis de
Sourdis hors ladite ville. Paris, Antoine Matias,
1652, 7p.
Fol

M 389. Arrivée de M. le duc de Nemours à Bruxelles,
pour prendre le commandement de l'armée de
M. le prince de Condé, levée contre le cardinal
Mazarin; avec la déroute d'un régiment allemand
de douze cents hommes dudit Mazarin. Paris,
1652, 8p.
Fol, Md

M 390. Arrivée (1') des ambassadeurs du royaume de
Patagoce et de la Nouvelle-France; ensemble ce
qui s'est passé à leur voyage, avec des remarques
curieuses, traduit par le sieur J. R. Paris,
veuve Jean Remy, 1649, 8p.
Fol, Har, Md, Minn, NYPL

M 392. Arrivée (1') du courrier extraordinaire des
François, qui apporte bonnes nouvelles (sic),
et une harangue par écrit, faite par un grand
seigneur à MM. les prévôt, échevins et bourgeois
de Paris; ensemble ce qui c'est (sic) passé á

Paris dans ce grand convoi, par le sieur Rozard.
Paris, veuve Jean Remy, 1649, 8p.
Clev, Fol, Har, Md, Minn, NYPL

M 393. Arrivée (1') du courrier Mazarin, rapportant le
sujet de sa sortie hors de France, aux Mazarinistes.
(S. 1.), 1651, 8p.
Md, Minn

M 395. Arrivée (1') du duc de Lorraine dans cette ville,
avec la réception de Son Altesse Royale et de
messieurs les princes. Paris, François Pousset,
1652, 7p.
Fol, Har (ve), Md, NYPL

M 396. Arrivée du nonce françois pour la majorité du
roi, le 7 septembre 1651. Rouen, jouxte la
copie imprimée à Paris par Sébastien Martin,
1651, 7p.
Fol (ve), Har (ve), Minn (ve)

M 397. Arrivée (1') du septième courrier Bourdelois,
apportant le journal du siége de Bordeaux depuis
son commencement jusqu'à la trève. (S. 1.),
1650, 16p.
BYU, Fol, Har (ve), Md

M 398. Arrivée (1') du sixième courrier Bordelois,
apportant toutes sortes de nouvelles. (S. 1.),
1650, 8p.
Md

M 399. Arrivée extraordinaire du courrier françois,
apportant les nouvelles du royaume de France et
ce qui s'est passé à Paris, depuis le 1er mars
jusqu'au 8 dudit mois. Paris, Jean Musnier,
1649, 8p.
Fol, Har, Wis

M 400. Article principal du traité, que madame de
Longueville et monsieur de Turenne ont fait avec
Sa Majesté catholique. (S. 1. , 1650), 4p.
Har, Md

M 401. Articles accordés à Ruel pour la paix. (S. 1.),
1649, 7p.
Har (ve)

M 402. Articles accordés entre messieurs le cardinal
        Mazarin, le garde des sceaux Châteauneuf, le
        coadjuteur de Paris et madame la duchesse de
        Chevreuse, lesdits articles trouvés sur le chemin
        de Cologne dans un paquet, porté par un courrier,
        appartenant au marquis de Noirmoutier, gouverneur
        de Charleville. Paris, 1652, 8p.
        Fol (ve), Har (ve), NYPL

M 403. Articles accordés entre monsieur le comte de
        Palluau, maistre (sic) de camp de la cavalerie
        légère de France, commandant, pour le service du
        roi, en sa province du Berry, lieutenant général
        ès armées de Sa Majesté, et monsieur le marquis
        de Persan, commandant dans le château de Mouron,
        appartenant à monsieur le prince, situé dans la
        rivière de Cher entre le Bourbonnais et le Berry,
        assiégé, il y a un an, par ledit sieur de Palluau.
        Paris, Nicolas Vaillant, 1652, 8p.
        Fol, Har, Md

M 404. Articles accordés par le roy et la reyne régente,
        sa mère, sur les présents mouvements de la
        ville de Bourdeaux. (S. l. , 1649), 4p.
        Har

M 406. Articles (les) accordés par Sa Majesté, dans la
        ville de Pontoise, le 10 août 1652, pour la
        retraite du cardinal Mazarin dans la ville de
        Metz. Paris, jouxte la copie imprimée à
        Pontoise chez Laurent Courant, 1652, 7p.
        Fol & (ve), Md

M 408. Articles de l'union de l'Ormée et de la ville de
        Bordeaux. Paris, sur un autre imprimé à
        Bordeaux, (1652), 4p.
        Md

M 409. Articles (les) de l'union des princes, du parlement
        et de la maison de ville de Paris, faits et arrêtés
        dans leurs assemblées, le 25 juin 1652, avec les
        articles de ladite union, pour agir conjointement
        à l'éxecution des arrêts donnés contre le cardinal
        Mazarin. Paris, François Le Porteur, 1652, 8p.
        Fol, Md, NYPL

M 411. Articles (les) de la dernière déliberation de
messieurs les princes avec les bourgeois de la
ville de Paris, faite en parlement et en la maison
de ville, les 6 et 8 juin 1652.   Paris, François
Chaumusy, 1652, 8p.
Fol, Har

M 412. Articles de la paix, accordés entre messieurs du
parlement de Bordeaux et monsieur d'Argençon
(sic).   Paris, veuve Musnier, 1649, 6p.
Har (ve), Wis

M 413. Articles (les) de la paix conclue et arrêtée à
Ruel, le mercredi 11e mars 1649.   Saint-Germain-
en-Laye, 1649, 8p.
NYPL (ve), Wis

M 414. Articles de la paix conclue et arrêtée à Ruel, le
11e mars 1649, (S. l. n. d.), 7p.
BYU, Clev, Fol, Har, Md, Minn, NYPL, Wis

M 416. Articles (les) de la paix, proposée à la cour par
MM. les princes.   Paris, Jean Loisel, 1652, 8p.
Fol, Har, NYPL

M 417. Articles (les) de la paix, proposés à Saint-Germain-
en-Laye et envoyés à Son Altesse Royale par
M. le duc de Rohan, le comte de Chavigny et
Goulas, députés vers Sa Majesté, le 27.   Paris,
J. Le Gentil, 1652, 8p.
Md, NYPL (ve)

M 418. Articles (les) des crimes capitaux, dont est
accusé le cardinal Mazarin et desquels il se
doit justifier.   Paris, S. Le Porteur, 1652, 8p.
Fol, Har

M 421. Articles (les) donnés par Son Altesse Royale à
M. le prince, sur son départ de la ville de Paris,
avec les ordres qu'il lui a baillés pour le sujet
de la paix.   Paris, Laurent Toussaint, 1652, 7p.
Md

M 422. Articles (les) du dernier traité fait entre nos
seigneurs les princes de Condé, de Conty, les
ducs de Nemours, de Richelieu, de la Trémouille,
du Daugnon, et plusieurs autres seigneurs et
officiers de la couronne, avec les très-illustres

seigneurs le parlement et les jurats de la ville
de Bordeaux, le 4e janvier 1652, contre les
ennemis de l'Estat. (S.1.), jouxte la copie
imprimée à Bordeaux par Guillaume La Court,
1652, 15p.
Har

M 423. Articles du traité accordées (sic) entre le duc de
Lorraine et le cardinal Mazarin, pour retirer
son armée d'avec celle de Son Altesse Royale.
Paris, Jean Brunet, 1652, 8p.
Fol & (ve), Har, NYPL

M 424. Articles et conditions dont Son Altesse Royale et
monsieur le prince sont convenus, pour l'expulsion du cardinal Mazarin hors du royaume, en
conséquence des déclarations du roi et des arrêts
des parlements de France, intervenus sur icelles.
Paris, 1652, 8p.
Har, Minn

M 425. Articles (les) et particularités du nouveau traité
fait et arrêté dans une maison, au delà du pont
de Charenton, entre M. le prince de Condé et
le duc de Lorraine, en présence de Son Altesse
Royale, le 12 septembre 1652. Paris, Simon le
Porteur, 1652, 8p.
Fol, Md

M 426. Assemblée (l') de messieurs les princes, sur le
sujet de la rupture du second traité de paix,
conclu à Saint-Denys en France, le vingt-neuvième
jour de juin, ensemble l'union formée et jurée
entre eux, le premier jour de juillet 1652. Paris,
Jean Brunet, 1652, 7p.
Minn

M 428. Assurances (les) données par le roi pour la paix,
sur la harangue, faite à Leurs Majestés par
monseigneur le cardinal de Retz, servant d'apologie
contre la médisance. Paris, Philippe Lambert,
1652, 7p.
Fol, Har, Md

M 429. Astrologue (l') burlesque. (S.1.), 1649, 11p.
BYU, Clev, Fol, Har, Md, Minn, NYPL, Wis

M 430. Astrologue (1') françois, prédisant les événements singulier (sic) et universels des Etats et empires du monde, selon le changement des globes célestes dans la présente année astronomique. Paris, Claude Morlot, 1649, 8p.
Clev, Fol, Har, Minn

M 431. Attaques (les) et prise de Charenton, la mort de M. de Clanleu, la blessure mortelle de M. de Châtillon, les plaintes et regrets qu'en fait M. le prince, et la réponse généreuse de M. de Châtillon à M. le prince avant mourir (sic). Paris, Robert Feugé, 1649, 8p.
BYU, Clev, Fol (ve), Har, Md, Minn

M 432. Au prince du sang, surnommé la Cuirasse. (S. 1. n. d.), 7p.
BYU, Clev, Fol (ve), Har, Md, Minn, NYPL, Wis

M 433. Augure (1') favorable à la bonne ville de Paris, sur les affaires présentes, exprimé dans une ode latine et françoise, par J. L. M. M. Paris, Sébastien Martin, 1649, 7p.
BYU, Fol, Har, Md

M 434. Autorite (1') des rois, des princes, des republiques et des parlements, présenté au roi, dans la ville de le Pontoise, par un grand prélat. Paris, 1652, 31p.
Fol, Har, Minn, Wis

M 435. Aux fidèles du diocèse de Paris. (S. 1. , 1654), 3p.
Har, Wis

M 436. Aux François fratricides, par un ecclésiastique: Videte, ne ab invicem consumarmini. Galat. , 5, 15. Paris, 1652, 15p.
Fol

M 437. Avant coureur (1') de la paix, par le retour du roy dans Paris. Paris, Antoine Chrestien, 1652, 8p.
Fol, Har

M 439. Avant courrier (1'). Je suis avant courrier, député de la Divinité, pour publier dans le ciel, témoigner à la mer et justifier à la terre les énormités que la mer et le ciel produisent. Paris, Nicolas de La Vigne, 1649, 8p.
Clev, Fol, Md, Minn, NYPL, Wis

M 440. Avant courrier (1') de la cour, ou le Guidon françois, disant les vérités. Paris, 1652, 7p.
Har, Md, Minn

M 441. Avant courrier (1') infaillible de la paix. Paris, Mathieu Colombet, 1649, 8p.
Clev, Har, Md, Minn, NYPL, Wis

M 442. Avantages (les) de la paix et de l'union de la ville de Paris, par le sieur B. Paris, Nicolas Pillon, 1649, 8p.
Md

M 443. Aventures d'un valet de chambre, envoyé par son maître faire compliment à une dame de Saint-Germain. Paris, Claude Morlot, 1649, 6p.
Clev, Har & (ve), Md, Minn, NYPL, Wis

M 444. Avertissement à Cohon, évêque de Dol et de Fraude, par les cuistres de l'Université de Paris. (S. 1.), jouxte la copie imprimée à Douai, 1649, 8p.
BYU, Clev, Fol, Md, Minn, NYPL, Wis

M 445. Avertissement à messieurs les notables bourgeois de Paris, contenant l'explication des prodiges, qui doivent arriver en France, l'année prochaine 1653, douzième partie. Paris, Jacques Papillion, et chez l'auteur, 1652, 16p.
Har, Md, NYPL

M 446. Avertissement, à messieurs les prévôt des marchands et eschevins de la ville de Paris, sur la fuite et le retour funeste du cardinal Mazarin, prédit par Michel Nostradamus. Paris. J. Boucher, 1651, 20p.
BYU, Clev & (ve), Fol (ve), Har & (ve), Md, Minn (pts I-III), NYPL (ve)

M 447.   Avertissement à messieurs les prévost des marchands et eschevins de la ville de Paris, contenant
l'explication de l'éclipse qui se doit faire le
huitiesme jour d'avril de la présenté année, et
autres choses qui doivent arriver à la poursuite
du cardinal Mazarin, avec le dénombrement des
villes qui seront investies ou vexés (sic) par les
gens de guerre, predit par Michel Nostradamus.
Paris, Jean Pétrinal, 1652, 15p.
Fol, Har, Minn

M 448.   Avertissement à nos seigneurs les protecteurs
de la cause juste, le parlement de Paris, contenant le changement et rénovation de paix, prédit
par Michel Nostradamus, septième partie.   Paris,
François Huart, et chez l'auteur, 1652, 19p.
Clev, Har

M 449.   Avertissement aux bons bourgeois, sur le sujet de
la conférence pour la conclusion de la paix générale
et particulière, avec l'exil perpétuel du cardinal
Mazarin.   Jouxte le placard affiché le mai 1652.
Paris, Nicolas Vivenay, 1652, 8p.
BYU, Clev, Fol, Har, Minn

M 450.   Avertissement aux bons François, sur ce qui doit
arriver devant la ville d'Estempes (sic), prédit
par Michel Nostradamus, huietiesme partie.
Paris, François Huart et chez l'auteur, 1652, 7p.
Har

M 452.   Avertissement aux maires, échevins, capitouls,
jurats, consuls et magistrats populaires des villes
du royaume par les bourgeois et habitants de la
ville de Paris, servant d'éclaircissement à la
lettre circulaire à eux envoyée par le prévôt des
marchands et échevins.   Paris, veuve J. Guillemot,
1652, 8p.
Fol, Har, Md

M 453.   Avertissements aux rois et aux princes, pour le
traité de la paix et le sujet de la mort du roi
de la Grande-Bretagne.   Paris, veuve André
Musnier, 1649, 8p.
Clev, Fol & (ve), Har, Md, Minn, Wis

M 454. Avertissement charitable à M. Cohon, évêque de
Dol en Bretagne et de Fraude en Guyenne.
S. 1. n. d. , 4p.
Md

M 456. Avertissement, envoyé aux provinces pour le grand
soulagement du peuple, sur la déclaration de
monseigneur le duc d'Orléans, lieutenant-général
du roi par toute la France, pays, terres et
seigneuries de son obéissance. Paris, Samuel
de Larru, 1652, 23p.
Fol (ve), Md

M 457. Avertissement fait par M. de Châtillon, revenue
des Champs-Elysées, à M. le prince de Condé,
à Saint-Germain-en-Laye. Paris, Claude Morlot,
1649, 8p.
Clev, Fol, Har, Md, Minn, NYPL

M 458. Avertissement politique au roi. Paris, 1649, 8p.
BYU, Clev, Fol, Har, Md, NYPL

M 459. Avertissement, pour Mademoiselle, à l'archiduc
Léopold, touchant le parti qu'il doit prendre.
Paris, 1649, 7p.
BYU, Fol, Har, Md, NYPL, Wis

M 460. Avertissement salutaire, donné aux bourgeois de
Paris, contre les fourbes secrètes des ennemis de
leur repos et de leurs familles. (S. 1.), 1650, 6p.
Har

M 461. Avertissement sur la sanglante bataille, qui se doit
faire, dans peu de temps d'ici, entre l'armée
mazarine et celle de nos seigneurs les princes,
prédit par Michel Nostradamus, neuvième prédiction. Paris, Claude Le Roy, et chez l'auteur,
1652, 8p.
Fol

M 462. Avertissement très-important et très-utile au
public, touchant le retour du sieur d'Emery, avec
l'arrêt de la cour contre Jean Particelly,
banqueroutier et faussaire, et autres complices,
du 9 avril 1620. (S. 1.), 1649, 23p.
BYU, Fol, Har, Md

M 463.   Avertissements charitable faits à Mazarin par son
bon ange, par N. S. B. D. C. Beausseron.
Paris, veuve Théod. Pépingué et Est. Maucroix,
1649, 8p.
BYU, Clev, Fol, Har, Md, Minn, NYPL, Wis

M 464.   Aveuglement (1') de la France découvert par un
désintéressé, J. E. D. Ch.   Paris, Louis et
François Pousset, 1652, 8p.
Fol

M 465.   Aveuglement de la France depuis la minorité.
(S. 1. n. d.), 31p.
Fol (pts I, II), Har (ve), Md, Minn (pts I,
II), NYPL (ve)

M 466.   Aveuglement des esprits de ce temps: discours
qui sert de réponse à toutes les pièces qui
choquent l'Etat et qui peuvent retarder le retour
du roi à Paris.   Paris, Nicolas Jacquard,
1649, 14p.
BYU, Fol (ve), Har, Md, Minn, NYPL

M 467.   Aveuglement (1') des Parisiens, faisant voir
qu'ils sont bien aveugles de ne pas voir: 1º que
la cour ne veut pas la paix, quelque montre
qu'elle fasse du contraire; 2º qu'ils ne peuvent
point espérer cette paix, si la cour a le dessus;
3º qu'ils peuvent terminer les troubles, s'ils
s'entendent avec les princes; et qu'ils prolongent
ces mêmes troubles, s'ils s'entendent avec la
cour; 4º qu'ils sont plus obligés aux princes
et qu'ils peuvent se passer de la reine; 5º
que la reine en veut à Paris, et que, pour
faire triompher cette haine, elle veut premièrement se defaire des princes; 6º que la
reine fait reconnoître cette haine par le peu de cas
qu'elle fait de nos conquêtes de catalogue, de
Flandre et d'Italie; 7º que la reine dispose tout
à une désolation générale par la mauvaise éducation et par les mauvais principes qu'elle inspire
au roi son fils.   (S. 1. n. d.), 71p.
Fol (ve), Har, Md, Minn, NYPL

M 468.   Aveuglement (1') du conseil d'Etat du roi, avec
les raisons pourquoi on doit refuser leur loi
d'amnistie.   (S. 1. n. d.), 24p.
Fol (inc), Har, Md

64

M 469. Aveuglement (1') du conseil de Sa Majesté, dans
les fausses prétentions qu'il a de pouvoir justifier
le rétablissement de Mazarin, sur le prétexte de
rétablir, par le même moyen, l'autorité souveraine.
(S. 1. n. d.), 14p.
Clev, Fol (ve), Har, Md

M 470. Aveuglement (1') et mélancolie de Mazarin,
présenté à monseigneur de La Mothe Houdancourt,
avec un éloge sur ses triomphes et conquêtes,
par le sieur N. R. Bossancourois. Paris, veuve
J. Remy, 1649, 7p.
BYU, Clev, Fol (ve), Har, Md, Minn

M 471. Avis à la reine d'Angleterre et à la France,
pour servir de réponse à l'auteur qui en a
représenté l'aveuglement. (S. 1.), 1650, 7p.
Fol & (ve), Md

M 472. Avis à la reine, sur la conférence de Ruel.
Paris, Robert Sara, 1649, 4p.
BYU, Clev, Fol, Har (ve), Md, Minn,
NYPL, Wis

M 473. Avis à messieurs de parlement, sur la continua-
tion de la trève et suspension d'armes. Paris,
Michel Métayer, 1649, 6p.
Clev, Har, Md, Minn, NYPL

M 474. Avis à messieurs les notables, convoqués à
présent en assemblée de l'Hôtel-de-Ville de
Paris, pour l'expulsion du cardinal Mazarin.
(S. 1.), 1652, 16p.
Fol, Har

M 475. Avis à M. le cardinal Mazarin, sur le sujet de
sa sortie hors le royaume de France. Paris,
Gervais Alliot et Jacques Langlois, 1649, 8p.
Clev, Fol, Har, Md, Minn, NYPL, Wis

M 476. Avis à nos seigneurs du parlement, sur la vente
de la bibliothèque de monsieur le cardinal
Mazarin. (S. 1. n. d.), 4p.
Har, Md

M 477. Avis à tous les peuples de France, sur le manifeste publié sous le nom de monsieur le Prince.

(S. 1. n. d.), 8p.
Fol, Har, Md

M 478. Avis au maréchal de Turenne, sur son traité
avec les ennemis de l'Etat. Paris, Pierre
Variquet, 1650, 24p.
Clev, Har, Md

M 479. Avis au peuple, sur les calomnies contre M. le
Prince. Paris, Nicolas Vivenay, 1651, 8p.
Clev, Fol (ve), Har, Md

M 480. Avis aux bons et fidèles serviteurs du roi, les
bourgeois de Paris, de demander et qu'il plaise
Au parlement et à léchevinage, supplier le roi
D'Ordonner, aux bourgeois, de prendre les
armes pour son entrée dans Paris;
De faire sa demeure au Louvre;
D'employer les revenus des biens et bénéfices
de Mazarin à payer les ouvriers, qui achèveront
ledit Louvre;
D'agréer le duc d'Elbeuf pour gouverneur de
Paris, etc.
(S. 1. n. d.), 3p.
Clev (ve), Fol, Har, Minn, NYPL

M 482. Avis aux bourgeois de Paris, pour la conserva-
tion de leurs personnes et de leurs familles.
Paris, Claude Morlot, 1649, 7p.
Clev, Har, Md, NYPL

M 483. Avis aux bourgeois de Paris, sur une levée de
gens de guerre, ou raisons pour lesquelles il
est plus expédient de faire présentement des
recrues, tant cavalerie qu'infanterie, des troupes
de l'armée de monseigneur le duc d'Orléans et
de M. le Prince que de nouvelles troupes, avec
la réponse aux objections contraires. Paris,
André Chouqueux, 1652, 4p.
Har (ve), Minn

M 485. Avis aux Flamens (sic), sur le traité que les
Espagnols ont fait avec la duchesse de Longueville
et le maréchal de Turenne. (S. 1.), 1650, 12p.
Fol (ve), Har (ve), Md

M 486. Avis aux gens de bien. (S. 1. , 1651), 6p.
        BYU, Clev, Fol, Har, Md, Minn

M 487. Avis aux grands de la terre, sur le peu
        d'assurance qu'ils doivent avoir en leurs
        grandeurs, dédié aux conservateurs de leur
        vie. Paris, veuve d'Anthoine Coulon, 1649, 11p.
        Fol, Har, Minn, NYPL & (ve)

M 488. Avis aux malheureux (S. 1. n. d.), 7p.
        Fol, Har (ve), Md, Minn, NYPL

M 489. Avis aux Parisiens.
        Fol (pt III), Har (ve), Minn (pt III)

M 490. Avis aux Parisiens, pour la conservation de
        M. le duc de Beaufort. (S. 1.), 1650, 8p.
        Fol (ve), Har, Md

M 491. Avis aux Parisiens, servant de réponse aux
        impostures du cardinal Mazarin. (S. 1.), 1650,
        31p.
        Clev, Fol (ve), Har (ve), NYPL (ve)

M 492. Avis aux Parisiens, sur la descente de la châsse
        de sainte Geneviève et la procession qui se doit
        faire, pour demander la paix, par un curé de
        la ville de Paris. Paris, 1652, 22p.
        Fol, Har, NYPL

M 494. Avis burlesque du cheval de Mazarin à son
        maître. Paris, veuve Musnier, 1649, 8p.
        Clev, Har, Md, Minn, NYPL, Wis

M 495. Avis charitables et burlesques aux religieuses
        réfugiés (sic) dans Paris, sur leurs occupations
        ordinaires. Paris, 1652, 12p.
        Har

M 496. Avis chrétien et politique à Charles II, roi de la
        Grande-Bretagne. Paris, veuve J. Remy, 1649,
        20p.
        Har

M 497. Avis d'Angleterre, envoyé en France par les
        communes de Londres, au cardinal Mazarin, lui
        représentant l'histoire de Gaverston, favori d'un

de leurs rois, et les malheurs qui lui sont
arrivés, sur le même sujet d'une guerre qu'il
exerce aujourd'hui. Paris, 1652, 14p.
Fol (ve), Har, NYPL

M 498. Avis d'Etat à la reine, sur le gouvernement de sa
régence. (S. 1.), 1649, 30p.
BYU, Clev, Fol, Har, Md, Minn, NYPL & (ve),
Wis

M 499. Avis d'Etat à monsieur le Prince, pour la sûreté
de sa personne et de sa vie, et pour l'augmentation de sa gloire. Paris, 1649, 15p.
Clev, Fol, Har, Minn, NYPL, Wis

M 500. Avis d'importance, envoyé au cardinal Mazarin,
portant conseil de se déguiser avant que de venir
à Paris. Paris, 1652, 7p.
Clev, Fol, Minn, NYPL

M 501. Avis d'un bon père hermite, donné à un autre sur
les malheurs du temps. Paris, Claude Huot,
1649, 8p.
BYU, Fol, Har, Md, Minn, NYPL, Wis

M 502. Avis d'un bourgeois véritablement désintéressé
à ses confrères, sur les affaires présentes.
Paris, 1652, 7p.
Har (ve), Md

M 503. Avis d'un hermite solitaire à Mazarin, sur les
conspirations qu'il a faites contre nos seigneurs
de Beaufort et de Vendôme. Paris, François
Musnier, 1649, 7p.
BYU, Clev, Fol (ve), Har (ve), Md, Minn,
Wis

M 505. Avis de l'âme du maréchal d'Ancre à l'esprit du
cardinal Mazarin, touchant la résolution qu'il doit
prendre sur les troubles, qu'il a nouvellement
suscités en France.
"Les véritables morts en la grâce conseilloient
Saül pour le perdre, vu qu'il avoit mis toute sa
confiance en des hommes vaillants et aguerris,
et qu'il ne consultoit que des démons et des
sorciers. " I Sam. , 13, 2, 28, 7 et 8. Paris,
Pierre Variquet, 1649, 8p.
Fol, Har, Md, Minn, NYPL & (ve)

68

M 506.   Avis de monseigneur le coadjuteur, prononcé au
parlement, pour l'éloignement des creatures du
cardinal Mazarin, le 12 juillet 1651.   Paris,
veuve J. Guillemot, 1651, 8p.
Fol, Har (ve), Md, NYPL

M 507.   Avis de M. le maréchal de Turenne et de M. de
Villeroy, présenté à Son Altesse Royale et à
M. le Prince, sur les affaires présentes.   Paris,
Jean Guérard, 1652, 7p.
Fol, Har, NYPL

M 508.   Avis de monsieur le Prince à messieurs du
parlement, contenant les particularités de la
bataille qu'il a gagnée, et le sujet de sa venue
en leur assemblée.   Paris, Jacob Chevalier,
1652, 7p.
Fol, Har, NYPL

M 509.   Avis des bourgeois de Paris, donné à messieurs
les princes au sortir de la maison de ville, pour
chasser tous les Mazarins hors de la ville.
Paris, Gilles de Fresne, 1652, 7p.
Fol, Minn

M 510.   Avis désintéressé sur la conduite de monseigneur
le coadjuteur.   Paris, 1651, 16p.
Clev, Fol, Har, Md, Minn, NYPL, Wis

M 511.   Avis donné aux Parisiens avant leur entière
désolation.   Jouxte l'affiche du 5 juin 1652.
Paris, (s. d.), 7p.
Fol, Har

M 512.   Avis du mauvais riche à Mazarin.   Paris, veuve
Musnier, 1649, 8p.
Clev, Fol, Har, NYPL

M 513.   Avis du riche inconnu de la Parabole, envoyé à
Mazarin.
NYPL

M 514.   Avis (les) héroïques et importants, donnés à
M. le prince de Condé par monsieur de Châtillon,
revenue de l'autre monde, par l'auteur même
des Triolets.   Paris, Denys Langlois, 1649, 12p.
BYU, Clev (ve), Fol, Har (ve), Md, Minn,
NYPL, Wis

M 515. Avis horrible et épouvantable pour détruire le
        cardinal Mazarin, avec les puissants moyens de
        le faire haïr au roi et à ceux qui le tiennent
        près de sa personne. Paris, J. du Crocq,
        1652, 4p.
        Fol (ve), Har (ve)

M 516. Avis important d'un abbé au cardinal Mazarin,
        sur le sujet de sa sortie hors du royaume de
        France. Paris, François Preuveray, 1652, 19p.
        Fol, Har, Minn

M 517. Avis important de M. de Châteauneuf, donné avant
        le départ de Sa Majesté de Fontainebleau, touchant
        la résolution, qu'on doit prendre sur le mécon-
        tentement de M. le Prince. (S. 1.), 1651, 16p.
        Clev, Fol (ve), Har (ve), Md

M 518. Avis important de M. le maréchal de Villeroy,
        donné à Sa Majesté par ses ordres, dans
        Saumur, le 12 du courant, sur la nécessité
        pressante de réunir au plutôt les divisions de
        l'Etat. Paris, jouxte la copie imprimée à
        Saumur, chez François Laynié, (s. d.), 16p.
        Fol, Md, NYPL

M 519. Avis important donné à monseigneur le Prince,
        sur l'état des affaires présentes, par un des
        notables bourgeois de Paris, le 20 de juin 1652.
        Paris, (s. d.), 19p.
        Fol

M 520. Avis important et désintéressé sur l'affaire de
        M. le cardinal de Retz. (S. 1. n. d.), 8p.
        Har & (ve)

M 521. Avis important et nécessaire à monsieur de
        Beaufort et à monsieur le coadjuteur. (S. 1.),
        1650, 20p.
        Fol, Har, Md, Wis

M 522. Avis important et nécessaire, aux corps de ville,
        bourgeois et citoyens de la ville de Paris, sur
        la prochaine élection d'un prévôt des marchands,
        par lequel, par de grandes et importantes raisons,
        il leur est montré que, pour le bien et salut de
        la ville, il est necessaire de procéder à l'élection
        d'un prévôt des marchands suivant les anciens

droits et usages, et comme il a été pratiqué
en l'élection de M. de Broussel, conseiller au
parlement, et sans plus recevoir ordre ni lettre
de cachet de la cour ni autre puissance, comme
contraire aux ordonnances; avec la réponse aux
objections contraires, et les moyens de se
rétablir en cet ancien droit d'élection.   Paris,
André Chouqueux, 1652, 24p.
Har, NYPL

M 523.   Avis important et nécessaire, donné aux Parisiens
par M. le duc de Beaufort.   Paris, 1652, 15p.
Fol, Har, Minn, NYPL

M 524.   Avis important et nécessaire, donné par un
politique désintéressé, à messieurs du parlement,
sur le sujet de leur dernier arrêt contre le
cardinal Mazarin.   (S. 1.), 1652, 12p.
Fol, Har, Md, Minn, NYPL, Wis

M 525.   Avis important et nécessaire sur l'état et le
bien des affaires présentes, donné par un notable
bourgeois en l'assemblée de l'hôtel de ville.
Paris, 1652, 16p.
Fol, Har, Minn, NYPL

M 526.   Avis necéssaire, donné aux Parisiens, sur le
sujet de la bataille, qui doit être donnée, devant
Chartres, entre l'armée de messieurs les ducs
de Beaufort et de Nemours et celle du cardinal
Mazarin.   (S. 1.), 1652, 8p.
Fol, Har

M 527.   Avis politique au roi, pendant l'année de sa
majorité.   Paris, 1651, 8p.
Har

M 528.   Avis politique et nécessaire sur les urgentes
affaires du présent.   Paris, veuve J. Guillemot,
1652, 12p.
BYU, Fol, Har, NYPL

M 529.   Avis politiques, envoyés à un officier de la reine,
touchant l'état des affaires présentes.   Paris,
Nicolas de La Vigne, 1649, 7p.
BYU, Clev, Fol, Har, Md, Minn

M 530. Avis présenté au roi et à nos seigneurs du parlement sur le règlement des monnoies. Paris, 1651, 15p.
Minn

M 531. Avis pressant et nécessaire, donné aux Parisiens, sur la demande que la cour fait de l'Arsenal et de la Bastille. Paris, Pierre Heulin, 1652, 15p.
Fol, Har, Md

M 532. Avis prompt et salutaire, donné par les bons bourgeois de Paris à messieurs les princes, pour se rendre maîtres des passages et villes des environs de Paris, où il y a garnison mazarine, pour la conservation de M. le duc de Beaufort dans le gouvernement de la ville, pour la continuation de M. de Broussel en la charge de prévôt des marchands, dont l'élection doit appartenir cy-après aux bourgeois, pour l'éloignement du coadjuteur hors de Paris, et pour la perfection des cinquante mille écus promis, par arrêt de la cour, à celui qui présentera le cardinal Mazarin vif ou mort. Paris, 1652, 19p.
Fol, Har, Md, Minn, Wis

M 533. Avis, remontrance et requête, par huit paysans de huit provinces, députés pour les autres du royaume, sur les misères et affaires du temps présent, 1649, au parlement de Paris, et de ceux (sic) députés et assemblés à Ruel pour la conférence. Paris, composé par Misère et imprimé en Calamité, 1649, 72p.
BYU, Fol (ve), Har (ve), Md

M 535. Avis salutaire aux bourgeois de Paris. (S. 1. n. d.), 4p.
Md

M 536. Avis salutaire, donné à Mazarin pour sagement vivre à l'avenir. Paris, Arnould Cottinet, 1648, 7p.
Clev, Fol, Har, Md, Minn, NYPL (ve), Wis

M 537. Avis salutaire, envoyé par les boulangers, cabaretiers, bouchers, gazetiers et arquebusiers à Jules Mazarin à Saint-Germain-en-Laye. Paris, veuve Musnier, 1649, 11p.
Clev, Fol (ve), Har (ve), Md, Minn

M 538. Avis salutaire pour le temps présent, sur le
sujet du mot de mazariniste. Paris, veuve
Théodore Pépingué et Est. Maucroy, 1649, 8p.
Clev, Fol, Har (ve), Md, Minn, Wis

M 539. Avis salutaires aux citoyens et peuple de la
ville de Paris sur l'état présent des affaires.
(S. 1.), 1649, 8p.
BYU, Clev, Fol, Har (ve), Md, Minn, NYPL,
Wis

M 541. Avis salutaires et généreux à tous les bons
François et aux véritables bourgeois de Paris.
(S. 1.), 1649, 7p.
Clev, Fol, Har, Md, Minn, NYPL

M 543. Avis sincère aux bourgeois de Paris, sur ce qui
s'est passé en leur ville depuis l'an 1648.
(S. 1.), 1652, 46p.
Fol, Har (ve), Md, Minn, NYPL & (ve), Wis

M 545. Avis sincère du maréchal de Lhopital, donné
à Sa Majesté dans Saint-Denys, avec les raisons
pour lesquelles on l'a fait arrêter en cour.
Paris, Guill. Hardy, 1652, 16p.
Har, Minn

M 546. Avis sincère d'un évêque pieux et désintéressé,
envoyé au cardinal de Retz, sur une lettre
publiée dans Paris sous le nom de ce cardinal.
(S. 1.), 1655, 126p.
Fol

M 547. Avis sur l'Etat, touchant les affaires présentes
et le gouvernement étranger. Paris, (1649), 8p.
Clev, Fol, Har (ve), Minn, NYPL, Wis

M 549. Avis sur le temps qui court. Paris, Guillaume
Véron, 1652, 16p.
Fol (ve), Minn

M 550. Avis très-important de don Gabriel de Tolède
apporté à messieurs les princes, de la part du
roi d'Espagne, pour faire avancer l'armée du duc
de Lorraine en France. Paris, Louis Hardouin,
1652, 7p.
Fol, Har

M 551. Avis très-important sur les affaires présentes.
(S. 1.), 1651, 14p.
Har

M 552. Avis très-juste et légitime au roi très-chrétien,
pour le repos et soulagement des trois ordres
de son Etat, et le moyen de dresser une milice
de cinquante mille hommes, pour la décharge de
toutes tailles, taillons, aydes, gabelles, et
généralement tous subsides et impôts, tant anciens
que nouveaux, par Isaac Loppin, secrétaire
ordinaire de la chambre du roi. Paris, 1648,
8 pages, et (S. 1.), 1649, 12p.
Fol (ve), Md, Minn, NYPL & (ve)

M 554. Avis donnés au roi, pour l'accroissement et
prospérité de son Etat et empire et pour la
félicité incomparable de tous les peuples et sujets
de Sa Majesté. (S. 1.), 1651, 8p.
Md

M 555. Avocat général (1'), soutenant la cause de tous
les grands de l'Etat, outrageusement offensés
dans le libelle intitulé: La Vérité toute nue,
dans laquelle l'auteur insolent choque: 1° l'honneur de la reine; 2° la réputation de Son Altesse
Royale; 3° la gloire de monseigneur le Prince,
de M. de Nemours, et M. de Larochefoucault;
4° la justice et l'intégrité du parlement; 5° la
générosité et la naissance de M. de Beaufort;
6° et la vie irréprochable de M. de Broussel.
(S. 1. , 1652), 32p.
Fol, Har (ve), Md, Minn, NYPL, Wis

M 556. Babillard (le) du temps, en vers burlesque.
Paris, Nicolas de La Vigne, 1649.
BYU, Clev, Fol, Har (ve), Md, Minn (ve),
NYPL & (ve)

M 558. Baillon (le) de la sédition, faisant voir, par un
examen désintéressé, que les moyens, qui sont
proposés dans la Franche Marguerite, le Point
de l'ovale et la Décadence de la royauté, sont
contraires à la fin du parti de messieurs les
Princes. Paris, 1652, 14p.
Fol, Har, NYPL

M 559. Balance (1a) d'Etat, tragi-comédie. (S. 1. n. d.),
102p.
Fol, Har (ve), Md

M 560. Balance (1a) stable de la véritable Fronde.
(S. 1.), 1650, 7p.
Clev, Fol

M 561. Ballade. (S. 1.), 1649, 4p.
Clev, Har (ve), Minn, NYPL (ve)

M 562. Ballade. (S. 1.), 1649, 4p.
Clev, Fol (ve), Har, Minn, Wis

M 563. Ballade à Jules Mazarin sur son jeu de hoc.
Paris, 1649, 4p.
Clev, Fol, Har, Md, Minn, NYPL, Wis

M 564. Ballade burlesque des partisans. (S. 1. n. d.),
4p.
Clev, Fol, Har, Minn, Wis

M 565. Ballade des maltôtiers. (S. 1.), 1649, 4p.
Clev, Fol

M 566. Ballade du Mazarin, grand joueur de hoc.
(S. 1.), 1649, 4p.
Clev, Fol (ve), Har, Minn, NYPL

M 567. Ballade sur le cardinal. (S. 1. , 1649), 3p.
Clev, Fol, Har, Minn, NYPL

M 568. Ballades servant à l'histoire. (S. 1.), 1651, 2p.
Clev (ve), Md, NYPL

M 569. Ballades servant à l'histoire des troubles
advenus en Berry. Paris, 1652, 8p.
Fol, NYPL

M 570. Ballades (les) servant à l'histoire, revues et
augmentées. Paris, Nicolas Vivenay, 1652, 12p.
Fol

M 571. Ballet dansé devant le roi et la reine régente,
sa mère, par le trio mazarinique, pour dire
adieu à la France, en vers burlesques.
Première entrée: Mazarin, vendeur de baume.

Seconde entrée: Ses deux nièces, deux
danseuses de corde.
Troisième entrée: Les partisans, arracheurs
de dents.
Quartrième entrée: Mazarin, vendeur d'oublies.
Cinquième entrée: Sa grande nièce, ma-
querelle; sa cadette, garce.
Sixième entrée: Les partisans, leveurs de
manteaux.
Grand ballet: Le trio mazarinique représentant
les figures des sept planètes. Paris, Claude
Morlot, 1649, 8p.
BYU, Clev, Fol & (ve), Har, Md, Minn,
NYPL, Wis

M 572. Ballet ridicule des nièces de Mazarin, ou leur
théâtre renversé en France, par P. D. P.,
sieur de Carigny. Paris, Fr. Musnier, 1649,
11p.
BYU, Clev, Fol (ve), Har, Md, Minn,
NYPL, Wis

M 573. Bandeau (le) de l'honneur, en vers burlesques.
Paris, 1649, 11p.
Clev, Wis

M 574. Bandeau (le) levé de dessus les yeux des
Parisiens pour bien juger des mouvements
présents et de la partie qu'eux et tous les bons
François y doivent tenir. (Saint-Germain, s. d.),
12p.
BYU, Clev, Fol, Har (ve), Md, Minn,
NYPL & (ve), Wis

M 575. Bannissement (le) de Mazarin. Paris, 1651, 8p.
Har, Md

M 576. Bannissement (le) du mauvais riche, rempli de
choses curieuses. Paris, (s. d.), 7p.
BYU, Clev, Fol, Har (ve), Minn

M 577. Bataille (la) de Lens. (S. l. n. d.), 31p.
Har

M 578. Bataille (la) générale, avec les particularités
de la grande défaite des troupes du cardinal
Mazarin, commandées par les maréchaux

d'Oquincourt (sic) et de Thurenne (sic), par
l'armée de Son Altesse Royale, commandée par
monsieur le Prince et messieurs les ducs de
Beaufort et de Nemours en la plaine de Galle,
entre Chastillon-sur-Loin et Briare, le huitième
avril 1652. Paris, Jean Brunet, 1652, 7p.
Har, NYPL (ve)

M 579. Belle gueuse (la). Paris, François Noël,
(S. 1. n. d.), 12p.
Clev (ve), Fol, Har, Minn, NYPL

M 581. Berne (la) mazarine, suite de la Mazarinade.
Sur la copie imprimée à Bruxelles, 1651, 8p.
Clev, Fol, Har, Md, NYPL

M 582. Bibliotheca venalis, seu Mazarinus proscriptus.
(S. 1. n. d.), 4p.
Fol

M 583. Bienvenue (la) présentée à monseigneur le
Prince, après son arrivée dans Paris. Paris,
Guillaume Sassier, 1651, 8p.
Har

M 584. Bon (le) bourgeois de la paroisse des Saints
Innocents à messieurs de et caetera. (S. 1.),
1649, 11p.
Fol, Har, Minn

M 585. Bon (le) citoyen faisant voir: 1° l'anatomie des
maximes d'Etat et de la religion chrétienne
touchant la guerre; 2° que, puisqu'il y va de
l'honneur des princes et du salut des peuples de
laisser le roi prisonnier entre les mains du
cardinal Mazarin, les Parisiens le doivent aller
querir où il est; 3° que, laissant perdre l'occasion qui se présente, la ruine de Paris est
infaillible. Paris, 1652, 23p.
Fol, Har (ve), Md

M 586. Bon (le) et le mauvais François en contraste sur
le sujet de la guerre passée et sur celui de la
paix présente. Dialogue. Paris, 1649, 14p.
BYU, Fol, Har, Md, Minn

M 587.　Bon (le) François à monsieur le Prince.　Paris,
Gilles de Halline, 1652, 16p.
Har, NYPL

M 588.　Bon (le) François au véritable Mazarin, déguisé
sous le nom du Franc bourgeois de Paris.
Paris, Nicolas Vivenay, 1651, 19p.
Clev, Fol, Har, Md

M 589.　Bon (le) frondeur qui fronde les mauvais frondeurs,
et qui ne flatte point la fronde mazarine de ceux
qui ne sont plus bons frondeurs.　Paris, 1651,
20p.
Fol, Har (ve), Md

M 590.　Bon (le) ministre d'Etat.　Paris, Jacques
Guillery, 1649, 12p.
Clev, Fol, Har, Md, Minn, NYPL, Wis

M 591.　Bon (le) succès de toute la France, prouvé par la
nature des astres.　Paris, Pierre Sévestre,
1649, 10p.
BYU, Clev, Fol, Har, Md, Minn, NYPL, Wis

M 592.　Bonne (la) et salutaire union et résolution que
doit faire la ville de Paris.　(S.1.), 1652, 7p.
Har, NYPL

M 593.　Bons (les) avis par révélation de sainte Géneviève
à l'hermite solitaire.　(S.1.), 1652, 34p.
Fol, Minn

M 594.　Bons avis sur plusieurs mauvais avis.　(S.1.n.d.),
28p.
BYU, Clev, Fol, Har (ve), Md, Minn

M 595.　Bonheur (le) de la France en la mort de
Mazarin et de ses adhérents.　Paris, (s.d.), 7p.
Clev, Fol, Har, Md, Minn, NYPL

M 596.　Bonheur (le) de la France, ou la Malice découverte, présenté à monseigneur le duc de Beau-
for sur sa justification, par C. H. (Charlotte
Hénault).　Paris, 1650, 14p.
Har

M 598. Bonheur (le) de la France par la paix générale
        sous le règne du roi Louis XIV. Paris, Claude
        Boudeville, 1649, 8p.
        Har, NYPL

M 599. Bouclier (le) et l'Epée du parlement et des
        généraux contre les calomniateurs, par M. L.
        Paris, 1649, 23p.
        Clev, Fol, Har, Minn, NYPL

M 600. Bouquet (le) présenté au roi, le jour de sa fête,
        par le sieur J. B. D. L. R. Paris, Claude
        Boudeville, 1649, 7p.
        Clev, Har

M 603. Bourgeois (le) Saturnien, errant par la ville de
        Paris, pour apprendre ce qui se fait et passe
        tant du parlement, de l'Hôtel de Ville que du
        peuple de Paris. Paris, 1652, 8p.
        Har

M 604. Bouteille (la) cassée, attachée avec une fronde
        au cul de Mazarin, fuyant après avoir su la
        grande défaite de son armée par celle de Son
        Altesse Royale, commandée par monseigneur
        le prince de Condé. Satyre divertissante.
        Paris, par l'ordre commun de plusieurs bons
        et fidèles François, 1652, 15p.
        Clev, Wis

M 605. Branle-Mazarin (le), dansé au souper de quelques-
        uns de ce parti là chez M. Renard, où monsieur
        de Beaufort donna le bal. Paris, 1649, 8p.
        BYU, Clev, Fol & (ve), Har (ve), Md,
        Minn, NYPL, Wis (ve)

M 606. Bref du pape à M. le cardinal de Retz.
        (S. l. n. d.), 4p.
        Har

M 607. Bréviaire (le) des ministres d'Etat, leur faisant
        connoître les cas auxquels ils sont inférieurs
        au parlement de Paris: 1º Pour faire voir
        comme quoi le conseil d'Etat n'a le pouvoir de
        recevoir le serment des ducs et pairs; 2º Pour
        ne pouvoir faire le procès aux princes du sang;

3⁰ Pour ne pouvoir faire valider les édits et
déclarations du roi; 4⁰ Et pour ne pouvoir con-
traindre le ressort du parlement de Paris
d'obéir à ses arrêts. Paris, 1652, 15p.
Fol, Har, NYPL

M 609. Bulle de notre saint Père le pape, Innocent X,
pour l'indiction et célébration du jubilé universel
de l'année 1650, avec une autre bulle pour la
suspension de toutes sortes d'indulgences durant
l'année du jubilé; et les mandements de monseigneur l'Illustrissime et Révérendissime
archevêque de Paris. Paris, Pierre Targa,
1649, 6p.
Har

M 610. Burlesque (le) Festin, ou l'Alliance contractée
entre Mardi Gras et la Foire Saint-Germain.
Paris, Fr. Noël, (1649), 8p.
Clev (ve), Har, Wis (ve)

M 611. Burlesque (le) On de ce temps, qui sait tout,
qui fait tout et qui dit tout. Paris, 1649.
BYU (pts I-III), Clev, Fol (pts I, II), Har
(ve), Md, Minn (pts I-III), NYPL, Wis

M 612. Burlesque (le) On de ce temps renouvelé, qui
sait, qui fait et qui dit tout ce qui s'est passé
depuis la guerre. Première partie. Paris,
Etienne Hébert, 1649.
BYU, Fol (ve, inc), Har (ve), Minn (inc),
NYPL, Wis

M 613. Burlesque (le) remerciment des imprimeurs et
colporteurs aux auteurs de ce temps. (S. l.),
1649, 8p.
Fol, Md, Minn, Wis

M 615. Busire (le) étranger, démonté par les Alcides
de France, sur la résolution généreuse de
messieurs les princes pour la ruine du parti
Mazarin, où se voient les justes causes du refus
de plusieurs villes, fait à ce cardinal, de le
recevoir. Paris, 1652, 15p.
Fol, Har

M 617.   Caducée (le) d'Etat, faisant voir par la raison et
par l'histoire: 1º Que nous ne pouvons pas
espérer la paix pendant que la reine sera dans le
conseil; 2º Que l'entrée du conseil est interdite
à la reine par les lois de l'Etat; 3º Que la reine
est obligée de sa retirer dans son apanage, pour
ses seuls intérêts et pour son honneur; 4º Qu'on
ne peut point dire que Mazarin est chassé pendant
que la reine sera dans le conseil; 5º Que les
tendresses de fils ne doivent faire aucune impression dans l'esprit du roi, pour l'obliger à retenir
sa mère dans le conseil, si sa présence y est
contraire au repos de l'Etat; 6º Et que si la
reine aime son fils, elle doit consentir à cette
retraite sans aucune resistance.   Paris, Pierre
Le Muet, 1652, 32p.
Fol, Har (ve), Md

M 618.   Camouflet (les) du cardinal Mazarin réfutées et
rejettées sur Son Eminence.   Paris, François
Preuveray, 1649, 6p.
BYU, Clev, Fol, Har, Md, Minn, NYPL, Wis

M 620.   Camoullet (le) donné à la ville de Paris pour la
réveiller de sa léthargie.   Paris, (1652), 18p.
Fol, Har, Minn, NYPL

M 621.   Canons (les) foudroyants, ou les Redoutables
paroles du conducteur de nos armées aux princes
et aux peuples.   Paris, François Noël, 1649, 8p.
Fol, Har, Md, Minn, NYPL, Wis

M 622.   Cantique de réjouissance des bons François pour
l'heureux retour du roi dans sa bonne ville de
Paris, avec une très humble remontrance à la
reine régente.   Paris, veuve Jean Remy, 1649,
19p.
Fol (inc)

M 623.   Capitulation (la) de la ville de Bellegarde, le
21 mars.   Paris, 1650.
NYPL (inc)

M 624.   Caprice bachique et burlesque sur la paix.   Paris,
1649, 8p.
BYU, Clev, Fol, Har, Md, Minn, NYPL, Wis

M 625. Caprice (le) des esprits, ou la Philosophie des fous. (S. 1. n. d.), 8p.
Clev, Fol, Har

M 626. Caprice sur l'état présent de Paris. Stances. (S. 1.), 1652, 8p.
Fol, Minn

M 627. Capture de deux courtisannes italiennes, habillées en hommes, faite par le corps de garde de la porte St-Honoré, qui portoient des intelligences secrètes au cardinal Mazarin; et ce qui se passe dans Paris, avec la lettre d'un partisan. Paris, Pierre Variquet, 1649, 7p.
BYU, Fol, Har, Md, NYPL

M 628. Caquet (le) de la paille. (S. 1.), 1652, 8p.
Har, NYPL

M 629. Caquet (le) des marchandes poissonières et harangères des halles sur la maladie du duc de Beaufort, soupçonné de poison, et leur voyage au palais de ce prince. Paris, 1649, 12p.
Har

M 630. Caquet (le) ou entretien de l'accouchée contenant les pernicieuses entreprises de Mazarin découvertes. Paris, 1651, 39p.
Wis

M 631. Caractère (le) de la royauté et de la tyrannie, faisant voir par un discours politique: 1⁰ Les qualités nécessaires à un prince pour bien gouverner ses sujets; 2⁰ Les maux qui arrivent aux peuples lorsque les souverains sont incapables de les gouverner. Paris, 1652, 24p.
Minn

M 632. Caractère (le) des Mazarins, faisant voir: 1⁰ Ceux qui le sont par affection; 2⁰ Ceux qui le sont par ambition; 3⁰ Ceux qui le sont par avarice; 4⁰ Ceux qui le sont par crainte et par lâcheté. (S. 1. n. d.), 24p.
Fol, Har, NYPL

M 633. Caractère (le) du royaliste à Agathon. Paris, 1652, 38p.
Fol (ve), Har (ve), Md, Minn

M 634.   Cardinal (le) errant.   (S. 1.), 1651, 8p.
        BYU, Clev, Har, Md

M 635.   Cardinal (le) Mazarin en deuil, quittant la
        France.   Paris, veuve J. Remy, 1649, 7p.
        BYU, Clev, Fol, Har, Md, Minn, NYPL, Wis

M 636.   Cardinal (le) Mazarin pris au trébuchet.   Paris,
        Pierre Sévestre, 1649, 12p.
        BYU, Clev, Fol (ve), Har, Md, Minn,
        NYPL, Wis

M 637.   Cardinal (le) pélerin, ou le Bourbon de Saint-
        Jacques présenté à Son Eminence par messieurs
        de la ville de Liège.   Liège (Paris, 1651), 7p.
        Md

M 638.   Caresme (le) de Mazarin, ou la Suite des trio-
        lets.   Sur la copie imprimée à Anvers.   (Paris),
        1651, 8p.
        Wis

M 639.   Caresme (le) des Parisiens pour le service de
        la patrie.   Paris, Jean Petrinal, 1649, 8p.
        BYU, Clev, Fol, Har, Md, NYPL, Wis

M 640.   Caresme (le) prenant de Mazarin.   (S. 1.),
        1651, 8p.
        Wis

M 641.   Carnaval (le) des princes au bois de Vincennes.
        Paris, 1650, 8p.
        Har

M 643.   Cartel (le) burlesque entre deux amis, envoyé
        de Paris à Ruel et refusé pendant la conférence.
        Paris, Nocolas Jacquard, 1649, 11p.
        BYU, Clev, Fol, Har, Md, Minn, NYPL, Wis

M 644.   Cassandre (la) françois, avec le Réveil-matin
        des Parisiens.   Paris, Etienne Hébert, 1649, 7p.
        Clev, Fol, Har, Md, Minn, NYPL, Wis

M 645.   Castille (la) aux pieds de la reine, demandant la
        paix: avec la Prédiction du retour du roi dans
        sa bonne ville de Paris.   Paris, Sébastien
        Martin, 1649, 15p.
        BYU, Clev, Har, Md, Minn, NYPL

M 646. Catalogue des partisans, ensemble leur géné-
        alogie et extraction, vie, moeurs et fortune.
        (S. 1.), 1649, 20p.
        Clev, Fol, Md, Minn

M 647. Catalogue des partisans, ensemble leurs
        généalogies, sur lesquels on peut et on doit
        agir pour la contribution aux dépenses de la
        guerre présente.
        Clev, Fol (ve), Har (ve), Minn, Md, NYPL
        (ve), Wis (ve)

M 648. Catastrophe (la) burlesque sur l'enlèvement du
        roi, avec la représentation du miroir enchanté,
        dans lequel on voit la justification de Mazarin
        en la place de Grève. Paris, veuve André
        Musnier, 1649, 12p.
        BYU, Clev, Fol, Har, Md, Minn, NYPL, Wis

M 649. Catastrophe (la) Mazarine. (S. 1.), 1652, 8p.
        Fol, NYPL

M 650. Catéchisme (le) de la cour. Paris, Philippe
        Clément, 1652.
        BYU (pt I), Fol & (ve), Har, Minn (pts I-II),
        Wis (pt I)

M 651. Catéchisme des courtisans de la cour de
        Mazarin. (S. 1.), 1649, 8p.
        Clev, Fol, Har, Md, Minn, NYPL, Wis

M 652. Catéchisme des partisans ou Résolutions
        théologiques touchant l'imposition, levée et
        emploi des finances, dressé par demandes et
        par réponses, pour plus grande facilité, par le
        R. P. D. P. D. S. J. Paris, Cardin Besongne,
        1649, 32p.
        BYU, Clev, Fol (pts I-II), Har (ve), Md,
        Minn, NYPL & (ve), Wis

M 655. Caton (le) françois disant les vérités: 1. du
        roi, de la reine et du Mazarin; 2. des princes;
        3. des parlements; 4. des peuples. (S. 1. ,
        16 mai 1652), 23p.
        Fol, Har, Md, NYPL

M 656.   Causes de récusation contre monsieur le premier
président, monsieur de Champlâtreux, son fils,
leurs parents et alliés au degré de l'ordonnance.
(S. 1. , 1650), 24p.
BYU, Md

M 657.   Causes (les) du retardement de la paix entre le
roi d'une part, le roi d'Espagne et l'empereur
d'autre, et les remèdes qui s'y peuvant apporter.
Paris, Nicolas Bessin, 1649, 8p.
BYU, Clev, Har, Md, Minn, NYPL, Wis

M 659.   Cautèles (les) de la paix, faisant voir: 1. si
la paix, avant l'exécution des arrêts et de la
déclaration contre le cardinal Mazarin, seroit
plus préjudiciable que la guerre; 2. si le
soupçon qu'on a d'un traité secret de la cour
avec les princes, est injuste; 3. la sincérité
des intentions du roi et de la reine de la Grande-
Bretagne; 4. ce que la ville de Paris peut et
doit faire en cas de trahison.   (S. 1. n. d.), 23p.
Fol & (ve), Har, Minn, NYPL

M 660.   Cavalier (le) d'outremer.   (S. 1.), 1649, 12p.
Fol, Har, Minn, NYPL

M 661.   Cavalier (le) démonté.   Paris, veuve Théod.
Pépingué et Est. Maucroy, 1649, 8p.
Clev, Fol, Har, NYPL, Wis

M 662.   Cayer contenant les très-humbles remontrances
des députés du parlement de Bordeaux, présenté
au roi et à la reine régente, le second octobre
1649.   (S. 1.), 1649, 27p.
BYU, Har

M 663.   Cayers des remonstrances faites au roi et à la
reine régente par les députes du parlement de
Provence.   (S. 1. n. d.), 12p.
Md

M 664.   Célèbre (la) Cavalcade pour la majorité du roi.
Fol

M 665.   Célèbre (le) Festin des mouchards, en vers
burlesques.   (S. 1.), 1649, 8p.
Clev, Har, Minn, NYPL

M 666. Censeur (le) censuré, dédié au sieur de Sandricourt. (S. l.), 1652, 16p.
Fol, Har (ve), NYPL

M 667. Censeur (le) du temps et du monde, portant en
main la clef du Politique lutin, de l'Accouchée
espagnole, de la Descente du politique lutin aux
limbes, des Préparatifs et de la France en
travail, par le sieur de Sandricourt. Paris, 1652.
Clev (ve), Har (ve), Md, NYPL

M 668. Censeur (le) politique au très-auguste parlement
de Paris. Paris, Mathieu Colombel, 1649, 28p.
BYU, Clev, Fol, Har, Md, Minn, NYPL, Wis

M 669. Censure de l'insuffisante et prétendue réponse
faite à la réfutation de la Lettre d'avis. Paris,
1649, 15p.
Har

M 670. Censure de monseigneur Illustrissime et Revéndis-
sime archevêque de Bordeaux et primat d'Aquitaine
sur un libelle fait et imprimé à Bordeaux. Paris,
Gilles Dubois, 1652, 7p.
Fol, Har

M 671. Censure (la) ecclésiastique de Rome la sainte
contre la vie dépravée de Jules Mazarin. Paris,
Fr. Noël, 1649, 12p.
Clev, Fol & (ve), Har, Minn, Wis

M 672. Censure (la) et l'antidote de quelques maximes
très-pernicieuses, contenues dans un libelle qui
a pour titre: Le Récit du duel déplorable entre
MM. les ducs de Beaufort et de Nemours, adressé
(sic) à la noblesse raisonnable et chrestienne.
Paris, 1652, 12p.
Fol

M 673. Censure générale de tous les libelles diffamatoires,
imprimés depuis la conclusion de la paix, au
préjudice de cet état. Paris, 1649, 11p.
Har, Md, NYPL

M 674. Censure ou Réfutation du libelle intitulé: Soupirs
françois sur la paix italienne. Paris, Pierre Du
Pont, 1649, 12p.
BYU, Clev, Fol & (ve), Har (ve), Md, Minn,
NYPL, Wis

M 675.   Cent quatre vers contre ceux qui font passer leurs
         libelles diffamatoires sous le nom d'autrui, par
         M. Scarron. Paris, Toussaint Quinet, 1651, 8p.
         Fol, Md

M 676.   Centuries (les) de la naissance de Jules Mazarin,
         apportée (sic) de Sicile par un courrier à Saint-
         Germain-en-Laye. Paris, Michel Mettayer, 1649,
         8p.
         Clev, Fol, Har, Md, Minn, Wis

M 677.   Champagne (la) désolée par l'armée d'Erlach (sic).
         Paris, 1649, 8p.
         Clev (ve), Fol & (ve), Har (ve), Md, Minn &
         (ve), NYPL & (ve), Wis

M 678.   Champagne (la) et la Picardie aux pieds du roi,
         qui se plaignent des violences qu'on leur fait et
         qui implorent son assistance. Paris, 1650, 24p.
         Clev, Md, Wis

M 679.   Changement (le) d'Etat à la majorité du roi.
         (S. l.), 1651, 7p.
         Har, Minn

M 680.   Changement (le) d'Etat sur la majorité du roi,
         présenté à Sa Majesté avant son auguste sacre
         et couronnement. (S. l.), 1651, 11p.
         Fol, Har (ve), Md

M 683.   Chant royal du siége de Paris, dédié à monseig-
         neur de Beaufort. (S. l. n. d.), 2p.
         Clev, Fol, Har, Md

M 684.   Chants royaux sur l'Eminence et les partisans.
         (S. l.), 1649, 10p.
         Clev, Fol, Minn, Wis

M 686.   Chariot (le) du triomphe de la paix, en vers
         burlesques. Paris, Mathurin Hénault, 1649, 8p.
         BYU, Clev, Fol, Har, Md, Minn, NYPL, Wis

M 687.   Charmants (les) effets des barricades, ou l'Amitié
         durable des frères bachiques de Piquenique, en
         vers burlesques. Paris, 1649, 8p.
         Clev, Fol, Har (ve), Md, NYPL

M 688. Chasse (la) à Mazarin. Paris, Michel Mettayer, 1649, 7p.
BYU, Clev, Fol, Har (ve), Md, Minn, Wis

M 689. Chasse (la) aux loups et aux renards, ou la Fin d'aise des maltotiers, en vers burlesques. S. l., 1649, 7p.
Clev, Fol, Har, Md, Minn, NYPL, Wis

M 690. Chasse (la) aux satyres du temps, en vers burlesques. Paris, 1649, 8p.
Clev, Fol, Har, Minn, NYPL, Wis

M 693. Chat (le) qui dort, d'un bon bourgeois de Paris, par lequel on remarquera les généreuses intentions de messeigneurs les princes, le bon et heureux succès de leurs armes, la venue du roi en bref à Paris et la mort de Mazarin assurée en peu de temps. Omnes plaudite gentes manibus; jubilate deo in voce exultationis. Paris, 1652, 6p.
Har

M 694. Chemise (la) sanglante de Mazarin, en vers burlesques. Paris, N. Charles, 1649, 7p.
Clev, Fol, Har, Md, Minn, NYPL, Wis

M 695. Cheute (la) de la tyrannie, faisant voir la fausseté de la Décandence de la royauté par un examen des cinq points proposés. (S. l.), 1652, 15p.
Fol, Har, Minn, NYPL

M 696. Chevalier (le) chrétien parlant des misères du temps à la reine régente. Paris, François Noël, 1649, 23p.
BYU, Clev, Fol, Har, Md, Minn, NYPL, Wis

M 698. Chronologie des reines malheureuses par l'insolence de leurs favoris, dédiée à la reine régente, pour lui servir d'exemple et de miroir. Paris, Claude Morlot, 1649, 8p.
BYU, Clev, Fol, Har, Md, Minn, NYPL, Wis

M 699. Chûte (la) de Phaëton par un vieux Gaulois, revêtu et interprété de nouveau, présentée au roi par un Parisien. Paris, 1651, 24p.
Clev

M 700. Cistême (sic) général ou Révolution du monde, contenant tout ce qui doit arriver en France, la présente année 1652, avec le progrès des armes de M. le prince, prédit par l'oracle latin et l'oracle françois, Michel Nostradamus, à messieurs les prévôts des marchands et échevins de Paris. Paris, 1652, 16p.
Clev (inc), Har, NYPL

M 701. Clairvoyant (le) de la cour touchant les affaires présentes. (S. 1.), 1652, 8p.
Clev, Fol, NYPL

M 702. Claquet (le) de la fronde sur la liberté des princes, avec une élégie aux dames frondeuses, par le Menuisier de Nevers. (S. 1.), 1651, 7p.
Clev (inc), Wis

M 703. Clef (la) du temple de Janus, présenté (sic) au roi par C. M. P. P. P. P. Paris, veuve C. Maret, (1652), 28p.
Har, Md

M 704. Codicile de M. le duc d'Epernon. (S. 1.), 1650, 7p.
Har

M 705. Codicile et suite du testament de très-honorable, très-illustre et très-puissante princesse Charlotte-Marguerite de Montmorency, princesse douairière de Condé, duchesse de Montmorency et de Château Roux (sic), dame de Chantilly, de Merlou et autres terres et seigneuries, décédée à Châtillon-sur-Loing de deuxième décembre 1650. Paris, 1651, 12p.
Md

M 706. Codicile très-véritable de Jules Mazarin, fait par la permission du roi dans Saint-Germain-en-Laye. Paris, Claude Morlot, 1649, 8p.
BYU, Clev, Har (ve), Md

M 707. Coeur (le) des princes entre les mains de Dieu, ou Réponse au libelle séditieux intitulé: Avis aux malheureux, dédié à l'Altesse de Mademoiselle, par le sieur Scarron. Paris, Nicolas Guérard, (1652), 8p.
Md

M 708. Combat (le) de deux auteurs sur le sujet de leurs pièces du temps, en vers burlesque. Paris, 1649, 8p.
BYU, Clev, Fol, Har, Minn, NYPL, Wis

M 709. Combat (le) donné entre les troupes de Son Altesse royale et celles du maréchal de Turenne, entre Essonne et Milly, où deux régiments allemands ont été entièrement défaits. Paris, Jean Brunet, 1652, 7p.
Fol, Har, NYPL

M 710. Combat donné par les troupes mazarines à l'armée de l'archiduc Léopold, pour l'empêcher de venir à Paris au secours de messieurs les princes, où lesdites troupes mazarines on été défaites par celles de l'archiduc au deça (sic) de Compiègne. Paris, Philippe Lefèvre, 1652, 8p.
Fol, Har

M 711. Combat du bon et du mauvais ange de la reine. Paris, 1649, 8p.
Clev, Fol, Har, Md, Minn, NYPL, Wis

M 712. Combat (le) et le cartel de défi de l'amour à la paix, en dialogue. Paris, Claude Morlot, 1649, 8p.
BYU, Clev, Fol, Har, Minn, NYPL, Wis

M 713. Combat (le) furieux de deux Italiens, en vers burlesques. Paris, Sébastien Martin, 1649, 8p.
BYU, Clev, Fol, Har, Md, Minn, NYPL, Wis

M 714. Combat (le) généreux de monseigneur le duc de Beaufort pour l'honneur du roi et de messieurs de Paris. Paris, 1649, 6p.
Fol, Har

M 716. Comète (le) royal, pronostiquant à la reine un déluge des vengeances du ciel, en punition: 1. Des incestes; 2. Des violements; 3. Des sacrilèges; 4. Des sodomies; 5. Des brutalités qui se commettent dans la guerre qu'elle fomente pour soutenir l'ennemi de la chrétienté. (S. l.), 1652, 4p.
Fol (ve), Har (ve), Md

M 717. Comme (les) et Ainsi de la cour. (S. l.), 1649,
8p.
BYU, Fol, Har, Md

M 718. Commerce (le) des nouvelles rétabli, ou le
Courrier arrêté par la Gazette. Paris, 1649, 16p.
BYU, Clev, Fol, Har, Md, Minn, NYPL, Wis

M 719. Commerce (le) rétabli, en vers burlesques.
Paris, Nicolas de la Vigne, 1649, 8p.
Clev, Fol, Md, Minn, Wis

M 721. Commission du roi et arrêt du parlement pour
informer contre le cardinal de Retz. Paris,
par les imprimeurs et libraires ordinaires du
roi, 1654, 7p.
BYU, Clev (inc), Har, Md

M 722. Commission envoyée par monseigneur le duc
d'Orléans aux trésoriers de France à Caen, pour
l'établissement de la subsistance des gens de guerre
pour le service du roi. Paris, Jacob Chevalier,
1652, 6p.
Fol, Har

M 723. Comparaison (la) des comparaisons aux Mazarins,
burlesque fait à Descain (sic). Paris, 1652, 23p.
Clev

M 724. Comparaison du cardinal Mazarin et du comte
d'Olivarez, favori du roi d'Espagne, sur les
affaires, par le sieur de Lécluse. Paris, veuve
Jean Augé, 1652, 8p.
Fol, Md

M 725. Complainte des partisans du cardinal Mazarin sur
le rétablissement de leurs bureaux en France.
(S. l.), 1649, 7p.
Clev, Fol (ve), Har (ve), Minn, NYPL, Wis

M 726. Complainte (la) du sieur Coindinet, gentilhomme
champenois, envoyée à la reine à Saint-Germain.
(S. l.), 1649, 8p.
BYU, Fol, Har, NYPL

M 727.   Compliment de messieurs les curés de Paris à
monseigneur l'Eminentissime cardinal de Retz,
sur sa promotion, par le curé de Saint-Paul.
(S. 1. n. d.), 6p.
Wis

M 728.   Compliment fait, à monseigneur l'éminentissime
cardinal de Retz, par M. Hédelin, abbé d'Aubignac,
portant la parole pour la congrégation de la
propagation de la foi, le 18 mars 1652. (S. 1.),
Denys Langlois, 4p.
Fol

M 729.   Complot (le) et entretien burlesque sur l'arrêt du
29 décembre, contenant les principaux chefs
d'accusation contre le ministère du cardinal
Mazarin, par le sieur de Sandricourt.   Paris,
1652, 23p.
Har, Md, NYPL

M 730.   Conclusions proposées par la reine régente à
messieurs du parlement et à ses sujets, tant
pour chercher les moyens de la générale paix,
afin de bannir du royaume mille particulières
guerres, que pour instruire à fond le procès des
princes. (S. 1.), 1650, 24p.
Fol, Har, Md, Minn, Wis

M 731.   Concordat de l'union faite entre le parlement et
la ville de Bordeaux avec nos seigneurs les
princes contre les ennemis de l'Etat.   Jouxte
la copie imprimée à Bordeaux par Guill. La
Court (sic), 1652, 15p.
Fol, Har, Minn (ve), NYPL

M 732.   Condamnation (la) de l'incivil perturbateur de la
paix. Paris, 1649, 11p.
Clev, Fol, Har, Md, Minn, NYPL

M 733.   Conditions (les) de l'arrêt rendu sur le jugement
d'entre l'auteur de la Vérité toute nue et l'Avocat
général, partie adverse.   Paris, 1652, 16p.
Fol, Har

M 734.   Conduite du cardinal Mazarin depuis son retour en
France, adressée aux compagnies souveraines,
Maison de Ville et bons bourgeois de Paris.   Paris,

veuve Jean Guillemot, 1652, 15p.
Fol & (ve), Har (ve), Md, Minn, NYPL & (ve)

M 736.   Conférence (la) de deux mylords, s'en retournant
en Angleterre, contre les méchants ministres et
favoris.   Paris, Michel Blaguart, 1649, 7p.
BYU, Clev, Fol, Har (ve), Md, Minn, NYPL,
Wis

M 738.   Conférence (la) de Mazarin avec la Fortune, apparue
à Son Eminence sous le nom et visage de la dona
Isabella, courtisane italienne.   Paris, Pierre
Sévestre, 1649, 16p.
Fol, Har, Md, Minn, NYPL, Wis

M 739.   Conférence de Mazarin avec les partisans,
touchant sa retraite, par le sieur de la Besace.
Paris, Nicolas de la Vigne, 1649, 16p.
Clev, Har, Md, Minn, NYPL, Wis

M 740.   Conférence (la) de M. le premier président avec
M. de Châteauneuf sur les affaires du temps.
(S. l. , 1652), 8p.
Clev, Fol, NYPL, Wis

M 741.   Conférence (la) des députés de Son Altesse royale
à Saint-Germain-en-Laye sur l'ouverture de la
paix, faite par le roi d'Angleterre; sa harangue
à Sa Majesté, avec les propositions des députés
et l'impertinente réponse du cardinal Mazarin.
Paris, Jean Brunet, 1652, 8p.
Fol (ve), Har

M 742.   Conférence (la) du cardinal Mazarin avec le
gazetier.   Jouxte la copie imprimée à Bruxelles,
1649, 39p.
BYU, Clev, Fol, Har (ve), Md, NYPL & (ve),
Wis

M 743.   Conférence (la) du Parisien et du Bourdelois sur
les affaires de ce temps.   Paris, 1649, 8p.
BYU, Har (ve), Md

M 744.   Conférence du roi, de la reine et du cardinal
Mazarin sur toutes les affaires présentes, et la
demande dudit sieur cardinal au roi et à la reine,
pour se retirer hors de France, afin de laisser
une tranquillité publique dans le royaume.   Paris,

1652, 16p.
Har

M 745. Conférence (la) secrète tenue, à Pontoise, entre le roi, la reine, le cardinal Mazarin, messieurs les princes et plusieurs autres grands seigneurs de la cour. Paris, 1652, 16p.
Fol, Har

M 746. Conférences (les) du cardinal Mazarin avec un de ses plus grands confidents, tenues à Saint-Denys en France, avant son départ. 1. Il représente toute l'histoire de sa vie depuis son arrivée en France jusques à présent; 2. les traverses qui lui sont arrivés (sic) tant par messieurs les princes, que des jugements contre lui rendus par messieurs du parlement; 3. les défenses qu'il a exercées et exerce contre ceux qui lui en veulent; ensemble les réponses du confident du cardinal Mazarin, lui représentant les malheurs qui pourroient lui arriver ci-après, sur toutes (sic) les articles par lui proposées en ces rencontres. Paris, 1642, 42p.
Fol (ve), Har

M 747. Confession (la) générale de Jules Mazarin, sur tous les crimes par lui commis contre le pape et tous les princes chrétiens. Paris, 1649, 4p.
BYU, Clev, Fol, Har, Md, NYPL, Wis

M 748. Confession (la) générale des partisans et maltôtiers de France, reconnue par l'examen qu'ils en ont fait dans leur dernière assemblée du mois de mai à Paris, recueillie par M. J. D. L. R., un de leurs commis. Paris, 1652, 28p.
Fol (ve), Minn

M 749. Confession (la) générale du cardinal Mazarin et la pénitence que le confesseur lui a imposée pour toutes ses fautes. Paris, jouxte la copie imprimée à Blois, 1652, 8p.
Fol, Har, NYPL

M 751. Confiteor (le) du chancelier au temps de Pâques. Anvers (Paris), 1649, 8p.
BYU & (ve), Clev, Fol, Har, Md, Minn, NYPL, Wis

M 752.   Congé (le) burlesque de l'armée normande.   Jouxte
la copie imprimée à Rouen, 1649, 7p.
Fol, Har, Md, NYPL, Wis

M 754.   Congé (le) du cardinal Mazarin, avec une anagramme sur son nom et surnom.   (S. 1.), 1649, 4p.
BYU, Clev, Fol, Har, Md, Minn, NYPL, Wis

M 755.   Congratulation très-humble à monseigneur
l'Eminentissime cardinal de Retz, archevêque
de Corinthe et coadjuteur en l'archevêqué de Paris,
sur sa promotion au cardinalat.   Paris, M. Jacquet,
1652, 7p.
Har

M 756.   Conjuration (la) de la maison d'Autriche contre la
liberté de l'Europe en la dernière élection, faite
à Ratisbonne, le 22 décembre 1636, avec les
artifices et nullités de cette élection en la personne
du roi de Hongrie, Ferdinand, prétendu roi des
Romains.   Paris, 1649, 8p.
Clev, Fol, Har, Md, Minn, NYPL, Wis

M 757.   Conjuration (la) découverte des sieurs Servient
(sic), Le Tellier, de Lyonne et autres, triumvirat
du conseil du cardinal Mazarin, contre messieurs
les princes et la ville de Paris, proscrits par
arrêts de la cour de parlement, 1. pour la justification de la pure intention de S. A. R. ; 2. dessein du triumvirat pour faire un changement dans
l'Etat; 3. leurs trahisons contre la ville de Paris;
4. Mazarin déclaré ennemi juré de la maison
royale.   Paris, L. Hardouyn, 1652, 16p.
Har

M 758.   Conjuration (la) italienne contre la France par
l'introduction des Italiens, des Anglois et des
Savoyards au conseil du roi, qui sont les effets
de la haine que le cardinal Mazarin porte aux
François.   Paris, 1652, 39p.
Md

M 759.   Conseil (le) de Saint-Germain-en-Laye sur les
affaires présentes.   Paris, veuve d'Antoine Coulon,
1649, 8p.
BYU, Clev (ve), Fol (ve), Har, Md, Minn,
NYPL, Wis

M 760. Conseil nécessaire, donné aux bourgeois de Paris
pour la conservation de la ville contre les desseins de Mazarin et les libelles qu'il a fait
semer. Paris, Cardin Besongne, 1641 (1649), 8p.
BYU, Clev, Fol, Har (ve), Md, Minn,
NYPL, Wis

M 761. Conseil nécessaire, donné par un Parisien, de la
part de tous les bourgeois de Paris, à monseigneur
le duc de Beaufort sur les affaires présentes.
Paris, Nicolas Gasse, 1649, 7p.
BYU (ve), Fol, Har, Md, Minn, NYPL, Wis

M 762. Conseil salutaire au cardinal Mazarin; Gasconnade
en vers, dédiée à messieurs les officiers de la
Bazoche du parlement de Paris. Paris, veuve
Marette, 1652, 8p.
Clev, Fol (ve), Har

M 763. Conseiller (le) d'Etat sans fourbe, raisonnant sur
le choix du Hâvre-de-Grâce pour la détention des
princes, et concluant qu'il ne butte qu'à la ruine
de l'autorité de Son Altesse Royale, au rétablissement de la tyrannie de Mazarin et à la perte
plus assurée de ces illustres, et sur le voyage
de Mazarin sans la compagnie du roi, et tirant
ensuite plusieurs conséquences au grand désavantage
de cet Etat. Legite sapientes; vestro enim sale
conditur hoc embamma. Sal., Prov., I, 1. (S.1.),
1650, 32p.
Clev, Md

M 764. Conseiller (le) fidèle. Paris, Jean Brunet, 1649,
12p.
Clev, Fol, Har, Md, Minn, NYPL, Wis

M 765. Conseiller (le) fidèle au roi. Paris, Arnould
Cottinet, 1649, 8p.
BYU, Clev, Fol, Har, Md, Minn, NYPL, Wis

M 766. Consentement (le) donné par le roi à l'éloignement
du cardinal Mazarin, le 12 août 1652. Jouxte la
copie imprimée à Pontoise par Courant, 7p.
Fol (ve), Har, Md, NYPL

M 767. Considérations désintéressées sur la conduite du cardinal Mazarin. Paris, 1652, 32p.
Fol, Md, NYPL, Wis

M 769. Consolation (la) à la France. Paris, 1649, 3p.
BYU, Clev, Fol, Har, Md, NYPL

M 770. Consolation au peuple de Paris touchant les affaires de ce temps. Paris, Claude Morlot, 1649, 8p.
Har

M 771. Consolation de la petite Nichon à monsieur le prince de Condé. Paris, 1650, 7p.
Har, Md, Wis

M 772. Consolation (la) des bons et la défense de leurs écrits sincères contre les calomniateurs. (S. 1. n. d.), 8p.
Md

M 773. Consolation (la) des femmes veuves de Paris touchant la mort de leurs maris ou alliés pour le service du parlement. Paris, Claude Boudeville, 1649, 7p.
Clev, Fol, Har, Md, Minn, NYPL

M 774. Consolations à la reyne de la Grande-Bretagne, d'Ecosse et d'Irlande, tirées du tableau de la passion de Nostre Sauveur. Paris, Claude Morlot, 1649, 7p.
Har, Wis

M 775. Consolations morales et chrétiennes du philosophe françois, dédiées aux curieux. Paris, veuve Jean Remy, 1649, 7p.
Clev, Har, Md, Minn, NYPL

M 776. Consolations tirées du tableau de la passion de Nostre Sauveur, à la reine de la Grande-Bretagne, d'Ecosse et d'Irlande. Paris, Jean Henault, 1649, 7p.
Fol, Har, Wis

M 777. Conspiration de quatre femmes des plus nobles et des plus illustres de Paris, qui ont comploté

l'entière ruine de Mazarin. Paris, Antoine
Quenet, 1649, 7p.
BYU, Fol, Har, Md, Minn, NYPL

M 778. Constipé (le) de la cour, avec une prophétie
burlesque. (S. 1. n. d.), 7p.
Clev, Fol, Har, Minn, Wis

M 779. Consultation chrétienne et politique, savoir: lequel
est le plus expédient et le plus avantageux à la
France que le cardinal de Retz ou le cardinal
Mazarin gouverne l'Etat. (S. 1. , 1652), 13p.
Clev, Har

M 780. Consultation et ordonnance des médecins de l'Etat
pour la purgation de la France malade, par le
sieur Du Teil. Paris, Claude Huot, 1649, 8p.
BYU, Clev, Fol, Md, Minn, NYPL, Wis

M 781. Contenance (la) des principaux de l'Etat, mais
principalement des chefs de parti, en la présence
du cardinal Mazarin. (S. 1.), 1652, 16p.
Fol, Har, Md, NYPL

M 782. Contents (les) et mécontents sur le sujet du
temps. Paris, 1649, 8p.
BYU, Clev, Fol, Har (ve), Md, Minn, Wis

M 783. Contrat (le) de mariage du parlement avec la
ville de Paris. Paris, veuve J. Guillemot, 1649,
8p.
BYU, Clev, Fol (ve), Har, Md, Minn,
NYPL, Wis

M 784. Contrat fait et passé en la ville de Pontoise, le
13 août 1652, entre le cardinal Mazarin et le
marquis de la Vieuville, surintendant des finances.
Paris, 1652, 8p.
Har, Md, Minn

M 785. Contre les ennemis de la conférence et de la paix.
--Alidor à Ariste. Paris, 1649, 10p.
BYU, Clev, Fol, Har, Md, Minn, NYPL, Wis

M 786. Contrecoup (le) du coup de partie, faisant voir
qu'après l'établissement d'un régent, 1. on doit
faire commandement à toute sorte d'officiers,

tant généraux que gouverneurs de villes et de
provinces, de remettre la personne du roi entre
les mains du régent; 2. on doit faire le procès
à tous ceux qui ont contrevenue à la déclaration
donnée contre Mazarin; 3. on doit casser tout ce
qui se sera fait en cour depuis le commencement
de ces troubles; 4. on doit ravir aux partisans
le bien qu'ils ont pillé au peuple pendant le
ministère du Mazarin, pour soulager le peuple;
5. on doit fermer au clergé toutes les portes
du gouvernement, afin qu'ils ne puissent plus
jamais entrer dans le maniment des affaires
d'Etat. (S. 1.), 1652, 16p.
Fol & (ve), Har, Md, Minn

M 787. Contretemps (les) du sieur de Chavigny, premier
ministre de monsieur le prince. (S. 1.), 1652, 8p.
Fol, Har, NYPL

M 788. Contrevérités (les) de la cour. Quis vetat ridendo
dicere verum? Paris, 1652, 6p.
Md, NYPL

M 789. Contrevérités (les) du vrai et du faux du cardinal
de Retz. Paris, 1652, 24p.
Fol (ve), Har,(ve) Md, Minn, NYPL (ve)

M 790. Contribution d'un bourgeois de Paris pour sa
cotepart (sic) au secours de sa partrie. Paris,
Arnould Cottinet, 1649, 8p.
BYU, Fol (ve), Har (ve), Md, Minn, NYPL
& (ve), Wis

M 791. Convulsions (les) de la reine, la nuit de devant
le départ de Mazarin, avec la Consolation qu'elle
reçut par l'apparition d'une bonne sainte; cause
de la résolution qu'elle a prise de ne plus
souhaiter le retour du Mazarin, de peur de
mettre son royaume en combustion pour la
troisième fois. Paris, 1652, 31p.
Har

M 793. Copie de la réponse pour les dames du parlement
de Paris à la Lettre des dames du parlement de
Bordeaux, avec tous les remerciments et toutes
les civilités qu'une (sic) amour réciproque sauroit

désirer, et qu'elles garderont inviolablement pour elles. (S. l.), 1650, 15p.
Fol, Har, Md

M 794. Copie de la très-humble remontrance que les Etats de Flandre ont faite, depuis peu, à Sa Majesté catholique sur les nécessités de leurs affaires présentes. Paris, François Noël, 1649, 12p.
Har, Md

M 795. Copie du billet imprimé à Saint-Germain-en-Laye, qui a été semé dans Paris par le chevalier de La Valette, tendant à faire soulever les Parisiens contre le parlement. (S. 1.), 1649, 8p.
BYU, Clev, Fol (ve), Har, Minn, NYPL, Wis

M 796. Copie du deuxième billet imprimé à Saint-Germain-en-Laye, qui a été semé dans Paris par le chevalier de La Valette, tendant à faire soulever les Parisiens contre le parlement. (S. 1.), 1649, 8p.
Clev, Fol, Minn

M 797. Coq à l'asne ou Lettre burlesque du sieur Voiture ressuscité au preux chevalier Guichens, aliàs mareschal de Gramont, sur les affaires et nouvelles du temps. Paris, chez la veuve et héritière de l'auteur, rue Bon-Conseil, à l'enseigne du Bout de Monde, 1649, 8p.
BYU, Clev, Fol, Har (ve), Md, Minn, NYPL & (ve), Wis

M 798. Corps (le) mourant et l'esprit vivant de monsieur le duc de Châtillon, mis en vers par M. M. G. A., Elégie. Paris, Pierre Du Pont, 1649, 7p.
BYU, Clev, Fol, Har (ve), Md, Minn, NYPL, Wis

M 799. Coup (le) d'Etat de la Guyenne, présenté à monseigneur le prince de Condé et à messieurs de Bordeaux, ou Remontrance à tous les ordres de la province. Sur l'imprimé, à Bordeaux, chez Gilles Dubois, 1651, 15p.
Fol & (ve), Har (ve), Md

M 800.   Coup (le) d'Etat de monseigneur le duc d'Orléans, envoyé à monseigneur le Prince, touchant les affaires présentes.   Paris, Jean Pétrinal, 1652, 8p.
Fol, Minn, NYPL

M 802.   Coup (le) d'Etat du parlement des Pairs, ou le Prince convainquant le mazarin par la raison et par l'histoire, 1º que le parlement des pairs a eu le pouvoir de transférer l'exercice de l'autorité souveraine entre les mains de Son Altesse Royale; 2º qu'il a dû se résoudre à ce transport par les nécessités de l'Etat; 3º qu'il n'est point d'autorité qui puisse en casser l'arrêt, que par une usurpation aussi violente que tyrannique; 4º que les nouveautés du gouvernement, justifiées par les conjonctures de l'Etat, ne sont pas des coups de caprice; 5º que Son Altesse Royale, en qualité de lieutenant-général absolu, peut faire la paix générale, sans que la cour ait aucun droit de s'y opposer, et que les princes étrangers aient seulement un prétexte pour n'y consentir point.   (S. 1.), 1652, 32p.
Fol (ve), Har, Md, Minn

M 803.   Coup (le) d'Etat du prince de Condé.   Paris, 1651, 18p.
Clev (ve), Fol (ve), Har (ve), Md

M 804.   Coup (le) d'Etat ou le Vrai manifeste de monseigneur de Longueville, envoyé à Son Altesse Royale, sur le retour du cardinal Mazarin au conseil de Sa Majesté.   Jouxte la copie imprimée à Rouen chez Jacques Cailloué.   (S. 1. , 1652), 7p.
Clev, Fol (ve), Md

M 805.   Coup (le) de foudre ou l'Echo du bois de Vincennes. Paris, Pierre-Jacques Canabot, 1650, 7p.
Clev, Fol, Har (ve), Minn

M 808.   Couronne (la) de gloire de nos généraux, les Césars françois.   Paris, Claude Morlot, 1649, 8p.
BYU, Clev, Fol, Har, Md, Minn, NYPL, Wis

M 810.   Couronnement (le) de la paix ou les Voeux du peuple pour le retour du roi et sur celui de

Monseigneur le duc d'Orléans en la ville de
Paris. Paris, veuve Claude Calleville, 1649, 7p.
Clev, Fol, Har, Md, NYPL, Wis

M 811.   Courrier (le), bourdelois apportant toutes les
nouvelles de Bordeaux, tant dedans la ville que
dehors. Paris, Jean LeRat, 1649.
BYU (pts I, VI), Fol (ve), Har & (ve), Md
(pt II), Minn (pts I, II), Wis (pts I, II)

M 812.   Courrier (le) bourdelois, portant toutes sortes de
nouvelles, et contenant ce qui s'est fait et passé
à la faveur de messieurs les princes, depuis la
déclaration de Sa Majesté. Bordeaux, J. Mongiron
Millanges, 1651, 8p.
Fol, Har (ve)

M 813.   Courrier (le) burlesque de la guerre de Bordeaux,
apportant ce qui s'est passé de plus secret en la
cour du duc d'Epernon. (S. 1.), 1650, 19p.
Clev, Fol, Har

M 814.   Courrier (le) burlesque de la guerre de Paris,
envoyé à monseigneur le prince de Condé, pour
divertir Son Altesse durant sa prison: ensemble
tout ce qui se passa jusqu'au retour de Leurs
Majestés.   Jouxte la copie imprimée à Anvers,
et se vend à Paris.   1650, 32p.
Clev, Fol, Har, Md, Minn, NYPL, Wis

M 815.   Courrier (le) burlesque, envoyé à monseigneur
le prince de Condé, pour divertir Son Altesse
durant sa prison, lui racontant tout ce qui se
passa à Paris en l'année 1648, au sujet de l'arrêt
d'union.   Seconde partie.   Jouxte la copie
imprimée à Paris, 1650, 36p.
BYU, Fol (ve), Har (ve), Md, Minn, Wis

M 816.   Courrier (le) burlesque de la paix de Paris.
Paris, 1649, 12p.
BYU, Clev, Fol, Har, NYPL, Wis

M 817.   Courrier (le) de Bordeaux, arrivé à Paris le
dimanche 25 septembre 1650, apportant les
assurées nouvelles de tout ce qui se passe pour
l'accommodement de la paix, procuré vers Leurs

Majestés par messieurs les députés de S. A. R.
et du parlement de Paris; avec l'Extrait d'une
lettre, écrits de Rheims, sur le décampement et
éloignement de l'archiduc Léopold; ensemble la
Députation de la noblesse et de quelques députés
de Provence en faveur de M. le comte d'Aletz
vers S. A. R. Paris, Jacques Barlay, 1650, 8p.
Har

M 818. Courrier (le) de l'armée, apportant au duc de
Bouillon les fâcheuses nouvelles de la prise de
Bellegarde. Paris, Pierre DuPont, 1650, 8p.
Har

M 819. Courrier (le) de l'armée de monsieur le Prince,
envoyé à Son Altesse Royale, apportant les
particularités de tout ce qui s'est passé entre
les deux armées. Paris, 1652, 8p.
Fol, Har, Md, Minn

M 820. Courrier (le) de la cour, apportant nouvelles de
tout ce qui s'est passé en cour, depuis le
dixiesme de ce mois (d'avril) jusqu'au départ
du roy de la ville de Gien (20), et de la route
qu'a prise Sa Majesté pour son retour à Paris.
Paris, Jacques Le Gentil, 1652, 8p.
Fol, Har, NYPL

M 821. Courrier (le) de la cour, portant les nouvelles de
Saint-Germain depuis le 15 mars 1649 jusqu'au
22. Paris, Denys Langlois, 1649.
BYU, Fol (pts I, II), Har (ve), Md, Minn,
NYPL & (ve), Wis

M 823. Courier (le) de la paix, envoyé à Son Altesse
Royale. Paris, Philippes Clément, 1652, 7p.
Fol, Har, Minn

M 824. Courrier (le) de Pontoise, apportant toutes les
nouvelles de ce qui s'est fait et passé à la cour.
Paris, Nicolas Lerrein, 1652, 7p.
Minn

M 825. Courrier (le) du temps, apportant ce qui se passe
de plus secret en la cour des princes de l'Europe.
Amsterdam (Paris), Jean Sansonius, 1649, 32p.
Clev (ve), Fol, Har (ve), Md, Minn, NYPL, Wis

M 826. Courrier (le) étranger, contenant la lettre
de créance que l'archiduc Léopold a envoyée à
messieurs de la cour du parlement de Paris,
ensemble ce qui s'est passé en ladite cour sur
le même sujet, et la harangue faite par messieurs
les gens du roi à Saint-Germain-en-Laye. Paris,
Gervais Allyot et Jacques Langlois, 1649, 8p.
BYU, Fol (ve), Har, Md, Minn, Wis

M 827. Courrier (le) extraordinaire, apportant les nouvelles
de la réception de messieurs les gens du roi à
Saint-Germain-en-Laye, et de celle du courrier
d'Espagne au palais, avec les harangues qui ont
été faites. Paris, Rollin de La Haye, 1649, 8p.
BYU, Fol (ve), Har, Md, Minn, NYPL, Wis

M 828. Courrier (le) extraordinaire de l'univers, rapportant
les véritables et plus secrètes nouvelles de tout
ce qui s'est passé aux quatre parties de l'Europe.
(S. 1. n. d.), 7p.
Md

M 829. Courrier (le) extravagant, portant toutes sortes
de nouvelles extravagantes de toutes sortes de
lieux, tant de France que des pays étrangers.
Paris, Claude Huot, 1649, 11p.
Clev, Fol, Har (ve), Minn, NYPL, Wis

M 830. Courrier (le) françois, apportant toutes les nouvelles véritables de ce qui s'est passé depuis
l'enlèvement du roi, tant à Paris qu'a Saint-
Germain-en-Laye. Paris, Rollin de La Haye,
1649.
BYU (ve), Clev (ve), Fol & (ve), Har
(ve), Md, Minn, NYPL & (ve), Wis (inc)

M 831. Courrier (le) général, portant les nouvelles de
tout ce qui se passe aujourd'hui dans l'Etat.
(S. 1.), 1652, 16p.
Fol, Har, Md, NYPL

M 832. Courrier (le) plaisant, apportant de plaisantes
nouvelles, dédiées aux curieux. Paris, veuve
Jean Remy, 1649, 8p.
Clev, Fol, Har (ve), Md, Minn, NYPL, Wis

M 833.   Courrier (le) polonois, apportant toutes les nouvelles de ce qui s'est passé en l'autre monde, depuis l'enlèvement du roi, fait par le cardinal Mazarin à Saint-Germain-en-Laye, jusqu'à présent. Paris, veuve Jean Remy, 1649.
BYU, Fol (ve), Har (pts I, II), Md, Minn (pt I)

M 834.   Courrier (le) provençal sur l'arrivée du duc de Mercoeur en Provence. Paris, Jacques le Provençal, 1652, 7p.
Fol, NYPL

M 835.   Courrier (le) sousterrain (sic), apportant les nouvelles de ce qu'il a vu de plus considérable pendant son séjour au pays bas de l'autre monde. (S. 1), 1649, 12p.
BYU, Har, Md, NYPL

M 836.   Cours (le) de la Reine ou Promenoir des Parisiens. Paris, Denys Langlois, 1649, 16p.
Clev, Fol, Md, Minn

M 837.   Court-bouillon (le) de Mazarin, assaisonné par toutes les bonnes villes de France. Paris, Claude Morlot, (s. d.), 8p.
Clev, Fol, Har, Minn, NYPL

M 838.   Courte (la) période à messieurs du parlement. (S. 1. n. d.), 6p.
Har, Minn

M 839.   Courtisan (le) désintéressé ou le Partisan des oppressés, venant rendre compte, à messieurs les princes, de la constante fidélité qu'il a eue pour ne jamais démordre de leur partie, même en un temps où leurs éloges étoient des invectives contre les tyrans, où leur défense étoit un crime d'Etat, et où l'on ne menaçoit que de potences et de gibets ceux que la zèle intéressoit à leur querelle. Paris, 1651, 12p.
Clev, Md

M 840.   Courtisans (les) de Saint-Germain révoltés contre le cardinal Mazarin. Paris, Claude Morlot, 1649, 7p.
Fol, Har, Md, Minn, NYPL

M 841. Création de dix conseillers nouveaux au parlement du Mazarin, séant à Pontoise, et des dix ânes rouges qui se trouvèrent à l'ouverture d'icelui, le mercredi 7 août 1652. (S. 1.), 1652, 7p.
Fol, Md

M 842. Credo (le) de la Fronde. (S. 1.), 1650, 7p.
Fol, Md

M 843. Credo (le) des Parisiens, présenté à Son Altesse. Paris, Gilles de Halline, 1652, 8p.
Har

M 844. Crève-coeur (le) et les sanglots de monsieur le Prince, adressés à la France. Envers (sic), (s. d.), 7p.
BYU, Clev, Har, Md

M 845. Crimes (les) de monsieur le prince de Condé. (S. 1. n. d.), 1p.
Md

M 846. Cris (les) des pauvres aux pieds de Leurs Majestés, demandans (sic) la paix. Paris, veuve Théodore Pépingué et Est. Maucroy, 1649, 7p.
BYU, Clev, Fol, Md, NYPL, Wis

M 849. Croisade pour la conservation du roi et du royaume. Paris, 1652, 7p.
BYU, Fol, Har, Md, Minn, NYPL

M 850. Crotesque (sic) (le) adieu de carême au peuple de Paris, à Mazarin et à la guerre, en vers burlesques. Paris, Claude Morlot, 1649, 8p.
Clev, Fol, Har, Md, Minn, NYPL, Wis

M 851. Crotesque (le) carême-prenant de Jules Mazarin, par dialogue. Paris, 1649, 8p.
BYU, Clev, Fol, Har, Md, Minn, Wis

M 853. Curé (le) bourdelois, grand défenseur de la cause de messieurs de Bordeaux. (S. 1. n. d.), 8p.
Fol, Har

M 854. Curieuse (la) et plaisante guerre des plaideurs en vogue, en vers burlesques. Paris, Jean du Crocq, 1649, 11p.
Clev, Fol, Har, Md, Minn, NYPL, Wis

M 855.   Curieuses (les) recherches faites sur la vie de
Jules César, pour montrer les conformités de
Mazarin avec les vices de ce Romain, dont il
porte une partie du nom, lequel en est le sym-
bole. (S. 1.), 1652, 14p.
Fol, Md

M 856.   Custode (la) de la reyne, qui dit tout.   (S. 1.),
1649, 7p.
Har, Wis

M 857.   De la nature et qualité du parlement de Paris,
et qu'il ne peut être interdit, ni transféré hors
de la capitale du royaume, pour quelque cause
ni prétexte que ce soit.   Curant contritionem
filiae populi mei cum ignominiâ, dicentes: Pax,
pax; et non est pax.   Jerem. , c. vi, vers. 14.
Paris, François Preuveray, 1652, 72p.
Fol, Har, Md, Minn

M 858.   De la puissance qu'ont les rois sur les peuples,
et du pouvoir des peuples sur les rois.   (S. 1.),
1650, 20p.
Har, Md

M 859.   De par messieurs les prévost des marchands et
eschevins de la ville de Paris.
Fol (ve)

M 860.   De profundis (le) de Jules Mazarin, avec les
regrets de sa méchante vie.   Paris, (s. d.), 8p.
Clev, Har (ve), Md, NYPL, Wis

M 864.   Décadence de l'injuste parti des Mazarins réfugiés
à Saint-Germain, et leurs pernicieux desseins,
avortés par la conclusion de la paix.   Paris,
veuve André Musnier, 1649, 12p.
Har, Md, NYPL

M 865.   Décadence (la) des mauvais ministres d'Etat, et
les fruits qu'ils ont reçus pour leurs salaires,
dédiée aux amateurs de la paix.   Paris, veuve
d'Antoine Coulon, 1649, 8p.
Clev, Fol, Har, Minn, NYPL, Wis

M 866.   Décadence (la) visible de la royauté, reconnue par
cinq marques infaillibles: 1. par le peu d'autorité

que ceux qui sont intéressés à la soutenir ont
auprès de Sa Majesté; 2. par le peu de respect
que les peuples ont pour tout ce qui vient de la
part du roi; 3. par l'usage des fourbes que le
conseil fait pratiquer à Sa Majesté, pour abuser
de la simplicité des peuples; 4. par la facilité des
entreprises auxquelles on porte Sa Majesté, sans
les concerter comme il faut pour les faire réussir
à son honneur; 5. et par le secours que le conseil
lui fait emprunter des huguenots, en les
rétablissant dans leurs privilèges, pour faire
triompher le parti Mazarin avec plus de succès.
(S. l.), 1652, 16p.
Clev, Fol, Har (ve), Md, Minn

M 867.   Décalogue (le) françois.   Paris, 1649, 8p.
BYU, Clev, Fol, Har, Md, Minn, NYPL, Wis

M 868.   Décalogue (le) romain.   (S. l. n. d.), 8p.
BYU, Clev, Fol, Har, Md, Minn

M 869.   Décampement (le) et la honteuse fuite de l'armée
du maréchal de Turenne, avec la défaite de son
arrière garde, poursuivie par le comte de
Tavannes et le marquis de la Boulaye.   Paris,
L. Laureau, 1652, 7p.
Har, Md

M 870.   Décharge (la) des sceaux du chancelier de France,
et remis entre les mains de M. de Châteauneuf,
et la déclaration du duc de Bouillon touchant sa
fidélité au service du roi.   Paris, veuve Coulon,
1650, 6p.
Fol, Har, Md

M 871.   Décision de la question du temps, à la reine
régente.   Paris, Cardin Besongne, 1649, 15p.
BYU, Clev, Fol (ve), Har (ve), Md, Minn,
NYPL & (ve), Wis

M 872.   Décisions (les) du censeur monarchique touchant la
plus juste autorité des régents d'Etat, prescrivant
des bornes à leur pouvoir, faisant voir qu'ils sont
absolus avec dépendance et dépendants avec
souveraineté, et concluant ensuite, après quelques
réflexions tirées du gouvernement d'aujourd'huy,
que les régents qui renferment leur pouvoir entre

des deux extrémités de dépendant et d'indépendant, maintiennent en repos la minorité de leurs pupilles, et au contraire, etc. Discite justitiam moniti et non temnere Christos. Paris, 1651, 28p.
Fol, Har, Md

M 873. Déclamation en vers contre les députés qui ont fait la paix, lesquels on accuse d'avoir trahi la patrie.
Har (ve)

M 874. Déclaration de la volonté du roi et de la reine régente, sa mère, sur les présents mouvements de la ville d'Aix. Du 18 août. (S. 1.), 1649, 4p.
Minn

M 875. Déclaration de la volonté du roi, étant en son conseil, sur la rébellion de Bordeaux. Bourg, A. Dalvy, 1650, 15p.
BYU, Fol (ve), Har (ve), Md

M 877. Déclaration (la) de messieurs du parlement d'Angleterre, envoyée par leurs députés à monsieur le prince de Condé, sur la marche de dix mille hommes mis sur pied pour son service. (S. 1., 1652), 7p.
Fol (ve)

M 878. Déclaration (la) de messieurs les princes, faite à messieurs du parlement dans la dernière assemblée, tenue au palais le mardi 25 juin 1652, au moyen de laquelle il ne reste plus aucun prétexte pour empêcher la paix. Paris, Salomon de la Fosse, 1652, 7p.
Fol

M 879. Déclaration de messieurs les princes, faits en parlement, toutes les chambres assemblées, chambre des Comptes, cour des Aydes et Hôtel de Ville, le 22 août 1652, touchant la sortie du cardinal Mazarin hors du royaume, avec l'Arrêt dudit parlement donné le même jour. Paris, par les imprimeurs et libraires ordinaires du roi, 1652, 7p.
Fol

M 881. Déclaration de monseigneur le duc d'Orléans,
envoyée au Parlement, pour la justification de la
conduite de monsieur le Prince. Paris, Nicolas
Vivenay, 1651, 7p.
BYU, Clev, Fol (ve), Har (ve), Md, Minn,
NYPL, Wis

M 882. Déclaration de monseigneur le duc d'Orléans et de
monsieur le prince de Condé, faite en parlement,
toutes les chambres assemblées, avec l'Arrêt de
ladite cour des 2 et 3 septembre 1652. Paris,
par les imprimeurs et libraires ordinaires du
roi, 1652, 7p.
Fol, Har & (ve), Minn

M 883. Déclaration de monseigneur le duc d'Orléans,
faite en personne, et déliverée par écrit, signé
de sa main, à messieurs de l'assemblée de la
noblesse, portant parole et assurance, de la part
de Leurs Majestés, pour la convocation et tenue
des Etats-généraux au 8e jour du mois de
septembre prochain, avec les promesses, conditions et sûretés requises et nécessaires, tant pour
le général que pour les particuliers, en case de
retardement ou d'inexécution. Paris, veuve
J. Guillemot, 1651, 7p.
Clev, Fol, Md, Minn

M 884. Déclaration (la) de monseigneur le duc de
Beaufort, envoyée à messieurs du parlement.
Paris, Claude Le Roy, 1652, 16p.
Fol, Minn

M 885. Déclaration (la) de monseigneur le duc de Guyse,
faite à Bordeaux, le 3 du mois courant, sur la
jonction de ses intérêts avec ceux de messieurs
les princes, avec toutes les particularités de sa
sortie. Paris, jouxte la copie imprimée à
Bordeaux par Guillaume de La Court, 1652, 15p.
Fol (ve), Minn

M 886. Déclaration (la) de monseigneur le prince de Conty
et de messieurs les généraux, enregistrée en
parlement, pour l'exécution de l'arrêt du huitième
janvier dernier contre le cardinal Mazarin, pour le
soulagement du peuple et la paix générale. Du

110

samedi 20 mars 1649.   Paris, Alexandre Lesselin,
1649, 4p.
BYU, Clev, Fol, Har (ve), Md, Minn, NYPL,
Wis

M 887. Déclaration de monseigneur le Prince, faite en
personne, et délivrée par écrit, signé de sa
main, à messieurs de l'assemblée de la noblesse,
portant parole et assurance, de la part de Leurs
Majestés, pour la convocation et tenue des Etats
généraux au 8e jour du mois de septembre prochain,
avec les promeses, conditions et sûrétes requises
et nécessaires, tant pour le général que pour les
particuliers, en cas de retardement ou d'inexécution.   Paris, veuve J. Guillemot, 1651, 4p.
Clev, Fol, Md, Minn, Wis

M 889. Déclaration de Son Altesse Royale et de monsieur
le Prince, faite en la chambre des Comptes, sur
l'éloignement du cardinal Mazarin.   Paris, Denys
de Cay, 1652, 4p.
Fol (ve), Har

M 890. Déclaration (la) de Son Altesse Royale sur le sujet
du discours lu au Palais Royal, en présence des
députés du Parlement, chambre des Comptes, cour
des Aydes et corps de ville de Paris, sous le
nom du roi et de la reine régenté, ensemble la
Réponse de M. le Prince, présentée au Parlement,
les chambres assemblées, le 19 août 1651.   Paris,
Nicolas Vivenay, 1651, 16p.
BYU, Fol (ve), Har (ve), Md, Minn, NYPL,
Wis

M 891. Déclaration (la) des nouveaux Mazarins, faite à
messieurs nos princes, qui a été arrêté et
accordé (sic) pour le soulagement du peuple, de
quitter le parti Mazarin.   Paris, Pierre Bon,
1652, 6p.
Md

M 892. Déclaration des prétentions de la noblesse, assem-
blée aux Cordeliers à Paris.   Paris, veuve J.
Guillemot, 1651, 4p.
Md

M 893. Déclaration des prétentions de messieurs nos généraux, faite et enregistrée au parlement, le samedi vingtième mars 1649, et envoyée à Ruel. Paris, veuve d'Anthoine Coulon, 1649, 7p.
BYU, Clev, Fol, Har, Md, Minn, NYPL, Wis

M 894. Déclaration des volontés du roi sur les mouvements arrivés en la ville d'Aix en Provence, contenant les articles accordés pour le bien et pour le repos de tous ses sujets de ladite province, de quelque qualité et condition qu'ils soient, avec la Lettre de Sa Majesté, écrite à la cour de parlement, pour l'exécution de ses ordres et ses commandements, vérifiée audit parlement de Provence, les 22 et 25 août 1649. Paris, Antoine Estienne, 1649, 8p.
Clev, Har

M 895. Déclaration (la) du cardinal Mazarin, envoyés (sic) à Son Altesse Royale, à nos seigneurs les princes et à messieurs du parlement par un courrier extraordinaire. Paris, Louis Du Sol, 1652, 8p.
Fol, Har

M 897. Déclaration du duc Charles, faite à nos seigneurs de parlement et aux bourgeois de Paris, en faveur de la France. Paris, veuve J. Remy, 1649, 8p.
BYU, Clev, Fol, Har (ve), Md, Minn, NYPL, Wis

M 898. Déclaration (la) du duc de Lorraine, à Son Altesse Royale et à messieurs les princes, sur l'approche de ses troupes ès environs de Paris, ensemble la Lettre écrite à messieurs du parlement sur ce sujet. Paris, Claude Le Roy, 1652, 8p.
Fol, Har (ve)

M 899. Déclaration du parlement d'Angleterre, contenant les motifs et raisons de leurs dernières procédures, et pour lesquelles ils ont établi le gouvernement présent en forme de république ou d'Etat libre, traduite de l'anglois. Londres (Paris), 1649, 26p.
Fol, Har (ve), Md, Minn

112

M 900.   Déclaration du parlement, par laquelle Son Altesse
Royale est déclaré (sic) lieutenant général de
l'Etat et couronne de France, et monsieur le prince,
généralissime des armées, suivant l'arrêt donné
en l'assemblée, cejourd'hui 20 juillet, pour la
délivrance de Sa Majesté. Paris, Jean Brunet,
1652, 8p.
Fol, Minn

M 901.   Déclaration du roy.   (S. 1. , 1649), 7p.
Har, Wis

M 903.   Déclaration du roi, accordée pour la pacification
des troubles de Bordeaux, du 1er octobre 1650,
à Bourg sur la mer.   Paris, par les imprimeurs
et libraires ordinaires du roi, 1650, 14p.
Fol, Har (ve), Md

M 904.   Déclaration du roi contre ceux qui vendront et
achèteront des sels en Normandie à vil prix.
(S. 1. n. d.), 3p.
Har

M 905.   Déclaration du roi contre les officiers et habitants
de la ville de Bordeaux, et autres de la province
de Guyenne qui se sont unies à icelle.   Poitiers,
par les imprimeurs commandés de Sa Majesté,
1652, 7p.
Fol (ve), Har (ve), Md

M 906.   Déclaration du roi contre les princes de Condé,
Conty, et duchesse de Longueville, les ducs de
Nemours et de La Rochefoucault, et autres
leurs adhérents qui les ont suivis, vérifiée en
parlement, le 5 décembre 1651.   Paris, par les
imprimeurs et libraires ordinaires du roi, 1651,
18p.
Clev, Fol, Har, Md

M 907.   Déclaration du roi contre les princes de Condé, de
Conty, la duchesse de Longueville, le duc de La
Rochefoucault, le prince de Talmont et leurs
adhérents, vérifiée en parlement, le roi y séant
en son lit de justice, le 13 novembre 1652.   Paris,
par les imprimeurs et libraires ordinaires du
roi, 1652, 8p.
BYU, Clev, Fol, Har (ve), Md, Minn, Wis (ve)

M 908. Déclaration du roi contre les sieurs duc de
Bouillon, maréchaux de Brézé et de Turenne, et
de Marsillac, lue, publiée et enregistrée au
parlement, le 7 février 1650. Paris, par les
imprimeurs et libraires ordinaires du roi, 1650,
8p.
BYU, Clev, Fol, Har (ve), Md, Minn

M 909. Déclaration du roi contre madame la duchesse de
Longueville, les sieurs duc de Bouillon, maréchal
de Turenne, prince de Marsillac, et leurs ad-
hérents, vérifiée en parlement, le 16 mai 1650.
Paris, Antoine Estienne, 1650, 6p.
BYU, Har (ve), Md, NYPL

M 910. Déclaration du roi d'Angleterre, faite aux
Ecossois par le marquis de Montrose, gouverneur
et lieutenant général par mer et par terre au
royaume d'Ecosse pour Sadite Majesté, contre les
rebelles d'Ecosse et ceux qui tiennent le parti du
parlement d'Angleterre, présentée à la reine
d'Angleterre. Paris, Guillaume Sassier, 1650, 8p.
Har

M 911. Déclaration du roi, donnée sur les mouvements
arrivés en sa province de Normandie, lue,
publiée et enregistrée à Rouen, en parlement, le
9 avril 1649. Rouen, David du Petitval et Jean
Viret, 1649, 16p.
Har & (ve)

M 912. Déclaration du roi, du 3 février 1649, par laquelle
sont donnés six jours aux habitants de Paris pour
rentrer dans leur devoir. Saint-Germain-en-Laye,
le 4 février 1649, 4p.
Har (ve)

M 913. Déclaration du roi, du 25 février 1651, par laquelle
Sa Majesté révoque toutes les lettres de cachet
données en conséquence de la détention de messieurs
les princes de Condé, de Conty, et duc de
Longueville, et reconnoit leur innocence, et les
remet dans tous leurs biens, gouvernements et
charges. Paris, Guillaume Sassier, 1651, 7p.
Md

M 915. Déclaration du roi en faveur de madame la
duchesse de Longueville, de M. le maréchal de
Turenne et de tous ceux qui ont suivi ou exécuté
leurs ordres, vérifiée en parlement, le 19 mai
1651. Paris, par les imprimeurs et libraires
ordinaires du roi, 1651, 7p.
BYU, Har (ve), Md

M 916. Déclaration du roy en faveur des bourgeois et
habitants de la ville de Paris, contenant la
levée des modifications portées par l'arrest de
verification de l'amnistie, accordée par Sa
Majesté. Pontoise, Julien Courant, 1652, 3p.
Har (ve), NYPL (ve)

M 917. Déclaration du roi, par laquelle la séance du
parlement de Paris est transférée en la ville
de Montargis, avec interdiction de s'assembler,
ni faire aucun acte de justice dans Paris.
Saint-Germain-en-Laye, 1649, 8p.
Fol

M 918. Déclaration du roi, par laquelle les présidiaux du
ressort du parlement de Paris ont pouvoir de
juger souverainement, tant en matière civile que
criminelle. Saint-Germain-en-Laye, le 6 février
1649, 4p.
Fol, Har

M 919. Déclaration du roi, par laquelle les princes, ducs,
seigneurs et leurs adhérents qui ont pris les
armes contre son service, sont déclarés criminels
de lèze majesté, s'ils ne se rendent près de sa
personne dans trois jours après la publication
d'icelle. Saint-Germain-en-Laye, 1649, 7p.
Fol, Har & (ve), NYPL (inc)

M 920. Déclaration du roi, par laquelle tous les officiers
du parlement de Rouen sont interdits, déclarés
criminels de lèze-majesté, et leurs offices supprimés, en cas qu'ils ne se rendent pas, dans
quatre jours, près de Sa Majesté. Saint-Germain-
en-Laye, 1649, 4p.
Fol, Har, NYPL (inc)

M 921. Déclaration du roi, portant abolition générale de ce
qui s'est passé en la ville de Paris, l'onzième

décembre dernier, 1649, vérifiée en parlement
le douzième mai 1650. Paris, par les imprimeurs
et libraires ordinaires du roi, 1650, 6p.
BYU, Clev, Fol, Har, Md, Minn

M 923.   Déclaration du roi portant confirmation des offices
de police, vérifiée en parlement, le 31 et dernier
décembre 1652. Paris, par les imprimeurs et
ordinaires du roi, 1653, 14p.
BYU, Fol, Har

M 924.   Déclaration du roi, portant décharge du prêt et
avance en faveur des officiers des présidiaux
et justices royales de ce royaume, vérifiée en
la grande chancellerie de France, le 12 octobre
1648. Paris, Antoine Estienne, 1649, 4p.
Md, Minn

M 925.   Déclaration du roi, portant défenses au cardinal
Mazarin, ses parents, alliés et domestiques
étrangers, sous quelque prétexte que ce soit, de
rentrer dans ce royaume et autres pays sous la
protection de Sa Majesté, et, à tous gouverneurs
et autres officiers, de les y souffrir sur les
peines y mentionnées, vérifiée en parlement, le
sixième septembre 1651. Paris, par les imprimeurs et libraires ordinaires du roi, 1651, 14p.
Clev, Fol, Har (ve), Md, Minn, Wis

M 928.   Déclaration du roi, portant injonction à tous les
officiers du parlement qui sont à Paris, de se
rendre, dans trois jours, dans la ville de
Pontoise, à peine de suppression de leurs charges.
Pontoise, Julien Courant, 1652, 7p.
Fol, Har (ve), Md, Minn, NYPL

M 929.   Déclaration du roi, portant interdiction du parlement de Bourdeaux, donnée à Compiègne, le 12
juillet 1649. Bourdeaux, J. Mongiron Millanges,
1649, 8p.
Har (ve), Wis (ve)

M 930.   Déclaration du roi, portant pacification pour la
tranquillité publique, avec la Déclaration du roi
pour le rétablissement du parlement en la ville
de Paris, vérifiées en parlement toutes les
chambres assemblées au château du Louvre,

publiées, le roi y séant, le 22 octobre 1652.
Rouen, David du Petitval et Jean Viret, 1652, 8p.
Fol (ve), Har (ve), Md, NYPL

M 931. Déclaration du roi, portant qu'à l'avenir aucuns
étrangers, quoique naturalisés, ni même les
François qui auront été promus à la dignité de
cardinal, n'auront plus entrée au conseil, ni
admis (sic) à la participation des affaires de Sa
Majesté, vérifiée en parlement, le 20 avril
1651. Paris, par les imprimeurs et libraires
ordinaires du roi, 1651, 8p.
BYU, Clev, Fol, Md

M 932. Déclaration du roi, portant qu'à l'avenir il ne
sera fait aucune imposition sur ses sujets qu'en
vertu d'édits dûment vérifiés, vérifiée en la cour
des Aydes, le 21 juillet, 1648. Paris, par les
imprimeurs et libraires ordinaires du roi, 1648,
6p.
NYPL

M 934. Déclaration du roi, portant que les officiers des
compagnies souveraines de Paris, ceux de
judicature, finances et autres du ressort d'icelles,
qui sont entrés au droit annuel depuis la déclaration du 13 mars et autres données en conséquence,
seront reçus à payer ledit droit annuel pour l'année
prochaine 1651, lue et publiée en la grande
chancellerie de France, le 3 septembre 1650.
Paris, par les imprimeurs et libraires ordinaires
du roi, 1650, 6p.
Md, Minn

M 935. Déclaration du roi, portant que les officiers des
cours souveraines de ce royaume jouiront cy après
durant neuf années, commençant au premier jour
de la présente année 1648, et finissant au dernier
décembre 1656, de la dispense de la rigueur des
quarante jours que chacun officier doit survivre
après le contrôle de la quittance de la résignation
de son office, aux conditions portées par ladite
déclaration, vérifiée en la grande chancellerie
de France, le dernier jour d'avril 1648. Paris,
Antoine Estienne, 1648, 7p.
Clev (ve), Har & (ve), Md

M 936. Déclaration du roi, portant réglement sur le fait
de la justice, police, finances et soulagement des
sujets de Sa Majesté, vérifiée en parlement, le
24 octobre 1648. Paris, par les imprimeurs et
libraires ordinaires du roi, 1648, 19p.
BYU (ve), Clev, Fol (ve), Har (ve), Md,
Minn (ve), NYPL, Wis

M 937. Déclaration du roi, portant révocation de toutes
commissions extraordinaires, même celles
d'intendants des justices (sic) ès provinces du
royaume, avec décharge, à ses sujets, des restes
des tailles avant l'année 1647, et remise d'un
demi quartier d'icelles pour les années 1648 et
1649, vérifiée en parlement, le 18 juillet 1648.
Paris, par les imprimeurs et libraires ordinaires
du roi, 1648, 11p.
Fol & (ve), Har & (ve), Md, Minn, NYPL, Wis

M 938. Déclaration du roi, portant révocation des intendants
de justice, et remise, au peuple, des restes des
tailles, taillon et subsistance jusques et compris
l'année 1646, et d'un demi quartier pour les années
1648 et 49, avec rétablissement des officiers en
l'exercise de leurs charges, et arrêt de la chambre
des Comptes de vérification d'icelle, du vingtième
juillet 1648. Paris, Denys de Cay, 1648, 8p.
Md

M 939. Déclaration du roi, portant révocation des
intendants de justice, et remise des restes des
tailles jusques en quarante-six inclusivement, et
d'un demi quartier pour les années quarante-huit
et quarante-neuf, avec rétablissement des officiers
en la fonction de leur charges, vérifiée en la cour
des Aydes, le 18 juillet 1648. Paris, par les
imprimeurs et libraires ordinaires du roi, 1648,
12p.
Clev, Fol, Har (ve), Md, Minn, NYPL

M 941. Déclaration du roi, portant suppression de toutes
les charges et offices dont sont pourvus les gens
cidevant tenant la cour de parlement de Paris, pour
les causes y contenues. Saint-Germain-en-Laye,
1649, 16p.
BYU, Fol (ve), Har & (ve), Md & (ve), Minn,
NYPL & (ve), Wis

M 942. Déclaration du roi, portant translation du parlement de Paris en la ville de Pontoise, avec
l'Arrêt d'enregistrement d'icelle. Pontoise,
Julien Courant, 1652, 16p.
Fol, Har (ve), Md

M 943. Déclaration du roi, portant translation du parlement qui se tenoit dans la ville de Rouen, dans
celle de Vernon. Saint-Germain-en-Laye, 1649,
4p.
Fol, Har

M 944. Déclaration du roi, pour faire cesser les mouvements et rétablir le repos et la tranquillité de
son royaume, vérifiée en parlement, le 1er avril
1649. Paris, par les imprimeurs et libraires
ordinaires du roi, 1649, 16p.
BYU & (ve), Clev, Fol, Har (ve), Md, Minn,
NYPL & (ve), Wis

M 945. Déclaration du roi, pour faire cesser les mouvements et rétablir le repos et la tranquillité en
son royaume, avec l'Arrêt de la chambre des
Comptes de vérification d'icelle, du troisième
avril 1649. Paris, Denys de Cay, 1649, 10p.
Md

M 946. Déclaration du roi pour l'innocence de messieurs
les princes de Condé et de Conty, et duc de
Longueville, avec rétablissements (sic) de toutes
leurs charges et gouvernements, vérifiée en
parlement, le 28 février 1651. Paris, par les
imprimeurs et libraires ordinaires du roi, 1651,
8p.
BYU, Fol (ve), Har (ve), Md, Minn

M 947. Déclaration du roi pour l'innocence de monseigneur
le prince de Condé, vérifiée en parlement, Sa
Majesté y séant, le 7 septembre 1651. Paris, par
les imprimeurs et libraires ordinaires du roi,
1651, 8p.
Fol & (ve), Har (ve), Md, Minn, NYPL, Wis

M 948. Déclaration du roi pour la justification de messieurs
les princes de Condé, de Conty, et duc de Longueville, et l'éloignement de Mazarin. Paris,
Coutance, 1651, 6p.
Har (ve), Md

M 950. Déclaration du roi pour le rétablissement du parlement en la ville de Paris, vérifiée en parlement,
toutes les chambres assemblées au château du
Louvre, publiée, le roi y séant, le 22 octobre
1652. Paris, par les imprimeurs et libraires
ordinaires du roi, 1652, 7p.
BYU, Fol, Har (ve), Md, Minn, NYPL

M 951. Déclaration pour monseigneur le prince de Conty,
où sont désavouées les impostures avancées au
libelle intitulé: Lettre de monsieur le prince de
Conty, écrite au roi sur son voyage de Berry,
contre la réputation d M. de Châteauneuf, avec
une entière justification du procédé de monseigneur
le prince de Conty. (S. l.), 1651, 20p.
Fol, Md, Minn, NYPL

M 953. Déclaration du roi, vérifiée en parlement, Sa
Majesté y séant en son lit de justice, le dernier
juillet mil six cens (sic) quarante-huit. Paris,
par les imprimeurs et libraires ordinaires du
roi, 1648, 12p.
Fol (ve), Har (ve), Md, Minn

M 954. Déclaration faite en Parlement par monseigneur le
prince de Conty et messieurs les généraux contre
le cardinal Mazarin. Du 20 mars 1649. Paris,
par les imprimeurs et libraires ordinaires du
roi, 1649, 4p.
Clev, Har, Md, Minn

M 955. Déclaration faite par Son Altesse Royale et par
M. le Prince dans le Parlement, chambre des
Comptes, cour des Aydes et Maison de ville
de Paris, sur le sujet de l'éloignement du cardinal
Mazarin. 1652, 7p.
Har (ve), Md, Minn, NYPL

M 956. Déclaration (la) générale des habitants de la ville
d'Orléans, et la réception de monseigneur le duc
de Beaufort, avec le sujet de son arrivée à
la ville de Paris. Paris, Jacob Chevalier, 1652,
6p.
Fol, NYPL

M 958. Déclaration sur le sujet et la forme de l'entrée de Son Altesse Impériale l'archiduc Léopold en France, et de sa retraite après l'accommodement fait entre la régence et le parlement de Paris avec les princes et seigneurs associés. Cambray, 1649, 8p.
Clev, Fol, Har, Md, Minn, NYPL, Wis

M 959. Déclarations des rois Louis XI et Henry III, avec les Articles des ordonnances de Blois et d'Orléans, mentionnés ès articles 13, 14 et 15 de la déclaration du roi Louis XIV, portant réglement sur le fait de la justice, police, finances et soulagement de tous les sujets de Sa Majesté, vérifiée en parlement le 24e jour d'octobre 1648. Paris, par les imprimeurs et libraires ordinaires du roi, 1648, 12p.
Fol, Har, Minn

M 961. Décret infernal contre Jules Mazarin et tous les partisans de France. Paris, François Noël, 1649, 8p.
Clev, Fol, Har, Md, Minn, NYPL, Wis

M 962. Défaite (la) d'une partie de la cavalerie du régiment de Corinthe et de celui d'infanterie du duc de Bouillon au pont Antoni (sic) et sur le chemin de Paris à Lonjumeau, avec la prise d'un convoi de soixante charrettes chargées de farine, quatre cents chevaux et autre butin, où les Parisiens ont eu plus de cinquante des leurs tués et plus de cent faits prisonniers. Saint-Germain-en-Laye, 30 janvier 1649, 8p.
NYPL

M 964. Défaite (la) de 800 hommes des troupes du maréchal de La Ferté Senneterre, près Nantheul, par l'armée de l'archiduc Léopold, ensemble les particularités et la perte de leur bagage. Paris, L. Hardouin, 1652, 8p.
Har, Minn

M 965. Défaite (la) de l'armée du comte d'Harcourt par celle de monsieur de prince de Conty, avec la liste des morts et le nombre des prisonniers, ensemble la prise de trois pièces de canon et du bagage. Paris, Samuel de Larru, 1652, 8p.
Fol, Har, Md

M 967. Défaite (la) de l'armée du marquis de Poyanne
au Mont de Marsan, et la réjouissance faite dans
Bourdeaux sur l'heureux succès des armes de
monsieur le Prince. Paris, jouxte la copie
imprimée à Bordeaux par Guillaume de La Court,
1652, 8p.
Md, NYPL

M 968. Défaite (la) de Mazarin par les généraux Picards
dans la vallée de Vannecourt, avec la prise de
tout son bagage. Paris, 1652, 7p.
Fol (ve), Md

M 970. Défaite (la) des Mazarins, devant Estampes, par
l'armée de Son Altesse Royale, à l'assaut général
qu'ils ont voulu donner, où ils ont perdu plus de
cinq cents hommes, apportée par le courrier de
M. le comte de Tavannes, le 6 juin 1652. Paris,
Jean Brunet, 1652, 7p.
Fol

M 971. Défaite (la) des troupes des sieurs de Montosier
(sic) et de Folleville, dans le Périgord, par
celles de monseigneur le Prince, sous la conduite
du sieur Balthazar. Paris, Nicolas Vivenay,
1652, 8p.
Fol

M 972. Défaite (la) des troupes du comte d'Harcourt, que
les sieurs de Montosier et Folleville commandoient,
par celles de monsieur le Prince, sous la conduite du sieur Balthazar, avec les noms des morts,
blessés et prisonniers, et la perte de tous leurs
chevaux et bagages. Paris, J. Brunet, 1652, 8p.
Har, NYPL

M 973. Défaite (la) des troupes du duc de Lorraine par
la noblesse et les communes de Brie et de
Champagne, où il est demeuré plus de 1200
hommes. Paris, A. Chouqueux, 1652, 8p.
Har

M 974. Défaite (la) des troupes du général Rose, dans la
plaine de Brégy, par le duc de Wirtemberg et la
comte de Fuensaldagne, et la construction du
pont de Charenton par les troupes des princes, et

ceux du maréchal de Turenne à celui de la Barre (sic). Paris, Claude Le Roy, 1652, 8p.
Fol (ve), Har (ve)

M 976.   Défaite (la) des troupes du marquis de Sauveboeuf par celles de monsieur le Prince, sous la conduite du sieur Balthazar. Paris, Nicolas Vivenay, jouxte la copie imprimée à Bordeaux, 1652, 8p.
Fol, Md, NYPL

M 977.   Défaite (la) des troupes du sieur de Biron par celles de monsieur le Prince, sous la conduite du comte de Marchin (sic), ensemble d'autres particularités des victoires passées. Paris, Nicolas Vivenay, (s. d.), 8p.
Md, NYPL

M 978.   Défaite (la) des troupes mazarines, à l'attaque du château du Plessis, par les paysans réfugiés dans le même château, et les désordres commis dans le château de Villebon près Palaiseau, appartenant à M. le président de Novion, avec la route de Sa Majesté. Paris, J. Le Gentil, 1652, 8p.
Har, NYPL

M 979.   Défaite (la) des troupes mazarines, devant le château de Mouron, par monsieur le marquis de Persan, où il y a eu huit cents hommes tués sur la place, qui étoient commandés par le comte de Palluau, et leur retraite dans la ville basse de Saint-Amand. Paris, M. Jacquet, 1652, 7p.
Fol, Md

M 980.   Défaite (la) du duc d'Epernon par les Bourguignons, avec le nombre des morts et prisonniers. Paris, jouxte la copie imprimée à Dijon, 1652, 8p.
Fol

M 981.   Défaite (la) du maréchal de Seneterre par les troupes de Son A. R., commandées par le comte de Tavannes en l'absence de M. le prince de Condé. Paris, André Chouqueux, 1652, 8p.
Fol, Har & (ve), NYPL

M 983.   Défense de messire Philippe de La Mothe Houdancourt, duc de Cardone et maréchal de France, au libelle jetté dans Paris par le chevalier

123

de La Valette, et affiché à Saint-Germain-en-Laye par ordre du cardinal Mazarin. Paris, François Noël, 1649, 36p.
BYU, Md

M 984. Défense de l'ancienne et légitime Fronde. Paris, 1651, 7p.
Clev, Fol, Har

M 985. Défense de monsieur de Châteauneuf et de madame la duchesse de Chevreuse contre l'extrait de la déclaration et dernière volonté du feu roi Louis XIII, d'heureuse mémoire, du mois d'avril 1643. (S. l.), 1651, 8p.
Har

M 986. Défense (la) de monsieur le Prince contre le libelle intitulé: La Suite des intrigues de M. le Prince à la cour. Paris, Jacques Le Gentil, 1652, 8p.
Md

M 988. Défense (la) du prince invincible. (S. l. n. d.), 6p.
Md

M 989. Défense pour le frondeur désintéressé au frondeur soi-disant vrai. (S. l.), 1651, 11p.
Md

M 990. Défense pour messieurs les ministre (sic), officiers de finances et autres, ou le Combat de la vertu contre la calomnie. (S. l.), 1649, 10p.
Fol, Har (ve), Minn, Wis

M 991. Définitions sur l'état et condition d'un chacun. (S. l. n. d.), 7p.
Clev, Har

M 992. Délibération (la) des trois Etats du Languedoc, tenue à Pézénas, du 15 novembre dernier, assemblés par mandement du roi, du 15e jour dudit mois de novembre, président monseigneur l'archevêque de Narbonne, avec une lettre, écrite à monseigneur le maréchal de Lhopital, gouverneur de Paris, contenant la defaite de la garnison du château d'Aigremont, proche la ville de Langres,

124

par le sieur Garney, prévôt des maréchaux de France à Langres. Paris, Guill. Sassier, 1650, 8p.
Md

M 993. Délibérations (les) prises et arrêtées, en l'hôtel de ville, pour la lavée des derniers et subsistances des troupes destinées pour la délivrance du roi et destruction du cardinal Mazarin, en présence de Son Altesse Royale et de messieurs les princes, et les articles par eux accordés pour ce sujet. Du lundi 29 juillet 1652. Paris, 1652, 7p.
Clev, Fol, Har, Md, Minn

M 994. Délices (les) de la paix, représentés (sic) par les Etats et les villes de ce royaume, par le sieur Bertaut. Paris, Nicolas Jacquard, 1649, 20p.
Clev, Har, Minn

M 995. Délogement de la discorde, sans trompettes. Vers burlesques. (S. l.), 1649, 8p.
Clev, Fol, Har, Md, Minn, NYPL, Wis

M 996. Demandes des généraux et des personnes qui sont unies avec eux. (S. l. n. d.), 4p.
Clev, Wis

M 997. Demandes des princes et seigneurs qui ont pris les armes avec le parlement et peuple de Paris. (S. l.), 1649, 8p.
BYU, Clev, Fol, Har, Md, Minn, NYPL, Wis

M 998. Demandes et réponses entre le Roi et Monsieur, son frère, pour bien et heureusement régir et gouverner le royaume en prix et concorde. Paris, veuve Musnier, 1649, 16p.
Clev, Md

M 999. Démocrite et Héraclite, riant et pleurant sur le temps qui court; dialogue satyrique. Paris, 1649, 8p.
Clev, Fol, Har, Md, Minn, NYPL, Wis

M 1000. Départ (le) de Jules Mazarin, avec la Réponse de l'écho passant par les bons hommes. (S. l.), 1649, 4p.
Clev, Har, Minn, Wis

M 1002. Départ (le) de messieurs les députés des six
corps de marchands de cette ville de Paris, hors
la ville de Pontoise, dans lequel, outre la réception que le roi leur a faite, est la réponse qu'il
a faite par écrit aux sieurs Le Vieux et Piètre,
procureur du roi en l'hôtel-de-ville, la déclaration du roi en faveur des bourgeois, et un sommaire de sa réponse par écrit aux députés des
six corps de marchands. Paris, A. Chrestien,
1652, 8p.
Md

M 1003. Départ (le) des Allemands et des Polonois du
château de Meudon, en vers burlesques. Paris,
Jacques Guillery, 1649, 7p.
Clev, Fol, Har, Minn, NYPL, Wis

M 1004. Dépit (le) des Muses contre Mazarin, en vers
burlesques. (S. 1.), 1649, 8p.
Fol, Har, Minn, NYPL, Wis

M 1005. Déplorable mort (la) de Charles Ier, roi de la
Grande-Bretagne. Saint-Germain-en-Laye, le
18 mars 1649, 8p.
Fol

M 1006. Dépositaire (le) des secrets de l'Etat, découvrant
au public 1o les raisons pour lesquelles la reine
ne fait entrer dans le conseil que des ministres
étrangers; 2o les raisons pour lesquelles la reine
ne veut pas venir à Paris, quoiqu'elle le puisse
sans aucun obstacle; 3o les raisons pour lesquelles
la paix domestique ne peut pas être conclue sans
la générale, et pour lesquelles la reine ne veut
point la générale; 4o les raisons pour lesquellss
le conseil du roi tombe en des manquements
déplorables, et qui marquent un sens réprouvé;
5o et que Paris ne peut point espérer la paix, à
moins qu'il ne la fasse lui-même, en se déclarant
pour les princes, par le sieur D'Orandre (Dubosc
Montandré). (S. 1. n. d.), 32p.
Fol, Har, Md, Minn

M 1007. Députation du parlement d'Angleterre à M. le
prince de Condé, sur l'offre d'une armée entre-
tenue qu'il lui fait. Paris, 1652, 7p.
Fol (ve), Har, Md, Minn

126

M 1008. Députation générale (la), avec les noms de
messieurs les députés, tant des cours souveraines
que de messieurs les prévôt des marchands,
échevins, quarteniers, bourgeois et corps de
métier (sic) de Paris pour l'éloignement de
Mazarin et pour la paix générale, avec la réponse
de Sa Majesté, ensemble ce qui s'est passé à
Saint-Germain-en-Laye sur le sujet de ladite
députation. Paris, Eloi Chereau, 1652, 8p.
Clev, Fol, Har

M 1009. Déréglement (le) de l'Etat, où les curieux verront
que les véritables causes des désordres sont
1º le mépris de la religion, dans la division de
ses docteurs, dans la politique des prédicateurs,
et dans le mauvais exemple des grands; 2º la confusion des trois états, dans l'ambition déréglée
du clergé, dans l'abus de la noblesse, et dans le
luxe du peuple; 3º l'impunité des crimes dans les
personnes publiques; 4º la trop grande abondance
des richesses dans les ecclésiastiques; 5º le
mauvais usage de la politique dans la pratique des
maximes italiennes, contraires à la simplicité des
François, avec un discours, ensuite, qui fera voir,
dans l'application de ces cinq causes à leurs effets,
par les exemple du temps, que tous les désordres
de l'Etat en sont provenus. (S. 1.), 1651, 39p.
Fol (ve), Md

M 1011. Dernier avis (le) aux Parisiens, très-nécessaire
pour l'intérêt des princes et du parlement. Paris,
1652, 6p.
Har

M 1012. Dernier avis donné aux Parisiens dans la crise
des maux de l'Etat. Paris, 1652, 6p.
Fol, Har (ve), Md, Minn

M 1013. Dernier (le) combat donné devant Etampes, à la
prise et reprise, trois fois, d'une demi-lune, et la
sortie générale que le comte de Tavannes fit faire
sur les ennemis, où ils ont perdu plus de huit
cents hommes, avec les noms des morts, blessés
et prisonniers, la nuit du 2 au 3 juin 1652, et les
autres particularités du courrier d'aujourd'huy.
Paris, J. Brunet, 1652, 7p.
Fol, Md

M 1014.   Dernier courrier (le) envoyé à Son Altesse Royale
par monsieur le prince de Condé, contenant l'ordre
de la bataille, ses (sic) noms et le nombre des
chefs tant morts, blessés que prisonniers, ensemble la prise de 22 cornettes, 18 drapeaux, 8 pièces
de canon, avec tout leur bagage.   Paris, André
Chouqueux, 1652, 8p.
Har (ve), Minn, NYPL

M 1015.   Dernier (le) courrier pour la paix de Bordeaux,
arrivé à Paris le 21 septembre 1650.   Paris,
Jacques Berlay, 1650, 6p.
Har

M 1016.   Dernier exorcisme (le) du cardinal Mazarin,
présenté à la reine, pour l'obliger à sortir au
plus tôt de la France, par un de ses meilleurs
amis.   Paris, Jacques Clémont, 1652, 8p.
Fol, Har, NYPL

M 1017.   Dernière (la) conjuration du cardinal Mazarin,
brassée dans son désespoir contre l'illustre
maison de Condé.   Paris, 1651, 44p.
Fol, Md

M 1018.   Dernière déclaration du roi, portant attribution
des affaires de la chambre de l'édit à la cour
de parlement de Paris, transférée à Pontoise,
vérifiée en parlement, le premier jour d'octobre
1652, avec la Lettre de M. de Mondejeux (sic),
gouverneur d'Arras, écrite à Sa Majesté sur le
sujet des présentes affaires.   Pontoise, Julien
Courrant, 1652, 8p.
BYU, Fol, Har, Md, Minn

M 1019.   Dernière (la) défaite des troupes du cardinal
Mazarin par les gens de monseigneur le Prince,
avec la prise de son bagage, près de Montargis.
(S. l.), 1652, 7p.
Fol, Har

M 1020.   Dernière et très-importante remontrance à la
reine et au seigneur Jules Mazarin, pour hâter
son départ de la France.   Paris, 1652, 20p.
Clev, Fol, Har, Md, Minn

M 1021.   Dernière (la) lettre de cachet de messieurs les
          députés, ouverte en parlement, en présence de
          messieurs les princes, sur le sujet de leur retarde-
          ment, du 16 juillet 1652. Paris, S. de La Fosse,
          1652, 4p.
          Har, Minn

M 1022.   Dernière lettre de M. le duc de Lorraine à
          monsieur le Prince, apportée par un colonel de
          son armée, le 25 mai 1652, en laquelle il déclare
          pleinement toutes ses intentions, les sujets de son
          retardement et sa marche à grandes journées vers
          Paris. Paris, Antoine Périer, 1652, 6p.
          Fol, Har, Wis

M 1023.   Dernière remontrance faite au roi par messieurs
          les députés du parlement. Paris, Nicolas
          Vaillant, 1652, 15p.
          Har, Md, Minn

M 1024.   Dernière (la) réponse du roi, faite par le garde
          des sceaux, à messieurs les députés du parle-
          ment de Paris en la ville de Melun, le 3 juin
          1652. Paris, Antoine Le Noble, 1652, 7p.
          Fol, Har, Md

M 1025.   Dernière requête présentée à nosseigneurs du
          parlement par monseigneur le duc de Beaufort,
          avant le jugement de la calomnieuse accusation
          intentée par le cardinal Jules Mazarin. Paris,
          veuve Théod. Pépingué et Est. Maucroy, 1649, 8p.
          BYU, Fol (ve), Har, Md, Minn, NYPL, Wis

M 1026.   Dernière (la) résolution du roi, apportée à Son
          Altesse Royale par M. le marquis de Joyeuse,
          au contentement du public. Paris, Laurent
          Toussaint, 1652, 7p.
          Fol (ve)

M 1027.   Dernière (la) ressource de la France, tyrannisée
          par le cardinal Mazarin. (S. l.), 1650, 14p.
          Clev, Md, Minn, Wis

M 1028.   Dernière (la) soupe à l'oignon pour Mazarin ou la
          Confirmation de l'arrêt du huitième janvier 1649,
          en vers burlesques. Paris, Nicolas Jacquard,

1649, 6p.
Clev, Fol, Har & (ve), Md, Minn, NYPL, Wis

M 1029. Dernière supplication du cardinal Mazarin, faicte
à monseigneur le prince de Conty, pour la
seureté de sa personne. Paris, Jean Dédin,
1649, 7p.
Clev, Har (ve), Md, Minn, NYPL

M 1030. Dernières (les) actions et paroles de monsieur
le président de Barillon, décédé à Pignerol, le
30 août 1645, par le R. P. Antoine Rivière,
docteur de Paris, prieur et vicaire général du
couvent de Saint-Augustin de Pignerol, dédiées
à monsieur l'Esné (sic), conseiller du roi
et auditeur en sa chambre des comptes à Paris.
Paris, Sébastien Martin, 1649, 32p.
BYU, Clev, Fol (ve), Har, Md, Minn, NYPL,
Wis

M 1031. Dernières (les) barricades de Paris, en vers
burlesques, avec autres vers, envoyés à M.
Scarron, sur l'arrivée d'un convoi à Paris.
Rouen, Jacques Cailloué, jouxte la copie imprimée
à Paris chez Nicolas Bessin, 1649, 32p.
Har (inc)

M 1032. Dernières (les) convulsions de la monarchie recon-
nues 1º par la nécessité d'éloigner Mazarin et par
la nécessité de le retenir; 2º par la nécessité de
l'élargissement et par la nécessité de la détention
des princes; 3º par la nécessité de faire de grandes
impositions pour remplir l'épargne vide, et par la
nécessité de soulager le peuple pour tâcher de la
remettre; 4º et par les approches de la majorité
moins à désirer qu'à craindre. (S. 1.), 1651, 24p.
Md

M 1033. Dernières (les) finesses de Mazarin.
Wis (ve)

M 1034. Dernières (les) paroles de M. de Châtillon, tué
à Charenton, le lundi 8 février 1649. Paris,
François Preuveray, 1649, 8p.
BYU, Clev, Fol, Har, Md, Minn, NYPL

M 1035. Dernières (les) paroles de M. de Saint-Chamond, décédé en son hôtel à Paris, le 10 de septembre 1649, âgé de soixante-trois années, avec un fidèle récit des belles actions de sa vie, par le sieur de Figuire. Paris, Cardin Besongne, 1649, 23p.
Clev

M 1036. Dernières (les) paroles de M. le duc de Châtillon mourant à M. le prince de Condé. Paris, Henry Sara, 1649, 7p.
BYU, Clev, Fol (ve), Har, Md, Minn, NYPL

M 1037. Dernières (les) paroles du roi d'Angleterre, avec son adieu aux prince et princesse ses enfants. Paris, François Preuveray, 1649, 8p.
BYU, Clev, Fol, Har, Md, NYPL, Wis

M 1038. Dernières (les) paroles et la mort de madame la princesse douairière de Condé. (S. 1.), 1650, 7p.
Har, Md

M 1039. Dernières (les) résolutions de la reine prises au conseil du roi, en présence de Sa Majesté, tenu à Poitiers le 23ᵉ janvier 1652. Paris, Salomon Delafosse, 1652, 15p.
Fol, Har (ve), Md

M 1040. Dernières (les) résolutions de monseigneur le Prince, après les grandes rigueurs avec lesquelles on l'a traité, envoyées à tous les peuples. (S. 1.), 1651, 20p.
NYPL

M 1041. Dernières (les) résolutions de Son Altesse Royale et de messieurs les princes, faites et arrêtées dans l'hôtel de ville, en présence des prévôt des marchands et échevins de Paris, et la harangue du procureur du roi, ensemble les particularités de ce qui s'y est passé, le 4 de juillet 1652. Paris, J. Niot, 1652, 8p.
Fol

M 1042. Dernières (les) résolutions des bourgeois de Paris, faites à messieurs les princes. (S. 1.), 1652, 19p.
Fol, Har, Md

M 1043. Dernières (les) résolutions faites dans le conseil
du roi pour la paix, en présence de Sa Majesté.
Paris, Simon Legrand, 1652, 7p.
Clev (ve)

M 1044. Dernières (les) résolutions faites en parlement,
en présence de Son Altesse Royale et de messieurs les princes, pour la protection de la ville
de Paris, le 14 mai. Paris, Jacques Le Gentil,
1652, 8p.
Clev, Har, NYPL, Wis

M 1045. Dernières (les) résolutions prises en l'assemblée
du parlement, par lesquelles 1^O le roi est
declaré prisonnier du cardinal Mazarin; 2^O et Son
Altesse Royale, lieutenant général de l'Etat et
royaume; 3° et monsieur le Prince, lieutenant
général des armées, avec toutes les particularités
des avis donnés ès assemblées tenues, pour ce
sujet, le 20 (juillet 1652). Paris, Jacques Le
Gentil, 1652, 8p.
NYPL

M 1047. Derniers (les) suppliants aux pieds de la reine.
Paris, Pierre Du Pont, 1649, 8p.
BYU, Clev, Fol, Har, Md, Minn, NYPL, Wis

M 1048. Déroute (la) des cabalistes au jardin de Renard.
(S. 1.), 1649, 8p.
BYU, Fol, Har

M 1049. Déroute (la) des Mazarins par les frondeurs.
(S. 1.), 1651, 8p.
Clev, Har, Md

M 1050. Déroute (la) des monopoleurs, en vers burlesques.
Paris, veuve Musnier, 1649, 11p.
Clev, Har (ve)

M 1051. Déroute (la) des partisans rostis, en vers
burlesques. Paris, veuve Musnier, 1649, 11p.
Clev, Fol, Har, Minn, NYPL, Wis

M 1052. Déroute (la) des troupes de Mazarin, vue en songe,
et présentée à monseigneur le duc de Beaufort,
en vers burlesques. Paris, Claude Boudeville,
1649, 8p.
Clev, Fol (pts I-II), Har & (ve), Md, NYPL, Wis

132

M 1053.   Désaveu du libelle intitulé: Apologie particulière
de M. le duc de Longueville par un gentilhomme
breton. (S. 1.), 1651, 42p.
Clev, Md

M 1054.   Descente (la) du polit (sic) lutin aux limbes sur
l'enfance et les maladies de l'Etat, par le sieur
de Sandricourt. Demandez au vendeur le Politique
lutin et l'Accouchée espagnole; car en voici la suite.
Paris, 1652, 24p.
Fol, Har, Md, NYPL (ve)

M 1055.   Description burlesque du combat naval des
Vénitiens et des Turcs, avec la solemnité du
feu de joie fait par M. l'ambassadeur de Venise
devant le pont des Tuileries à Paris.   Paris,
Pierre Variquet, 1649, 16p.
Clev, Fol, Har, Minn

M 1056.   Description de la boutique de Vivenay.   Caprice.
Paris, Jean Brunet, 1649, 7p.
Clev, Fol, Har, Minn, NYPL, Wis

M 1057.   Description de la paix particulière de la fortune
universelle des plus grandes puissances de la
terre du siècle présent, en vers burlesques.
Paris, 1649, 8p.
Clev, Fol, Har, Md, Minn, NYPL, Wis

M 1059.   Description des vies, moeurs et façons de faire
des péagers, publicains, maletostiers (sic),
monopoleurs, fermiers et partisans, non moins
facétieuse, naïve et véritable que sérieuse et
mystique, composée par Demophile. Le juste
s'éjouira quand il verra la vengeance, et lavera
ses mains au sang du pécheur. Pseaume lvii.
". . . Ridendo dicere verum
Quis vetat? . . . . "
Paris, veuve Théod. Pépingué et Est. Maucroy,
1649, 38p.
Fol, Har, Md, Minn, NYPL, Wis

M 1060.   Description véritable d'un phantôme (sic) qui s'est
apparu (sic) dans le cabinet de la reine (à Saint-
Germain). (S. 1.), 1649, 4p.
BYU, Md, NYPL

M 1061. Désespoir (le) de Jules Mazarin sur l'arrivée du duc Charles en France. (S. 1.), 1652, 6p.
Har

M 1062. Désespoir (le) de Jules Mazarin sur sa disgrâce. Paris, 1652, 7p.
Har (ve)

M 1063. Désespoir (le) de Mazarin sur la condamnation de sa mort et l'adveu qu'il faict de tous ces (sic) crimes, en faveur de messieurs les princes et des bourgeois de Paris, présenté à Son Altesse Royale. Paris, 1652, 15p.
Har

M 1064. Deuil (le) de Paris sur l'éloignement du roi. Paris, 1649, 8p.
Clev, Fol, Har, Minn, NYPL, Wis

M 1065. Deux (les) combats donnés entre la flotte royale et l'armée navale des Bordelois, avec le Te Deum chanté pour les articles de la paix. (S. 1. , 1649), jouxte la copie imprimée à Bordeaux, 12p.
Har

M 1066. Deux (les) friperies, ou les Drilles revêtus, raillerie en vers burlesques. Paris, Denys Langlois, 1649, 12p.
Fol, Har & (ve), Md, Minn, Wis

M 1067. Deux (les) nouvelles lettres coupées, sur le sujet de Mazarin, pour et contre, où il y en a une qui lui servira de pasport (sic), trouvée (sic) dans le cabinet d'un curieux. Paris, 1649, 4p.
Fol, Har, Md

M 1069. Deuxième liste contenant les noms de ceux qui étoient en l'assemblée faite le mardi, 24 septembre 1652, au Palais Royal. (S. 1. n. d.), 8p.
Fol, Md

M 1072. Dialogue burlesque de Gilles le niais et du capitan Spacamon. Paris, veuve Théod. Pépingué et Est. Maucroy, 1649, 8p.
BYU, Clev, Fol, Har, Md, Minn, NYPL, Wis

M 1073. Dialogue contenant la dispute et l'accord de la
Paix et de la Guerre, en vers burlesques.
Paris, Claude Huot, 1649, 11p.
BYU, Clev, Fol, Har (ve), Md, Minn,
NYPL, Wis

M 1074. Dialogue (le) d'Etat, ou Entretiens des rois Louis
XI et Louis XII ès champs élysées, touchant les
affaires présentes, image de deux règnes différents.
Paris, (1652), 32p.
Fol, Har

M 1075. Dialogue d'un théologien, d'un astrologue et d'un
politique touchant les affaires du temps. Paris,
1649, 8p.
Wis

M 1076. Dialogue de dame Perrette et de Jeanne la
Crotée sur les malheurs du temps et le rabais
de leur métier. (S. 1.), 1649, 8p.
Clev, Fol, Har, NYPL, Wis

M 1077. Dialogue de deux feuillantines sur les affaires de
Mazarin. Paris, 1649, 8p.
Clev, Fol, Har, Minn, NYPL, Wis

M 1078. Dialogue de deux guepeins sur les affaires du
temps. (S. 1.), 1649, 7p.
Fol (ve), Har, Minn

M 1080. Dialogue de Jodelet et de l'Orviatan (sic) sur les
affaires de ce temps. (S. 1.), 1649, 8p.
BYU, Clev, Fol, Har, Md, Minn, NYPL, Wis

M 1081. Dialogue (le) de la fortune et des habitants du
collège des trésoriers, fait par Georges Pileur.
(S. 1.), 1649, 10p.
BYU, Clev, Fol, Har, Md, Minn, NYPL

M 1082. Dialogue de Mazarin avec ses amis. (S. 1. n. d.),
10p.
Clev, Fol, Har, Minn, NYPL

M 1083. Dialogue de Rome et de Paris au sujet de Mazarin.
(S. 1.), 1649, 20p.
BYU, Clev, Fol, Har (ve), Md, Minn,
NYPL & (ve), Wis

M 1084. Dialogue (le) de Saint-Germain en Laye en forme
de tragédie, par lequel on remarquera la
fidélité des Parisiens au roi, dédié à monseigneur
le duc de Beaufort, par le S. D. B. P. C. D.
S. M. Première partie. Paris, Louis Sévestre,
1649, 11p.
BYU, Fol (ve), Har, Md, Minn, NYPL, Wis

M 1085. Dialogue de trois paysans picards, Miché,
Guillaume et Cherle, sur les affaires de ce
temps. (S. 1.), 1649.
Fol (ve), Har, Md, NYPL

M 1086. Dialogue du berger Damon et de la bergère
Sylvie sur les affaires du temps. Paris,
Nicolas Bessin, 1650, 7p.
Har

M 1087. Dialogue du cardinal Mazarin et du marquis de
La Vieuville, surintendant des finances. (S. 1.),
1652, 19p.
Fol & (ve), Har, Minn

M 1088. Dialogue (le) du frondeur, ou l'Usage de la Fronde,
pour se préserver du venin Mazarin, divisé en
quatre parties par demandes et réponses.
Première partie. (S. 1. n. d.), 7p.
Clev

M 1089. Dialogue (le) du soldat, du paysan, de polichinelle
et du docteur Scatalon, au retour de la paix,
avec les remercîments au roi et à la reine.
(Paris), Jean Hénault, 1649, 8p.
Clev, Fol, Har, Md, Minn

M 1090. Dialogue entre le roi de bronze et la Samaritaine
sur les affaires du temps. Paris, Arnould
Cottinet, 1649.
BYU (pts I-III), Clev, Fol (ve), Md, Minn
(pts I-III), NYPL, Wis (pts I-III)

M 1091. Dialogue entre le roi et le C. Mazarin, fait en
la ville de Saint-Denys, sur le sujet de l'union
de messieurs les princes tant avec messieurs du
parlement que de la ville de Paris. Paris, Louis
Hardouin, 1652, 8p.
Md

M 1092. Dialogue entre le roi Louis XI et le roi Louis XII sur leur différente façon de régner, à savoir lequel est meilleur, ou de les gouverner par amour, ou par force et puissance absolue. (S. 1.), 1649, 11p.
Fol, Md, NYPL

M 1093. Dialogue guépinois sur les affaires du temps qui court, ou Entretien de Louet et Braze. Paris, jouxte la copie imprimée à Orléans, (1652), 8p.
Fol, Har

M 1094. Dialogue (le) métaphorique de l'inconnu avec la ville de Bordeaux, dédié aux Irénopolites. Paris, Gilles Dubois, 1652, 32p.
Fol, Md, NYPL

M 1095. Dialogue ou Discours d'un gentilhomme françois avec un cardinaliste, réduit en sonnets et en épigrammes. Paris, Claude Boudeville, 1649, 4p.
Clev, Fol, Har, Md, Minn, NYPL, Wis

M 1096. Dialogue ou Entretien de deux cavaliers, l'un françois, l'autre anglois, touchant les affaires de France et d'Angleterre. Paris, veuve Théod. Pépingué et Est. Maucroy, 1649, 8p.
BYU, Clev, Fol, Har, Md, Minn, NYPL, Wis

M 1097. Diogène (le) françois ou l'Homme d'Etat à la France soupirante. Paris, Jacques Poncet, 1652, 16p.
Fol, Har

M 1098. Diroe in Angliam ob patratum scelus, IX februarii 1649. Parisiis, apud viduam Théod. Pépingué et Steph. Maucroy, 1649, 4p.
Clev, Fol, Har, Md, NYPL, Wis

M 1099. Discours à messieurs de Paris sur le sujet des taxes. Paris, Nicolas Bessin, 1649, 7p.
Clev, Fol, Har, Minn, NYPL

M 1101. Discours adressé aux soldats françois, dédié à M. Deslandes Payen, conseiller au parlement. Paris, Louis Sévestre, 1649, 16p.
BYU, Clev, Fol (inc), Har (ve), Md, Minn, NYPL, Wis

M 1102. Discours au parlement sur la détention des princes. (S. l. , 1650), 31p.
Clev, Har (ve), Md, Minn, Wis

M 1103. Discours chrétien et politique de la puissance des rois. (S. l. n. d.), 32p.
Clev, Har, Minn

M 1104. Discours consolatoire à madame la princesse douairière sur l'emprissonement de messieurs les princes de Condé et de Conty, ses enfants. Paris, Pierre Du Pont, 1650, 15p.
Clev, Fol, Har (ve), Md

M 1105. Discours contre le libelle intitulé: <u>Le Manifeste des intentions de M.</u> le <u>Prince, qui ni tendent</u> (à <u>son sens) qu'au rétablissement de l'authorité souveraine et du repos des peuples.</u> (S. l.), 1651, 8p.
Clev, Fol

M 1106. Discours d'Etat et de religion sur les affaires du temps présent, à la reine. Paris, Arnould Cottinet, 1649.
BYU (pts II, IV), Clev, Fol (ve, inc), Har (ve), Md, Minn (pts II, III), NYPL & (ve), Wis (pts I, II)

M 1107. Discours d'Etat, où il est prové par un raisonnement invincible que la perte du Mazarin et la délivrance des princes sont absolument nécessaires pour calmer les troubles de la monarchie, et qu'à moins de cela, il faut se résoudre à vivre toujours ou dans la crainte ou dans les effets d'une guerre civile. (S. l. , 1651), 27p.
Clev, Fol, Har, Md

M 1108. Discours d'Etat ou Véritable déclaration des motifs qui obligèrent Louis le Juste, roi de France et de Navarre, à rompre la paix qui fut faite, en 1596, entre Henry IV, son très honoré père, et Philippe II, roi des Espagnes, où se voit le nombre des places et des principautés que les Espagnols ont, devant ce temps-là et du depuis, usurpées à cette couronne. Paris, François Noël, 1649, 38p.
Fol

138

M 1109. Discours d'Etat sur l'absence et la captivité du
roi, dans lequel est montré que ceux qui le
tiennent éloigné de sa bonne ville de Paris, sont
aussi criminels que mauvais politiques, par
Souil de Cinq Cieux. Paris, 1652, 15p.
Clev, Fol, Har, Md, Minn

M 1110. Discours d'un philosophe mécontent, envoyé à
madame la Fortune, sur le malheur des savants
de ce siècle. (S. 1.), 1649, 7p.
Clev, Fol, Har, Minn, NYPL

M 1111. Discours d'un théologien, d'un astrologue et d'un
politique touchant les affaires du temps. Paris,
1649, 8p.
Clev, Fol, Har, Md, Minn, NYPL, Wis

M 1112. Discours de deux aveugles sur la paix et sur les
affaires de ce temps, en forme de dialogue.
Paris, 1649, 8p.
Clev, Har, Md, Minn

M 1113. Discours de l'autorité que les oncles des rois
de France ont toujours eu (sic) pendant la
minorité et bas âge de leurs neveux, avec un
fidèle récit de ce qui s'est fait de remarquable,
jusques à présent, dans le parlement et dans
les armées. Paris, 1652, 15p.
Fol, Har, NYPL

M 1114. Discours de la Clémence et de la Justice au
parlement, pour et contre Jules Mazarin. Paris,
veuve d'Anthoine Coulon, 1649, 8p.
BYU, Clev, Fol, Har, Md, Minn, NYPL,
Wis

M 1115. Discours de la ville de Paris à monseigneur le
Prince sur son retour, par un Parisien. Paris,
1651, 23p.
Md

M 1116. Discours de M. le prince de Condé à messieurs
du parlement de Bordeaux, touchant son arrivée
en ladite ville. Paris, 1652, 8p.
BYU, Har (ve), Md, Minn

M 1117.   Discours des misères de ce temps, dédié au duc de Beaufort. Paris, Michel Mettayer, 1649, 8p.
Clev, Har, Minn, NYPL, Wis

M 1118.   Discours désintéressé sur ce qui s'est passé de plus considerable depuis la liberté de messieurs les princes jusqu'à present. (S. 1.), 1651, 30p.
Fol, Har & (ve), Md, Minn (ve)

M 1119.   Discours du bon et loyal sujet de la Grande-Bretagne à la reine de ce pays, touchant la paix et affaires d'icelui, à la gloire de Charles premier, roi de ce royaume, séant en son parlement, distingué en tous ses ordres selon la volonté des rois et reines, et représenté par figures en tailles douces. Paris, Michel Mettayer, 1648, 39p.
NYPL

M 1120.   Discours et considérations politiques et morales sur la prison des princes de Condé, de Conty et duc de Longueville, par M. L. Paris, Sébastien Martin, 1650, 30p.
Clev, Fol & (ve), Har & (ve), Md, Minn

M 1121.   Discours facétieux et politique, en vers burlesques, sur toutes les affaires du temps, par O. D. C. Paris, Guill. Sassier, 1649, 15p.
Clev, Fol, Har, Md, Minn, NYPL & (ve), Wis

M 1122.   Discours faisant voir tout ce qui s'est passé devant et après la retraite du C. Mazarin, tant à Compiègne qu'aux armées de messieurs les princes, en forme d'entretien entre un cavalier frondeur et un cavalier mazarin, sur le chemin de Compiègne à Paris, où se voit l'histoire de sa mauvaise conduite jusques à présent. Paris, 1652, 19p.
Har, Minn, NYPL

M 1123.   Discours fait par les députés du parlement de Provence dans le parlement de Paris, toutes les chambres assemblées, ensemble la réponse de monsieur le premier président, avec l'arrêt de ladite cour, des 15 et 28 janvier 1649. Paris, par les imprimeurs et libraires ordinaires du

140

roi, 1649, 6p.
BYU, Clev (ve), Fol, Har, Md, Minn,
NYPL, Wis

M 1124. Discours héroïque présenté à la reine régente
pour la paix. Paris, Guillaume et Jean-Baptiste
Loyson, 1649, 8p.
Clev, Fol, Har, Md, Minn, NYPL, Wis

M 1125. Discours important sur l'autorité des ministres
et l'obéissance des sujets, faisant voir 1° que
les ecclésiastiques qui flattent les consciences
des grands, sont les sources de tous les maux
des Etats; 2° que tous les ordres sont obligés,
en conscience, de résister à la tyrannie des
ministres; 3° qu'aucunes impositions ne peuvent
être faites que du consentement des peuples;
4° que l'obéissance n'est due qu'aux justes;
c'est pour cela qu'elle doit être raisonnable,
et non pas aveugle. Paris, 1652, 14p.
Har

M 1126. Discours important sur le gouvernement de ce
royaume, dédié à la reine régente. Paris,
veuve Musnier, 1649, 14p.
Clev, Fol, Har (ve), Md, Minn, NYPL

M 1127. Discours libre et véritable sur la conduite de
monsieur le Prince et de monseigneur le
coadjuteur. (S. 1.), 1651, 24p.
Fol (ve), Har, Md

M 1128. Discours montrant combien les partisans et
financiers ont toujours été odieux, ensemble la
vie et fin tragique de leur patron. Paris,
Nicolas de La Vigne, 1649, 8p.
Clev, Fol, Har, Md, Minn, NYPL

M 1130. Discours ou Entretien familier de deux amis se
rencontrant sur le pavé de Paris, touchant les
affaires de ce temps. Paris, Claude Morlot,
1649, 8p.
Clev, Fol, Har, Md, Minn, NYPL

M 1131. Discours ou Raisonnement sur la lettre de monsieur le Prince, écrite au roi (contre Servien,

de Lyonne et Le Tellier). (S. l. , 1651), 14p.
Clev, Har, Md, NYPL

M 1134. Discours politique aux vrais ministres d'Etat.
Paris, Pierre du Pont, 1649, 7p.
BYU, Clev, Fol, Har (ve), Md, Minn,
NYPL, Wis

M 1135. Discours politique contenant l'intrigue de la
cour ou l'Intérêt du cardinal Mazarin dans son
retour. Paris, Jacob Chevalier, 1652, 7p.
Fol, Har

M 1136. Discours politique sur le tort que le roi fait à
son autorité, en ne faisant point exécuter les
déclarations contre le cardinal Mazarin, et
l'avantage que cela donne à ses sujets. Jouxte
la copie imprimée à Bordeaux, 1652, 14p.
Clev, Fol, Har, Md, NYPL

M 1137. Discours politique sur un placard, affiché dans
toute la Guyenne par ordre de monsieur le
Prince, du 23 février 1652. Paris, Nicolas
Vivenet (sic), 1652, 8p.
Fol, Har, Minn

M 1138. Discours pour disposer toute la cour a bien
faire Pâques. Paris, 1649, 12p.
BYU, Clev, Har, Md, NYPL

M 1139. Discours prononcé, en présence du roi, par le
sieur Fournier, président en l'élection et premier
échevin de la ville de Paris, l'un des députés
d'icelle vers Sa Majesté, le 8e jour de janvier
1649. Paris, P. Rocolet, 1649, 7p.
Clev, Fol & (ve), Har & (ve), Md, Minn,
NYPL

M 1140. Discours prophétique contenant quarante quatre
anagrammes sur le nom de Jules Mazarin.
Paris, Arnould Cottinet, 1649, 7p.
BYU, Clev, Fol, Har, Md, Minn, NYPL,
Wis

M 1141. Discours prophétique sur la naissance de mon-
seigneur le Prince (duc de Valois). Paris,
Denys Pellé, 1650, 8p.
Clev

M 1142. Discours que le roi et la reine régente, assistés
de monseigneur le duc d'Orléans, des princes,
ducs, pairs, officiers de la couronne et grands
du royaume, ont fait lire, en leurs présences,
aux députés du parlement, chambre des Comptes,
cour des Aydes et corps de ville de Paris, au
sujet de la résolution qu'ils ont prise de l'éloignement, pour toujours, du cardinal Mazarin hors
du royaume, et sur la conduite présente de
monsieur le prince de Condé, le 17e jour d'août
1651. Paris, par les imprimeurs et libraires
ordinaires du roi, 1651, 8p.
BYU, Clev, Fol (ve), Har (ve), Md, Minn
(ve), NYPL & (ve), Wis

M 1143. Discours sommaire de la vie du cardinal
Mazarin. (S. l.), 1652, 20p.
Md

M 1145. Discours sur l'entrevue du cardinal Mazarin et
de monsieur d'Hocquincourt, gouverneur de
Péronne. (S. l.), 1649, 15p.
Clev, Fol, Har, Minn, Wis

M 1147. Discours sur la députation du parlement à M.
le prince de Condé. (S. l. , 1649), 11p.
BYU, Clev, Fol, Har & (ve), Md, Minn,
NYPL, Wis

M 1148. Discours sur la sûreté demandée par madame la
Princesse, à messieurs du Parlement, contre
le cardinal Mazarin. (S. l. , 1650), 14p.
BYU, Fol, Har & (ve), Md, Minn

M 1149. Discours sur le gouvernement de la reine,
depuis sa régence. Paris, Claude Hulpeau,
1649, 8p.
Fol

M 1150. Discours sur le sujet des défiances de monsieur
le Prince, qui l'ont obligé de se retirer à
Saint-Maur. Paris, 1651, 24p.
Fol (ve), Har, Md, Minn

M 1151. Discours sur plusieurs points cachés et
importants de l'Etat, touchant la nouvelle conduite du cardinal Mazarin, découvert (sic) au

roi par un page de la reine, pendant le séjour
de Pontoise, et du depuis envoyé par écrit, à
Paris, à un de ses plus intimes amis. Paris,
1652, 24p.
Har & (ve), Md, Minn

M 1152. Discours véritable d'un seigneur à son fils, qui
vouloit suivre le parti de Mazarin. Paris,
Arnould Cottinet, 1649, 8p.
Clev, Fol, Har, Md, Minn, NYPL, Wis

M 1153. Discours véritable sur le gouvernement de l'Etat,
où l'on voit les ruses et les trahisons desquelles
le cardinal Mazarin s'est servi, pour se rendre
nécessaire auprès de Leurs Majestés. (S. 1.),
1649, 32p.
Clev, Har, Wis

M 1154. Discussion (la) des quatre controverses politiques:
1° si la puissance du roi est de droit divin, et
si elle est absolue; 2° si les rois sont pardessus
les lois; 3° si les peuples ou états généraux ont
pouvoir de régler leur puissance; 4° si, dans
l'état où se trouvent maintenant les affaires, on
peut faire un régent ou lieutenant pour le roi.
(S. 1. , 1652), 24p.
Fol & (ve), Har, Md, Minn, Wis

M 1155. Disgrâce (la) de Mazarin, avec ses préparatifs
à une honteuse fuite. $L_C^D F$. Paris, 1652, 8p.
Har

M 1156. Disgrâce (la) du cardinal Mazarin, arrivée depuis
la conférence de Ruel. Paris, veuve André
Musnier, 1649, 8p.
Clev, Har, Md, Minn, NYPL

M 1157. Disgrâce (la) du courtisan ou la Bouffonnerie
fortunée. (S. 1.), 1649, 6p.
Clev, Fol

M 1158. Disgrâce (la) du maréchal de Turenne, avec les
motifs de sa retraite, ou les justes raisons qui
l'ont obligé de quitter le commandement de
l'armée Mazarine. Paris, S. Le Porteur, 1652,
8p.
Har, Md

M 1159.   Divers arrêts de la cour de parlement, tant sur
           la venue de l'héraut (sic), procès du chevalier
           de La Valette, qu'autres affaires, des 12, 13,
           15 et 16 février 1649.   Paris, par les impri-
           meurs et libraires ordinaires du roi, 1649, 7p.
           Har, Minn

M 1160.   Diverses pièces de ce qui s'est passé à Saint-
           Germain-en-Laye, le 23 janvier 1649 et suivants.
           (S. 1. , 1649), 20p.
           BYU, Clev, Fol (ve, inc), Har, Md, Minn
           (pt I), NYPL, Wis

M 1161.   Diverses pièces sur les colomnes (sic) et piliers
           des maltôtiers, et les vingt rimes sur leur
           patriarche.   Paris, Jacques Guillery, 1649, 8p.
           BYU, Clev, Fol, Har, Md, Minn, NYPL,
           Wis

M 1162.   Divertissements (les) du carnaval, ou Ode
           bachique sur l'éloignement du cardinal Mazarin
           et le prochain retour des princes.   Paris,
           1651, 7p.
           Clev, Har (ve), Md, NYPL

M 1163.   Divine révélation, arrivée à un bon religieux, du
           retour de la paix.   Paris, 1649, 7p.
           Fol

M 1164.   Divines (les) révélations et promesses faites à
           saint Denys, patron de la France, et à sainte
           Geneviève, patronne de Paris, en faveur des
           François contre le tyran Mazarin, apportées
           du ciel en terre par l'archange saint Michel.
           Paris, Claude Boudeville, 1649, 8p.
           BYU, Clev, Fol & (ve), Har, Md, Minn,
           NYPL, Wis

M 1165.   Divins (les) articles de la paix générale.   Paris,
           veuve Jean Remy, 1649, 16p.
           BYU, Clev, Fol, Har & (ve), Md, Minn, Wis

M 1166.   Doctrine catholique et véritable de M. Mercier,
           touchant l'observation du carême, et les motifs
           pourquoi monseigneur l'archevêque à permis
           l'usage de la viande.   Paris, Claude Boudeville,
           1649, 7p.
           BYU, Clev, Fol, Minn, NYPL, Wis

M 1167. Doctrine (la) chrétienne des bons François.
Paris, N. D., dit Gassion, 1652, 7p.
Fol

M 1168. Daemon Julii Mazarini in Gallos, ad lectores:
"Hic Mazarinus adest; sed qualem
creditis! Ô si Vota mihi cedant, sic
Mazarinus eris!"
Parisiis, apud viduam Théod. Pépingué et
Steph. Maucroy, 1649, 32p.
Clev, Fol, Har

M 1170. Donjon (le) du droit naturel divin contre toutes
les attaques des ennemis de Dieu et de ses
peuples, donnant la camusade au très-illustre
grammairien de Samothrace. "Revelatur ira
Dei de caelo, super omnem impietatem et
injustitiam hominum eorum qui veritatem Dei in
justitiâ detinent." Ad Rom., cap. I, vers 18.
Paris, 1649, 12p.
BYU, Fol, Har, Minn, NYPL

M 1171. Donneur (le) d'avis aux partisans, sortant du
cabinet des idées. Paris, 1649, 10p.
Har

M 1172. Donnez-vous (le) de garde du temps qui court.
Paris, 1652, 11p.
NYPL

M 1173. Douceurs (les) de la paix et les horreurs de la
guerre. Paris, Claude Huot, 1649, 11p.
BYU, Clev, Fol, Har, Md, Minn, NYPL, Wis

M 1174. Doux (les) entretiens d'un caporal de la ville,
etant en garde, en vers burlesques. Paris,
Pierre Targa, 1649, 8p.
Clev, Fol, Har, Minn (inc), Wis

M 1175. Duc (le) de Beaufort aux bons bourgeois de
Paris. Cinquième affiche. Le 30 juillet 1651.
Fol & (ve), Har (ve), Md, Minn, Wis

M 1176. Duel (le) de M. le duc de Beaufort justifié par
l'innocence de ses moeurs, par le succès de ses
armes, et par sa fidélité incorruptible envers les
bourgeois de Paris, avec le parallèle de ses

actions et de celles du coadjuteur, pour servir
de preuve à ses (sic) trois raisonnements.
Paris, 1652, 32p.
Clev, Fol, Har, NYPL

M 1177. Echelle (l') des partisans, en vers burlesques.
(S. l.), 1649, 15p.
Clev, Fol, Har (ve), Minn, NYPL & (ve),
Wis

M 1178. Echo de la France troublée par le déguisé Mazarin, représenté par la figure d'un ours, par le
sieur Barroys. Paris, Nicolas Vivenay, 1649,
8p.
Clev, Fol & (ve), Har, Md, Minn, Wis

M 1179. Echo (l') du temps, touchant les divers change-
ments de la fortune de Mazarin. Paris, 1652,
15p.
Clev, Fol, NYPL

M 1180. Echo (l') lugubre de la France, avec l'oppression de la ville de Paris, et les ruses du
renard sicilien découvertes. Paris, Jacques
Guillery, 1649, 7p.
Clev, Fol, Har, Md, Minn, NYPL, Wis

M 1181. Eclaircissement de quelques difficultés touchant
l'administration du cardinal Mazarin. Première
partie. Par le sieur de Silhon. Paris, de
l'imprimerie royale, 1650.
Fol (ve), Har & (ve), Minn

M 1182. Eclaircissement des affaires du temps présent,
envoyé par un secrétaire de monseigneur le
Prince. Paris, Jacob Chevalier, 1652, 15p.
Clev, Fol, NYPL

M 1183. Ecueil (l') de la royauté, ou la Politique du
conseil, ou l'on verra, dans un raisonnement
pathétique, 1° que le conseil nous fait appréhender le retour du roi, lorsque nous le désirons
avec passion, et qu'il veut le faire revenir en
tyran, lorsque nous demandons qu'il revienne en
roi; 2° que le conseil fait appréhender ce règne
en ce qu'il ne veut pas que le roi relâche même
dans les choses qui sont les plus contraires à

l'avantage des peuples; 3° que le conseil fait
mépriser le roi, en ce qu'il le fait parler
fièrement, lors même qu'il n'a pas assez de
force pour vouloir ce qu'il veut; 4° que le conseil fait agir le roi, non pas pour établir les
intérêts de la royauté, mais pour établir les
intérêts de ses ministres; 5° que le conseil
semble dégrader le roi, en ce qu'il le fait
agir en sujet ambitieux qui veut s'établir par
complot et par intrigue. Par le sieur d'Orandre
(Dubosc Montandré). (S. 1., 1652), 32p.
Fol, Har & (ve), Md

M 1184.   Edit du roi portant amnistie de tout ce qui s'est
passé à l'occasion des présents mouvements, à
la charge de se remettre, dans trois jours, dans
l'obéissance du roi, vérifié en parlement le 26
août 1652. Pontoise, Julien Courant, 1652, 15p.
Clev, Fol, Har, Md, Minn (inc), NYPL, Wis

M 1185.   Edit du roi portant amnistie générale de tout ce
qui s'est fait à l'occasion des mouvements
passés jusques à présent, vérifié en Parlement,
toutes les chambres assemblées au château du
Louvre, publié, le roi y séant, le 22 octobre
1652. Paris, par les imprimeurs et libraires
ordinaires du roi, 1652, 8p.
BYU, Fol, Har (ve), Md, Minn, NYPL, Wis

M 1186.   Edit du roi portant augmentation de 700,000
livres de gages héréditaires à tous les officiers,
soit de judicature, de finance et autres généralement quelconques, vérifié en Parlement, le roi
y séant, le dernier décembre 1652. Paris, par
les imprimeurs et libraires ordinaires du roi,
1653, 6p.
Fol

M 1187.   Edit du roi portant décharge, aux officiers, de
la restitution et confirmation en leurs droits,
lu, publié et registré en Parlement, le roi y
séant, le dernier décembre 1652. Paris, par
les imprimeurs et libraires ordinaires du roi,
1653, 7p.
Fol (ve)

M 1188. Edit du roi portant rétablissement des dix sols du gros pour muids de vin, et des deux sols pour livre, lu, publié et registré en Parlement, le roi y séant, le dernier décembre 1652. Paris, par les imprimeurs et libraires ordinaires du roi, 1653, 8p.
Fol (ve)

M 1189. Edit du roi pour création d'office et maréchaussée de France, vérifié en parlement, le roi y séant, le dernier jour de décembre 1652. Paris, par les imprimeurs et libraires ordinaires du roi, 1653, 35p.
Fol (ve)

M 1190. Edit du roi pour faire couper dans les forêts de Sa Majesté jusques à la somme de douze cents mille livres de bois, par ventes extraordinaires, vérifié en Parlement, le roi y séant, le dernier décembre 1652. Paris, par les imprimeurs et libraires du roi, 1653, 6p.
Fol, Har

M 1191. Edit du roi pour l'extinction de la chambre de justice, vérifié en Parlement, le roi y séant, le dernier décembre 1652. Paris, par les imprimeurs et libraires ordinaires du roi, 1653, 12p.
Fol (ve)

M 1192. Edit du roi pour la taxe des francs fiefs et nouveaux acquêts, vérifié en Parlement, le roi y séant, le dernier jour de décembre 1652. Paris, par les imprimeurs et libraires ordinaires du roi, 1653, 24p.
Fol

M 1193. Edit du roi pour la vente et revente des domaines, et pour faire payer une année de revenue aux engagistes pour confirmation de leurs engagements, vérifié en Parlement, le roi y séant, le dernier décembre 1652. Paris, par les imprimeurs et libraires ordinaires du roi, 1653, 14p.
Fol

M 1194. Edit du roi pour le rétablissement des droits de Massicault, lu, publié et enregistré en Parle-

ment, le roi y séant, le dernier jour de
décembre 1652. Paris, par les imprimeurs et
libraires ordinaires du roi, 1653, 6p.
Fol

M 1195.   Edit du roi pour le rétablissement du demi-
parisis des regrattiers, vérifié en Parlement,
le roi y séant, le dernier jour de décembre
1652. Paris, par les imprimeurs et libraires
ordinaires du roi, 1653, 10p.
Fol (ve)

M 1196.   Edit du roi rétablissant des offices et droits
supprimés par la déclaration du mois d'octobre
1648, vérifié en Parlement, le roi y séant, le
dernier décembre 1652. Paris, par les
imprimeurs et libraires ordinaires du roi, 1653,
10p.
Fol (ve)

M 1198.   Edit et déclaration du roi portant suppression du
contrôle et réglement sur le fait des bénéfices
et du temps auquel les banquiers doivent insinuer
les actes, pour conserver également les droits
des patrons et collateurs ordinaires, et de deux
qui ont obtenu des grâces expectatives, lu,
publié et enregistré au Parlement le 2 août 1649.
Paris, Antoine Estienne, 1649, 32p.
Fol (ve), Har

M 1199.   Effets (les) admirables de la providence de Dieu
sur la ville de Paris, ou Réflexions d'un théologien, envoyées à un sien ami solitaire, sur les
affaires du temps présent. Paris, Alexandre
Lesselin, 1649, 12p.
Clev, Fol, Har, Md, NYPL, Wis

M 1200.   Effroyable (l') accouchement d'un monstre dans
Paris, et de ce qui s'est ensuivi après sa
naissance. Paris, Jean Pétrinal, 1649, 6p.
Fol, Har, Md, NYPL

M 1202.   Elégie sur la jalousie des culs de la cour.
(S. l. , 1649), 7p.
Fol, Har, Wis

M 1203.   Eloge de monseigneur le duc de Beaufort, faite
(sic) par la voix publique des habitants de la

ville de Paris. Paris, Pierre Du Pont, 1649, 8p.
Har, NYPL

M 1204. Eloge (l') de monseigneur le prince de Conty.
Paris, veuve d'Antoine Coulon, 1649, 7p.
Clev, Har, Md, Minn, NYPL

M 1206. Eloge du coeur royal de monseigneur le duc de
Beaufort, pair de France, etc., et de ses
généreuses actions à Saint-Denys. Paris,
Nicolas Gasse, 1649, 8p.
Fol, Har, Md, Minn, Wis

M 1210. Eloges (les) et louanges des peuples adressées
(sic) à monseigneur l'archevêque de Corinthe,
coadjuteur de Paris, ensemble le progrès des
armes des bons François, par le sieur Rozard.
Paris, veuve Jean Remy, 1649, 8p.
BYU, Fol, Har, Md, Minn, NYPL, Wis

M 1211. Embassade (sic) burlesque envoyé (sic) à
Mazarin de la part de Pluton, où se voit, par
dialogues, comme l'enfer lui reproche l'énor-
mité de ses crimes. (S. l. n. d.), 12p.
Har, Md

M 1212. Emblêmes (les) politiques présentés à Son
Eminence. Paris, 1649, 7p.
Fol, Har (ve), Minn, NYPL, Wis

M 1213. Embrâsement (l') pitoyable arrivé dans la ville
d'Yssoudun (sic) en Berry, où plus de six à
sept maisons ont été consumées par le feu,
avec plusieurs personnes et quantité de biens,
ensemble l'incendie arrivé en la ville de Méru
en Picardie, avec beaucoup de dommages à
plusieurs bourgeois de Paris. Paris, André
Chouqueux, (s. d.), 8p.
Har

M 1215. Endormi (l') resveillé (sic) s'adressant au grand
frondeur désintéressé. (S. l.), 1652, 8p.
Har

M 1216. Enfer (l') burlesque, ou le Sixième livre de
l'Eneïde travestie et dédiée à mademoiselle de
Chevreuse, le tout accommodé à l'histoire du

temps. Jouxte la copie imprimée à Anvers,
Paris, 1649, 36p.
Fol, Har & (ve), Md, Minn

M 1217. Enfer (l'), le purgatoire et le paradis temporel
de la France. Paris, François Preuveray,
1649, 8p.
BYU, Fol, Har (ve), Md, Minn, NYPL, Wis

M 1218. Enfer (l') révolté sur l'étrange désordre qui y
est arrivé, depuis peu, par les tyrans et les
favoris des premiers siècles, où, par une
merveilleuse application, toute l'histoire du
temps présent se trouve parfaitement représentée.
Paris, Pierre Variquet, 1649, 30p.
Clev, Har, Minn

M 1219. Enigmes (les) royales de ce temps, présentés
(sic) à Leurs Majestés. Paris, Pierre Du
Pont, 1650, 14p.
Clev, Har, Minn

M 1220. Enigmes sur le Te Deum qu'on a chanté pour la
paix. (S. 1.), 1649, 7p.
BYU, Clev, Fol, Har, Md, Minn, NYPL, Wis

M 1221. Entrée (l') de l'armée du duc de Lorraine en
France, et sa marche pour se joindre à celle
de Son Altesse Royalle, commandée par mon-
seigneur le duc de Beaufort. Paris, Philippe
Clément, 1652, 7p.
Fol, NYPL

M 1222. Entrée (l') de l'armée du roi dans les Pays-Bas,
commandée par M. le maréchal d'Aumont, avec
la defaite des Espagnols au passage de la
rivière du Lys. Paris, 1651, 6p.
Har, Md, Minn

M 1224. Entrée (l') de monsieur le marquis de La
Boulaye dans la ville du Mans, et la honteuse
fuite des Mazarinistes, en vers burlesques.
Paris, Mathieu Colombel, 1649, 7p.
Fol, Har, Md, NYPL

M 1225. Entrée (l') du roi dans son Parlement, pour la déclaration de sa majorité. Paris, Nicolas Jacquard, 1651, 15p.
Clev, Fol & (ve)

M 1226. Entrée (l') du roi dans son Parlement pour la déclaration de sa majorité, ensemble la lettre écrite au roi par M. le Prince sur le sujet de son absence à l'action de sa majorité. Jouxte la copie imprimée chez Nicolas Jacquard, 1651, 8p.
Md

M 1227. Entrée (l') et la marche de l'armée de monseigneur le duc d'Orléans, commandée par M. le duc de Nemours, avec la défaite de quatre cents chevaux du duc d'Elbeuf, et la posture du cardinal Mazarin à la cour. Paris, Jean Brunet, 1652, 7p.
Fol, Har, Md

M 1228. Entrée (l') magnifique et triomphante de Mardi Gras dans toutes les villes de son royaume, avec les réjouissances de toutes les harangères de Paris, et les arrêts donnés tant contre les critiques, rabatjoies, mauplaisants, et trouble-fêtes, ensemble les privilèges octroyés à tous bons frippelippes, patelins, rabelistes et enfants sans souci. Paris, 1650, 11p.
Fol (ve), Har

M 1229. Entrée (l') pompeuse et magnifique du roi Louis XIV en sa bonne ville de Paris, par N. J. T. Paris, Arnould Cottinet, 1649, 8p.
BYU, Fol, Har, NYPL, Wis

M 1230. Entrée (l') royale de Leurs Majestés dans leur bonne, célèbre et fidele ville de Paris, avec les protestations et réjouissances de tout ses bourgeois et habitants, présentée à Leurs Majestés. Paris, Guillaume Sassier, 1649, 7p.
Har

M 1235. Entretien de Fanchon, Toinon et Nichon, sur l'arrivée de leurs galants, pièce morale, par le sieur Bougion. (S. l.), 1650, 14p.
Fol

M 1236.   Entretien de la crosse et de la fronde avec le
bonnet rouge. (S. 1.), 1651, 7p.
Har, Md

M 1238.   Entretien (l') de Mazarin avec M. de Bar,
gouverneur de la citadelle du Hâvre de Grâce,
avec sa confession générale, faite à messieurs
les princes avant leur sortie dudit Hâvre, et
ses regrets de quitter la France. Paris, 1651,
8p.
Md

M 1238.   Entretien de monsieur le duc de Vendôme avec
messieurs les ducs de Mercoeur et de Beaufort,
ses enfants. (S. 1.), 1649, 10p.
Clev, Fol, Har, Minn

M 1240.   Entretien (l') du cardinal Mazarin avec ses
nièces. (S. 1.), 1651, 8p.
Clev, Har

M 1241.   Entretien (l') familier du roi avec monsieur le
duc d'Anjou, son frère, fidèlement recueilli par
un des officiers de Sa Majesté. Paris, Henry
Sara, 1649, 8p.
BYU, Clev, Fol & (ve), Har, Md, Minn,
NYPL, Wis

M 1242.   Entretien (l') familier du roi et de la reine
régente, sa mère, sur les affaires du temps.
Rouen, 1649, 12p.
BYU, Clev, Fol, Har & (ve), Md, Minn,
NYPL, Wis

M 1243.   Entretien politique de Jaquelon et de Catau sur
le retour de roi. (S. 1.), 1649, 8p.
Clev, Wis

M 1244.   Entretien secret de messieurs de la cour de
Saint-Germain avec messieurs de la cour de
Parlement de Paris. Paris, Jean Hénault,
1649, 23p.
BYU, Clev, Fol, Har, Md, Minn, NYPL,
Wis

M 1246.   Entretiens (les) amoureux d'un jeune meunier
de Vaugirard avec la veuve d'un pâtissier du

même village. (S. 1. n. d.), 4p.
Har

M 1247. Entretiens (les) burlesques de Me Guillaume, le
savetier, avec sa ribaude maîtresse, dame
Ragonde. (S. 1.), 1649, 8p.
Clev, Fol, Har, Md, NYPL

M 1248. Entretiens (les) de Bonneau, de Catelan et de
la Raillière touchant leur retour à Paris.
Paris, 1649, 7p.
BYU, Har, NYPL

M 1249. Entretiens (les) de Mazarin et de La Rivière
au retour de sabbat. Paris, 1649, 8p.
Clev, Fol, Har, Md, Minn

M 1250. Entretiens (les) de MM. de Thurenne (sic) et de
Tavannes sur les affaires présentes, ensuite la
harangue à eux faicte par M. le comte de
Tonnerre. Paris, 1652, 8p.
Fol, Har, NYPL

M 1251. Entretiens (les) de saint Maigrin (sic) et de
Mancini aux champs élysiens (sic), et l'arrivée
du duc de Nemours au même lieu, avec la
description de l'appartement qu'on prépare à
Mazarin dans les enfers. Paris, 1652, 32p.
Fol & (ve), Har, Md

M 1252. Entretiens (les) du prince de Condé et du prince
de Conty, répondant l'un à l'autre par dialogue.
Paris, Claude Boudeville, 1650, 7p.
Clev, Fol, Har, Md

M 1253. Entretiens (les) du roi à Saint-Germain. (S. 1.),
1649, 8p.
BYU, Clev, Fol & (ve), Har, Md, Minn, Wis

M 1254. Entretiens (les) du sieur Cormier avec le
sieur Lafleur, dit le Poictevin, sur les affaires
du temps. Paris, 1649, 11p.
Clev, Har

M 1255. Entretiens (les) importants de la reine avec le
cardinal Mazarin sur le sujet de sa tête mise à

cinquante mille écus. Paris, Louis Hardouin,
1652, 8p.
Har, Minn

M 1256. Entretiens (les) mystérieux des trois princes en
cage dans le bois de Vincennes, sous les figures
du lyon, du renard et du singe, dialogue. Paris,
1650, 20p.
BYU, Clev, Fol, Har, Minn, Wis

M 1257. Entretiens (les) sérieux de Jodelet et de Gilles
le niais, retourné de Flandre, sur le temps
présent. Paris, 1649, 8p.
BYU. Clev. Fol. Har. Md. Minn, Wis

M 1258. [see Addendum]

M 1259. Entrevue (l') de messeigneurs les ducs de
Beaufort et de Nemours, avec la jonction de
leurs armées. Paris, Jean Brunet, 1652, 7p.
Fol, Har, NYPL

M 1260. Entrevue (l') de Son Altesse Royale, de M. le
Prince et de M. de Beaufort, et leur magnifique
entrée dans le palais d'Orléans, ensemble leur
entretien touchant les affaires du temps, durant
le chemin. Paris, 1652, 7p.
Fol, Har, Minn

M 1261. Entrevue du sultan Hibraïm (sic), empereur des
Turcs, et du roi d'Angleterre aux champs
élysées. Paris, 1649, 8p.
Fol & (ve), Har, NYPL, Wis

M 1263. Envoi de Mazarin au mont Gibel, ou l'Etique
Mazarin. Paris, 1649, 8p.
BYU, Clev, Fol (ve), Har (ve), Md, Minn
NYPL, Wis

M 1264. Epilogue, ou Dernier appareil du bon citoyen sur
les misères publiques. Paris, Robert Sara,
1649, 11p.
BYU, Clev, Fol, Har, Md, Minn, NYPL,
Wis (ve)

M 1265. Epistola ad cardinalem Mazarinum, per quam
validis rationibus suadetur, et ipsi Francisci
Petrarchae verbis admonetur, ut tyrannidem
quam in Francos et in bonos omnes crude-

lissimè exercet, citiùs deponat, vel se fortunae
inconstantis mox ludibrium et omnibus suppliciis
objectandum proponat, ac speret nunquâm poenas,
sibi meritas, evasurum. Parisiis, 1649, 8p.
Clev, Fol, Har, Minn, NYPL, Wis

M 1266. Epitaphe de la sainte boutique d'un maître save-
tier de la rue des Prêcheurs. Paris, 1649, 4p.
Clev, Fol, Har (ve), Md, Minn, NYPL (ve),
Wis

M 1267. Epitaphe de monsieur de Nemours. (S. 1. n. d.),
4p.
Fol, Md

M 1270. Epouvantable (l') vision apparue sur l'abbaye de
Marmoutiers lez Tours, envoyée par une lettre
d'un bourgeois de la ville à un sien ami, à
Paris. (S. 1. n. d.), 3p.
Fol, Har

M 1271. Equipage (l') nécessaire pour aller à la chasse
aux larrons de ce royaume. Paris, Nicolas
de La Vigne, 1649, 8p.
Clev, Fol, Har, Md, Minn, NYPL, Wis

M 1272. Equiproquo (l') de l'autre monde sur l'arrivée
du Mazarin, et l'arrêt irrévocable rendu contre
ce cardinal du même nom. Un courrier,
arrivé depuis peu de l'autre monde, m'en a
appris des nouvelles, dont je veux vous faire
part, mon cher Damon, si vous l'avez pour
agréable; voici à peu près ce qu'il m'a dit.
Paris, Jean Brunet, 1649, 12p.
Clev, Fol, Har, Md, Minn, NYPL, Wis

M 1273. Eslection (l') du comte d'Harcourt au governement
de l'Alsace et de la ville et forteresse de
Brissac (sic) et Philisbourg par les garnisons.
Paris, Louis Hardouin, 1652, 8p.
Har, NYPL

M 1275. Espagne (l') demandant la paix aux pieds de la
Majesté Royale et du Parlement. Paris, Jean
Dédin, 1649, 8p.
Clev, Har, Md, Minn, NYPL

M 1276. Espérance (l') de la paix et de l'abondance des
vivres à Paris. Paris, Louis Sévestre, 1649, 8p.
BYU. Clev, Fol (inc), Har (Ve), Md, Minn,
NYPL. Wis

M 1278. Espérance (l') des bons villageois et leurs
réjouissances publiques sur les heureux progrès
des armées parisiennes, conduites par messieurs
les princes de Conty, de Beaufort, d'Elbeuf et
autres grands seigneurs. Paris, Claude
Boudeville, 1649, 8p.
Clev, Fol, Md, Minn, NYPL

M 1279. Esprit (l') d'Alexandre le Grand présenté au
roi pour la paix générale et soulagement de son
peuple. Paris, Louis Hardouin, 1652, 24p.
Har, Minn, NYPL, Wis

M 1280. Esprit (l') d'intérêt, ou la Censure des deux
libelles intitulés: l'Esprit de paix et l'Esprit
de guerre. Paris, Nicolas Guérard, 1652, 15p.
Fol, Har, NYPL

M 1281. Esprit (l') de feu la reine mère, parlant à
la reine sur l'état de sa régence. Paris, 1649,
16p.
Fol, Md, NYPL

M 1282. Esprit (l') de guerre des Parisiens contre
l'Esprit de paix du Corinthien, refuté par article.
(S. l.), 1652, 20p.
Fol, Har, Md, Minn, NYPL

M 1283. Esprit (l') de la vérité représentant nuement la
puissance et l'autorité du roi, dédié à Son
Altesse Royale, Paris, 1652, 16p.
Fol, Md, Minn

M 1284. Esprit (l') de pais. (S. l. , 1652), 4p.
Fol (ve), Har, Md, Minn, NYPL

M 1285. Esprit (l') du duc de Châtillon apparu à monsieur
le prince de Condé. Paris, Nicolas Jacquard,
1649, 8p.
BYU, Clev, Fol (inc), Har, Md, Minn,
NYPL, Wis

M 1286.   Esprit (l') du feu roi Louis le Juste à la reine,
lui témoignant ses sensibles regrets sur le
mauvais gouvernement de l'Etat.   Paris, 1652,
31p.
Fol, Har, Minn, NYPL

M 1287.   Esprit (l') du feu roi Louis XIII à son fils Louis
XIV, lui montrant que la mauvaise conduite de
Mazarin est la cause des troubles de l'Etat, et
lui donnant les moyens infaillibles de les appraiser
par son retour en sa bonne ville de Paris.   Paris,
1652, 46p.
Har, Md

M 1288.   Estendard (l') de la liberté publique.   (S. l.),
1649, 11p.
BYU, Clev, Fol, Har, Md, Minn, Wis

M 1289.   Etablissement universel de la paix générale, ou
Sentences morales et politiques sur les plus
importantes matières de l'Etat contre les usurpa-
teurs du bien public, où le droit des gens et
la cause commune sont équitablement défendus,
en faveur des souverains et des peuples, touchant
la véritable création et la légitime autorité des
rois, et la mutuelle obligation des princes envers
leurs sujets et des sujets envers les princes; pièce
rare et instructive pour le tiers état et pour la
noblesse.   Paris, Pierre Variquet, 1649, 15p.
BYU, Fol, Har, Md, Minn, NYPL, Wis

M 1290.   Etat (l') de la marche et le lieu où est à présent
l'armée de l'archiduc Léopold, commandée par
le marquis de Noirmoutier et le comte de
Fuensaldagne, avec ce qui s'y est passé de plus
memorable.   Paris, veuve d'Antoine Coulon,
1649, 8p.
Fol, Md

M 1293.   Etat (l') déplorable des femmes d'amour de Paris,
la harangue de leur ambassadeur envoyé au
cardinal Mazarin, et son succès.   Paris, 1649,
7p.
BYU, Fol, Har, Md, Minn, NYPL, Wis

M 1294.   Etat (l') des troupes de monsieur le prince de
Condé, et de tout ce qui s'est passé dans le
Guienne et le Berry depuis son arrivée en la
ville de Bordeaux. (S. 1.), 1651, 8p.
Har

M 1295.   Etat (l') des vérités du cardinal Mazarin après
son retour. Paris, 1652, 6p.
Fol, Har, Md, Minn, NYPL, Wis (ve)

M 1296.   Etat (l') en trouble par le gouvernement des
étrangers, où l'on verra que c'est une maladie
ordinaire à tous les Etats de ne pouvoir souffrir
un gouvernement étranger, et que, tant que nous
serons gouverneés par eux, il est bien difficile
que nous ayons une bonne paix, par M. N. R.
F. J.   Paris, Antoine Chrétien, 1652, 15p.
Fol

M 1297.   Etat et tarif des droits de barrages à prendre
sur les marchandises et denrées entrant dans
la ville et faubourgs de Paris, tant par terre que
par eau, ensemble l'ordonnance de messieurs les
président et trézoriers de France de la généralité
de Paris, concernant lesdits droits de barrages,
du vingt septième octobre 1648. Paris, par les
imprimeurs et libraires ordinaires du roi, 1648,
12p.
Md

M 1298.   Etat géneral de l'armée des princes, et leur
jonction, d'où s'ensuit les noms des généraux,
Son Altesse Royale, messieurs les princes de
Condé, de Conty, les ducs de Longueville, de
Beaufort et de Nemours, avec la liste des
officiers, ensemble l'ordre des troupes qui sont
tant à Chartres (Chastres) qu'aux environs.
Paris, Claude Le Roy, 1652, 8p.
Har

M 1299.   Etat (l') général des affaires de Guyenne et de
tout le pays audelà de la Loire. (S. 1., 1652),
8p.
Fol & (ve), Har, Md, NYPL

M 1300.   Etat général des revenus du royaume. (S. 1.),
1649, 11p.
Md

M 1301. Etat (l') présent de la fortune de tous les potentats et de toutes les puissances de l'Europe, en proverbes. Paris, 1652, 16p.
Fol, Har (ve), NYPL

M 1304. Etat (l') véritable des forces de la ville de Mouzon, et de la faiblesse et impuissance de l'armée ennemie, lors de sa reddition, contre les mensonges du gazettier, insérés dans la relation du 16 du présent mois de novembre, contenant le journal de ce siège. (S. 1.), 1650, 11p.
Md

M 1305. Ethimologie (l') de Mazarin, avec l'explication de ses armes. Paris, veuve Musnier, 1649, 8p.
Clev

M 1306. Etonnement (l') de la cour de l'esprit qui va de nuit. (S. 1.), 1652, 16p.
Fol, Har, Minn

M 1307. Etrennes (les) burlesques de M. Scarron envoyées à Mazarin. Paris, 1652, 8p.
Clev, Fol, Har (ve)

M 1308. Etrennes burlesques pour le premier jour de l'an mil six cent cinquante. Paris, J. Dedin, 1650, 8p.
Md

M 1309. Etroite (l') alliance, ou la Jonction du Parlement de Bretagne et des trois Etats de la province avec le Parlement de Paris. Paris, 1649, 11p.
Clev, Har, Md, Minn, NYPL

M 1310. Evangéliste (l') de la Guyenne, ou la Découverte des intrigues de la petite Fronde dans les négociations et les mouvements de cette province, depuis la détention de messieurs les princes jusqu'à présent. Paris, veuve J. Guillemot, 1652, 16p.
Fol, Har, Minn, NYPL

M 1311. Evangéliste (l') du salut public, où il est traité des moyens que l'on doit tenir pour remettre l'Etat en son ancienne splendeur, et pour le

rendre très redoutable à toutes les puissances de l'Europe, divisé en deux parties: en la première nous faisons voir que l'Etat ne se sauroit jamais bien délivrer de ses oppressions que par la convocation des trois Etats; en la seconde, nous découvrons ce qu'il faut observer pour avoir un fonds capable d'obliger les ennemis à nous donner la paix générale. (S. 1. n. d.), 38p.
Fol, Har, Md, NYPL

M 1312.　Evènements infaillibles touchant l'autorité du roi envers ses sujets. (S. 1. n. d.), 8p.
Clev, Har, Minn

M 1313.　Exacte (l') recherche des désordres que la mauvaise conduite de M. le Prince a causé (sic) dans l'Etat, depuis sa liberté jusques à sa retraite, et notamment tous les maux que son voyage de Bordeaux et son armement nous font déjà souffrir, et ceux qu'il nous fera encore éprouver s'il tient la même conduite. Paris, 1651, 20p.
Clev, Fol (ve), Har, Minn

M 1314.　Examen de l'écrit dressé par Molé, Servien et Zondedei (sic) sous le titre de: Edit du roi portant amnistie de tout ce qui s'est passé à l'occasion des présents mouvements, à la charge de se remettre, dans trois jours, dans l'obéissance du roi. Paris, 1652, 15p.
Fol, Har, NYPL

M 1317.　Examen de la vie des juifs, de leur religion commerce et trafic dans leur synagogue. Paris, Fr. Preuveray, 1652, 8p.
Fol, Har, Md, Wis

M 1318.　Examen des divers sentiments sur l'arrêt du Parlement du 20e juillet, et du discours sur la lieutenance, ou Réponse à la Pièce de Pontoise. Paris, 1652, 16p.
Fol, Har, Md

M 1319.　Examen des parallèles faits par un excellent prédicateur entre David et le cardinal Mazarin, ou, pour mieux dire, entre le traître Campo-

Basso, Italien, avec le même Mazarin, au jugement du lecteur, par M. B. J. V. D. R. D. L. P. P. T. Paris, 1652, 8p.
Fol & (ve), Har

M 1320. Examen (l') des princes pour gagner le jubilé dans le bois de Vincennes. (S. l. n. d.), 12p.
Fol, Har

M 1321. Examen sur les affaires du temps. Paris, Cl. Huot, 1649, 12p.
BYU, Clev, Fol (ve), Har, Md, Minn, NYPL, Wis

M 1323. Exaudiat des François pour le glorieux retour de Leurs Majestés à Paris. Paris, Fr. Noël, 1650, 11p.
Clev, Har, Md, Minn

M 1324. Excommunication politique lancée sur le clergé, contre les sentiments du coadjuteur, où l'on verra: 1º que le maniment des affaires d'Etat est contraire à la profession des prélats et cardinaux; 2º que les prélats qui s'ingèrent dans les affaires d'Etat, sont des apostats; 3º que les prélats ne doivent jamais entrer dans les palais des grands, que pour y porter les paroles de l'éternité; 4º que si les prélats sont gens de bien, ils sont incapables de gouverner les Etats; s'ils sont méchants, il ne faut pas permettre qu'ils s'en approchent. (S. l.), 1652, 19p.
Fol & (ve), Har & (ve), Md

M 1326. Exemples (les) politiques. Paris, veuve Théod. Pépingué et Est. Maucroy, 1649, 12p.
BYU, Fol, Har, Md, Minn, NYPL, Wis

M 1327. Exemplum sine exemplo in orbe christiano, vel etiàm Ethnico, nempè serenissimi regis Caroli, Magnae Britanniae et Hyberniae augustissimi monarchae, à nonnullis subditis suis, scilicet rebellibus, et post homines natos immanissimis parricidis, crudeliter et indignè obtruncati et capite percussi, etiàm antè ipsius aedes palatinas, vulgò dictas Albam Aulam, propè fanum Westmonasteriense. Parisiis, apus Guill. Sassier, 1649, 8p.
Clev, Fol, Har, Minn, Wis

M 1328.   Exhortation aux Parisiens sur le secours des
          pauvres des provinces de Picardie et de
          Champagne, où il est prouvé, par des passages
          formels de l'Ecriture sainte, par les authorités
          des saints Pères grecs et latins, et par des
          raisons invincibles, que l'aumosne en ce temps
          est de précepte et non pas de conseil.   Par
          Me Antoine Godeau, évesque de Grasse et de
          Vence.   Paris, Pierre Le Petit, 1652, 48p.
          Fol

M 1329.   Exhortation de la Pucelle d'Orléans, à tous les
          princes de la terre, de faire une paix générale
          tous ensemble, pour venger la mort du roi
          d'Angleterre par une guerre toute particulière.
          Paris, Arnould Cottinet, 1649. 7p.
          Fol, Har, Md, Minn, NYPL

M 1330.   Exil (l') de l'Inconnu, dédié aux exilés de la
          ville de Bordeaux.   Paris, Pierre Targa, 1653,
          52p.
          Har, Md

M 1331.   Exorcisme du D. Mazarin, dans lequel il est
          conjuré par le Parlement et le clergé à sortir
          du corps de l'Etat.   (S. l.), 1649, 12p.
          Clev, Fol (ve), Har (ve), Minn (ve), NYPL,
          Wis (ve)

M 1332.   Exorciste (l') de la reine, faisant voir: 1° que
          la reine est possédée par le Mazarin, et que
          ses inclinations sont esclaves sous la tyrannie
          de ce lutin de cour; 2° qu'on ne peut dire sans
          extravagance que l'autorité du roi est engagée
          à la protection du Mazarin; 3° que les inclina-
          tions générales des peuples sont préférables aux
          inclinations particulières de Sa Majesté; 4° que
          les volontés contraires aux princes, aux Parle-
          ments et aux peuples unis, ne sont point les
          volontés du roi.   (S. l. , 1652), 16p.
          Fol, Har, Md, NYPL

M 1335.   Explication du miroir enchanté de la cour.
          Paris, François de Chaumusy, 1652, 14p.
          Fol, Har, NYPL

M 1336. Exposition et explication des devises, emblêmes
et figures énigmatiques du feu construit devant
l'Hôtel de Ville, par messieurs les prévôt des
marchands et échevins de Paris, sur l'heureuse
naissance et retour du roi, faite par Henry
Estienne, écuyer, sieur Des Fossés, poëte et
interprète du roi ès langues grecque et latine.
Paris, Antoine Estienne, 1649, 8p.
Fol

M 1337. Extase de la France mourant d'amour pour Jèsus-
Christ crucifié, en vers burlesques.   Paris,
Claude Morlot, 1649, 8p.
Clev, Har, Md, Minn, NYPL, Wis

M 1338. Extrait d'une lettre envoyée de Ruel, en date du
vendredi 19ᵉ de ce mois de mars 1649, contenant le véritable état où sont à présent les
affaires, et réfutant les faux bruits qu'on a fait
courir touchant la paix.   Paris, veuve d'Antoine
Coulon, 1649, 7p.
BYU, Clev, Fol, Har, Md, Minn, NYPL,
Wis

M 1340. Extrait de l'instruction envoyée par le prince
de Condé au sieur de Saint-Romain, étant de
présent en Champagne.   Compiègne, Julien
Courant, 1652, 4p.
Fol

M 1341. Extrait de la déclaration et dernière volonté du
feu roi Louis XIII, d'heureuse mémoire, du
mois d'avril 1643, registrée au Parlement le
22 du même mois, par laquelle il veut,
entr'autres choses, que M. de Châteauneuf,
prisonnier dans le château d'Angoulême, demeure
au même état qu'il étoit lors jusqu'après la
paix, laquelle conclue, il lui sera donné un lieu
de retraite dedans ou dehors le royaume par
l'avis de la reine régente et du conseil; et
l'entrée dudit royaume est interdite à madame
de Chevreuse, pendant la guerre, laquelle, même
après ladite paix faite, ne pourra faire sa
demeure, ni être en autre lieu proche la cour
de ladite dame reine.   (S. l. n. d.), 6p.
Fol, Har, Md

M 1342. Extrait de tout ce qui s'est fait et passé à
Bordeaux depuis le 29 juin 1652, touchant le
parti de messieurs les princes et celui des
Mazarins. Paris, Jacob Chevalier, 1652, 7p.
Fol, Har

M 1343. Extrait des délibérations de messieurs les
capitouls, bourgeois et habitants de Toulouse
sur les troubles de la ville de Bordeaux et
province de Guyenne, envoyé à Leurs Majestés.
Paris, Guill. Sassier, 1650, 7p.
Fol (ve), Har, Md

M 1344. Extrait des registres de l'Hôtel de Ville de
Paris, du lundi 29 juillet 1652. (S. 1. n. d.), 4p.
Har, Minn

M 1345. Extrait des registres de l'Officialité de Paris.
(S. 1. n. d.), 3p.
Fol

M 1349. Extrait des registres du Parlement. (S. 1. n. d.),
8p.
Har (ve)

M 1351. Extrait des registres du Parlement, contenant
ce qui s'est passé pour l'éloignement du cardinal Mazarin. Paris, par les imprimeurs et
libraires ordinaires du roi, 1652, 48p.
Clev, Fol (ve), Har, Md, Minn, NYPL, Wis

M 1353. Extrait des registres du Parlement de Bordeaux.
Paris, 1649, 4p.
Fol

M 1354. Extrait des registres du Parlement, touchant les
plaintes que Louis, duc d'Orléans, beau-frère
du roi Charles VIII, fit en Parlement, le 17
janvier 1484, contre l'enlèvement de ce roi par
Anne de France, comtesse de Beaujeu, sa soeur,
sur ce que Sa Majesté n'étoit en liberté, et que
ce n'étoit pas le roi qui agissoit, avec des considérations historiques et politiques par Souil de
Cinq Cieux (Ludovix de Quincé). Paris, Jacob
Chevalier, 1652, 31p.
Fol (ve), Har, Minn, NYPL

M 1355. Extrait du verbal des délibérations prises par
les gens des trois Etats du pays de Languedoc,
assemblés par permission du roi, dans sa ville
de Carcassonne, ès mois de juillet, août, septembre et octobre mil six cent cinquante et un, du
mercredi quatriesme octobre audit an, président
monseigneur l'archevêque de Narbonne. Paris,
1651, 6p.
Fol (ve), Md

M 1356. Extraits des registres du Parlement, contenant
la harangue faite au roi et à la reine régente par
M. Talon, avocat général, avec son rapport,
audit Parlement, de la réponse de Leurs
Majestés; ensemble la lettre de l'archiduc
Léopold, les propositions, de l'envoyé de sa
part, et arrêts de la cour sur ce sujet, du 19
février 1649. Paris, par les imprimeurs et
libraires ordinaires du roi, 1649, 8p.
BYU, Har, NYPL

M 1357. Extraordinaire arrivée du burlesque On de ce
temps qui sait, qui fait et qui dit toutes les
particularités du siége de Cambray, avec un
sommaire de l'ordre du festin fait aux généraux
et Parlement d'Angleterre par les communes.
Paris, Etienne Hebert.
Har

M 1358. Fable du lion, du loup et de l'âne, sur le sujet
de la paille du temps présent. (S. 1. , 1652), 7p.
Clev, Har, Md

M 1359. Facétieuse (la) defaite d'un boulanger par le
général Herspel Rhusma. Paris, veuve Musnier,
1649, 7p.
Clev, Fol, Har (ve), Md, Minn

M 1360. Factum contenant les justes défenses des rentiers
de l'Hôtel de Ville de Paris, et les moyens
véritables de la sûreté de leurs rentes et de
leur conservation. Paris, Edme Pépingué,
1649, 35p.
Clev, Har, Md

M 1362.   Factum du procès intenté contre César de
           Vendôme, duc de Vendomois, d'Etampes et de
           Penthièvre, pair de France, lieutenant général
           pour le roi, avec tous les droits et pouvoirs
           d'amirauté en ses pays et province de Bretagne,
           et aussi contre François de Vendôme, duc de
           Beaufort, pair de France, son fils, présenté par
           madame la duchesse de Vendôme à messieurs
           de la cour de Parlement. (S. 1. , 1649), 4p.
           Har, Minn, Md, NYPL

M 1363.   Factum notable pour Thomas Carrel, huissier
           sergent à cheval au Châtelet de Paris, demandeur
           en exécution des arrêts de la cour des 7 décem-
           bre 1645 et 19 décembre 1647, contre M[es]
           François Catelan, Martin Tabouret, secrétaires
           du roi, Pierre Meyssonier, Pierre Moysel, Jean
           Migné, Gaspard Baugi et Canto, associés en
           divers partis et complices, accusés et défendeurs.
           (S. 1. , 1649), 11p.
           Clev

M 1365.   Factum pour maistre Bernard de Bautru, advo-
           cat au conseil privé du roi, intimé et appelant
           de la procedure extraordinaire et sentence du
           4e jour du présent mois de juin, et demandeur,
              Contre le substitut de monsieur le procureur
           général au Chastelet, appelant, intimé et
           défendeur. (S. 1. , 1649), 6p.
           Fol (ve), Md

M 1366.   Factum pour Me Bernard de Bautru, avocat au
           conseil du roi, intimé et appelant de la procédure
           extraordinaire et sentence du 4e jour du présent
           mois de juin, contre le substitut du procureur
           général au Châtelet,
              Causes et moyens d'appel proposés par le
           procureur du roi au Châtelet contre Bernard
           Bautru (sic). (S. 1. , 1649), 12p.
           Clev, Fol (ve), Har (ve), Md, Minn

M 1367.   Factum pour messieurs les princes. (S. 1. ,
           1650), 36p.
           BYU, Clev, Fol, Har (ve), Md, Minn, NYPL,
           Wis

168

M 1368. Factum servant au procès criminel fait au
cardinal Mazarin, touchant ses intelligences avec
les étrangers ennemis de l'Etat. Paris, veuve
J. Guillemot, 1649, 8p.
BYU, Clev, Fol, Har (ve), Md, Minn, NYPL,
Wis

M 1370. Faits (les) pernicieux que le cardinal Mazarin a
commis en Italie, en Espagne et particulièrement en France, avec un avis salutaire, à
messieurs du Parlement, du mauvais dessein
qu'il a contr'eux, naïvement déduit sous le
dialogue d'un gentilhomme françois avec un
Sicilien. (S. 1.), 1651, 24p.
Clev

M 1371. Famine (la), ou les Putains à cul, par le sieur
de la Valise, chevalier de la Treille. Paris,
Honoré l'Ignoré, 1649, 8p.
Clev, Fol, Har, Minn, NYPL, Wis

M 1372. Farce (la) des courtisans de Pluton, et leur
pélerinage en son royaume. (S. 1.), 1649, 28p.
Clev, Fol, Har, Md, Minn, NYPL (ve), Wis

M 1374. Fausse (la) lettre portée au duc de Lorraine par
un mazarin, et renvoyée à Son Altesse Royale
par le même duc de Lorraine. (S. 1.), 1652,
7p.
Clev, Fol, Har, Minn, NYPL

M 1375. Faux (le) frondeur converti et démasqué, servant
de réponse au prétendu Frondeur désintéressé.
Paris, 1650, 15p.
BYU, Clev, Fol, Har, Md, Minn

M 1376. Festin (le) burlesque du fourbe, ou la Mi-carême
des partisans, traités à la cour par leur chef
et leur protecteur, le C. M. Paris, veuve
André Musnier, 1649, 8p.
BYU, Clev, Har, Md, NYPL

M 1377. Festin (le) de la paix et de la guerre interrompu,
en vers burlesques. Paris, Sébastien Martin,
1649, 15p.
BYU, Clev, Fol, Har, Md, Minn, NYPL,
Wis

M 1379. Festin (le) des partisans, avancé par le
chancelier, avant son départ, chef et protecteur
de la maltôte. Paris, Jacques Canobe, 1650,
8p.
Har, Md, Minn

M 1382. Feu (le) de joie, ou la Réjouissance publique
des bons François pour le retour de la paix.
Paris, veuve Jean Remy, 1649, 8p.
BYU, Clev, Fol, Har, Md, Minn, NYPL,
Wis

M 1383. Feux (les) du ciel descendus en terre en faveur
du roi. Paris, Pierre Variquet, 1649, 8p.
Har, Minn

M 1384. Fiction. L'Heureux succès du voyage que le
cardinal Mazarin a fait aux enfers, ces jours
derniers, où l'auteur l'a accompagné. Paris,
1649, 15p.
Clev, Fol (ve), Har (ve), Minn, Wis

M 1386. Fidèle (le) domestique à monseigneur le duc
d'Orléans, sur les affaires de ce temps. Paris,
Nicolas Jacquard, 1649, 8p.
BYU, Fol, Har, Md, Minn, NYPL, Wis

M 1387. Fidèle (le) empirique, ou le Puissant ellébore
d'un Anti-Machiavel, pour contenter les malcontents de l'Etat, et affermir la liberté des
peuples: Coecus est qui veritatem odit. Paris,
1652, 24p.
Fol, Har, Md, Minn, Wis

M 1388. Fidèle (le) intéressé, par L. S. C. C. A. P.
D. A. Paris, 1652, 12p.
BYU, Fol, Har, Md, NYPL

M 1389. Fidèle (le) politique. Paris, 1649, 15p.
BYU, Clev, Fol, Har, Md, Minn, NYPL,
Wis

M 1391. Fidèle traduction du sermon de Pâques fleuries,
fait, en presence du roi et de sa cour, par un
père théatin, dans l'église de Saint-Germain en
Laye, en vers burlesques. Paris, Claude
Morlot, 1649, 7p.
BYU, Clev, Fol, Har, Md, Minn, NYPL, Wis

170

M 1392.   Fièvre (la) chaude du cardinal Mazarin et de
ses partisans, avec le sujet d'icelle, le tout
contenu en dix articles, ensemble la confession
générale dudit cardinal, le désir de s'amender
en pardonnant à ses ennemis.   Paris, J. Brulé,
1652, 8p.
Fol (ve), Minn

M 1394.   Fils (le) de l'impudique et le perfide voluptueux.
Paris, Denys Langlois, 1649, 8p.
Clev, Fol, Har, Md, Minn, Wis

M 1395.   Fin (la) tragique de tous les partisans, arrivée
de temps en temps, et tirée de l'histoire de
France.   Paris, Claude Huot, 1649, 8p.
BYU, Clev, Fol, Har, Md, Minn, NYPL,
Wis

M 1396.   Finets (les) affinés, ou l'Emprissonement des
factieux.   Paris, 1650, 6p.
Clev, Fol, Har, Md, Minn

M 1397.   Flambeau (le) d'Etat, avec lequel tous les
peuples de France peuvent voir comme ils sont
obligés de s'unir, pour l'exécution de l'arrêt du
29 décembre 1651 et de l'arrêt du 23 juillet
1652, donnés au Parlement contre Mazarin,
toutes les chambres assemblées, où l'on verra
1. que les arrêts d'un si auguste Parlement que
celui de Paris doivent être inviolables, principalement quand ils sont donnés pour délivrer
l'Etat de la prodigieuse tyrannie où il est;
2. qu'il y va de la gloire de Dieu, de l'honneur
du roi, du salut de la couronne, du repos public
et du bien universel de tous les peuples de
France; 3. qu'il n'est point de François qui ne
soit véritablement obligé de répondre un jour,
devant Dieu, de toutes les voleries, meurtres,
violences, incendies et sacrilèges que Mazarin
et ses complices font et feront de toutes parts,
si on ne les en empêche, le pouvant faire;
4. qu'il n'y a rien de si facile que d'en venir
à bout par un soulèvement général, puisque tous
les autres moyens nous ont manqué; 5. et qu'il
n'est point de peuple qui n'ait le droit de se
faire justice soimême, quand on refuse de la
lui faire.   (S. l. n. d.), 43p.
Fol, Har, Md, Wis

M 1398.   Flambeau (le) d'Olympe, dédié à monseigneur le
duc de Beaufort, avec la voix et les voeux du
peuple, par le sieur Barroys.   Paris, veuve
d'Anthoine Coulon, 1649, 8p.
BYU, Fol, Har, Md, Minn, NYPL, Wis

M 1399.   Fléau (le) de l'esprit de Dieu sur les ministres
à deux coeurs, à deux maîtres et à deux visages.
"Le Seigneur veut que l'hypocrisie de ceux
qui se glorifient en lui, pendant qu'ils le nient
par des actions publiques, soit franchement
reprise et hautement condamnée par les véritables
évangélistes de sa parole eternelle." Isaïe, 48,
58, 66. (S. 1. n. d.), 48p.
Md, NYPL

M 1400.   Foi (la) barbare et la liberté des volontés forcées
ès personnes des députés du Parlement.   Paris,
veuve d'Anthoine Coulon, 1649, 7p.
BYU, Clev, Fol, Har, Md, Minn, NYPL, Wis

M 1401.   Formulaire (le) d'Etat, faisant voir par la raison
et par l'histoire 1. que les lois fondamentales de
la monarchie sont au-dessus de l'autorité du roi;
2. qu'il n'y a que les états généraux qui puissent
entreprendre impunément les lois fondamentales,
et que par conséquent l'autorité des états généraux
est au-dessus de celle du roi; 3. que la royauté
dégénère en tyrannie lorsqu'elle attente à ces
lois fondamentales; 4. que le roi est obligé, par
les lois fondamentales, d'agir avec les étrangers,
pour les affaires d'Etat, par le conseil de ses
princes, et que par conséquent le traité que la
cour a fait depuis peu avec le duc de Lorraine,
sans la participation des princes du sang, est
invalide et tyrannique; 5. et comme il faut
entendre cet aveuglement d'obéissance que les
sujets doivent aux ordres des souverains, pour
désarmer les prétentions du conseil prétendu de
Sa Majesté. (S. 1.), 1652, 24p.
Fol & (ve), Har, Md, NYPL

M 1402.   Fort (le) et puissant bouclier du Parlement, en
forme d'apologie, dédié au roi.   Paris, 1649,
24p.
BYU, Clev, Fol, Har, Md, Minn, NYPL,
Wis

M 1403. Foudre (la) du bureau et du monopole, en vers scarroniens. Paris, Philippe Clément, 1649, 8p.
Fol (ve), Har

M 1404. Foudroiement (le) des géants mazarinistes, abîmés sous les ruines du fameux et désolé bourg de Charenton. Paris, François Noël, 1649, 8p.
BYU, Clev, Fol (ve), Har, Md, Minn, NYPL, Wis

M 1405. Fourberie (la) découverte, ou le Renard attrapé. (S. l.), 1650, 8p.
BYU, Clev, Fol (ve), Har, Md, Minn, NYPL

M 1406. Fourbes (les) des Mazarins découvertes aux bons bourgeois de cette ville de Paris. Paris, 1652, 6p.
Har

M 1407. Fourrier (le) d'Etat, marquant le logis de chacun selon sa fortune présente. Paris, 1652.
BYU, Fol (ve), Har, Md, Minn, NYPL, Wis

M 1408. Franc (le) bourgeois de Paris, montrant les véritables çauses et marques de la destruction de la ville de Paris, et les devoirs du magistrat et de tous les bons citoyens pour y remédier. Paris, 1652, 22p.
Fol, Har (ve), Md

M 1409. François (le) affectionné à sa patrie. (S. l.), 1649, 8p.
BYU, Clev, Fol, Har, Minn, NYPL

M 1410. François (le) désabusé, montrant les moyens infaillibles pour établir et affermir la véritable paix dans l'Etat. Paris, 1652, 19p.
Fol, Har (ve), NYPL

M 1411. François (le) fidèle à Jules Mazarin, traitant des devoirs des bons ministres envers leurs maîtres. Paris, Nicolas Bessin, 1649, 7p.
BYU, Clev, Fol (ve), Md, Minn, NYPL

M 1412. François (les) oppressés sous la fureur et tyrannie de Jules Mazarin, dédié (sic) aux pro-

tecteurs du public. Paris, 1649, 7p.
Wis (ve)

M 1413. France (la) à couvert sous les lauriers des princes. Paris, Salomon de la Fosse, 1652, 14p.
Fol, Md, Minn, NYPL

M 1415. France (la) à la reyne. Paris, Robert Sara, 1649, 7p.
BYU, Clev, Fol, Har, Md, Minn, NYPL, Wis

M 1416. France (la) à monseigneur le duc d'Elbeuf, général des armées du roi (de la Fronde). Parénétique. Paris, 1649, 16p.
Clev, Fol (ve), Har (ve), Md, Minn, Wis

M 1417. France (la) affligée, parlant et répondant à toutes les personnes et les corps qui suivent: le roi, la reine, le Mazarin, le confesseur de la reine, le privé conseil, le premier président, tous les mazarins en général, M. de Villeroy, M. le duc de Damville, M. le duc d'Orléans et Mademoiselle, le prince de Condé, le duc de Beaufort, M. de Brouselle (sic), le Parlement en général, le coadjuteur, le clergé, la noblesse, le tiers état, et faisant sa plainte sur le sujet de leurs réponses, qui l'obligent à former la résolution qu'elle témoigne à la fin de ce discours, le tout en vers héroïques. Paris, 1652, 31p.
Clev, Fol (ve), Har, Md

M 1419. France (la) affligée sur l'enlèvement du roi, avec une pièce contre les maltôtiers. Paris, Arnould Cottinot, 1649, 6p.
BYU, Clev, Fol (ve), Har & (ve), Md, Minn, NYPL, Wis

M 1420. France (la) aux frondeurs; 1re élégie. (S. l., 1652), 7p.
Clev, Har

M 1422. France (la) désolée au roi, dédiée à monsieur le prince. Paris, 1652, 16p.
Clev, Fol, Minn

M 1423. France (la) désolée aux pieds du roi, où le gouvernement tyrannique de Mazarin est succinctement décrit. (S. l. , 1649), 8p.
BYU, Clev, Fol, Har, Md, Minn, NYPL, Wis

M 1425. France (la) en deuil, présentée à la reine pour le rétablissement de ses Etats et de son royaume, par un de ses fidèles sujets. Paris, Pierre Variquet, 1649, 7p.
BYU, Clev, Fol, Har, Md, Minn, Wis

M 1426. France (la) en prière pour la paix. Paris, veuve Musnier, 1649, 4p.
Clev, Md, NYPL, Wis

M 1427. France (la) en travail sans pouvoir accoucher faute de sage-femme, par le sieur de Sandricourt. C'est une branche de mon Accouchée espagnole, et la cinquième pièce de mes fictions politiques (suivent lès titres des quatre premières). Pour la clef que je t'ai promis (sic), elle est entre les mains du graveur. Il te burine quelques feuillages, pour te la rendre plus mignonne. Paris, 1652, 39p.
Fol, Har, Md, NYPL

M 1428. France (la) espérant la paix. Paris, Pierre Dupont, 1649, 7p.
BYU, Clev, Fol, Har, Md, Minn, NYPL, Wis

M 1429. France (la) et les royaumes ruinés par les favoris et les reines amoureuses. (S. l. , août 1649), 8p.
BYU, Clev, Har, NYPL

M 1431. France (la) irritée contre ses tyrans. Paris, veuve Théod. Pépingué et Est. Maucroy, 1649, 7p.
BYU, Clev, Fol, Har, Md, Minn, NYPL, Wis

M 1432. France (la) languissante, résolue à vaincre ou à mourir. Paris, 1649, 16p.
Clev (ve), Fol, Har, Md

M 1434. France (la) paisible, ou la Paix miraculeuse.
Ode. Paris, 1649, 14p.
Clev, Fol, Har, Minn, NYPL

M 1435. France (la) parlant à monsieur le duc d'Orléans
endormi. Paris (s. d.), 4p.
BYU, Clev, Fol, Har & (ve), Md & (ve),
Minn, NYPL, Wis

M 1437. France (la) prosternée aux pieds de la Vierge
pour la remercier de la paix, dédié (sic) à la
reine, par monsieur Mercier. Paris, Nicolas
Gasse, 1649, 8p.
Md, Minn, NYPL, Wis

M 1438. France (la) prosternée aux pieds de messieurs
du Parlement pour leur demander justice.
Paris, Denys Langlois, 1649, 8p.
BYU, Clev, Fol, Har, Minn, NYPL (ve),
Wis

M 1439. France (la) réjouie par le génie du roi pour la
conservation de son royaume, présentée à Sa
Majesté. Paris, veuve d'Anthoine Coulon,
1650, 8p.
Clev, Minn

M 1441. France (la) ruinée par les favoris (s. 1. , 1649),
4p.
BYU, Clev, Fol, Md, Minn, NYPL, Wis

M 1442. France (la) sans espoir (s. 1.), 1649, 8p.
BYU, Clev, Fol, Har, Md, Minn, NYPL,
Wis

M 1445. France (la) vengée des malheurs dont elle étoit
menacée par les armes de Jules Mazarin.
Paris, Michel Mettayer, 1649, 6p.
BYU, Clev, Fol & (ve), Har, Md, Minn,
Wis

M 1447. Franche (la) marguerite faisant voir: 1° que le
roi ne peut pas rétablir le Mazarin, et que par
conséquent l'armement qui se fait pour ce
dessein, est injuste; 2° que les lois fondamentales de l'Etat ne permettent pas à la reine
d'être chef du conseil de Sa Majesté, et que

par conséquent tout ce qui se fait par son avis,
ne doit pas être suivi; 3° que le roi, quelque
majeur qu'il soit, doit néanmoins vivre sous la
curatèle, quoique tacite, de Son Altesse Royale
et de ses princes, jusqu'à l'âge prescrit par les
lois pour l'émancipation des enfants; 4° et que
pendant cette conjoncture d'affaire, Son Altesse
Royale, les princes et messieurs de Parlement
peuvent commander le ban et l'arrière ban, pour
terminer bientôt cette guerre mazarine.
(S. 1. n. d.), 16p.
Fol & (ve), Har & (ve), Md, Minn, NYPL,
Wis

M 1448.   Fronde (la) du Parlement fatale au Mazarin.
Paris, Pierre Sévestre, 1649, 8p.
BYU, Clev, Fol, Har, Md, Minn, NYPL

M 1449.   Fronde (la) ressuscitée (s. 1.), 1650, 7p.
Clev

M 1450.   Fronde (la) royale.   Paris, Jean Brunet, 1650,
7p.
Clev, Fol, Har (ve), Md, Minn

M 1451.   Frondeur (le) bien intentionné aux faux frondeurs.
Paris, Nicolas Vivenay, 1651, 8p.
Clev, Fol, Har, Md

M 1452.   Frondeur (le) désintéressé (s. 1.), 1650.
Clev (ve), Fol (ve), Har (ve), Md, Minn, Wis

M 1453.   Frondeurs (les) champêtres, Eglogue allégorique
sur les affaires du temps (s. 1.), 1651, 8p.
Clev

M 1455.   Fuite (la) des maltôtiers après Mazarin, mise en
vers burlesques par le sieur Pompholis.   Paris,
1649, 3p.
BYU, Clev, Fol, Har, Md, Minn, NYPL, Wis

M 1456.   Funeste (la) et agréable résolution du lutin du
cardinal Mazarin, à la sollicitation du diable
Astaroth par le moyen de l'apparition de l'ombre
de Henry le Grand, et l'interprétation des songes
de ce ministre faite par l'assemblée de tous les
dieux souterrains.   Demandez au vendeur le

Sénèque exilé. Paris, 1652, 15p.
Fol, Har, NYPL

M 1457. Funeste (le) hoc de Jules Mazarin. Paris,
Nicolas Boisset, 1649, 3p.
BYU, Clev, Fol, Har (ve), Md, Minn,
NYPL, Wis

M 1459. Furet (le), ou les Pourmenades du prince de
Condé (s. 1.), 1649, 8p.
Clev, Fol, Har & (ve), Md, Minn, NYPL,
Wis

M 1460. Fureur (la) des Normands contre les mazari-
nistes. Paris, Pierre Variquet, 1649, 16p.
BYU, Clev, Fol, Har & (ve), Md, Minn
NYPL, Wis

M 1461. Fureur (la) des juifs, dédié à messieurs de la
Synagogue, en vers burlesques, par Claude
Veyras. Paris, Jacques Le Gentil, 1652, 7p.
Fol

M 1462. Gabelles (les) épuisées, à monseigneur le duc
de Beaufort, par N. J. T. (Nicolas Jamin,
Tourangeau). (S. 1.), 1649, 7p.
Har, NYPL

M 1463. Galimathias burlesque sur la vie du cardinal
Mazarin. (S. 1.), 1652, 18p.
Wis

M 1464. Gallicinium nuper auditum, Franciam expilante
Mazarino.
Quis dedit gallo intelligentiam? Job, 38.
Qui preparat corvo escam suam. Id.
Parisiis, 1649, 4p.
BYU, Clev, Fol, Har, Md, Minn, Wis

M 1465. Gasconnades (les), ou les Rodomontades des
Gascons faites aux Parisiens et aux Normands,
après le siége de Bordeaux. (S. 1.), 1650, 8p.
Har, Md

M 1466. Gazetier (le) désintéressé. Paris, Jean Brunet,
1649.
BYU (pt II), Clev (ve), Fol, Har (ve), Md,
Minn, NYPL & (ve), Wis

M 1467.   Gazetier (le) désintéressé, et le Testament de
Jules Mazarin. Sur l'imprimé à Paris chez
Jean Brunet et Claude Morlot, 1649, 20p.
Har

M 1468.   Gazette (la) burlesque, envoyée au gazetier de
Paris. (S. 1.), 1649, 7p.
BYU, Fol, Har, Minn, Wis

M 1469.   Gazette (la) de la place Maubert, ou Suite de
la Gazette des halles, touchant les affaires du
temps. Seconde nouvelle. Paris, Michel
Mettayer, 1649, 11p.
BYU, Fol, Har & (ve), Md, NYPL

M 1470.   Gazette (la) des halles, sur les affaires du
temps. Première nouvelle. Paris, Michel
Mettayer, 1649.
BYU, Clev, Fol (ve), Har, Md, Minn,
NYPL & (ve), Wis

M 1471.   Gazette (la) du temps, en vers burlesques.
Paris, 1652.
Har (ve), Minn (inc), Wis

M 1473.   Géant (le) sicilien terassé par les bons François.
Paris, Nicolas de La Vigne, 1649, 8p.
BYU, Clev, Fol, Har, Md, Minn, NYPL

M 1474.   Géants (les) terrassés, ou la Fable historique,
en vers burlesques. Paris, Denis Pelé, 1650,
7p.
Clev, Fol

M 1475.   Gémissements (les) des peuples de Paris sur
l'éloignement du roi. Paris, Pierre Du Pont,
1649, 7p.
BYU, Fol, Har, Md

M 1476.   Généalogie (la) du premier président.   Paris,
1652, 23p.
Clev, Fol, Har (ve), Minn

M 1477.   Généalogie (la) du prince, et comme tous ceux
de cette maison ont été funestes au roi et au
peuple. Paris, N. Charles, 1650, 6p.
BYU & (ve), Clev, Fol, Har (ve), Md, Minn,
NYPL, Wis

M 1478. Généalogie, ou Extraction de la vie de Jules
Mazarin, cardinal et ministre d'Etat en France.
Anvers, Samuel Beltrinklt le jeune, (s. d.), 8p.
BYU, Clev, Fol (ve), Har (ve), Md, Minn,
NYPL (ve), Wis & (ve)

M 1479. Généreuse (la) résolution de Son Altesse Royale,
dans la dernière assemblée du Parlement (24
mai), par laquelle on peut connaître très assuré-
ment le désir qu'il (sic) a de donner la paix
générale et le repos à toute la France. Paris,
Jacob Chevalier, 1652, 7p.
Fol, Har, Md

M 1480. Généreuse (la) résolution des Gascons où se voit:
1º la cassation de l'arrêt du Parlement de
Bordeaux par l'assemblée de l'Ormière (sic);
2º l'emblême de leur sceau, contenant, d'un
côté, un ormeau entortillé d'un serpent avec
cette inscription: Estote prudents sicut serpentes,
et au revers, la liberté. (S. 1. , 1652), 7p.
Fol, Har, Wis

M 1481. Généreux (le) conseil donné aux bons François,
avec l'occasion qui se présente avec (sic)
l'extirpation du mazarinisme, par le sieur
Perpignan. (Paris), Pierre Bazavoine, 1652, 7p.
Har (ve)

M 1482. Généreux (le) François. (S. 1.), 1649, 7p.
BYU, Clev, Fol, Har, Minn, NYPL, Wis

M 1483. Généreux (le) prince aux Parisiens de mourir
(sic) pour le service du roi et de ne point
souffrir le retour du cardinal Mazarin. Paris,
Nicolas L'Angevin, 1652, 7p.
Har, Minn

M 1484. Généreux (le) tout beau du brave Cola de l'hôtel
de Chevreuse, imposant silence aux faiseurs de
libelles contre monsieur le duc de Lorraine.
Paris, Jean-Baptiste Bouched'or, à la Croix de
Hiérusalem, 1652, 8p.
Har

M 1485. Généreux (les) conseils d'un gentilhomme françois
qui a quitté le parti des Mazarins pour se retirer

180

à Paris. Paris, François Noël, 1649, 14p.
BYU, Clev, Fol, Har (ve), Md, Minn,
NYPL, Wis

M 1486. Généreux (les) pressentiments d'une fille
villageoise touchant les victoires que la France
doit espérer de la sage conduite du prince de
Conty. Lettre parénétique. Paris, Jean
Hénault, 1649, 6p.
BYU, Clev, Fol, Har, Md, Minn, Wis

M 1487. Généreux (les) sentiments d'un bon François,
présentés à la reine par un de ses aumôniers.
Paris, Rollin De La Haye, 1649, 8p.
BYU, Clev, Fol, Har, Md, Minn, NYPL,
Wis

M 1488. Généreux (les) sentiments de la noblesse françoise
contre le mauvais gouvernement de l'Etat par un
ministre étranger. Paris, Denys Langlois, 1649,
8p.
BYU, Clev, Fol, Har, Md, Minn, NYPL,
Wis

M 1489. Généreux (les) sentiments de Mademoiselle,
exprimés à monseigneur le duc d'Orléans, son
père. Paris, Philippe Clément, 1652, 8p.
Fol, Har, Minn

M 1490. Généreux (les) sentiments de nos seigneurs les
princes, envoyés à Son Altesse Royale sur son
retour pour s'opposer au passage du cardinal
Mazarin. Sur l'imprimé à Bordeaux, 1652, 7p.
Clev, Fol, Md, Minn

M 1491. Généreux (les) sentiments du véritable François
sur la conférence et paix de Ruel, avec exhortation à tous bons François de ne point poser les
armes que le cardinal Mazarin ne soit mort, ou
hors du royaume, conformément à l'arrêt du
8 janvier 1649. (S. 1.), 1649, 8p.
BYU, Clev, Fol, Har, Md, Minn, NYPL, Wis

M 1492. Génie (le) de Paris, découvrant la cause des
malheurs du temps. Paris, 1652, 16p.
Fol

M 1493. Génie (le) démasqué, et le temps passé et l'avenir de Mazarin, par un gentilhomme bourguignon. Paris, veuve d'André Musnier, 1649, 8p.
Clev, Fol, Har, Md, Minn, NYPL, Wis

M 1495. Génie (le) françois sur les malheurs des affaires de la cour, touchant l'arrivée du duc de Lorraine au palais d'Orléans. Paris, 1652.
Fol, Har (ve)

M 1496. Gentilhomme (le) françois armé de toutes pièces pour le service du roi, adressé à messieurs les princes et autres seigneurs de la cour. Paris, Nicolas Gasse, 1649, 7p.
BYU, Clev, Fol, Har, Md, Minn, Wis

M 1497. Gibet (le) de Mazarin dressé dans la ville de Compiègne par le commandement de messieurs les échevins, avec la lettre de compliment envoyée audit cardinal pour son éloignement de ladite ville. Paris, Nicolas Macé, 1652, 7p.
Md

M 1500. Glorieux (le) retour à Paris des princes de Condé, de Conty et duc de Longueville.
Har

M 1501. Glorieux (les) travaux du Parlement pour le maintien de l'autorité du roi et pour le soulagement de ses peuples, par L. D. M. E. J. Du Bail. Paris, François Noël, 1649, 16p.
BYU, Clev, Fol, Har, Md, Minn, NYPL, Wis

M 1502. Gouvernement (le) d'l'état présent, où l'on voit les fourbes et tromperies de Mazarin. Paris, 1652, 13p.
Fol, Wis

M 1503. Gouvernement (le) présent, ou Eloge de Son Eminence. Satyre ou la Miliade. (S. 1.), 1649, 15p.
Clev, Fol, Har, Minn, NYPL, Wis

M 1504. Grand (le) ballet ou le Branle de sortie dansé sur le théâtre de la France par le cardinal Mazarin et par toute la suite des cardinalistes et mazarinistes. De l'impression de Bâle, en

182

la boutique de maître Personne, à la rue
Partout, à l'enseigne de la Vérité toute nue en
hyver.   (1651), 20p.
Wis

M 1505.   Grand (le) bréviaire de Mazarin réformé à
l'usage et utilité de la France, par nos seigneurs
du Parlement.   Paris, Claude Morlot, 1649, 8p.
BYU, Clev, Fol, Har, Md, Minn, NYPL

M 1506.   Grand (le) combat du Parlement et du conseil
du roi, proposée (sic) par le cardinal de Retz
à Son Altesse Royale sur le retour du cardinal
Mazarin.   Paris, Ricard, Le Bossu, 1652, 7p.
Fol, Har (ve)

M 1508.   Grand (le) dialogue de la Paille et du Papier,
contenant ce qui peut se dire de plus considérable
sur ces deux sujets, avec leurs raisonnements
sur les affaires d'Etat, le tout en style vulgaire.
Première partie.   (S. 1. , 1652), 26p.
Har

M 1509.   Grande (le) duel de deux damoiselles frondeuses,
sous les noms de Clymène et d'Amarillis.
(S. 1.), 1650, 7p.
BYU, Clev, Har

M 1510.   Grand (le) Gersay battu, ou la Canne de monsieur
de Beaufort au festin du Renard aux Thileries,
en vers burlesques.   Paris, 1649, 15p.
BYU, Fol (ve), Har, Md, Minn, NYPL, Wis

M 1511.   Grand (le) miroir des financiers, tiré du cabinet
des curiosités du défunt cardinal de Richelieu,
où l'on voit: 1º l'homme d'Etat en matière
d'intérêts; 2º l'ordre de manier les finances;
3º les moyens de faire profiter l'argent du roi,
l'avancement de la fortune des intendants et son
déclin; 4º le discernement des maltôtiers avec
les officiers légitimes de l'épargne; 5º discours
nécessaire à tous gens d'affaires et de finance.
Paris, 1652.
Har (ve)

M 1512.   Grand (le) poëte burlesque de l'école d'Asnières,
en vers burlesques.   Paris, Sébastien Martin,
1649, 6p.
Clev, Fol, Har, Md, Minn, Wis

M 1513.   Grand (le) ressort des guerres civiles en France,
faisant voir dans les vies de tous les ministres
d'Etat qui se sont ingérés de nous gouverner,
1º qu'ils ont toujours été la source de toutes
les dissensions publiques et le sujet qui a fait
prendre les armes aux grands du royaume;
2º qu'ils ont eux-mêmes fait naître et entretenu
les guerres civiles, comme un moyen propre pour
se rendre nécessaires aux rois et pour se
maintenir dans le ministère; 3º qu'ils ont
employé tous leurs artifices à détourner la connoissance des affaires d'Etat aux rois et fait
tous leurs efforts pour abattre les princes et
tenir les peuples dans l'oppression.   Le remède
nécessaire et politique à tous les désordres est:
1º de donner un conseil de sages têtes au roi,
qui l'instruise dans l'art de régner par soi-même;
2º d'éloigner de lui, comme des pestes d'Etat,
tous ceux qui voudront s'opposer à ce louable
établissement; 3º d'établir de rigoureux supplices
pour les ministres qui passeront leur devoir,
qui est seulement de donner conseil à leur
souverain, sans jamais rien entreprendre de leur
tête, de rendre le rang aux princes du sang qui
leur est dû par leur naissance, et donner le
repos aux peuples.   (S. 1.), 1652, 52p.
Har, Md, Minn

M 1514.   Grande (la) conférence des hermites du mont
Valérien sur les affaires de ce temps, présentée
à monseigneur le duc de Beaufort.   Paris, veuve
Jean Remy, 1649, 8p.
Fol & (ve), Har, Md, Minn, Wis

M 1517.   Grandeur de l'Astrée parisienne sur Minerve et
Bellone, en vers burlesque.   Paris, Claude
Morlot, 1649, 8p.
BYU, Clev, Fol, Har (ve), Md, Minn, Wis

M 1519.   Grippemenaud (le) de la cour, où l'ou voit la
fourbe avec laquelle le cardinal Mazarin a voulu

attraper les intendants des finances. Paris, Jacob Chevalier, 1652, 8p.
Fol, Har

M 1520. Grotesque (le) carême prenant de Jules Mazarin, par dialogue. Paris, 1649, 8p.
Clev, Fol (ve), Har (ve)

M 1521. Guerre (la) burlesque, ou l'Injustice terrassée aux pieds de M. de Beaufort. Paris, Nicolas Jacquard, 1649, 12p.
BYU, Clev, Fol, Har, Minn, Wis

M 1522. Guerre (la) civile, en vers burlesques. Paris, Claude Huot, 1649, 11p.
BYU, Clev, Fol, Har, Md, Minn, NYPL, Wis

M 1523. Guerre (la) d'Aenée (sic) en Italie, appropriée à l'histoire du temps, en vers burlesques, dédiée à M. le marquis de Roquelaure. Paris, François Lecointe, 1650, 32p.
Har

M 1525. Guerre (la) des tabourets. Livre premier. Sommaire des sections. Paris, 1649.
BYU (ve), Clev (ve), Fol (ve), Har (ve), Md (ve), Minn, Wis

M 1526. Guerre (la) déclarée au cardinal Mazarin. (S. 1.), 1650, 8p.
Clev, Fol, Har, Md, Minn, Wis

M 1527. Guerre (la) déclarée par Son Altesse Royale et messieurs les princes au cardinal Mazarin et ses adhérents, en vertu des déclarations et arrêts du Parlement. Paris, Filbert Gautier, 1652, 8p.
Har

M 1528. Guerre (la) en fuite hors du royaume de France, en vers burlesques. (S. 1.), 1649, 8p.
BYU, Clev, Fol, Har, Md, Minn, NYPL, Wis

M 1529. Guerre (la) ensevelie. (S. 1. , 1649), 8p.
Clev, Fol, Har, Minn, Wis

M 1530. Guerre (la) mourante par la nécessité de faire
la paix, prouvées (sic) par les meilleures
maximes du gouvernement des Etats. Paris,
1652, 19p.
Fol, Har, Md, Minn

M 1531. Guerre (la) sans canons, raillerie en vers
burlesques. Paris, Denys Langlois, 1649, 8p.
Clev, Fol, Har, Md, Minn, NYPL, Wis

M 1532. Guerrier (le) politique, discours qui pourra
servir de mémoire à l'histoire, dédié aux
curieux. Paris, 1649, 30p.
BYU, Clev, Fol, Har, Md, Minn, NYPL

M 1533. Gueuserie (la) de la cour. (S. 1. , 1649), 16p.
BYU, Clev, Fol, Har, Minn, Wis

M 1534. Guide (le) au chemin de la liberté, faisant voir:
1º que les François sont traités en esclaves;
2º qu'ils ont droit de tout faire pour sortir
d'esclavage. Paris, 1652, 24p.
Fol, Md, Minn

M 1535. Guide (le) de Mazarin sortant hors de France et
leurs entretiens en sortant de Paris. (S. 1.),
1651, 8p.
Clev

M 1536. Guyenne (la) aux pieds du roi, qui se plaint de
ses enfants et qui demande à Sa Majesté la continuation de la paix interrompue; discours moral
et politique qui montre l'obéissance que l'on doit
aux rois, et l'obligation à quoi Leurs Majestés
sont engagées d'aimer et de conserver leurs
peuples, dont ils sont les protecteurs et les
pères. Paris, 1649, 22p.
Har (inc), Minn

M 1538. Haine (la) irréconciliable de la paix et de la
guerre, en vers burlesques. Paris, veuve
Théod. Pépingué et Est. Maucroy, 1649, 16p.
Clev, Fol, Har & (ve), Md, Minn, NYPL, Wis

M 1539.   Harangue à la reine par messieurs les curés
des bourgs de Sceaux, Palaiseau, Fontenay-aux-
Roses, Sèvres, Meudon, Clamart, Carmes
déchaus de Charenton et autres des environs de
la ville de Paris, sur les actes d'hostilités,
sacrilèges, viols commis dans les lieux saints
et maisons par les troupes mazarines. Audite
haec, omnes gentes; auribus percipite, qui
habitatis orbem. Psal. 48. Paris, Pierre
Sévestre, 1649, 12p.
Fol, Har, Md, Minn, NYPL, Wis

M 1540.   Harangue à messieurs les échevins et bourgeois
de Paris, touchant tout ce qui s'est passé depuis
les barricades jusqu'à présent, par le sieur
Drazor, Champenois. Paris, François Musnier,
1649, 8p.
BYU, Clev, Fol, Har, Md, Minn, NYPL, Wis

M 1541.   Harangue au roi pour la paix, par un ecclésiastique. Paris, veuve d'Anthoine Coulon, 1649, 12p.
BYU, Clev, Fol, Har, Minn, Wis

M 1542.   Harangue au roi, séant en son lit de justice, par
M. Talon, son avocat général. Paris, Nicolas
de La Vigne, 1649, 7p.
NYPL

M 1544.   Harangue (la) célèbre faite à la reine sur sa
régence. Paris, Toussaint Quinet, 1649, 30p.
Clev, Fol, Har, Md, Minn, NYPL, Wis

M 1545.   Harangue d'un capitaine allemand, faite à la
reine de France. Paris, Robert Feugé, 1649, 8p.
BYU, Clev, Fol, Har, Md, Minn, NYPL, Wis

M 1546.   Harangue d'un R. P. Célestin à la reine, sur la
jonction de l'armée de l'archiduc Léopold, conduite par le duc de Vithemberg (sic), avec celle
du prince. (S. l.), 1652, 7p.
Har

M 1547.   Harangue de feu monsieur le marquis de Clanleu
à la garnison de Charenton, un peu devant
l'attaque, avec tout ce qui s'est passé de plus
remarquable, et les dernères paroles qu'il dit

en mourant, le tout selon le rapport d'un
officier de cette garnison, qui s'est sauvé depuis
peu des prisons de Saint-Germain, pièce nécessaire à tous les officiers de l'armée et à ceux
de la milice bourgeoise. Paris, Charles
Chenault, 1649, 8p.
Har, Md, Minn, NYPL

M 1548. Harangue de la ville de Paris à M. de Broussel,
conseiller du roi, sous-doyen de la grande
chambre et prévost des marchands de Paris.
Paris, veuve J. Guillemot, 1652, 8p.
Clev, Fol & (ve), Har

M 1549. Harangue de messieurs les députés du Parlement
de Rouen, faite à monseigneur le duc de
Longueville, à leur retour de Saint-Germain-en-
Laye. Paris, Guillaume Sassier, 1649, 8p.
Clev, Md, Minn, NYPL, Wis

M 1550. Harangue de monseigneur l'archevêque de Rouen,
primat de Normandie, faite au roi en sa réception à Gaillon, recueillie par quelqu'un des
assistants, amateur de la royauté et de la
province, le 26 février 1650. Paris, Mathieu
Colombel, 1650, 8p.
Har (ve)

M 1551. Harangue de monseigneur le marquis d'Ormond,
vice-roi d'Irlande, dans l'assemblée des
catholiques de ce royaume-là, sur la conclusion
et leur paix et leur union pour venger la mort
de leur défunt roi; et assurer le nouveau dans
ses Etats, donnée à Kilkenny en Irelande. Paris,
François Preuveray, 1649, 8p.
BYU, Fol, Har, Md, Minn, NYPL

M 1552. Harangue de M. le chancelier, faite à Sa Majesté,
sur le danger qu'il y a de quelque changement
d'Etat, à moins que la paix ne soit bientôt conclue. Pontoise, Denys Courtain, 1652, 16p.
Fol (ve), Har (ve), Md

M 1553. Harangue (la) de M. le premier président, faite
au cardinal Mazarin, à son arrivée dans la
ville de Poitiers. (S. l. , 1652), 14p.
Fol, Har, Md

M 1554.   Harangue de M. le président de Nesmond, faite au roi dans Saint-Denys, selon le plein pouvoir que lui ont donné Son Altesse Royale, Monsieur le Prince, le Parlement et la Ville. Paris, Louis Le Maine, 1652, 8p.
Md, Minn

M 1555.   Harangue de monsieur de Pénis, conseiller du roi en ses conseils, faite à Son Altesse Royale, le 10 mai 1652, touchant les désordres et les tyrannies de Mazarin. Paris, Jacob Chevalier, 1652, 8p.
Har, Minn, NYPL

M 1556.   Harangue de M. Servient (sic), faite aux Hollandois, sur le sujet de leur traité de paix avec l'Espagnol. S. l., 1649, 15p.
Clev, Har, Md, Minn

M 1557.   Harangue (la) des provinciaux, faite à la reine pour le prochain retour du roi en sa bonne ville de Paris. Paris, 1649, 15p.
Clev, Fol, Har, Minn

M 1558.   Harangue (la) du Courrier extraordinaire envoyée (sic) par notre Saint-Père le Pape à la reine régente. Paris, Guillaume Sassier, 1649, 7p.
BYU, Clev, Fol & (ve), Har, Md, Minn, NYPL, Wis

M 1559.   Harangue du député de la ville de Lyon à nos seigneurs du Parlement et à messieurs les prévôt des marchands et échevins de la ville de Paris. Paris, Claude Morlot, 1649, 7p.
BYU, Clev, Fol, Har, Md, Minn, NYPL, Wis

M 1560.   Harangue (la) du roi de la Grande-Bretagne à la reine de France, faite au château de Saint-Germain-en-Laye, le 6e jour de mai 1652, sur l'arrivée de messieurs les députés des princes et du Parlement. Paris, 1652, 7p.
Fol, Har, Minn

M 1561.   Harangue du roi faite à tous ses peuples sur son retour en sa bonne ville de Paris. Paris, 1652, 7p.
Har

M 1562. Harangue en proverbes, faite à la reine par un notable bourgeois de la ville de Pontoise, deux jours avant le départ de Mazarin, pour obliger cette princesse à consentir à son éloignement par les raisons cyaprès déduites. Paris, 1652, 32p.
Har, Minn

M 1563. Harangue faite à la reine, à Amiens, par E. P. Paris, Jean de Crocq, 1649, 8p.
Har, Minn

M 1564. Harangue faite à la reine, au Palais-Royal, le 21 décembre 1648, par M. Amelot, premier président de la cour des Aydes, pour la révocation du traité des tailles et pour le soulagement des officiers et du peuple, avec un récit abrégé de ce qui se passa en la députation de ladite cour sur ce sujet. Paris, Denys Langlois, 1649, 10p.
Clev, Fol, Har, Md, Minn, Wis

M 1565. Harangue faite à la reine par un révérend père Chartreux pour la paix. Paris, 1652, 7p.
Clev, Fol, Har (ve), Md, Minn

M 1566. Harangue faite à la reyne par un révérend père cordeliers (sic), sur le sujet de la paix. Paris, Nicolas Lerrein, 1652, 7p.
Minn

M 1569. Harangue faite à Mademoiselle, à son arrivée en la maison de ville d'Orléans, par MM. Thoinard, président, de La Grillière, lieutenant général, Boilève, maire de ville, de Bélébat, échevin. Paris, Jacob Chevalier, 1652, 8p.
Fol, Har (ve), Md

M 1570. Harangue faite à Mademoiselle par messieurs d'Orléans à son arrivée, en présence de messieurs les ducs de Beaufort, de Rohan et autres seigneurs, et leur très-humble remercîment envoyé à son Altesse Royale. Paris, Claude Le Roy, 1652, 8p.
Fol, Har, Minn

M 1571. Harangue faite à messieurs du clergé, par M. le marquis de Vitry, l'un des commissaires choisis de la noblesse pour traiter, avec eux, des moyens

de parvenir aux estats généraux. Paris, veuve
J. Guillemot, 1651, 7p.
Fol, Har (ve), Md

M 1573. Harangue faite à monseigneur le duc d'Orléans,
prononcée en l'assemblée de la noblesse, le 25
mars 1651, par monsieur de Lignerac, l'un des
gentilshommes de ladite assemblée. Paris,
veuve J. Guillemot, 1651, 6p.
Md

M 1574. Harangue faite à monseigneur le prince de Conty,
par les députés de la ville de la Réole, contenant
les nouvelles assurances de leur fidélité, et
autres particularités. Paris, Nicolas Vivenay,
1652, 8p.
Fol

M 1575. Harangue faite à monseigneur le Prince par les
députés des trois Etats des villes de Stenay,
Clermont, Dun et Jamets. Paris, N. Bessin,
1651, 8p.
Md

M 1576. Harangue faite à monsieur le duc d'Orléans, par
monsieur Nicolaï, premier président en la
chambre des Comptes. Paris, 1649, 6p.
BYU, Fol (ve), Har (ve), Md, Minn, NYPL

M 1577. Harangue faite à monsieur le premier président
sur son nom historique, pour le soulagement des
peuples. (S. l. , 1649), 7p.
Clev, Md

M 1578. Harangue faite au Parlement de Bordeaux, sur la
présentation des lettres de monseigneur le Prince
pour le gouvernement de Guyenne, par maître
Jacques Fonteneil, écuyer et jurat de la ville.
Bordeaux, J. Mongiron Millanges, 1651, 16p.
Fol (ve)

M 1579. Harangue faite au Parlement de Paris par M. de
Voysin, conseiller député du Parlement de
Bordeaux, ensemble l'extrait des registres
contenant la délibération du Parlement de Paris.
Paris, 1650, 12p.
BYU, Har, Md, Minn

M 1580. Harangue faite au roi à son arrivée dans la ville
de Melun, par le lieutenant général de ladite
ville, avec la réponse de Sa Majesté. Paris,
Jacques Le Gentil, 1652, 8p.
Clev, Fol (ve), Har

M 1581. Harangue faite au roi à son arrivée en la ville de
Compiègne, par le maire de ladite ville, sur le
sujet de la paix et de l'éloignement du cardinal
Mazarin, avec la réponse du roi. Paris, J. Le
Gentil, 1652, 8p.
Fol (ve)

M 1582. Harangue faite au roi, après sa majorité, par le
recteur de l'Université de Paris, accompagné de
tous les corps de l'Université, le dimanche 10
septembre 1651, pour désabuser le public d'un
libelle qu'on a publié à Paris sous en titre
semblable. Paris, Antoine Estienne, 1651, 6p.
Fol

M 1584. Harangue faite au roi et à la reine, par les
députés de Bordeaux. (S. l. n. d.), 11p.
Har, Md

M 1585. Harangue faite au roi et à la reine, par M. Talon,
avocat général, à l'entrée du Parlement, après
la Saint-Martin, l'an 1648. Lyon, Jacques
Juster, 1648, 8p.
Fol

M 1586. Harangue faite au roi et à la reine régente, au
nom de toute la France, par les députés de ses
provinces. (S. l. n. d.), 32p.
Fol, Har, Wis

M 1587. Harangue faite au roi et à la reine régente, en
la ville de Dijon, le 22 avril 1650, par messire
Jean de Gourgue, conseiller du roi en ses conseils d'Etat et privé, président au Parlement de
Bordeaux, et les députés dudit Parlement,
touchant la paix de Bordeaux, et de toute la
province de Guyenne. Paris, Guillaume Sassier,
1650, 6p.
Har

M 1588. Harangue faite au roi et à la reine régente, le 22 avril 1650, par le sieur de Constant, jurat, et les députés de la ville de Bordeaux, pour le remercîment de la paix qu'il a plu à Leurs Majestés d'accorder dans leur ville de Bordeaux et par toute la province de Guienne. Paris, Guill. Sassier, 1650, 8p.
Har

M 1590. Harangue (la) faite au roi par le plénipotentiare de Venise, à Ponthoise (sic), pour la paix générale. Paris, 1652, 8p.
Har

M 1591. Harangue faite au roi par le recteur de l'Université de Paris, au nom de cette Université en corps, dans le Palais-Royal, le dimanche matin 10 septembre 1651, au sujet de sa majorité, avec de très-belles remarques, paraphrazes et anagrammes sur le nom de Sa Majesté. Paris, Alexandre Lesselin, 1651, 8p.
Har, Minn

M 1592. Harangue faite au roi par les six corps de marchands de la ville de Paris, avec l'entretien d'un marchand épicier et d'un marchand mercier, à leur retour de Pontoise. Paris, 1652, 16p.
Har, Md, Minn

M 1593. Harangue faite au roi par messieurs les députés du corps de la noblesse, monsieur de Nossay portant la parole. Paris, veuve J. Guillemot, 1652, 8p.
Fol, Har, Md, NYPL

M 1594. Harangue faite au roi par monseigneur le cardinal de Retz, en présence de monseigneur le nonce du pape, assisté de messieurs du clergé, pour la paix générale, faite à Compiègne le 11 septembre 1652. Paris, Antoine L'Angevin, 1652, 15p.
Fol

M 1595. Harangue (la) faite au roi par M. Charpentier, conseiller en Parlement et un des députés vers Sa Majesté, pour l'éloignement du cardinal

Mazarin, et pour la conclusion de la paix
générale, prononcée à Saint-Denys, le huitième
juillet 1652. Paris, Lesselin, 1652, 8p.
Har, Minn

M 1596.   Harangue (la) faite au roi par M. Fournier,
président de l'élection de Paris. Le grand
maître et maître des cérémonies ayant présenté
au roi dans la grande galerie du Palais-Royal
les officiers de l'élection de Paris, ils lui firent
cette harangue, sur les onze heures du matin,
laquelle fut bien reçue de Sa Majesté. Paris,
1651, 7p.
Fol, Har (ve)

M 1597.   Harangue faite au roy par monsieur le prévost
des marchands à Saint-Germain-en-Laye, en la
dernière députation de messieurs du Parlement.
Paris, Antoine Le Féron, 1652, 8p.
Clev, Fol, Har, Minn

M 1598.   Harangue faite au roi par monsieur Talon, son
avocat général au Parlement de Paris. Paris,
François Noël, 1649, 7p.
BYU, Clev, Fol (ve), Har (ve), Md, Minn,
NYPL & (ve), Wis

M 1599.   Harangue faite au roi par un député de l'illustre
corps des quatre mandiants (sic), sur les
misères du temps présent. Paris, Antoine
L'Angevin, 1652, 7p.
Md, Minn

M 1600.   Harangue faite au roi sur son heureux retour en
sa ville de Paris, et prononcée dans le Palais-
Royal, devant Sa Majesté, le 3 septembre 1649,
par maître Jean Gabillaud, avocat en Parlement.
Paris, Pierre Variquet, 1649, 7p.
Clev, Minn

M 1601.   Harangue faite par le président de La Tresne au
maréchal Du Plessis dans la ville de Bordeaux,
le dernier janvier 1650. Paris, Nicolas Gasse,
1650, 7p.
Md

194

M 1603. Harangue faite par monseigneur le duc de Beaufort aux soldats parisiens. Paris, Louis Sévestre, 1649, 6p.
BYU, Fol, Har, Md, Minn, NYPL, Wis

M 1604. Harangue faite par monsieur le comte de Fiesque, l'un des présidents, député de la noblesse, accompagné d'un de messieurs les secrétaires et de douze députés, savoir un de chaque province, à messieurs du clergé pour la convocation des Estats généraux, le mercredi 15 mars 1651. Paris, v^e J. Guillemot, 1651, 7p.
Clev, Har

M 1605. Harangue faite par monsieur Talon à messieurs du Parlement, en présence de Son Altesse Royale et de messieurs les princes, sur les approches du cardinal Mazarin dans les conseils du roi. (S. l.), 1652, 7p.
Fol, Har, Minn, Wis

M 1606. Harangue funèbre prononcée aux obsèques de M. le duc de Châtillon, faites à Saint-Denys, le samedi 20 février 1649, en presence de monseigneur le Prince, par le R. P. Faure, cordelier, docteur en théologie de la Faculté de Paris, et prédicateur de la reine régente. Paris, François Preuveray, 1649, 38p.
BYU, Har (ve), Minn, NYPL

M 1608. Harangue prononcée aux pieds du roi et de la reine, en présence de messieurs les ducs d'Anjou, d'Orléans, et autres princes du sang et principaux officiers de la couronne, à Saint-Germain-en-Laye, le lundi 19e jour d'avril 1649, par Me Clément, juré coutelier à Paris, si renommé pour les controverses, les jurés des corps de métiers de la ville étant tous allés ensemble, ce jour-là, protester de leur obéissance et fidélité à Leurs Majestés. Paris, 1649, 7p.
BYU, Clev, Fol, Har, Md, NYPL

M 1610. Harangue prononcée en la Chambre des Comptes, par monsieur le premier président Nicolaï, à Son Altesse Royale. Paris, 1649, 8p.
Har, Wis

M 1611. Harangue prononcée le 9 avril 1651, sur la promotion de M. le premier président à la charge de garde des sceaux. Paris, Pierre Du Pont, 1651, 11p.
Md

M 1612. Harangue royale prononcée devant Leurs Majestés à Compiègne, par M. Paris, 1649, 16p.
BYU, Clev, Fol, Har, Wis

M 1613. Harangues et éloges véritables de deux archevêques, protecteurs de la paix et d'un même troupeau,
"Vos secli justi judices
Et vera mundi lumina,
Votis precamur cordium;
Audite preces supplicum."
par M. H. D. Barroys, P. C. D. S. N. D. S. M. D. F. Paris, Louis Sévestre, 1649, 16p.
BYU, Clev, Fol, Har, Md, Minn, NYPL, Wis

M 1614. Harangues faites à la reine régente par monseigneur le premier président du Parlement. Paris, 1649, 7p.
BYU, Clev, Fol, Har & (ve), Md, Minn, NYPL, Wis

M 1615. Harangues faites à messeigneurs les ducs d'Epernon et de Candale, gouverneurs et lieutenants généraux pour le roi en sa province de Bourgogne et Bresse, à leurs réceptions en la ville de Beaune, par M. Philibert le Blanc, conseiller du roi, majeur et prévôt de ladite ville. Paris, Jacob Chevalier, 1652, 16p.
Har (ve), Minn

M 1616. Harangues faites à monseigneur le duc de Longueville dans la ville de Rouen, par messieurs les députés du clergé et de la noblesse de Normandie. Paris, Guillaume Sassier, 1649, 8p.
BYU, Clev, Fol, Har, Md, Minn, NYPL, Wis

M 1617. Haraut (sic) (le) françois sur la tyrannie, faisant voir que nous mourrons plutôt que de consentir à son rétablissement, si nous considérons 1. que la reine ne peut se rétablir sans nous détruire;

196

2. que son retour doit être accompagné de celui
de la maltaute (sic); 3. que la présence de la
reine et de son mignon est incompatible avec
celle des princes, sans méfiance; 4. que la
reine et son favori ne peuvent se rétablir sans
notre décri; 5. que la présence de la reine et
de son mignon sers l'éternel prétexte de ceux
qui voudront brouiller; 6. et que la France est
perdue, si la France ne perd la reine et son
favori. (S.1.), 1652, 36p.
Har

M 1619.   Hazard (le) de la blanque renversé et la consolation des marchands forains.   Paris, veuve
d'Anthoine Coulon, 1649, 8p.
Clev, Fol, Md, Minn, NYPL

M 1621.   Héraclite (le) courtisan.   Vae, vae, vae, superbia
commune nobilitatis malum.   Paris, veuve
d'Anthoine Coulon, 1649, 8p.
BYU, Clev, Har, Md, Minn, Wis

M 1622.   Héraclite (le) françois, parlant 1. au roi de
l'état de son royaume, 2. sur les justes entreprises de Son Altesse Royale et de messieurs les
Princes.   Paris, 1652, 12p.
Har, Md

M 1623.   Héraut (le) et l'arrêt des trois Etats, ensemble
les questions d'une abbesse sur la demeure du
roi.   Paris, Fr. Musnier (s.d.), 6p.
BYU, Clev, Fol (ve), Har & (ve), Minn,
NYPL, Wis

M 1624.   Héraut (le) françois, ou le Paranymphe de M. le
maréchal de Lamothe Houdancourt, duc de
Cardone, etc., publiant les batailles qu'il a
données en Italie et Catalogne, avec les
mémorables actions de sa vie.   Paris, Jean
Hénault, 1649.
BYU, Fol, Har (ve), Md, Minn, NYPL, Wis

M 1625.   Héraut (le) françois, racontant une partie des
actions héroïques de messire Anthoine d'Aumont
de Villequier Rochebaron, chevalier des ordres
du roi, maréchal de France, et gouverneur du

Boulonnois, etc. Paris, Guill. Sassier, 1651, 14p.

M 1626. Hercule (le) triomphant, ou les Heureux succès de Sa Majesté en son voyage de Normandie. Paris, veuve François Targa, (1650), 8p. Har

M 1627. Héros (le) parisien aux vrais François. Paris, Fr. Noël, 1649, 8p. BYU, Clev, Fol, Har, Md, Minn, NYPL & (ve), Wis

M 1628. Heureuse (l') arrivée du roi en sa bonne ville de Paris. Paris, Nicolas Gasse, 1649, 15p. Har, Wis

M 1629. Heureuse (l') captivité, ou l'Innocence reconnue de messieurs les princes et ducs de Longueville par les moyens de leur liberté, contenant l'histoire de ce qui s'est passé depuis le siége de Dunkerque jusques à présent, ensemble les intrigues et artifices desquels s'est servi le cardinal Mazarin pour la perte de cette maison, dédié à monseigneur le prince de Condé. Paris, André Chouqueux, 1651, 71p. Fol (ve), Har, Md

M 1630. Heureuse (l') entrée de Sa Majesté dans sa ville de Bordeaux. Paris, Jean Brunet, 1650, 4p. Har, Md

M 1631. Heureuse (l') recontre d'une mine d'or, trouvée en France pour l'enrichissement du roi et de ses sujets. Paris, Mathurin Hénault, 1649, 8p. Clev, Fol, Har, Md, Minn, NYPL, Wis

M 1633. Heureux (les) convois arrivés à Paris, ou le Remède à la famine, en vers burlesques. Paris, Nicolas De La Vigne, 1649, 8p. BYU, Clev, Fol, Har, Minn, Wis

M 1634. Heureux (les) présages de la fidélité des Espagnols pour détruire la tyrannie de Mazarin, tirés du journal de ce qui s'est passé depuis qu'ils sont en France. Paris, Jacques Guillery, 1649, 7p. BYU, Clev, Fol, Har, Md, Minn, NYPL, Wis

M 1636.   Heureux (les) succès de Leurs Majestés, et les
captifs libérés dans leur voyage de Normandie,
par le sieur de Bonair, historiographe du roi,
et l'un des vingt-cinq gentilshommes de la
garde écossoise de son corps.   Paris, Pierre
Du Pont, 1650, 8p.
          Har, Md

M 1638.   Histoire de ce qui s'est fait et passé en Guyenne
pendant la guerre de Bordeaux, commençant du
jour de l'entrée de madame la princesse, de
messieurs les ducs d'Anguien (sic), de Bouillon
et de Larochefoucault, le tout distingué en
autant de courses que l'ordinaire en a fait depuis
le commencement jusqu'au départ de la Cour
en cette ville.   (S. 1. n. d.), 20p.
          Har (ve)

M 1639.   Histoire de la prison et de la liberté de monsieur le Prince.   Paris, Augustin Courbé,
1651, 227p.
          Fol (ve), NYPL (ve)

M 1640.   Histoire de Madeleine Bavent, religieuse du
monastère de Saint-Louis de Louviers, avec sa
confession générale et testamentaire, où elle
déclare les abominations, impiétés et sacriléges
qu'elle a pratiqués et vu pratiquer tant dans
ledit monastère qu'au Sabbat, et les personnes
qu'elle y a remarquées, ensemble l'arrêt donné
contre Mathurin Picard, Thomas Boullé et
ladite Bavent, tous convaincus du crime de
magie, dédiée à madame la duchesse d'Orléans.
Paris, Jacques Le Gentil, 1652, 80p.
          Md

M 1644.   Histoire (l') du temps, ou le Véritable récit de
ce qui s'est passé dans le Parlement, depuis
le mois d'août 1647 jusques au mois de
novembre 1648, avec les harangues et les avis
différents qui ont été proposés dans les affaires
qu'on y a solennellement traitées.   (S. 1.), 1649,
336p.
          Fol (ve), Har & (ve), Minn, NYPL & (ve),
          Wis

M 1646. Histoire journalière de ce qui s'est passé tant
dedans que dehors le royaume.
Har (ve), NYPL (inc)

M 1647. Histoire lamentable de Gilles, seigneur de
Châteaubriant et de Chantoré, prince du sang
de France et de Bretagne, étranglé en prison
par les ministres d'un favori. (S. 1.), 1651,
20p.
Fol

M 1649. Histoire remarquable de la vie et mort d'un
favori du roi d'Angleterre. Paris, Nicolas de
La Vigne, 1649, 15p.
BYU, Fol, Har, Md

M 1650. Histoire tragique de trois magisiens (sic), qui
ont accusé à la mort Mazarin, en Italie, par le
sieur H. R. Drazor, Champenois. Paris,
François Musnier, 1649, 7p.
BYU, Clev, Fol, Har, Md, Minn, NYPL, Wis

M 1651. Histoire véritable d'un accident tragique, arrivé
à Pontoise, en la maison du sieur de Bordeaux,
intendant des finances. Paris, Nicolas Ledrut,
1652, 7p.
Har, Md

M 1652. Histoire véritable d'une colombe, qui a paru
miraculeusement en un lieu, appelé l'Ormoye
(sic) de Bordeaux, proche la ville, le 15 avril
1652, sur les 7 heures du matin, en présence
de tous les bourgeois qui étoient là assemblés
pour prévoir (sic) à leur conservation dans ces
troubles. Paris, Jacob Chevalier, 1652, 8p.
Fol, Har (ve)

M 1653. Histoire véritable et lamentable d'un bourgeois de
Paris cruellement martyrisé par les Juifs de la
Synagogue, le 26 août 1652. (S. 1.), 1652, 7p.
Har, Md

M 1655. Hommage (l') des muses françoises aux pieds
du roi, par le sieur Du Pelletier. Paris,
Claude Boudeville, 1649, 8p.
Clev, Fol, Har, Md, Minn

200

M 1656.   Homme (l') d'Etat, faisant voir par l'histoire et
la raison que la reine ne doit plus être dans le
conseil, où les désintéressés verront clair pour
justifier sans erreur les armes de l'un ou
l'autre des deux partis qui divisent aujourd'huy
cet Etat. (S. 1.), 1652, 19p.
Fol

M 1657.   Homme (l') de bien à monseigneur le prince de
Condé. Paris, Jérémie Bouillerot, 1649, 8p.
Fol, Har, Md, Minn, NYPL

M 1659.   Homme (l') indifférent, en vers burlesques.
Paris, G. S. (Guillaume Sassier), 1649, 8p.
BYU, Clev, Fol, Har & (ve), Md, Minn,
NYPL, Wis

M 1660.   Homme (l') qui ne crait rien et qui dit tout, à
monsieur le maréchal de La Meilleraye.   Paris,
1649, 11p.
BYU, Clev, Fol, Har, Md, Minn, Wis

M 1661.   Homme (l') sicilien, parlant au chancelier
Caprice. (S. 1.), 1649, 7p.
Clev

M 1662.   Honneur (l') du ministre étranger, enseveli dans
le tombeau. Paris, 1649, 8p.
BYU, Clev, Fol, Har, Md, Minn, Wis

M 1663.   Honteuse (la) fuite de Mazarin, contenant le
sujet de sa sortie. Paris, 1651, 8p.
Har, Md, Minn

M 1664.   Honteuse (la) sortie des Mazarins hors de la
ville de Paris; ensemble la chasse à eux donnée
par la paille victorieuse.   Paris, Jean de Rive,
1652, 7p.
Fol, Har

M 1665.   Horoscope (l') de Jules Mazarin, naïvement et
fidèlement expliquée (sic) des Centuries de M.
Nostrodamus, tant du passé, présent qu'avenir,
ensemble des épithètes et thème céleste sur
toutes les lettres de son nom et surnom.   Le
pourtrait de son Père. Paris, 1649, 8p.
BYU, Clev, Fol, Har, Md, Minn, NYPL, Wis

M 1666.   Horoscope (l') du roi, donnant à connoître le gouvernement de l'Etat sur les affaires présentes et pour l'avenir.   Paris, 1652, 26p.
Md

M 1667.   Horoscope (l') impérial de Louis XIV prédit par l'oracle françois et Michel Nostradamus.   Paris, François Huart, 1652, 20p.
Har, Md, NYPL

M 1668.   Horribles (les) cruautés faites dans les provinces de France par les gens de guerre d'Erlac et autres.   Paris, 1649, 11p.
Clev, Har, Minn

M 1669.   Humble (l') remontrance des bons François à nos seigneurs du Parlement.   Paris, 1648, 7p.
Wis

M 1670.   Humble requête de Son Eminence, adressée à messieurs du Parlement, en vers burlesques. Paris, Claude Boudeville, 1649, 8p.
BYU, Clev, Fol, Har (ve), Md, Minn, Wis

M 1671.   Hymne de sainte Geneviève patronne de la ville de Paris, par A. G. E. D. G. (Antoine Godeau, évêque de Grasse).   Paris, Pierre Le Petit, 1652, 12p.
Fol (ve)

M 1673.   Icon (l'), traduit du latin en françois, ou le Tableau du tyran Mazarin.   Paris, 1649, 20p.
BYU, Clev, Fol & (ve), Har (ve), NYPL, Wis

M 1674.   Icon tyranni in invectiva contra Mazarinum expressa.   Parisiis, 1649, 20p.
BYU, Clev, Fol (ve), Har, Md, Minn (ve), NYPL, Wis

M 1675.   Idole (l') renversée, ou le Ministre d'Etat puni, par D. P. P. sieur de Carigny.   Paris, François Musnier, 1649, 8p.
BYU, Clev, Fol, Har, Md, Minn, Wis

M 1676.   Illusion (l') publique, ou la Révélation du secret de la retraite du duc de Lorraine.   Discours et raisonnement sur ce sujet, avec l'abrégé des

moyens de finir bientôt la guerre à l'avantage
de messieurs les princes contre le Mazarin.
(S. l.), 1652, 14p.
Fol, Har, Minn

M 1677. Illustre (l') barbe D. C. , en vers burlesques.
(S. l. n. d.), 4p.
BYU, Clev, Fol & (ve), Har, Md, Minn,
NYPL, Wis

M 1678. Illustre (l') conquérante, ou la Généreuse con-
stance de madame de Chevreuse. Paris, N.
Charles, 1649, 7p.
BYU, Clev, Fol, Har, Md, Minn, NYPL, Wis

M 1679. Illustre (l') prince duc de Beaufort, exilé,
rétabli, et remis au trône de sa gloire. Paris,
François Noël, 1649, 16p.
Fol, Har (ve), Minn, Md, NYPL, Wis

M 1680. Illustres (les) présages des avantageux succès
de nos troupes sous la conduite d'un prince
de Bourbon. Paris, 1649, 20p.
Clev, Fol, Har (ve), Md, Minn, Wis

M 1681. Illustres (les) vérités de monseigneur le Prince,
ode. Paris, François Noël, 1651, 19p.
Clev

M 1684. Image (l') du souverain, ou l'Illustre portrait
des divintés mortelles, où il est traité de la
dignité royale, de l'ancienne institution des
rois, par qui est-ce qu'ils ont été élus, à
quelle fin Dieu les a créés, jusques où se peut
étendre le légitime pouvoir qu'ils ont sur nous,
s'il est premis aux sujets de juger des actions
de leur prince, et de quelle révérence il nous
faut user en parlant de leur personne, contre
l'opinion des libertins du siècle, dédié à Sa
Majesté, par P. B. E. (Paul Boyer, écuyer?)
Rex verò loetablitur in Deo; laudabuntur omnes
qui jurant in eo; quia obstructum est os
loquentium iniqua. Psal. , 62. Paris, 1649, 24p.
Har, Md, Minn

M 1685. Impiétés (les) sanglantes du prince de Condé.
(S. l. , 1649), 12p.
Clev, Fol, Har

M 1686. Importantes vérités pour les Parlements, protecteurs de l'Etat, conservateurs des lois et
pères du peuple, tirées des anciennes ordonnances et des lois fondamentales du royaume,
dédiées au roi par J. A. D.
Utcunquè ferent hoc fata,
Vincit amor patriae, laudumque immensa cupido.
Paris, Jacques Villery, 1649, 95p.
Fol, Har, Md, Minn, NYPL

M 1687. Imprécation comique, ou la Plainte des comediens
sur la guerre passée. Paris, 1649, 10p.
BYU, Clev, Fol, Har, Minn, NYPL, Wis

M 1688. Imprécations sur les langues endiablées du
temps. (S. 1.), 1649, 7p.
Clev, Fol (inc), Har (ve), NYPL

M 1689. Imprimerie (l') à monsieur Renaudot, sur son
mariage. (S. 1.), 1651, 7p.
Clev

M 1690. In (l') exitu du cardinal Mazarin. Paris, 1652,
16p.
Clev, Har, Minn

M 1691. In (l') manus de Mazarin, avec la prière de la
reine faite à Notre-Dame des Vertus, le jour
de la bataille du Faubourg Saint-Antoine.
(S. 1.), 1652, 10p.
Fol, Har, Md

M 1692. Incertitude (l') du temps. Paris, 1649, 6p.
Clev, Fol, Har, Md, Minn

M 1693. Inconnu (l') à la reine, où elle est suppliée de
chasser le cardinal Mazarin, et montré la
nécessité de son exil par des raisons infaillibles
et inévitables, à celle fin d'avoir la paix
générale. Paris, Jacob Chevalier, 1652, 8p.
Fol, Har (ve)

M 1694. Infidélité (l') du Prince. (S. 1.), 1650, 8p.
Clev, Fol, Har, Md, Minn, NYPL

M 1695.   Injuste (l') au trône de la fortune, ou le Fléau
de la France. Paris, Nicolas Jacquard, 1649,
11p.
BYU, Clev, Har, Md, Minn, NYPL, Wis

M 1696.   Injuste (l') prison de messieurs les princes, et
les convulsions de la France durant leur détention, par un gentilhomme françois. Paris,
Jean Paslé, 1651, 30p.
Clev

M 1697.   Injustes (les) prétentions de Mazarin contre la
France. Paris, 1649, 7p.
Clev, Fol, Har, Minn

M 1698.   Injustice (l') des armes de Mazarin, témoignée
à M. le prince de Condé par M. de Châtillon.
Paris, Claude Boudeville, 1649, 8p.
BYU, Clev, Fol & (ve), Har, Md, Minn, Wis

M 1699.   Innocence (l') des armes de monsieur le Prince
justifiée par les lois de la conscience.
Bordeaux, G. De La Court, 1651, 28p.
Clev, Fol, Har, Md, Minn

M 1701.   Innocence (l') immolée, avec l'éthimologie de
Mazarin, avec l'explication de ses armes.
Paris, veuve Musnier, 1649, 8p.
Har, Md, NYPL

M 1702.   Innocence (l') prétendue des partisans et
financiers. Paris, Nicolas De La Vigne, 1649,
8p.
Clev, Fol, Har, Md, Minn, Wis

M 1703.   Inquisition (l') recherchant exactement ce qu'on
doit faire dans l'état présent des affaires.
Paris, 1652, 24p.
Clev, Fol, Har

M 1704.   Insatiable (l'), ou l'Ambitieux visionnaire, en
vers burlesques. Paris, David Chambellan,
1650, 8p.
Clev, Fol

M 1705.   Insignes (les) obligations que les rois de France
et leurs couronnes (sic) ont toujours eu (sic)

au Parlement de Paris.   Paris, Alexandre
Lesselin, 1649, 8p.
Clev, Fol, Har, Md, Minn, NYPL

M 1706.   Instantes (les) remontrances et prières de
Mancini au cardinal Mazarin, son oncle, sur la
nécessité qui le presse de sortir hors de France,
lui représentant les périls auxquels sa personne
reste exposée, après les grandes pertes qu'il
a faites à la bataille du faubourg Saint-Antoine,
où il fut frappé pour lui d'un coup mortel.
(S. l., 1652), 8p.
Har

M 1708.   Instruction populaire touchant les bruits qui
courent de la paix et de l'éloignement du
cardinal Mazarin, avec les marques infaillibles
pour connoître lorsque nous pourrons espérer
le repos de l'Etat.   Paris, veuve C. Maret,
(1649), 7p.
Fol, Har

M 1709.   Instruction prompte et facile aux Parisiens
pour bien apprendre l'exercice du mousquet et
de la pique, et les rendre parfaits en l'art
militaire.   Paris, Cardin Besongne, 1649, 8p.
BYU, Clev, Fol, Har, Minn

M 1710.   Instruction royale, ou Paradoxe sur le gouvernement de l'Etat, 1. Où l'on verra comme quoi
les rois sont obligés, en qualité de seigneurs
terriens, politiques et défenseurs de la loi
divine, naturelle et canonique, de maintenir
l'Eglise dans ses droits et de la défendre contre
tous ceux qui la persécutent; 2. comme ils sont
obligés de tenir le serment qu'ils ont fait à
leurs peuples, en se mettant la couronne sur la
tête; 3. comme ils sont obligés d'observer et de
faire observer les lois fondamentales de l'Etat,
s'ils ne veulent être dans la réprobation de Dieu
et des hommes; 4. comme ils sont obligés de
protéger leurs sujets contre toutes sortes de
tyrannies, tant domestiques qu'étrangères;
5. comme ils sont obligés de rendre la justice
à toutes sortes de personnes, sans aucune considération ni de leur grandeur ni de leur
puissance; 6. comme ils sont obligés de donner

206

un bon exemple à tous leurs sujets et de servir
de véritable père (sic) à tous leurs peuples.
(S. 1. , 1652), 32p.
Fol, Har

M 1712.   Instructions politiques, contenant le véritable
remède aux maladies de l'Etat, et les moyens
assurés pour y établir et conserver la tranquillité publique, présentées à nos seigneurs de
la Cour de Parlement, et à toutes autres
personnes ayant pouvoir et charge dans l'Etat.
Paris, Jean Brunet, 1652, 16p.
Fol, Md

M 1713.   Intentions (les) de Leurs Majestés et des princes
conformes à celles du Parlement de Paris.
Paris, Pierre Du Pont, 1649, 7p.
BYU, Clev, Fol, Har, Md, Minn, NYPL, Wis

M 1714.   Intérêt (l') des provinces.   Paris, veuve Théod.
Pépinqué et Est. Maucroy, 1649, 12p.
BYU & (ve), Clev, Fol, Har & (ve), Md,
Minn, NYPL, Wis

M 1715.   Intérêt (l') et le dessein des deux partis.   Paris,
Salomon De La Fosse, 1652, 8p.
Fol, Har, Md, Minn

M 1716.   Intérêts (les) des peuples représentés à son
Altesse Royale.   Pièce d'instruction, où le
lecteur verra que c'est folie de se ruiner pour
chasser le cardinal Mazarin, si l'on n'insiste
également à la diminution des tailles, gabelles,
entrées des portes et autres impôts, et qu'il
ne faut point demander l'un sans l'autre.   Paris,
1652, 15p.
Har, Md, Minn

M 1718.   Intérêts (les) du temps.   (S. 1.), 1652, 7p.
Fol, Har, Md

M 1719.   Intérêts (les) et motifs qui doivent obliger les
princes chrétiens et autres états de l'Europe à
rétablir le roi de la Grand'Bretagne (sic), par un
gentilhomme françois, affectionné à la couronne
d'Angleterre.   Paris, François Preuveray, 1649,
50p.
Fol, Har, Md, Minn, NYPL

M 1721. Interprète (l') des écrits du temps, tant en
proses (sic) qu'en rimes, et son sentiment
burlesque sur iceux. Paris, 1649, 8p.
BYU, Clev, Fol, Har, Md, Minn, NYPL, Wis

M 1722. Interprète (l') du Caractère du royaliste montrant
à Agathon quelle a été la conduite de monsieur
Séguier, chancelier de France, dans tous ces
(sic) emplois. Paris, 1652, 15p.
Fol & (ve), Har, Md

M 1724. Intrigue (l') des soldats de l'armée de Mazarin
avec les filles de joie de Paris, nouvellement
découverte par des lettres interceptées par la
garde de la porte Saint-Honoré, et la réponse
sur le même sujet, où se voit la misère de
l'armée mazariniste, et ce qui s'y passe de plus
remarquable. (S. l. , 1649), 4p.
BYU, Har, Md

M 1725. Intrigues (les) de la paix et les négociations
faites à la Cour par les amis de monsieur le
Prince, depuis sa retraite en Guyenne jusques
à présent. (S. l.), 1652.
Fol & (ve), Har, Md, Minn (pt I), Wis

M 1726. Intrigues (les) ordinaires aux Mazarins pour
empêcher l'effet des assemblées du Parlement,
pratiquées encore jeudi dernier, pour la même
intention. (S. l. , 1652), 8p.
Har

M 1728. Inventaire des choses plus mémorables trouvées
au butin de l'armée mazarine, après sa défaite,
et qui avoient été par eux volés (sic) en divers
lieux, ensemble les cruautés incroyables par
eux commises. Paris, André Chouqueux, 1652,
8p.
Fol

M 1729. Inventaire des merveilles du monde rencontrées
dans le palais du cardinal Mazarin. Paris,
Rolin de La Haye, 1649, 7p.
BYU, Clev, Fol, Har & (ve), Md, Minn,
NYPL, Wis

M 1731.   Inventaire (l') des sources d'où les désordres
de l'Etat sont émanés, qui sont 1. la religion
déchirée par les schismes, décriée par ses
prédicateurs et par les mauvais exemples des
grands; 2. le chaos (sic) des trois états, le
déréglement du clergé, la décadence de la
noblesse et le luxe du peuple; 3. le crime sans
punition dans les personnes publiques; 4. la
pauvreté méconnue par les prêtres, et
l'abondance des biens recherchée; 5. la politique
débauchée par le commerce des fourbes.
(S. 1.), 1652, 39p.
Fol, Har

M 1732.   Italie (l') vengée de son tyran par les armes des
bons François, par le sieur N. R. (Rozard),
champenois.   Paris, François Musnier, 1649, 8p.
BYU, Clev, Fol, Har, Md, Minn, NYPL, Wis

M 1733.   Jérusalem (la) françoise, où les prophéties de
Jérémie sont naïvement expliquées, suivant ce
qui arrive à présent.   Paris, Pierre Sévestre,
1649.
BYU, Fol & (ve), Har (ve), Md, Minn (pt
II), NYPL (ve)

M 1734.   Jeu (le) de dames que monsieur le prince de
Condé joue avec M. Guitault (sic).   (S. 1. ,
1651), 3p.
BYU, Har, Md

M 1735.   Jeu (le) de dé, ou la Rafle de la Cour.   (S. 1.),
1650, 7p.
Clev, Fol, Har, Md, Minn, NYPL (ve)

M 1736.   Jodelet sur l'emprisonnement des princes.
(S. 1.), 1650, 6p.
Clev, Fol, Har, Md, Minn

M 1738.   Joie (la) publique, présentée au roy à son retour
en sa ville de Paris.   Paris, veuve Ribot,
1649, 7p.
Clev

M 1739.   Joie (la) publique sur le retour de la paix.
Paris, Nicolas de La Vigne, 1649, 8p.
Fol, Har, Md, Minn, NYPL, Wis

M 1740.   Journal (le) contenant ce qui se passe de plus
remarquable dans le royaume pendant cette
guerre civile, à Paris; le vendredi 23 août
1652. Paris, 1652, 8p.
BYU (pts I-III), Fol (ve), Har, Md, Minn
(ve), Wis

M 1741.   Journal contenant tout ce qui s'est fait et passé
en la cour de Parlement de Paris, toutes les
chambres assemblées, sur le sujet des affaires
du temps présent. Paris, Gervais Alliot et
Jacques Langlois.
BYU, Fol (ve), Har (ve), Minn (pts I, II),
NYPL (ve), Wis

M 1742.   Journal contenant tout ce qui s'est fait et passé
ès assemblées des compagnies souveraines de
la cour de Parlement de Paris, en l'année
1648. Paris, 1649, 107p.
Har (ve), Md, NYPL

M 1743.   Journal de ce qui s'est fait ès assemblées du
Parlement, depuis le commencement de janvier
1649, ensemble par addition ce qui s'est passé
tant en la ville de Paris qu'ailleurs pendant le
même temps. Paris, Jacques Langlois et
Gervais Alliot, 1649, 428p.
Md, Minn (inc), NYPL

M 1744.   Journal de ce qui s'est fait et passé tant durant
la guerre et siége de Bordeaux que dans le
traité de paix, avec les harangues faites lors
de la magnifique entrée du roi dans ladite ville,
et ce qui s'est observé à sa sortie. (S. 1.),
1650, 51p.
Md

M 1745.   Journal de ce qui s'est passé à Angers, depuis
l'entrée du C. Mazarin en France, avec les
articles du traité. Paris, Jean Brunet, 1652,
15p.
Fol, Har, Minn

M 1746.   Journal de ce qui s'est passé au siége d'Etampes
entre l'armée du maréchal de Turenne et celle
de messieurs les princes. Paris, Jacob
Chevalier, 1652, 16p.
Har

M 1747.   Journal de ce qui s'est passé au siége du
          château de Dijon, depuis le 26ᵉ jour de
          novembre jusqu'au 2 décembre 1651.   Paris,
          Georges Le Rond, 1651, 7p.
          Fol, Md

M 1748.   Journal de ce qui s'est passé aux deux assem-
          blées de l'Hôtel de Ville, les 4 et 6 juillet, et
          le serment de fidélité de M. de Bruxelles (sic),
          prêté entre les mains de Son Altesse Royale,
          au palais d'Orléans, à son élection de prévôt
          des marchands, avec les cérémonies observées
          pour ce sujet.   Paris, Jean Brunet, 1652, 8p.
          Fol (ve)

M 1750.   Journal de l'assemblée de la noblesse tenue à
          Paris, en l'année 1651.   (S. 1., 1651), 199p.
          Har

M 1751.   Journal de la Lettre de (madame) la princesse
          douairière de Condé présentée à la reine
          régente, contenant tous les moyens dont le
          cardinal Mazarin s'est servi pour empêcher la
          paix, ruiner le Parlement et le peuple de Paris,
          pour tâcher de perdre M. le duc de Beaufort,
          M. le coadjuteur, M. de Broussselles (sic) et le
          président Charton par l'assassinat supposé contre
          la personne de monseigneur le Prince, et pour
          la détention de messieurs les princes.   (S. 1.),
          1650, 57p.
          BYU, Clev, Fol, Har, Minn

M 1752.   Journal (le) de tout ce qui s'est fait au Parle-
          ment contre le cardinal Mazarin, avec l'état de
          sa sortie de Paris, et de la route qu'il a tenue
          jusqu'à présent.   Paris, 1651, 6p.
          BYU, Fol, Har, Md, Minn, Wis

M 1753.   Journal de tout ce qui s'est fait et passé en
          Parlement, les jeudi, vendredi et samedi 10,
          11 et 12 octobre 1652, en présence de Son
          Altesse Royale, avec les ordres donnés pour
          l'éloignement des troupes des environs de Paris,
          et les derniers moyens pour la paix.   Paris,
          Laurent Toussaint, 1652, 8p.
          Fol (ve), Har, Md

M 1754.   Journal de tout ce qui s'est passé à Bordeaux,
depuis le 1er juin jusques à présent, avec la
liste de ceux qu'ils en ont fait sortir.   Paris,
sur un imprimé à Bordeaux, 1652, 7p.
Fol, Har

M 1755.   Journal de tout ce qui s'est passé dans l'armée du
roi, commandée par le comte d'Harcourt, depuis
sa sortie de Niort, avec les particularités d'un
combat donné entre cette armée et celle de M.
le prince de Condé, le 17 novembre. Paris,
1651.
Har

M 1757.   Journal de tout ce qui s'est passé entre l'armée
du roi, commandée par M. le comte d'Harcourt,
et celle de monsieur le Prince, depuis le 22
février jusqu'à présent, avec les particularités
et la marche de leurs armées ès pays de Guyenne,
Périgord, Xaintonge et autres lieux. Paris,
Jacques Clément, 1652, 16p.
Fol & (ve), Har, Minn

M 1758.   Journal de tout ce qui s'est passé par tout le
royaume de France, ensemble ce qui s'est
passé dans le conseil du roi et de messieurs les
princes et du Parlement (23-27 septembre).
Paris, Simon de La Montagne, 1652, 7p.
Md

M 1759.   Journal des délibérations tenues en Parlement,
toutes les chambres assemblées, et à l'hôtel
d'Orléans, depuis le 5 août 1650 jusques à
présent (9 août), où ont assisté monseigneur le
duc d'Orléans, messieurs de Beaufort, de Brissac,
de Lhospital et le coadjuteur, touchant l'éloignement du cardinal Mazarin, la guerre de Bordeaux
et l'affaire de messieurs les princes, avec les
harangues faites sur ce sujet par messieurs les
présidents et conseillers, et les arrêts donnés
en conséquence. (S. l.), 1650, 15p.
Fol, Har, Md, Minn, NYPL & (ve), Wis

M 1760.   Journal des signalées actions de monsieur de La
Mothe Houdancourt, duc de Cardone, et maréchal
de France.   Paris, François Noël, 1649, 6p.

BYU, Clev, Fol, Har, Md, Minn

M 1761. Journal et éclaircissement des affaires présentes.
Paris, Jean Pétrinal, 1652, 8p.
Fol

M 1762. Journal, ou Histoire du temps présent, contenant
toutes les déclarations du roi, vérifiées en
parlement, et tous les arrêts rendus, les
chambres assemblées, pour les affaires
publiques, depuis le mois d'avril 1651 jusqu'en
juin 1652. Paris, Gervais Alliot et Emmanuel
Langlois, 1652, 123p.
Fol (ve), Har (ve), Minn, NYPL, Wis

M 1763. Journal poëtique de la guerre parisienne, dédié
aux conservateurs du roi, des lois et de la
patrie, par M. Q. D. Fort-Lys. Paris, veuve
d'Anthoine Coulon, 1649.
Clev (ve), Fol (inc), Har (ve), Md, Minn,
NYPL

M 1764. Journal véritable et désintéressé de tout ce qui
s'est fait et passé tant à Saint-Germain-en-Laye
qu'à Paris, depuis l'arrivée du roi audit lieu
de Saint-Germain jusqu'à présent, avec la
députation de la noblesse de Normandie et du
Parlement de Rouen. Paris, Jacques Le Gentil,
1652, 8p.
Fol, Har (ve), Md

M 1765. Judicieux (le) Gascon, à messieurs de Bordeaux
après la prise du château Trompette. (S. 1.,
1649), 8p.
Fol, Har, NYPL

M 1766. Judicieux (le) refus du Parlement de donner
audience aux deux hérauts. Paris, veuve
J. Guillemot, 1649, 8p.
BYU, Clev, Fol, Har, Md, Minn, NYPL, Wis

M 1767. Jugement (le) criminel rendu contre la synagogue
des fripiers, portant que ceux de leur nombre
qui se trouveront circoncis (qui est la marque
de la juiverie), seront châtrés à ric, afin que
la race en demeure à jamais éteinte dans Paris.

(S. l.), 1652), 7p.
Fol

M 1768.   Jugement de Minos contre tous les mazarins qui
pillent la France.   Paris, 1652, 16p.
Har, Md

M 1769.   Jugement de tout ce qui a été imprimé contre le
cardinal Mazarin, depuis le sixième janvier
jusqu'à la déclaration du premier avril mil six
cent quarante neuf.   (Paris, 1649).
Fol (ve)

M 1770.   Jugement donné à Agen par messieurs les commissaires du Parlement de Bourdeaus (sic),
conjointement avec les juges présidiaux de la
sénéchaussée dudit Agen, contre les gardes du
sieur duc d'Epernon pour les excès par eux
commis.   Paris, jouxte la copie, 1651, 7p.
Md

M 1771.   Jugement (le) donné contre les traitants, parti-
sans, prêteurs et monopoleurs.   Paris, Arnould
Cottinet, 1649, 7p.
Clev, Fol (ve), Har (ve), Md, Minn, NYPL,
Wis

M 1772.   Jugement du curé bourdelois, pour servir à
l'histoire des mouvements de Bourdeaux.   (S. l.),
1651, 75p.
Md

M 1773.   Jugement et censure des trois libelles intitulés:
la Replique, le Donjon, et le Rétorquement du
foudre de Jupinet, faits par l'hypocrite à la
fausse barbe.   Judas avoit obtenu portion à
l'administration des apôtres.   Act. , chap. 1, vers.
18.   Paris, 1649, 35p.
Har, Minn, Wis

M 1774.   Jugement (le) et les huit béatitudes de deux cardinaux confrontées à celles de Jésus-Christ, leurs
prières à son oraison dominicale, et les commandements de leur Dieu au décalogue de Moyse.
(S. l.), 1651, 20p.
Har

M 1775.   Jugement (le) rendu sur le plaidoyer de l'auteur de la Vérité toute nue et l'Avocat général, partie adverse, par M. B. J. V. D. R. D. L. P. P. T.   Paris, 1652, 16p.
Fol, Md

M 1776.   Jules l'apostat.   (S. 1.), 1649, 11p.
BYU, Clev, Fol, Har, Minn, Wis

M 1778.   Juliade (la), ou Discours de l'Europe à monseigneur le duc d'Orléans sur l'éloignement du cardinal Mazarin et le retour des princes. Paris, 1651.
Clev (ve), Fol (ve), Har, Md, Minn, Wis

M 1779.   Juliade (la), ou Jules démasqué, où se voit au vif le caractère de son âme, par le sieur De La Campie, gentilhomme périgoudin.   Paris, veuve François Targa, 1649, 12p.
Fol, Har, Md, Minn, NYPL

M 1780.   Juste (le) châtiment de Dieu dans la mort d'un grainetier, pour avoir vendu les grains trop cher et laissé moisir plusieurs pains.   Paris, 1649, 7p.
Clev, Har, Md, NYPL

M 1781.   Juste (la) réfutation des injustes louanges qu'impudemment a osé donner un médecin du roi à Jules Mazarin, le plus scélérat de tous les hommes, et qui est en exécration à Dieu, aux anges et à toute la nature.   Paris, François Noël, 1649, 8p.
BYU, Clev, Fol, Har, Md, Minn, NYPL, Wis

M 1782.   [see Addendum]

M 1784.   Justes (les) complaintes des bourgeois de Paris, adressées à messieurs de Parlement.   Paris, Claude Boudeville, 1649, 8p.
BYU, Clev, Fol, Har, Md, Minn, NYPL, Wis

M 1785.   Justes (les) plaintes de la crosse et de la mitre du coadjuteur de Paris, portant par force le deuil de madame de Rhodez (sic), sa soeur d'amitié, avec la requête présentée par eux (sic) à messieurs de Parlement, du l'arrêt donné en conséquence d'icelle.   (S. 1.), 1652, 14p.
Fol, Har, Md

M 1786. Justes (les) prétentions de Son Altesse Royale sur la qualité de chef du conseil de Sa Majesté, que les Mazarins ont fait usurper à la reine, pour se conserver les moyens de rétablir leur maître. (S. 1. , 1651), 20p.
Md

M 1787. Justes (les) raisons et sentiments des Princes, des grands, de tous les ordres et de tous les corps de l'Etat pour la dernière exclusion du cardinal Mazarin. Paris, 1652, 16p.
Fol, Har

M 1788. Justes (les) reproches de la France à monsieur le prince de Condé. Paris, Jacques Langlois, 1649, 8p.
Clev, Fol, Har, Md, Minn, NYPL, Wis

M 1789. Justes (les) ressentiments du tiers état pour le retour du roi en sa ville de Paris, et pour le rétablissement du commerce de tous ses Etats, dédiés à la reine régente. Paris, 1649, 12p.
Clev, Har

M 1790. Justes (les) soupirs et pitoyables regrets des bons Anglois sur la mort de très auguste et très redouté monarque Charles, roi de la Grande-Bretagne et d'Hybernie, etc. , lequel a été proditoirement décapité par quelques-uns de ses sujets rebelles, devant son propre palais à Londres, composés premièrement en vers latins, et depuis traduits en (vers) françois, par J. R. Paris, Guillaume Sassier, 1649, 12p.
Har, Md, NYPL

M 1792. Justice (la) triomphante. Paris, 1649, 12p.
BYU, Clev, Fol, Har, Md, Minn, NYPL, Wis

M 1794. Justification (la) de monseigneur le Prince, tirée de l'arrêt du Parlement, donné, le 13 de ce mois (12 janvier 1652), contre le cardinal Mazarin et ses adhérents, en présence de Son Altesse Royale. (S. 1. , 1652), 15p.
Clev, Fol

M 1796. Justification (la) du Parlement et de la ville de
Paris dans la prise des armes contre l'oppression
et tyrannie du cardinal Mazarin. Paris, Alex-
andre Lesselin, 1649, 19p.
BYU, Clev, Fol, Har & (ve), Minn, NYPL,
Wis

M 1797. Labyrinthe (le) de l'Etat, ou les Véritables
causes des malheurs de la France, à Ctésiphon.
Paris, 1652, 36p.
Fol, Md

M 1798. Lamentable description des royaumes démolis,
des villes perdues par la malice des ministres
d'Etat, envoyée à la reine régente par
l'amirante de Castille, pour lui servir d'avertissement. Paris, Claude Morlot, 1649, 8p.
BYU, Clev, Fol, Md, Minn, NYPL, Wis

M 1799. Lamentations d'un procureur vuidant les sacs
de son étude, et le reconfort qu'il reçut de sa
femme, en vers burlesques. (S. 1.), 1649, 8p.
BYU, Clev, Fol (ve), Har (ve), Minn,
NYPL, Wis (ve)

M 1800. Lamentations (les) de la Durié de Saint-Cloux
(sic), touchant le siège de Paris. Paris, 1649,
8p.
Clev, Fol, Minn, Wis

M 1801. Lamentations (les) mazarines. Paris, Philippe
Clément, 1652, 8p.
Fol

M 1803. Larmes (les) de la reine et du cardinal Landri-
guet. (S. 1.), 1652, 18p.
Har, Minn

M 1805. Larmes (les) et complaintes de la reine
d'Angleterre sur la mort de son époux, à
l'imitation des quatrains du sieur de Pibrac,
par David Ferrand. Paris, Michel Mettayer,
1649, 8p.
BYU, Fol, Har (ve), Md, Minn, NYPL, Wis

M 1806. Larmes (les) mazarines. Sur la copie imprimée
à Bruxelles, 1651, 7p.
Clev, Md, Wis

M 1807. Leçons (les) de ténèbres, ou les Lamentations
de Mazarin. Paris, 1649, 8p.
Clev, Fol, Har, Md, Minn, Wis

M 1808. Leçons (les) des (sic) ténèbres des Parisiens,
où les prophéties de Jérémie sont naïvement
expliquées, suivant ce qui arrive à présent.
Paris, Pierre Sevestre, 1649, 8p.
Clev, Har, Md, Minn, NYPL

M 1810. Lettre à l'abbé, burlesque. Paris, 1649, 7p.
BYU, Clev, Fol, Har, Md, Minn, NYPL, Wis

M 1811. Lettre à mademoiselle de V., étant à la campagne,
ensuite de la guerre des tabourets. Paris, 1649,
16p.
Clev, Fol, Har, Md, Minn, NYPL, Wis

M 1812. Lettre à messieurs les vidame et gouverneur
d'Amiens, et d'Auquincourt (sic), gouverneur de
Péronne, pour la conservation de leurs gouvernements. Paris, 1649, 15p.
Clev, Har, Minn

M 1813. Lettre à monsieur le cardinal, burlesque. Paris,
Arnould Cottinet, 1649, 20p.
BYU & (ve), Clev, Fol & (ve), Har (ve), Md,
Minn, NYPL (ve), Wis

M 1814. Lettre au R. père confesseur de la reyne sur la
diversité des affaires présentes. Paris, Denys
Langlois, 1649, 7p.
Clev, Fol, Har (ve), Md, Minn, Wis

M 1815. Lettre au roi de messieurs les ducs de Retz
et de Brissac pour la liberté de monseigneur le
cardinal de Retz. (S. l. n. d.), 7p.
Har

M 1816. Lettre burlesque à Mazarin. (S. l.), 1649, 8p.
BYU, Clev, Fol, Har, Md, Minn, NYPL, Wis

M 1817. Lettre circulaire, contenant un charitable avis
à quelques villes de Champagne et Picardie,
pour les inciter de se résoudre à prendre le bon
parti du roi et du Parlement, du 12 février
1649. Paris, François Preuveray, 1649, 7p.
Clev, Fol, Har, Md, Minn, NYPL, Wis

M 1819. Lettre circulaire de l'assemblée de la noblesse.
(S. 1., 1651), 14p.
BYU, Clev, Fol (ve), Har (ve), Md, Minn
(ve), Wis

M 1820. Lettre circulaire de messieurs du Parlement de
Provence, envoyée à toutes les villes de France
sur le sujet de l'arrivée de M. de Mercoeur en
Provence. Paris, Jacques Le Gentil, 1652, 7p.
Har, NYPL

M 1823. Lettre circulaire écrite par Son Altesse Royale à
messieurs les gouverneurs des provinces, sur le
sujet de sa qualité de lieutenant général du roi,
en l'étendue de son royaume, terres et seigneuries
de son obéissance, tant que le cardinal Mazarin
sera en France. Paris, veuve J. Guillemot,
1652, 8p.
Fol, Har, Md, Minn, NYPL, Wis

M 1824. Lettre circulaire envoyée à tous les gentilshommes
de France, pour leur adresser l'arrêté fait à
l'assemblée de La Roche Guyon, les mémoires
dont on a chargé nos députés pour présenter au
roi, et le favorable traitement qu'ils ont reçu
de Sa Majesté, datée de Marine, le 1er juillet
1652. Paris, veuve J. Guillemot, 1652, 4p.
Fol, Har, Md, NYPL

M 1825. Lettre circulaire envoyée dans les provinces à
tous les gentilshommes de ce royaume, avec
l'union de la noblesse pour empêcher les
désordres, les excès et les ravages des gens
de guerre, et pour parvenir à la paix générale,
faite le 16 du mois de mai 1652, à Nogent-le-
Roi. Paris, veuve J. Guillemot, 1652, 8p.
Fol, Har, NYPL

M 1826. Lettre circulaire envoyée dans les provinces à tous les gentilshommes par ordre de l'assemblée de la noblesse, tenue à Paris, aux Cordeliers, le 25 mars 1651, et dressée par les président, commissaires choisis et secrétaires de ladite assemblée. Paris, veuve J. Guillemot, 1651, 8p.
Clev, Har (ve), Md, Minn

M 1827. Lettre circulaire envoyée par le roi à tous les gouverneurs du royaume de France (sic). Paris, 1649, 8p.
BYU, Clev, Fol, Har, Wis

M 1828. Lettre circulaire et véritable de l'archiduc Léopold envoyée à tous les gouverneurs, prévôts et échevins des villes et bourgs de France situés sur le chemin et la route de son armée. Paris, Claude Morlot, 1649, 4p.
BYU, Clev, Fol, Har (ve), Md, Minn, NYPL, Wis

M 1829. Lettre circulaire pour la convocation des Etats généraux. Saint-Germain-en-Laye, (s. d.), 4p.
Clev, Fol

M 1830. Lettre contenant ce qui s'est passé en l'assemblée du Parlement, depuis le (sic) dimanche et lundi 14 et 15 mars 1649, sur le sujet des articles signés à Ruel. Paris, veuve d'Anthoine Coulon, 1649, 4p.
BYU, Clev, Fol, Har, Md, Minn, NYPL, Wis

M 1831. Lettre contenant des avis de politique et de conscience, envoyée au cardinal Mazarin, à Saint-Germain-en-Laye, par son confesseur, le père Monaco, supérieur des Théatins, traduite fidèlement de l'italien en françois. Paris, Rollin de la Haye, 1649, 7p.
BYU, Clev, Fol, Har, Md, Minn, Wis

M 1832. Lettre contenant la véritable nouvelle de la paix, suivant ce qui a été arrêté à la conférence tenue à Ruel. Paris, veuve d'Anthoine Coulon, 1649, 4p.
BYU, Clev, Har, Md, Minn, Wis

M 1833.   Lettre coupée sur le sujet de Mazarin, pour et contre. Placard de 1649.
Har, NYPL

M 1834.   Lettre curieuse envoyée de Rome à Cologne au cardinal par ses nièces entreprises en chemin, traduite d'italien en françois, par L. S. F. S. N. D. P. E. L. Paris, 1651, 34p.
Md

M 1835.   Lettre curieuse sur ce qui s'est passé de plus remarquable à Paris, depuis le jour des Rois jusqu'à la fin de la première conférence, avec un petit discours de la vie et de la mort de M. le comte de Soissons. Paris, 1649, 26p.
Har, Wis

M 1836.   Lettre d'Aristandre à Cléobule, ou les Conjectures politiques sur ce qui se passe à Saint-Germain. Paris, 1649, 12p.
BYU, Clev, Fol, Har, Md, Minn, NYPL, Wis

M 1837.   Lettre d'avis à messieurs du Parlement de Paris, écrite par un provincial. Paris, 1649, 34p.
BYU, Clev, Fol, Har, Md, Minn, Wis

M 1838.   Lettre d'avis à monseigneur le duc de Beaufort. (S. 1. n. d.), 7p.
Fol, Md, Minn

M 1839.   Lettre d'avis à monseigneur le duc de Beaufort sur l'importance de sa reunion avec monsieur le coadjuteur contre le rétablissement du cardinal Mazarin. (S. 1.), 1652, 38p.
Fol, Har, Md

M 1840.   Lettre d'avis d'un marchand de Cologne à un bourgeois de Paris, sur la marche du cardinal Mazarin. De Cologne, ce dernier novembre 1651. Paris, 1651, 8p.
Clev, Fol, Har, Md

M 1842.   Lettre d'avis du théologien d'Etat à monseigneur le prince de Condé. Paris, 1651, 7p.
Clev, Har, Minn, Wis

M 1843. Lettre d'avis, ou les Sentiments de Son Altesse
monseigneur le Prince à monsieur le maréchal
de Turenne. Paris, 1650, 14p.
Har, Md

M 1844. Lettre d'avis salutaires au prince de Condé dans
son château et bois de Condé. (S. 1.), 1650, 7p.
Clev

M 1846. Lettre d'Etat de monsieur Mercier envoyée à
la reine. Paris, Claude Morlot, 1649, 8p.
BYU, Clev, Fol, Md, Minn, NYPL, Wis

M 1848. Lettre d'un abbé à Mademoiselle. (S. 1.), 1649,
6p.
Har (ve)

M 1849. Lettre d'un ami de monsieur le duc d'Epernon
contre les Remontrances du Parlement de
Bordeaux, du mois d'août (23), 1650. (S. 1. n. d.),
56p.
Md

M 1850. Lettre d'un astrologue à monseigneur le duc de
Longueville sur l'heureuse naissance du prince
son fils, et les remercîments de l'Etat.
(S. 1. , 1649), 3p.
BYU, Clev (ve), Fol, Md, Minn

M 1851. Lettre d'un bon pauvre écrite à madame la
Princesse douairière sur les affaires du temps
présent. Paris, Guillaume Loyson et Jean-
Baptiste Loyson, 1649, 8p.
BYU, Clev, Fol, Har, Md, Minn, NYPL, Wis

M 1852. Lettre d'un Bordelois à un bourgeois de Paris.
Bordeaux, 1651, 8p.
Fol, Har, Md, Minn

M 1853. Lettre d'un bourgeois de Condom, escrite à un
de ses amis, à Paris, sur le sujet des exécrables
cruautés qu'exerce le comte d'Harcourt avec ses
troupes, dans la Haute-Guyenne contre les sub-
jects du roy, présentée à S. A. R. Paris,
jouxte la copie de la lettre escrite, 1652, 8p.
Fol

M 1854.   Lettre d'un bourgeois de Paris, écrite à un sien ami de la ville de Lyon, sur les affaires de ce temps. Paris, 1652, 8p.
Fol, Minn, NYPL

M 1855.   Lettre d'un bourgeois de Paris, étant à la cour, envoyée à Paris à un sien ami, le 26 janvier 1649, sur le sujet des présents mouvements. Saint-Germain-en-Laye, 1649, 4p.
Clev, Fol

M 1857.   Lettre d'un cavalier à sa maîtresse, en vers burlesques. Paris, 1649, 10p.
Clev, Har

M 1858.   Lettre d'un conseiller de Nantes à son amy sur l'évasion de monsieur le cardinal de Retz. Nantes, 1654, 16p.
Har

M 1861.   Lettre d'un curé de France, écrite à un sien ami, à Paris, touchant les affaires du temps, en vers burlesques. Paris, Georges Le Rond, 1649, 8p.
BYU, Clev, Fol, Har, Md, Minn, NYPL, Wis

M 1862.   Lettre d'un docteur de l'Université de Paris à la reine régente, à Saint-Germain-en-Laye, sur le sujet de la paix. Paris, Nicolas Gasse, 1649, 8p.
BYU, Clev, Fol, Har, Md, NYPL, Wis

M 1863.   Lettre d'un ecclésiastique envoyée à monseigneur le duc d'Orléans, touchant plusieurs particularités. Paris, 1649, 8p.
BYU, Fol, Har, Md, Minn, NYPL, Wis

M 1864.   Lettre d'un fameux courtisan à la plus illustre coquette du monde. Paris, 1649, 8p.
BYU, Clev, Fol (inc), Har, Md, Minn, NYPL

M 1865.   Lettre d'un fidèle François à la reine sur l'occurrence du temps. Paris, François Preuveray, 1649, 11p.
BYU, Clev, Fol, Har, Md, Minn, NYPL, Wis

M 1866. Lettre d'un gentilhomme à la reine. Paris,
veuve Théod. Pépingué et Est Maucroy, 1649, 8p.
BYU, Clev, Fol, Har, Md, Minn, NYPL, Wis

M 1867. Lettre d'un gentilhomme à monseigneur le duc
d'Orléans, pour l'obliger de revenir à Paris
et y rétablir le repos et la tranquillité publique.
Paris, Pierre Du Pont, 1649, 7p.
BYU, Fol, Har, Md, Minn, NYPL, Wis

M 1868. Lettre d'un gentilhomme de la cour à un seigneur
qui est à l'armée, touchant l'attentat commis
aux Filles-Dieu, à Paris, en la personne de
mademoiselle de Sainte-Croix, et toute la suite
des procédures dont on a usé contre elle.
Paris, Jean Hénault, 1649.
Fol, Har, Md, NYPL

M 1869. Lettre d'un gentilhomme de la ville d'Aix, en
Provence, adressée à un sien ami, à Paris,
sur ce qui s'est passé depuis la détention du
comte d'Alais et duc duc de Richelieu. Paris,
Jean Hénault, 1649, 7p.
Clev, Fol, Har, Md, Minn, Wis

M 1870. Lettre d'un gentilhomme de M. le duc de Beaufort
écrite à un domestique de monseigneur le Prince,
avec la lettre déchiffrée, envoyée par le cardinal
Mazarin. (S.1., 1651), 8p.
Fol (ve), Har, Minn, Wis

M 1871. Lettre d'un gentilhomme de monseigneur le duc
d'Orléans, écrite à un bourgeois de Paris, sur
le sujet de sa sortie. Paris, Nicolas Vivenay,
1651, 7p.
Clev, Fol, Har, Md, Minn, Wis

M 1873. Lettre d'un gentilhomme désintéressé à messieurs
les députés des Etats, sur les mouvements
présents, et des moyens qu'ils doivent tenir pour
les pacifier. Paris, 1652, 15p.
Fol, Har & (ve), Minn, NYPL, Wis

M 1874. Lettre d'un gentilhomme écrite à un sien ami
qui est à la Cour, datée à Paris, du trentième
décembre 1651. (S.1.), 1651, 8p.
Fol, Minn, Wis

M 1875. Lettre d'un gentilhomme, écrite de Paris à un Provençal, sur les affaires du temps. (S. 1., 1651), 3p.
Fol (ve), Har

M 1876. Lettre d'un gentilhomme françois portée à monseigneur le prince de Condé par un trompette de la véritable armée du roi (de la Fronde), pour le dissuader de la guerre qu'il fait à sa patrie. Paris, Arnould Cottinet, 1649, 12p.
BYU, Clev, Har (ve), Md, Minn, NYPL, Wis

M 1877. Lettre d'un gentilhomme frondeur à un sien ami, à Paris, sur le retour du cardinal Mazarin. (S. 1. n. d.), 3p.
Fol, Har, Md, Minn, Wis

M 1878. Lettre d'un gentilhomme italien à un François son ami, sur l'enlèvement du roi très chrétien, traduite par P. D. P., sieur de Carigny. Paris, Nicolas de La Vigne, 1649, 7p.
Clev, Fol, Har, Md, Minn, NYPL, Wis

M 1879. Lettre d'un gentilhomme romain à un François, contenant les discours que tiennent les politiques étrangers, du gouvernement de la France, et comme ils connoissent que ses afflictions ne viennent que des trahisons de ses ministres, nouvellement et fidèlement traduite d'italien en françois. (S. 1.), 1649, 8p.
BYU, Clev, Fol, Har, Md, Minn, NYPL, Wis

M 1880. Lettre d'un gentilhomme suédois, envoyée à un seigneur polonois, touchant l'état présent des affaires de France, avec le catalogue de tous les écrits qui ont été imprimés et publiés depuis le 6 janvier 1649 (jour de l'enlèvement du roi hors de la ville de Paris), jusqu'à ce jourd'huy, 1er mars. Paris, Pierre Du Pont, 1649, 8p.
BYU, Clev, Fol & (ve), Har, Md, Minn, NYPL & (ve), Wis (ve)

M 1881. Lettre d'un grand astrologue, envoyée aux bourgeois de Paris sur le succès de leurs armes. Paris, veuve J. Remy, 1649, 8p.
BYU, Clev, Fol, Har, Md, NYPL, Wis

M 1882.   Lettre d'un habitant de la ville de Blois, écrite
          à un sien ami sur les désordres, pilleries,
          sacriléges et violements que le cardinal Mazarin
          a fait faire, tant dans ladite ville de Blois que
          dans tous les villages aux environs.   Paris,
          veuve J. Guillemot, 1652, 8p.
          Fol (ve)

M 1883.   Lettre d'un inconnu envoyée à un sien ami à
          Saint-Germain-en-Laye, en vers burlesques.
          Paris, Michel Mettayer, 1649, 7p.
          Clev, Fol (ve), Har, Md, Minn, Wis

M 1884.   Lettre d'un marchand de Liège à un sien cor-
          respondant de Paris, avec l'instruction secrète du
          cardinal Mazarin pour Zongo Ondedei, retournant
          à Paris. (S. 1.), 1651, 11p.
          BYU, Clev, Fol, Har, Md, Minn, Wis

M 1885.   Lettre d'un marguillier de Paris à son curé sur
          la conduite de monseigneur le coadjuteur.   Paris,
          1651, 19p.
          Clev, Fol, Har, Md, Minn, Wis

M 1886.   Lettre d'un milord d'Angleterre, écrite à la
          reine régente, à Saint-Germain-en-Laye, sur
          les affaires de France et d'Angleterre, traduite
          par le sieur Du Pelletier.   Paris, Fr. Musnier,
          (1649), 7p.
          BYU, Clev, Fol (ve), Har (ve), Md, Minn,
          NYPL (ve), Wis

M 1887.   Lettre d'un Normand aux fendeurs de nazeaux
          de ce temps, qui ont peur de mourir pour leur
          patrie.   Paris, Claude Huot, 1649, 10p.
          BYU, Fol, Har, Md, Minn, NYPL, Wis

M 1888.   Lettre d'un Parisien, envoyée de Rome à Paris
          à un sien parent, sur la paix des mouvements
          de Paris.   Jouxte la copie imprimée à Rome,
          1649, 14p.
          BYU, Har

M 1891.   Lettre d'un Picard à son ami, contenant tout
          ce qui s'est fait et passé du depuis le séjour
          du Roi en la province de Picardie.   (S. 1.),
          1649, 8p.
          Clev, Fol, Har, Md

226

M 1892.   Lettre d'un prince anglois, envoyée à la reine
d'Angleterre, sur les affaires présentes du
royaume pour l'attentat commis en la personne
de son mari, traduite par le sieur Du Pelletier.
Paris, veuve André Musnier, 1649, 7p.
BYU, Fol, Har, Md, NYPL, Wis

M 1893.   Lettre d'un religieux à monsieur l'abbé de La
Rivière, où lui sont indiqués les faciles moyens
de faire sa paix avec Dieu et le peuple.
(S. 1. , 1649), 15p.
BYU, Clev, Fol (ve), Har (ve), Md, Minn,
NYPL, Wis

M 1894.   Lettre d'un religieux de Compiègne, écrite à un
notable bourgeois de Paris, sur les assurances
d'amitié que Leurs Majestés donnent à leurdite
ville, contre les faux bruits que sèment les
perturbateurs de l'Etat.   Paris, Guillaume
Sassier, 1649, 8p.
Clev, Har, Md

M 1895.   Lettre d'un religieux envoyée à monseigneur le
prince de Condé, à Sainte-Germain-en-Laye,
contenant la vérité de la vie et moeurs du
cardinal Mazarin, avec exhortation audit seigneur
prince d'abandonner son parti.   Paris, Rolin de
La Haye, 1649, 11p.
BYU & (ve), Clev, Fol, Har & (ve), Md &
(ve), Minn (ve), NYPL & (ve), Wis

M 1896.   Lettre d'un secrétaire de S. Innocent à Jules
Mazarin.   Paris, Nicolas Boisset, 1649, 8p.
BYU, Clev, Fol, Har & (ve), Md, Minn,
NYPL, Wis

M 1897.   Lettre d'un seigneur françois envoyée au prince
de Galles sur la mort du roi d'Angleterre, son
père, pour l'obliger à venger sa mort, se mettre
en ses Etats et se mêler de la paix générale.
Paris, Pierre Sévestre, 1649, 6p.
Fol, Har, Md, Minn, NYPL

M 1898.   Lettre d'un véritable François à monseigneur le
duc d'Orléans.   Paris, 1649, 8p.
BYU, Clev, Fol, Har, Md, Minn, NYPL, Wis

M 1899. Lettre d'une bourgeoise de la paroisse Saint-Eustache présentée à Mademoiselle, suppliant Son Altesse de vouloir agir pour la paix du royaume. Paris, Guill. Sassier, 1649, 12p.
BYU, Clev, Fol & (ve), Har, Md, Minn, NYPL, Wis

M 1900. Lettre d'une dame de Paris à son serviteur, à Saint-Germain. Paris, 1649, 8p.
BYU, Fol & (ve), Har, Wis

M 1901. Lettre d'une religieuse présentée au roi et à la reine régente, le premier février 1649, pour obtenir la paix. Paris, Guillaume Sassier, 1649, 7p.
BYU, Clev, Fol, Har (ve), Md, Minn, NYPL, Wis

M 1902. Lettre de Belleroze à l'abbé de La Rivière. Paris, Claude Boudeville, 1649, 8p.
BYU, Clev, Fol, Har, Md, Minn, NYPL, Wis

M 1903. Lettre de cachet du roy, du 8 octobre 1651, envoyée à monseigneur le mareschal de Lhospital, chevalier des ordres du roy, gouverneur et lieutenant général pour Sa Majesté en la ville, prévosté et viconté de Paris, et seul son lieutenant général en Champagne et Brie, pour advertir les députés des provinces de se rendre au plutost dans la ville de Tours pour tenir les Etats généraux du royaume. Paris, Guillaume Sassier, 1651, 4p.
Fol

M 1904. Lettre de cachet du roi, du 8 octobre 1651, envoyée à monseigneur le maréchal de Lhopital, chevalier des ordres du roi, gouverneur et lieutenant général pour Sa Majesté en la ville, prévôté et vicomté de Paris, et seul son lieutenant général en Champagne et Brie, sur ce qui s'est fait à la réception du roi dans sa ville de Bourges. Paris, Guillaume Sassier, 1651, 4p.
Fol, Minn

M 1905. Lettre de cachet du roi, envoyée à la chambre des Comptes, sur son retour en sa bonne ville de Paris, du 11e aoūt 1649. Paris, Denys De Cay, 1649, 4p.
Clev, Har

M 1906. Lettre de cachet du roi, envoyée à messieurs du Parlement, sur le sujet du plein pouvoir donné par Sa Majesté à monseigneur le duc d'Orléans pour traiter avec M. le Prince. Paris, veuve J. Guillemot, 1651, 6p.
Clev, Fol (ve), Har, Minn

M 1907. Lettre de cachet du roi, envoyée à monseigneur le maréchal de Lhopital, comte de Rosnay, chevalier des ordres de Sa Majesté, gouverneur et lieutenant général pour Sadite Majesté en la ville, prévôté et vicomté de Paris, et seul son lieutenant général en Champagne et Brie, sur le sujet du sacre et couronnement de Sa Majesté, qui se fera dans sa ville de Rheims, le 12 mars 1651. Paris, Guill. Sassier, 1651, 7p.
Fol, Md

M 1908. Lettre de cachet du roi, envoyée à monseigneur le maréchal de Lhospital, gouverneur et lieutenant général pour Sa Majesté en la ville, prévôté et vicomté de Paris, et seul son lieutenant général en Champagne et Brie. Paris, Guillaume Sassier, 1650, 7p.
Minn

M 1909. Lettre de cachet du roi, envoyée à monseigneur le maréchal de Lhopital, gouverneur et lieutenant général pour Sa Majesté, en la ville, prévôté et vicomté de Paris, et seul son lieutenant général en Champagne et Brie, contenant tout ce qui s'est fait et passé à la défaite de l'armée du vicomte de Turenne par M. le maréchal du Plessis Praslin, avec la prise de leur artillerie, bagage, drapeaux, étendarts et timballes et des principaux officiers d'armée, et l'ordre observé du Te Deum. Paris, Guillaume Sassier, 1650, 8p.
Md

M 1910. Lettre de cachet du roi, envoyée à monseigneur le maréchal de Lhopital, gouverneur de Paris, sur le sujet de l'approche des troupes de l'archiduc Léopold en France, et des affaires de Bordeaux. Paris, Guillaume Sassier, 1650, 7p.
Clev, Har, Md

M 1911. Lettre de cachet du roi, envoyée à nosseigneurs de la chambre des Comptes, concernant la paix. Paris, 1649, 4p.
Fol, Har, Md, Wis

M 1913. Lettre de congratulations envoyée à madame la duchesse de Vendôme sur les faits héroïques de monseigneur le duc de Beaufort. Paris, Nicolas de La Vigne, 1649, 8p.
BYU, Har, Md, Wis

M 1914. Lettre de conjouissance d'un bon religieux à monseigneur le cardinal de Retz, coadjuteur de Paris, sur sa promotion. Paris, Jean Frinbaux, 1652, 8p.
Har, Minn

M 1915. Lettre de consolation à la reine d'Angleterre. Paris, Jacques Langlois, 1649, 12p.
Fol (ve), Har, Md, NYPL, Wis

M 1916. Lettre de consolation à la reine d'Angleterre sur la mort du roi son mari et ses dernières paroles. Paris, Guillaume Sassier, 1649, 8p.
Fol, Har, Md, Minn, NYPL, Wis

M 1917. Lettre de consolation à madame la princesse sur l'emprisonnement de monsieur le Prince. (S. l.), 1650, 7p.
Clev, Md

M 1918. Lettre de consolation à monseigneur le duc de Vantadour (sic), chevalier des ordres du roi, ci-devant lieutenant pour le roi ès pays de Languedoc, chanoine de l'église de Notre-Dame de Paris, sur la mort de monseigneur le duc de Vantadour, son frère, chevalier des ordres du roi, et lieutenant pour le roi au pays de Limosin. Paris, Guillaume Sassier, 1649, 6p.
Har, Md

M 1919. Lettre de consolation d'un bon père hermite
écrite aux Parisiens, attendant l'heureuse victoire que Dieu leur prépare et promet en bref
sur les ennemis jurés de sa gloire, de l'Etat
et du peuple.   Paris, Robert Feugé, 1649, 8p.
Har

M 1921. Lettre de consolation envoyée à madame de
Châtillon sur la mort de monsieur de Châtillon.
Paris, Jean Brunet, 1649, 8p.
BYU, Clev, Fol, Har, Md, Minn, NYPL, Wis

M 1922. Lettre de consolation envoyée à madame la
duchesse de Rohan sur la mort de feu M. le duc
de Rohan, son fils, surnommé Tancrède.   Paris,
Claude Huot, 1649, 8p.
Clev, Fol & (ve), Har, Md

M 1923. Lettre de consolation envoyée à messieurs les
princes, au Hâvre de Grâce, sur le sujet de la
mort de madame la princesse douairière, leur
mère.   (S. l.), 1651, 8p.
Fol, Md

M 1924. Lettre de consolation envoyée dans les Champs-
Elysées au sultan Hibraïm (sic) par le sultan
Mehemet, son fils, empereur des Turcs, traduite
de la langue turquesque en françois, par le sieur
Roverol.   (S. l.), 1649, 8p.
Fol, Har, Md, Minn

M 1925. Lettre de consolation pour madame la duchesse
de Nemours.   (S. l.), 1652, 12p.
Har, Md, Minn

M 1926. Lettre de deux princes de l'empire à l'archevêque
électeur de Cologne et prince du (sic) Liège, sur
l'instance à lui faite par le cardinal Mazarin de
lui donner retraite en sa ville de Bouillon, traduit
(sic) d'allemand en françois.   (S. l.), 1651, 8p.
Minn

M 1927. Lettre de Franchon du faubourg Saint-Germain à
la petite Nichon du Marais.   (S. l.), 1649, 7p.
Har, Wis

M 1928. Lettre de Guillaume Sans peur aux troupes de
Mazarin. Paris, Claude Boudeville, 1649, 7p.
BYU, Clev, Fol, Har, Md, Minn, NYPL, Wis

M 1929. Lettre de l'archiduc Léopold envoyée à Mademoiselle pour traiter la paix (sic). Paris, Nicolas Jacquard, 1649, 7p.
BYU & (ve), Clev, Fol (ve), Har (ve), Md,
Minn (ve), NYPL, Wis

M 1930. Lettre de l'archiduc Léopold envoyée à messieurs
du Parlement pour le traité de la paix générale.
Paris, Jacques Lallay, 1652, 7p.
Har, Minn

M 1931. Lettre de l'archiduc Léopold envoyée à Son
Altesse Royale, détestant la trahison du duc
Charles, avec l'approche de son armée au
service des princes. Paris, Claude Le Roy,
1652, 7p.
Har, Minn, Wis (ve)

M 1932. Lettre de l'hermite reclus du Mont Calvaire à
la reine. Paris, veuve André Musnier, 1649, 7p.
BYU, Clev, Har, Md, Minn, NYPL, Wis

M 1934. Lettre de la cour de Parlement de Paris envoyée
à la cour de Parlement de Normandie. Rouen,
David du Petitval et Jean Viret, 1649, 16p.
BYU

M 1935. Lettre de la cour de Parlement de Paris, envoyée
aux baillifs, sénéchaux, maires, échevins et
autres officiers de ce royaume, du 18 janvier
1649. Paris, par les imprimeurs et libraires
ordinaires du roi, 1649, 4p.
BYU & (ve), Fol, Har, Md, Minn, NYPL, Wis

M 1936. Lettre de la cour de Parlement de Paris, envoyée
aux parlements du royaume, du 18 janvier 1649.
Paris, par les imprimeurs et libraires ordinaires
du roi, 1649, 5p.
BYU, Clev, Fol, Har, Md, Minn (ve), NYPL,
Wis

M 1938. Lettre de la France aux vrais François sur les
affaires du temps présent. Paris, Jean Brunet,
1649, 8p.
BYU, Clev, Fol, Har, Md, Minn, NYPL, Wis

M 1939. Lettre de la France en l'agonie, présentée à
Sa Majesté par messieurs de la ville de Rouen
dans Pontoise pour la paix générale. Paris,
David Beauplet, 1652, 7p.
Har

M 1940. Lettre de la petite Nichon du Marais à M. le
prince de Condé, à Saint-Germain. (S. l.),
1649, 8p.
BYU, Clev, Fol (ve), Har, Md, Minn, NYPL,
Wis

M 1941. Lettre de la prétendue madame de Mercoeur,
nièce de Mazarin, envoyée à M. de Beaufort.
Paris, 1649, 7p.
Clev, Har (ve)

M 1942. Lettre de La Raillère, prisonnier en la Con-
ciergerie, à Catelan, à Saint-Germain-en-Laye.
Paris, Mathieu Colombel, 1649, 8p.
BYU, Md, Minn, Wis

M 1943. Lettre de la reyne d'Angleterre à la reyne
régente, en faveur de la France et pour la paix
du royaume. Paris, Pierre Variquet, 1649, 8p.
BYU, Clev, Fol, Md, NYPL, Wis

M 1944. Lettre de la reine de Suède à monseigneur le
cardinal de Retz, touchant la paix générale.
Paris, 1652, 5p.
Fol

M 1945. Lettre de la reine de Suède à monseigneur le duc
d'Orléans, avec les offres de cette princesse
pour mettre le royaume en repos, et en chasser
le Mazarin. Paris, Jacob Chevalier, 1651, 7p.
Fol, Har

M 1946. Lettre de la reine envoyée au cardinal Mazarin
pour se retirer hors du royaume de France.
(S. l.), 1651, 6p.
Har

M 1948. [see Addendum]

M 1949.   Lettre de madame la duchesse d'Orléans envoyée
au duc Charles, son frère, sur le sujet de son
infâme trahison.   Paris, Jean du Prat, 1652, 7p.
Fol (ve), Har

M 1950.   Lettre de madame la duchesse de Longueville au
roi.   Rotterdam, 1650, 8p.
Har (ve), Minn

M 1951.   Lettre de madame la princesse de Condé à la
reine.   (S. 1.), 1650, 3p.
Fol (ve), Har (ve)

M 1952.   Lettre de madame la princesse douairière de
Condé envoyée au prince de Condé, son fils,
sur les armes qu'il a prises injustement contre
la France.   Paris, Jean Musnier, jouxte la copie
imprimée par Michel Mettayer, 1649, 7p.
Clev, Fol (ve), Har, Md, Minn, NYPL, Wis

M 1953.   Lettre de madame la princesse douairière de
Condé présentée à la reine régente.   (S. 1.,
1650), 3p.
Har, Md

M 1954.   Lettre de madame la princesse douairière de
Condé présentée à la reine régente, contenant tous
les moyens dont le cardinal Mazarin s'est servi
pour empêcher la paix, pour ruiner le Parlement
et le peuple de Paris, pour tâcher de perdre M.
le duc de Beaufort, M. le coadjuteur, M. de
Brouselles (sic) et M. le président Charton par
l'assassinat supposé contre la personne de M. le
Prince, et pour imprisonner messieurs les
princes de Condé et de Conty et M. le duc de
Longueville.   (S. 1.), 1650, 57p.
Fol (ve), Har (ve), Minn, Wis

M 1955.   Lettre de madame la princesse douairière de
Condé présentée à Son Altesse Royale.   (S. 1.,
1650), 3p.
Har

M 1957.   Lettre de madame la Princesse écrite au roi.
(S. 1.), 1650, 8p.
Har (ve), Md

234

M 1958.   Lettre de madame la Princesse écrite au roi,
à son arrivée, proche de Bordeaux. Jouxte la
copie imprimée à Bordeaux, 1650, 8p.
Fol

M 1959.   Lettre de mademoiselle d'Orléans, étant à
Poissy, envoyée à la reine, à Saint-Germain,
pour le bien du peuple.   Paris, Robert Feugé,
1649, 8p.
BYU, Fol, Har, Md, Minn, NYPL, Wis

M 1960.   Lettre de Mademoiselle écrite à Son Altesse
Royale.   Paris, Claude Le Roy, 1652, 7p.
Fol, Har (ve), Minn

M 1961.   Lettre de mademoiselle la Paix à madame la
Guerre, avec la réponse.   Paris, veuve Théod.
Pépingué et Est. Maucroy, 1649, 8p.
BYU, Clev, Har & (ve), Md, Minn, NYPL,
Wis

M 1962.   Lettre de messieurs de la cour du Parlement
de Bordeaux, pour réponse à la lettre de
messieurs de la cour du Parlement de Paris,
concernant les arrêts donnés contre le cardinal
Mazarin, et pour la liberté de messieurs les
princes.   Paris, Nic. Bessin, 1651, 4p.
Fol

M 1963.   Lettre de messieurs de la noblesse adressée à
messieurs du clergé pour la convocation des
états généraux au 1er novembre 1652.   Paris,
veuve J. Guillemot, 1652, 7p.
Fol, NYPL

M 1964.   Lettre de messieurs du Parlement de Bordeaux
écrite au roi sur le sujet de la dépêche de Sa
Majesté faite audit Parlement, étant en sa ville
d'Angoulême.   (Paris), Guillaume Sassier (s. d.),
3p.
Har, Md

M 1965.   Lettre de messieurs du Parlement de Bordeaux
présentée le samedi, 6 août 1650, à messieurs
du Parlement de Paris par messieurs les députés
dudit Parlement de Bordeaux, sur le sujet de la
continuation des violences du sieur duc d'Epernon,

protégé par M. le cardinal Mazarin. (Paris),
Guillaume Sassier (s. d.), 7p.
BYU, Fol, Har, Md

M 1966. Lettre de messieurs du Parlement de Bordeaux,
toutes les chambres assemblées, envoyée à
Son Altesse Royale sur l'arrivée de Leurs
Majestés dans leur province de Guyenne. Paris,
Guill. Sassier, 1650, 6p.
Har, Fol, Md, Wis

M 1967. Lettre de messieurs du Parlement de Bretagne
envoyée à monseigneur le Prince. Paris, Fr.
Preuveray, 1651, 4p.
Fol, Md

M 1968. Lettre de messieurs du Parlement de Normandie
au roi, touchant le refus de recevoir monsieur
le comte d'Harcourt. Paris, Arnould Cottinet,
1649, 6p.
BYU, Clev, Fol, Har, Md, Minn, NYPL, Wis

M 1969. Lettre de messieurs les députés du Parlement
de Paris écrite à Son Altesse Royale et à monsieur le Prince, sur la bonne réception que le
roi et la reine leur a fait (sic) à leur arrivée
dans la ville de Melun pour le traité de paix,
le treizième juin 1652. Paris, Pierre Lamet
(s. d.), 7p.
Har, Minn

M 1970. Lettre de messieurs les prévôt des marchands et
échevins de la ville de Paris envoyée aux villes
du royaume, suivant l'arrêté fait en l'essemblée
de ladite ville, le 29 juillet 1652, ensemble le
résultat de ladite assemblée générale de l'Hôtel
de Ville de Paris, en conséquence de l'arrêt du
Parlement du 24 juillet 1652. Paris, veuve
J. Guillemot, 1652, 8p.
Fol, Har, Minn

M 1971. Lettre de messieurs les princes prisonniers au
Havre présentée à messieurs du Parlement de
Paris, les chambres étant assemblées, le 7
décembre 1650. (S. 1. , 1650), 4p.
Har

M 1973.   Lettre de M. Brun, ambassadeur pour Sa
Majesté Catholique en Hollande, envoyée à
messieurs du Parlement de Paris sur l'innocence
de messieurs les princes contre les fourberies
et calomnies de Mazarin.   La Haye, 1650, 24p.
Clev

M 1974.   Lettre de M. d'Auremesnil, chef de la noblesse
de Caux en Normandie, envoyée à monseigneur
le duc de Longueville, sur le sujet de la
descente de six mille hommes aux ports de
Dieppe, Saint-Valery et le Hâvre, conduits par
le sieur de Tibermesnil, gouverneur pour les
Etats de Hollande, avec le nombre de notre
armée en Normandie.   Paris, veuve d'Anthoine
Coulon (s. d.), 7p.
BYU, Har, Md, Wis

M 1975.   Lettre de M. de Balzac à monseigneur le duc de
Beaufort, du 21 janvier 1649.   Paris, Claude
Huot, 1649, 7p.
Har (ve), Md, Minn (inc), NYPL, Wis (ve)

M 1976.   Lettre de M. le cardinal de Retz, archevêque de
Paris, à messieurs les cardinaux, archevêques,
évêques et autres députés de l'assemblée générale
du clergé de France.   (S. 1. n. d.), 18p.
Har

M 1977.   Lettre de M. le cardinal de Retz, archevêque de
Paris, à messieurs les cardinaux, archevêques,
évêques et autres députés de l'assemblée générale du clergé de France.   (S. 1. n. d.), 4p.
Har

M 1982.   Lettre de M. le cardinal de Retz, archevêque de
Paris, au roi.   (S. 1. n. d.), 2p.
Har

M 1988.   Lettre de M. le comte d'Harcourt envoyée à
la reine contre les fausses opinions de sa
retraite.   Paris, Antoine Périer, 1652, 8p.
Fol (ve)

M 1989.   Lettre de M. le duc d'Epernon, écrite à la cour
de Parlement de Bordeaux, du 31 mars 1649,
avec la Réponse du Parlement, du 2 avril 1649.
Bordeaux, Guillaume Millange, 1649, 12p.
Fol (ve), Har (ve), Md, NYPL (ve), Wis

M 1992.   Lettre de M. Thevnin à monseigneur le duc
d'Epernon, pair et colonel de France (sic),
touchant tout ce qui se passé dans Paris contre
lui. (S. 1. n. d.), 8p.
Har (ve)

M 1993.   Lettre de monseigneur de Conty à son frère,
monseigneur de Condé, sur la pacification des
affaires de la Guyenne, et son acheminement vers
Etampes. De Caloche, le 27 mai 1652. Paris,
1652, 6p.
Har

M 1994.   Lettre de monseigneur l'éminentissime cardinal
de Retz, archevesque de Paris, à messieurs
les archesques et évesques de l'église de
France. (S. 1. n. d.), 24p.
Minn

M 1995.   Lettre de monseigneur l'éminentissime cardinal
de Retz, archevêque de Paris, à monsieur le
duc de Retz, le père. (S. 1. n. d.), 4p.
Har

M 1998.   Lettre de monseigneur l'éminentissime cardinal
de Retz, archevêque de Paris, écrite à messieurs les doyen, chanoine et chapitre de
l'église de Paris. (S. 1. n. d.), 18p.
Fol, Har

M 2000.   Lettre de monseigneur le duc de Beaufort écrite
à Son Altesse Royale sur la marche de son
armée, ensemble l'arrivée de monseigneur le
Prince à Paris. Paris, Jean Petrinal, 1652, 8p.
Fol, Har, Minn

M 2001.   Lettre de monseigneur le duc de Guise à la reine
régente sur son injuste détention à Naples, et
sur son affection pour mademoiselle de Pont
(sic). Paris, Nicolas de La Vigne, 1649, 4p.
BYU, Clev, Fol, Har, Md, Minn, NYPL, Wis

M 2002.   Lettre de monseigneur le duc de Longueville à
messieurs du Parlement de Paris. (Paris),
veuve André Musnier, 1649, 6p.
BYU, Clev, Fol, Har, Md, Minn, NYPL, Wis

M 2003.   Lettre de monseigneur le duc de Longueville
envoyée à monseigneur le prince de Condé sur
les affaires présentes, touchant le retour du
cardinal Mazarin. Paris, jouxte la copie
imprimée à Rouen, 1652, 8p.
Har

M 2004.   Lettre de monseigneur le duc de Rohan à Son
Altesse Royale sur les entreprises du cardinal
Mazarin contre la ville d'Angers. Paris, Jean
de La Caille, 1652, 8p.
Fol, Har, Md, Minn

M 2005.   Lettre de monseigneur le Prince à Son Altesse
Royale sur le sujet du retardement de la paix.
Paris, Nicolas Vivenay, 1651, 6p.
BYU, Clev, Fol, Har, Md, Minn

M 2006.   Lettre de monseigneur le prince de Condé à
messieurs de Paris. Paris, 1650, 7p.
Har (ve), Md, NYPL

M 2007.   Lettre de monseigneur le prince de Condé au
cardinal Mazarin. Jouxte la copie imprimée à
Bordeaux, 1652, 7p.
Fol, Minn, Wis

M 2008.   Lettre de monseigneur le prince de Condé écrite
à Son Altesse Royale. Paris, Nicolas Vivenay,
1651, 8p.
Clev, Fol (ve), Har & (ve), Md, Minn, NYPL

M 2009.   Lettre de monseigneur le prince de Condé écrite
à tous les parlements de France. Paris,
Nicolas Vivenay, 1651, 12p.
BYU, Fol, Har, Minn, NYPL, Wis

M 2011.   Lettre de monseigneur le Prince envoyée à Son
Altesse Royale, sur le sujet de la dernière
bataille, par un courrier extraordinaire. Paris,
Jacob Chevalier, 1652, 7p.
Fol, Har, Md, Minn

M 2012.   Lettre de monsieur Brousse, docteur en theologie,
écrite à monseigneur l'archevêque de Paris.
(S. l. n. d.), 14p.
Har

M 2013. Lettre (la) de monsieur de Châteauneuf envoyée à monseigneur le prince de Condé sur le retour du cardinal Mazarin à Poitiers. (S. 1.), jouxte la copie imprimée à Poitiers (s. d.), 8p.
Clev, Fol, Har, Md

M 2014. Lettre de monsieur de La Vrillière à monsieur d'Argenson, touchant les affaires de M. le duc d'Epernon. (S. 1. n. d.), 6p.
Har

M 2015. Lettre de monsieur de Sauveboeuf écrite à M. le maréchal d'Haumont (sic) sur le comportement des affaires de Mazarin. Paris, Pierre de Chumusy, 1652, 15p.
Fol, Har, Minn

M 2017. Lettre de monsieur le cardinal Mazarin écrite au roi, sur son retour en France. (S. 1.), 1652, 16p.
Fol, Har, Md, NYPL, Wis

M 2018. Lettre de monsieur le cardinal Mazarini à messieurs les évêques du clergé de France. (S. 1. n. d.), 3p.
Har (ve)

M 2019. Lettre de monsieur le comte de Tavannes à monseigneur le duc d'Orléans sur la trahison des Allemands découverte par les habitants de la ville d'Etampes, le 27e jour de mai 1652, avec la punition exemplaire qui en a été faite dans ladite ville. Paris, Claude Le Roy, 1652, 7p.
Fol

M 2020. Lettre de monsieur le duc d'Epernon à un de messieurs du Parlement de Paris, avec la Réponse. (S. 1.), 1650, 35p.
Fol, Har, Md, Wis

M 2021. Lettre de monsieur le duc de Beaufort à monsieur le duc de Mercoeur son frère. (S. 1.), 1649, 8p.
BYU, Fol, Har & (ve), Md, Minn, NYPL, Wis

M 2022.   Lettre de monsieur le duc de Nemours à Son Altesse Royale, dans laquelle sont contenus les moyens infaillibles de faire la paix générale. Paris, Jacob Chevalier, 1652, 8p.
Fol, Har (ve), Md, Minn, NYPL

M 2023.   Lettre de monsieur le garde des sceaux de France et premier président à M. le président de Bailleul. Paris, par les imprimeurs et libraires ordinaires du roi, 1652, 4p.
Har, Md

M 2024.   Lettre de monsieur le maréchal de Rantzau, gouverneur de Dunkerque, à monseigneur le duc d'Orléans. Paris, Rolin de La Haye, 1649, 8p.
BYU, Clev, Fol, Har, Md, Minn, NYPL, Wis

M 2025.   Lettre de monsieur le maréchal de Turenne envoyée à la reine régente pour la délivrance des princes, et le sujet qui l'a obligé à prendre les armes. (S. 1. n. d.), 8p.
Fol, Har (ve), Minn (ve, inc), Wis

M 2026.   Lettre de monsieur le maréchal de Turenne envoyée à monsieur le duc de Bouillon. Paris, Pierre Variquet, 1649, 8p.
BYU, Clev, Fol, Har, Md, Minn, Wis

M 2028.   Lettre de monsieur le Prince à messieurs du Parlement. Paris, Nicolas Vivenay, 1651, 8p.
BYU, Clev, Fol (ve), Har (ve), Md, Minn & (ve), Wis

M 2029.   Lettre de monsieur le Prince à messieurs du Parlement de Paris, avec la Réponse de la reine sur ladite lettre, donnée à messieurs les gens du roi pour le Parlement. Paris, par les imprimeurs et libraires ordinaires du roi, 1651, 8p.
Clev, Fol & (ve), Md, NYPL

M 2030.   Lettre de monsieur le Prince à messieurs du Parlement sur le sujet de sa retraite à Bordeaux. (S. 1. n. d.), 7p.
Har (ve)

M 2032. Lettre de monsieur le Prince à Son Altesse Royale sur le sujet de son arrivée aux troupes de messieurs les ducs de Beaufort et de Nemours. Paris, Nicolas Vivenet (sic), 1652, 8p.
Fol, Har (ve), Minn, NYPL

M 2033. Lettre de monsieur le prince de Condé à Son Altesse Royale sur le sujet de son éloignement de la cour, du 13 septembre 1651. Paris, Nicolas Vivenay, 1651, 8p.
Fol, Har (ve), Md, Minn, Wis (ve)

M 2034. Lettre de monsieur le prince de Condé écrite au roi sur le sujet du retour du cardinal Mazarin, contenant ses intentions. Bordeaux, 1652, 14p.
Fol, Har (ve), Md, Minn, Wis

M 2035. Lettre de monsieur le prince de Condé envoyée à M. Dom (sic) Louis de Haros (sic), du camp de Saint-Jevin, ce 25 décembre 1652, de laquelle le roi a l'original. Paris, par les imprimeurs et libraires ordinaires du roi, 1652, 7p.
Har, Minn, Wis

M 2037. Lettre de monsieur le prince de Conty écrite au roi sur son voyage de Berry. (S. l.), 1651, 7p.
Fol, Har, Md, Minn

M 2038. Lettre de monsieur le prince de Conti envoyée par M. le baron de La Chaut à monsieur le Prince, son frère, le 26 mai 2652 (sic), touchant la défaite de l'armée angloise à la levée du siége de Bordeaux. Paris, Antoine Périer, 1652, 8p.
Fol, Har (ve), Md

M 2039. Lettre de monsieur Servien à messieurs les médiateurs. Paris, Jean de Courbe, 1649, 15p.
Clev, Md

M 2041. Lettre de nosseigneurs de la cour de Parlement de Paris, envoyée à tous les parlements de France, sur le sujet de l'arrêt donné contre le cardinal Mazarin, du samedi 11 mars 1651.

Paris, par les imprimeurs et libraires ordinaires du roi, 1651, 4p.
Fol (ve), Har, Md, Minn

M 2042. Lettre de nosseigneurs de la cour de Parlement
de Paris, envoyée aux autres parlements de
France, sur le sujet de l'éloignement du cardinal Mazarin, du 10 février 1651. Paris, par
les imprimeurs et libraires ordinaires du roi,
1651, 4p.
Clev & (ve), Fol (ve), Har, Minn (ve)

M 2043. Lettre de Pierre de Provence à la reine, en
forme d'avis, sur ce qui s'est passé en son
pays. Paris, Jean Hénault, 1649, 11p.
BYU, Clev, Fol, Har, Md, Minn, NYPL, Wis

M 2044. Lettre de plusieurs ecclésiastiques considérables
du diocese de Paris à monsieur le cardinal de
Retz, leur archevêque. (S. 1. n. d.), 17p.
Har

M 2045. Lettre de Polichinelle à Jules Mazarin. Paris,
Jean Hénault, 1649, 8p.
BYU, Clev, Fol, Har (ve), Md, Minn, Wis

M 2046. Lettre de prédiction écrite à madame la duchesse
de Vendôme, au mois de juin 1647, où par une
juste observation d'astrologie est noté le temps
que M. le duc de Beaufort, son fils, devoit
sortir du bois de Vincennes. Cette lettre n'a
pu être publiée au temps qu'elle fut présentée
à madame de Vendôme, pour ne point causer
d'obstacle à ses heureux pronostics. (S. 1.),
1649, 7p.
Har (inc)

M 2047. Lettre de proverbes d'un messire abbé, voisin
de Compiègne, au noble sire Jules Mazarin,
cardinal, lui mandant tout ce qui s'est passé
en France depuis son départ. Paris, 1652, 16p.
Har

M 2048. Lettre de remerciment de messieurs du Parlement de Bordeaux, écrite toutes les chambres
assemblées, envoyées (sic) à M. le duc de
Beaufort sur le sujet de sa bienveillance pour

leurs intérêts et de la province de Guyenne.
Paris, Jean Brunet, 1650, 4p.
Har

M 2050.   Lettre de replique de la petite Nichon du Marais
à M. le prince de Condé, à Saint-Germain.
(S. 1.), 1649, 8p.
BYU, Clev, Fol & (ve), Har, Md, Minn,
NYPL, Wis

M 2051.   Lettre de reproche de la reine au cardinal
Mazarin sur le repentir qu'elle a de l'avoir
aimé. (S. 1.), 1649, 6p.
BYU, Clev, Fol, Har (ve), Md, Minn,
NYPL, Wis

M 2052.   Lettre de reproche envoyée par une demoiselle
bordeloise à une dame mazarine, avec la
Réponse. Paris, Anthoine Le Bourdelois, 1652,
6p.
Har, Minn

M 2053.   Lettre de Son Altesse Royale à M. le duc
d'Amville (sic), avec la Réponse de M. le duc
d'Amville à Son Altesse Royale. Paris, Denys
Langlois, 1652, 8p.
Fol, Har (ve), Minn & (ve), NYPL

M 2054.   Lettre de Son Altesse Royale au roi.   Paris,
Alexandre Lesselin, 1652, 4p.
Clev, Fol, Md

M 2055.   Lettre de Son Altesse Royale écrite à la reine
sur le sujet de la paix.   Paris, veuve Guillemot,
1652, 4p.
Fol (ve), Md, Minn

M 2056.   Lettre de Son Altesse Royale écrite au roi,
avec la Réponse du roi à Son Altesse Royale.
Pontoise, Julien Courant, 1652, 7p.
BYU, Fol, Har, Md, Minn

M 2057.   Lettre de Son Altesse Royale écrite au roi, avec
la Réponse faite par le roi à Son Altesse Royale.
Pontoise, Julien Courant, 1652, 4p.
Md

M 2058. Lettre de Son Altesse Royale écrite au roi, avec
la Réponse faite par le roi à Son Altesse Royale.
Pontoise, Julien Courant, 1652, 8p.
Har (ve), NYPL (ve)

M 2059. Lettre de Son Altesse Royale écrite au roi,
servant de réponse à celle de Sa Majesté, du
29 août dernier. Paris, veuve Guillemot,
1652, 8p.
Fol & (ve), Har, Md, Minn, NYPL, Wis

M 2060. Lettre de Son Altesse Royale écrite au roi sur
l'état des affaires présentes, ensemble la
Réponse de M. le duc Damville à Son Altesse
Royale, avec la Déclaration de Son Altesse
Royale sur l'éloignement du cardinal Mazarin.
Paris, veuve J. Guillemot, 1652, 11p.
Clev, Fol (ve), Har, Md, Minn (ve), NYPL,
Wis

M 2061. Lettre de Son Altesse Royale envoyée au roi,
le 25 juin 1652. Paris, J. Le Gentil, 1652, 7p.
Fol, Minn

M 2062. Lettre de Son Altesse Royale présentée au roi
par le maréchal d'Etampes, et la Réponse du
roi à Son Altesse Royale. Paris, par les
imprimeurs et libraires ordinaires du roi, 1652,
7p.
Fol, Md, Minn, NYPL

M 2066. Lettre déchiffrée contenant plusieurs avis qu'un
des émissaires et espions de Jules Mazarin lui
donnoit de ce qui s'est passé depuis le 21 février
1649, avec l'ordre des chiffres qui se peuvent
lire aussi facilement que les lettres communes.
Paris, veuve d'Anthoine Coulon, 1649, 7p.
BYU, Clev, Fol, Har (ve), Md, Minn, NYPL,
Wis

M 2067. Lettre déchiffrée d'un mazariniste à Mazarin,
trouvée entre Saint-Germain et Paris, et traduite
d'italien en françois, sur le mariage du Parlement avec la ville de Paris. Paris, Arnould
Cottinet, 1649, 7p.
BYU, Clev, Fol & (ve), Har, Md, Minn,
NYPL, Wis

M 2068. Lettre dernière envoyée à la reine par les bourgeois de Paris. (S. 1.), ce vingtième mars 1649, 7p.
BYU, Clev, Fol, Har, Md, Minn, NYPL, Wis

M 2069. Lettre des bourgeois de Paris, écrite à M. le Prince, sur le sujet du retour du cardinal Mazarin et du dernier arrêt donné contre lui. (S. 1.), 1652, 8p.
Fol

M 2070. Lettre des bourgeois de Paris, envoyée au roy, sur les désordres que commettent les gens de guerre aux environs de cette ville. Paris, Jean Brunet, 1652, 8p.
Fol, Minn

M 2071. Lettre des dames du Parlement de Bordeaux aux dames du Parlement de Paris, contenant les remercîments de leur entremise pour la paix, avec un récit véritable de tout ce qui s'etoit passé au dedans et au dehors de la ville de Bordeaux pendant le siége, écrite pendant la trève. Jouxte la copie imprimée à Bordeaux, 1650, 18p.
Har, Md

M 2072. Lettre des députés du Parlement à nos seigneurs de la Cour, avec les circonstances de la mort de Manzini (sic), neveu du Mazarin, et ce qui s'est passé en la réception du sieur de Rohan, en la qualité de duc et pair de France. Paris, Jacob Chevalier, 1652.
Har, Md, Minn

M 2073. Lettre des jurats et habitants de la ville de Bordeaux envoyée à messieurs les bourgeois et habitants de la ville de Paris. Jouxte la copie imprimée à Bordeaux, 1650, 4p.
BYU, Fol, Har & (ve), Md

M 2074. Lettre des milords d'Angleterre à leur nouveau roi, ci-devant prince de Galles, à présent dans la ville de Bredan (sic) en Hollande, et le désaveu de l'exécrable meurtre commis en la personne du roi, son père, traduite d'anglois en françois. Paris, Guill. Sassier, 1649, 6p.
Fol & (ve), Har (ve), Md, Minn, Wis

M 2075.   Lettre des notables bourgeois de Paris à monseigneur le prince de Condé sur les dernières
résolutions prises en Parlement.   Paris, André
Chouqueux, 1652, 7p.
Har

M 2076.   Lettre des peuples de la province de Poitou,
envoyée à nos seigneurs du Parlement de Paris,
sur le sujet des partisans et maltotiers.   Paris,
Nicolas Bessin, 1649, 8p.
Fol, Har, Md

M 2077.   Lettre des prévôt des marchands et échevins de
la ville de Lyon, écrite au roi le 27 mai 1652,
contenant le sujet du refus qu'ils ont fait de
recevoir le cardinal Mazarin et les troupes dans
leur province.   Paris, Antoine Le Royer, 1652,
7p.
Fol, Har, Wis

M 2078.   Lettre des prévôt des marchands et échevins de
la ville de Paris écrite au roi, avec la Réponse
de Sa Majesté.   Paris, Pierre Bon, 1652, 8p.
Har

M 2079.   Lettre des provinces de France aux bourgeois
de Paris.   Paris, Guillaume et Jean-Baptiste
Loyson, 1649, 6p.
BYU, Clev, Fol, Har, Md, Minn, NYPL, Wis

M 2080.   Lettre des trois Etats de Provence à M. le duc
de Guyse (sic), par laquelle il est prié
d'accepter le gouvernement de la province, et
(de) les tirer du joug tyrannique sons lequel
ils languissent depuis la mort du défunt duc de
Guyse, son père.   Paris, J. Brunet, 1652, 7p.
Har

M 2081.   Lettre du bon genie de la ville de Paris à celui
de Compiègne sur l'heureux retour du roi.
Paris, Claude Boudeville, 1649, 6p.
Clev, Har

M 2082.   Lettre du bourgeois désintéressé. (S. l. , 1652),
15p.
Fol, Har & (ve), Md, Minn (ve), NYPL (ve),
Wis

M 2083.   Lettre du capitaine Latour contenant la réfutation
          des calomnies imposées au parti du Parlement
          et de la ville de Paris.   Paris, 1649, 14p.
          BYU, Clev (ve), Fol (ve), Har & (ve), Md,
          Minn, Wis

M 2084.   Lettre du C. D. Retz envoyée au cardinal
          Mazarin sur le sujet de son éloignement.
          Paris, Nicolas Vaillant, 1652, 8p.
          Md

M 2085.   Lettre du C. Mazarin écrite à monseigneur le
          maréchal de . . . .   Paris, Philippe Clément,
          1652, 6p.
          Fol, Har, Minn

M 2086.   Lettre du cardinal Antonio Barberin, envoyée de
          Rome au cardinal Mazarin à Saint-Germain-en-
          Laye, touchant les troubles de France.   Paris,
          veuve André Musnier, 1649, 8p.
          BYU, Clev, Fol, Har, Md, Minn, NYPL, Wis

M 2087.   Lettre du cardinal de Calcano écrite à Mazarin
          sur la prétention de sa sortie hors de France.
          (S. 1.), 1652, 7p.
          Fol

M 2088.   Lettre du cardinal de Retz à messieurs de
          l'assemblée du clergé, par laquelle il annonce
          avoir choisi M. Du Saussay pour son grand
          vicaire, etc.   (S. 1. n. d.), 3p.
          Clev, Har

M 2092.   Lettre du cardinal Mazarin aux pères Théatins
          pour redoubler leurs prières à le retirer du
          bourbier où il s'est veautré (sic).   Paris, 1649,
          8p.
          Clev, Fol, Har, Md, Minn, Wis

M 2093.   Lettre du cardinal Mazarin écrite à Son Altesse
          Royale sur son retour en France.   Paris, 1652,
          6p.
          Fol, Har, Md, Minn

M 2094.   Lettre du cardinal Mazarin écrite au comte
          Pigneranda, plénipotentiaire d'Espagne pour la
          paix générale à Munster, par laquelle se justifie

le mauvais dessein du cardinal Mazarin, tant sur la ville de Paris que sur tout l'Etat. Paris, François Noël, 1649, 7p.
BYU, Clev, Fol, Har, Md, Minn, NYPL, Wis

M 2095. Lettre du cardinal Mazarin écrite au sérénissime archiduc Léopold, ensemble celle de M. de La Tour, gouverneur d'Arras, écrite à monseigneur le prince de Conty. Paris, 1649, 4p.
BYU, Clev, Fol & (ve), Md, Minn, Wis

M 2096. Lettre du cardinal Mazarin, envoyée à la reine touchant sa sortie hors du royaume, du 6 mars 1651. (S. 1.), 1651, 6p.
Clev, Fol, Har, Minn

M 2097. Lettre du cardinal Mazarin envoyée à ses nièces sur son arrivée à Saint-Germain, avec leur Réponse. (S. 1.), 1652, 7p.
Har, Minn

M 2098. Lettre du cavalier Courtois à mademoiselle Rudesse, avec la Réponse de mademoiselle Rudesse. Paris, veuve Théodore Pépingué et Etienne Maucroy, 1649, 8p.
Fol, Har, Md, Minn, Wis

M 2099. Lettre du chevalier Georges de Paris à monseigneur le prince de Condé. Paris, 1649, 18p.
BYU (pts I, II), Clev, Fol (ve), Har (ve), Md, Minn (pts I, II), NYPL & (ve), Wis

M 2100. Lettre du comte de Grancey à monseigneur le prince de Condé. (S. 1.), 1649, 8p.
BYU, Clev, Har (ve), Md, NYPL, Wis

M 2101. Lettre du comte-duc d'Olivarez, ministre d'Etat du roi d'Espagne, à Jules Mazarin, cardinal, naguères ministre d'Etat du roi de France. Paris, François Noël, 1649, 8p.
BYU, Clev, Fol, Har, Md, Minn, Wis

M 2102. Lettre (la) du duc de Bouillon envoyée au maréchal de Turenne, ensemble la Réponse du maréchal de Turenne au duc de Bouillon. (S. 1. n. d.), 3p.
Md

M 2103.   Lettre du duc de Lorraine à madame la duchesse
d'Orléans, sa soeur, touchant la marche de son
armée, et les assurances qu'il lui donne, qu'il
vient se joindre à Son Altesse Royale pour
éloigner le Mazarin.   Paris, Jacob Chevalier,
1652, 7p.
Fol, Har, Minn

M 2104.   Lettre du duc de Lorraine à messieurs de la
ville de Paris, ensemble les particularités de
son armée, et les noms des chefs qui la con-
duisent.   Paris, Louis Hardouin, 1652, 8p.
Har, Minn

M 2105.   Lettre du duc de Lorraine au maréchal de
Turenne qui a été interceptée, par laquelle il
tâche de couvrir sa trahison manifeste.   Paris,
A. Chouqueux, 1652, 7p.
Har, Minn

M 2106.   Lettre du duc de Lorraine, avec la déclaration
de ses bonnes intentions pour le secours de
Paris et la conclusion de la paix générale,
à tous les bons et véritables François.   Paris,
veuve J. Guillemot, 1652, 8p.
Fol (ve), Har, Md, Minn

M 2107.   Lettre (la) du duc de Lorraine écrite à monseigneur le prince de Condé sur l'avancement
de ses troupes.   Paris, Charles Le Roy, 1652,
7p.
Fol (ve), Har, Md, Minn

M 2108.   Lettre du duc de Lorraine envoyée à Mademoiselle, la suppliant de dire à Son Altesse Royale
qu'il désire revenir à Paris pour joindre ses
troupes à celles de messieurs les princes pour
la destruction du Mazarin.   Paris, André
Moreau, 1652, 4p.
Har

M 2109.   Lettre du duc de Lorraine, envoyée à S. A.
Royale madame la duchesse d'Orléans, sur la
diligence qu'il fait pour le secours de la ville
de Paris.   Paris, veuve J. Guillemot, 1652, 7p.
Fol, Har

M 2110. Lettre du duc de Lorraine, envoyée à Son Altesse
Royale madame la duchesse d'Orléans, sur la
marche de son armée pour le secours de la
ville de Paris. Paris, veuve, J. Guillemot,
1652, 6p.
Har

M 2111. Lettre du duc de Wirtemberg (sic) au roi sur la
jonction de son armée aux troupes de Son Altesse
Royale et de messieurs les princes, demandant
l'entier repos de la France sur les mouvements
présents, et la paix générale entre les deux
couronnes, écrite de Nussy, le 4e jour de
septembre 1652. Paris, 1652, 6p.
Har (ve)

M 2112. Lettre du duc des Ursins au cardinal Mazarin.
(S. l.), 1651, 8p.
Md

M 2115. Lettre du Grand Turc écrite en France à M.
Rousseau, avocat au conseil, au sujet des
Arméniens pris en mer, qui sont de présent
à Paris. Paris, Nicolas Jacquard, 1650, 6p.
Har, Md

M 2116. Lettre du maréchal d'Aumont au roi, où il lui
rend compte de ce qu'il a fait avec son armée,
depuis le commencement de la campagne jusqu'au
6 septembre. Paris, jouxte la copie imprimée
à Bruxelles, 1651, 16p.
Fol

M 2117. Lettre du maréchal de Thurenne (sic), envoyée
à monseigneur le Prince, sur le sujet de son
mécontentement en cour, et sur ce qu'il a
quitté le commandement de l'armée mazarine,
où il lui offre son service. Paris, Jacob
Chevalier, 1652, 7p.
Md

M 2118. Lettre du maréchal de Turenne écrite au comte
de Palluau, contenant l'état particulier de
l'armée de messieurs les princes et de celle
du même maréchal. Paris, Nicolas Lerrein,
1652, 8p.
Fol, Md

M 2119. Lettre du Mazarin écrite à l'agent de ses affaires
à Rome pour son retour. Paris, 1649, 11p.
BYU, Clev, Har, Md, Minn, NYPL, Wis

M 2121. Lettre du Parlement d'Angleterre envoyé (sic)
au cardinal Mazarin. Jouxte la copie imprimée
à Londres, 1651, 7p.
Har (ve)

M 2123. Lettre du Parlement de Bordeaux écrite à
M. le duc d'Orléans, avec la lettre circulaire
envoyée à tous les parlements de France.
Bordeaux, J. M. Millanges, 1651, 4p.
Fol (ve), Har, Md

M 2124. Lettre du Parlement de Bordeaux écrite au
Parlement de Paris, avec le registre dudit
Parlement présenté par le député d'icelui
audit Parlement de Paris, le 6 juillet 1650, sur
l'infraction de la paix faite par le duc d'Epernon,
la liberté de messieurs les princes et les
procédures violentes du sieur Froulé. (S. l. n. d.),
8p.
Fol (ve), Har

M 2125. Lettre du Parlement de Grenoble au Parlement
de Paris. Paris, Pierre Du Pont, 1651, 4p.
Har, Md

M 2126. Lettre du Parlement de Metz à monseigneur le
duc d'Orléans, lieutenant général du royaume
pendant l'absence et la captivité du roi, touchant
la retraite du cardinal Mazarin dedans la ville
et citadelle de Metz. Paris, Jacob Chevalier,
1652, 7p.
Har, Md

M 2128. Lettre du père Michel, religieux hermite de
l'ordre des Camaldoli près Grosbois, à monseigneur le duc d'Angoulême sur les cruautés
des mazarinistes en Brie. Paris, 1649, 32p.
Clev, Fol, Har (ve), Md, Minn, NYPL, Wis

M 2129. Lettre du prince de Galles envoyée à la reine
d'Angleterre, avec les regrets du même prince
sur la mort du roi de la Grand Bretagne (sic),

son seigneur et père, arrivée d'Amsterdam, le 24 février 1649. Paris, veuve André Musnier, 1649, 8p.
Fol (ve), Har (ve), Md, Minn, Wis

M 2130. Lettre du prince généreux à Mademoiselle. Paris, Claude Boudeville, 1649, 4p.
BYU, Clev, Fol, Har, Md, Minn, Wis

M 2131. Lettre du prince Thomas à madame de Savoie, touchant la neutralité avec l'Espagnol par les intrigues de Mazarin, datée du 9e jour d'août 1652. Paris, 1652, 7p.
Fol, Har

M 2132. Lettre du R. P. N. Caussin, de la compagnie de Jésus, à une personne illustré sur sa curiosité des horoscopes. Paris, Denys Bechet, 1649, 10p.
Clev

M 2133. Lettre du roi à l'archiduc Léopold, avec la Réponse de l'archiduc à Sa Majesté, sur les offres de lui remettre Dunkerque et La Bassée entre les mains, en retirant son armée entrée en France. Paris, L. Hardouin, 1652, 8p.
Fol (ve), Har

M 2134. Lettre du roi à messieurs de l'assemblée du clergé de France, touchant le procédé de M. le cardinal de Retz, en la révocation du grand vicaire de l'archevêché de Paris, du 2 juillet 1656. Paris, par les imprimeurs et libraires ordinaires du roi, 1656, 12p.
Har

M 2136. Lettre du roi à monseigneur le duc de Montbazon, pair et grand veneur de France, gouverneur et lieutenant général pour le roi en la province de l'Ile-de-France, contenant le succès du voyage du roi en sa province de Berry, et quelques particularités de la conduite de M. le Prince. Paris, veuve Claude Ribot, 1651, 8p.
Fol (ve), Har, Md

M 2137. Lettre du roi à Notre Saint Père le Pape,
touchant les affaires du cardinal de Retz.
(S. l. n. d.), 7p.
Har (ve), Md, Minn

M 2138. Lettre du roi à sa cour de Parlement de Paris,
tant sur ce qui s'est passé à Paris, le 11
décembre dernier, que sur les entières satis-
factions que Sa Majesté témoigne d'avoir reçu
(sic) de la fidélité des peuples et bourgeois de
sa bonne ville de Paris. Paris, Antoine
Estienne, 1649, 8p.
BYU, Clev, Fol (ve), Har, Md, Minn, Wis

M 2140. Lettre du roi au Parlement de Paris écrite de
Saumur, le 22 février 1652, sur les affaires
présentes. Paris, par les imprimeurs et
libraires ordinaires du roi, 1652, 8p.
BYU, Fol, Har, Md, Minn, NYPL, Wis

M 2141. Lettre du roi aux gouverneurs des provinces sur
ce qui s'est passé avec les députés venus de
Paris, le 25 février 1649, et les réponses faites
auxdits députés. Saint-Germain-en-Laye, le 27
février, 3p.
Clev, Fol, Har

M 2142. Lettre du roi aux prévôt des marchands, échevins
et bourgeois de la ville de Paris, écrite le
premier jour de février 1649. Saint-Germain-
en-Laye, le 2, 4p.
Clev, Fol

M 2143. Lettre du roi aux prévôt des marchands et
échevins de la ville de Paris, ensuite des articles arrêtés à Ruel le 11 mars 1649. Saint-
Germain-en-Laye, 4p.
Clev (ve), Fol, Har, Minn (ve)

M 2144. Lettre du roy d'Espagne apportée à la reyne
par dom Gabriel de Tolède, le 8 de juin 1652,
touchant sa conduite et le sujet de l'avancement
des troupes espagnoles en France, avec le
nombre de celles qui viennent encore pour
joindre les autres auprès de Paris. Paris,
Jean L'Hoste, 1652, 8p.
Clev

M 2145.   Lettre du roi d'Espagne envoyée au duc de
          Lorraine sur la frontière de France, pour le
          prier de s'avancer pour le soulagement de
          messieurs les princes.   Paris, Jacob Chevalier,
          1652, 7p.
          Fol, Har, Minn

M 2146.   Lettre (la) du roi d'Espagne et celle de l'empereur
          envoyées aux Parisiens, touchant les motifs de
          la paix générale.   Paris, veuve J. Remy, 1649,
          7p.
          BYU, Clev, Fol, Har, Md, Minn, NYPL, Wis

M 2147.   Lettre du roi de la Grande-Bretagne envoyée à
          son excellence le marquis de Montrose, gouver-
          neur et lieutenant général, pour Sadite Majesté,
          d'Ecosse et généralissime de ses armées par
          terre et par mer dans ce royaume, touchant
          l'ordre que Sa Majesté a donné pour le traité
          de la paix du royaume d'Ecosse, qui se fera le
          15 de mars, en la ville de Breda en Hollande,
          avec ordre pour les armées qui se lèveront audit
          royaume pour le roi contre le Parlement
          d'Angleterre, pour se venger de la mort du feu
          roi, son père.   Paris, Guillaume Sassier, 1650,
          6p.
          Md

M 2149.   Lettre du roi écrite à la cour de Parlement de
          Provence, de par le roi ou comte de Provence,
          avec les articles accordés tant aux officiers de
          guerre qu'autres officiers de la province.
          (S. l. n. d.), 8p.
          BYU, Clev, Fol, Har

M 2151.   Lettre du roi, écrite à messieurs les prévôt des
          marchands et échevins de sa bonne ville de
          Paris sur la défaite des troupes de M. le prince
          de Condé devant la ville de Coignac (sic), et la
          prise d'une des tours de la Rochelle, du 17
          novembre 1651.   Paris, P. Rocollet, 1651, 4p.
          Fol (ve), Har, Md, Minn

M 2152.   Lettre du roi écrite à monseigneur le duc de
          Montbazon, pair et grand veneur de France,
          gouverneur et lieutenant général pour le roi à

Paris et Isle-de-France, sur le sujet du siége de la ville de Cambray. Paris, veuve Ribot, 1649, 6p.
Md

M 2153. Lettre du roi écrite à monsieur le duc d'Orléans, par laquelle on voit les dispositions que la cour a pour la paix. (S. 1.), Julien Courant, 1652, 8p.
Fol, Md

M 2154. Lettre du roi écrite à sa cour de Parlement de Bordeaux, ensemble sa déclaration et articles de paix, avec l'arrêt de ladite cour donné en conséquence de ladite lettre, déclaration et articles. Paris, Guillaume Sassier, 1650, 4p.
Fol, Md

M 2156. Lettre du roi écrite à Son Altesse Royale. Paris, par les imprimeurs ordinaires du roi, 1651, 4p.
Fol

M 2157. Lettre du roi écrite à Son Altesse Royale, de Bourges, le 7 octobre 1651. Paris, par les imprimeurs et libraires ordinaires, 1651, 4p.
Fol, Wis

M 2158. Lettre du roi écrite à Son Altesse Royale, de Bourges, le 24 octobre 1651. Paris, par les imprimeurs et libraires ordinaires du roi, 1651, 4p.
Fol (ve), Har (ve), Minn

M 2159. Lettre du roi écrite à Son Altesse Royale, du Blanc en Berry, le 29 octobre 1651. Paris, par les imprimeurs et libraires ordinaires du roi, 1651, 7p.
Fol, Har, Md, Minn

M 2160. [see Addendum]

M 2161. Lettre du roi écrite à son ambassadeur à Rome, le 4 octobre 1644. Paris, 1649, 8p.
BYU, Clev, Fol, Har, Md, Minn, Wis

M 2163. Lettre du roi écrite à son Parlement de Paris sur les affaires présentes, de Saumur le 11 février 1652. Paris, par les imprimeurs et

256

libraires ordinaires du roi, 1652, 7p.
Fol, Har, Md, Minn

M 2164. Lettre du roi écrite au cardinal Mazarin.
(S. l. n. d.), 2p.
Md

M 2165. Lettre (la) du roi écrite au duc de Lorraine pour
la jonction de ses armes à celles de Sa Majesté.
Paris, jouxte la copie imprimée à Bruxelles,
par Isaac Bellaire, (s. d.), 6p.
Fol, Har, Minn, Wis

M 2166. Lettre du roi écrite au Parlement de Provence,
avec l'arrêt de la cour, du 23 octobre 1651,
intervenu en conséquence de ladite lettre. Paris,
par les imprimeurs et libraires ordinaires du
roi, 1651.
Fol, Har, Md, Minn

M 2168. Lettre du roi envoyée à messieurs de la cour de
Parlement de Paris sur son départ pour la
Guyenne, lue le 8 juillet 1650. Paris, par les
imprimeurs et libraires ordinaires du roi, 1650,
7p.
BYU, Fol, Har, Md

M 2169. Lettre du roi envoyée à messieurs de la cour des
Aydes de Paris, du 30 mars 1649, apportée le
31 dudit mois de mars, par le sieur de Saintot,
maître des cérémonies. Paris, P. Rocollet,
1649, 4p.
BYU, Clev, Fol, Har, Md, Minn, NYPL, Wis

M 2172. Lettre du roi envoyée à messieurs du Parlement
sur son voyage de Berry. Paris, veuve J.
Guillemot, 1651, 4p.
Fol & (ve), Har, Md, Minn

M 2173. Lettre du roi envoyée à messieurs les colonels
de sa bonne ville de Paris. Pontoise, Julien
Courant, 1652, 6p.
Har, Md

M 2174. Lettre du roi envoyée à messieurs les maires
et échevins de la ville de Rouen, donnée à
Pontoise, le 15e jour d'août 1652. Rouen,

Jean Viret, 1652, 4p.
NYPL

M 2175.   Lettre du roi envoyée à messieurs les prévôt des
marchands et échevins de la ville de Paris,
apportée par M. de Saintot, maître des cere-
monies, le 29 avril 1649.   Paris, P. Rocollet,
1649, 4p.
Clev, Har, Md, Wis

M 2176.   Lettre du roi envoyée à messieurs les prévôt
des marchands et échevins de la ville de Paris,
ensuite des articles arrêtés à Ruel, le 11e mars
1649, pour la paix, ensemble l'ordonnance du
roi pour la garde des portes de ladite ville et
faubourgs de Paris.   Paris, Pierre Rocollet,
1649, 7p.
BYU, Fol (ve), Har, Md, Minn, NYPL, Wis

M 2177.   Lettre du roi envoyée à messieurs les prévôt
des marchands et échevins de la ville de Paris
pour aviser aux expédients plus propres à faire
apporter incessamment des blés en ladite ville
pour la nourriture des habitans d'icelle.   Paris,
Pierre Rocollet, 1649, 4p.
Fol

M 2178.   Lettre du roi envoyée à messieurs les prévôt
des marchands et échevins de la ville de Paris
sur l'assurance de son retour en sa bonne ville
de Paris, apportée par monsieur de Sainctot,
maître des cérémonies, le 12 août 1649.   Paris,
P. Rocollet, 1649, 4p.
Clev, Fol, Har

M 2179.   Lettre du roi envoyée à messieurs les prévôt des
marchands et échevins de la ville de Paris sur
la grande défaite des troupes espagnolles, lorraine
(sic) et autres rebelles de ce royaume, et pour
assister au Te Deum où Sa Majesté sera en personne.   Paris, Pierre Rocollet, 1650, 4p.
Md

M 2180.   Lettre du roi envoyée à messieurs les prévôt des
marchands et échevins de sa bonne ville de Paris
au sujet du siége mis devant Cambray par l'armée
de Sa Majesté, commandée par monseigneur le

comte d'Harcourt, apportée le 30e jour de juin, par le sieur de Sainctot (sic), maître des cérémonies du roi. Paris, P. Rocollet, 1649, 6p.

Clev, Fol, Har, Minn

M 2181. Lettre du roy envoyée à messieurs les prévôt des marchans et échevins de sa bonne ville de Paris sur le sujet de son départ de sadite ville pour aller en sa province de Bourgogne, du quatrième mars 1650. Paris, Pierre Rocollet, 1650, 4p.

Har (ve)

M 2182. Lettre du roi, envoyée à messieurs les prévôt des marchands et échevins de sa bonne ville de Paris sur les affaires présentes, du premier juillet 1652. Paris, P. Rocollet, 1652, 6p.

Md

M 2183. Lettre du roi envoyée à monseigneur l'archevêque de Paris sur le sujet de la paix, avec la Réponse dudit seigneur à Sa Majesté. Paris, Pierre Targa, 1652, 8p.

Clev, Fol (ve), Har, Md, Minn

M 2184. Lettre du roi envoyée à monseigneur le maréchal de Lhopital, gouverneur de Paris, sur ce qui s'est passé entre les deux armées ès environs d'Etampes, de Saint-Germain, le 6 mai 1652. Paris, par les imprimeurs et libraires ordinaires du roi, 1652, 8p.

Fol, Har, NYPL (ve)

M 2185. Lettre du roi envoyée à monseigneur le maréchal de Lhopital, gouverneur de Paris, sur le sujet de son retour en cette ville. De Corbeil, le vingt-cinquième jour d'avril 1652. Paris, par les imprimeurs et libraires ordinaires du roi, 1652, 4p.

Har, Minn

M 2186. Lettre du roi envoyée à monseigneur le maréchal de Lhopital, seul lieutenant général pour Sa Majesté en Champagne et Brie, contenant la relation véritable de tout ce qui s'est fait et passé à Rethel et a la bataille faite en la pleine (sic), entre Saint-Etienne et Cemide en Champagne,

avec la prise de cinq cents charriots et trois
mille huit cents prisonniers, huit pièces de
canon et toutes leurs munitions et bages, et le
nom des prisonniers par M. le maréchal du
Plessis Praslin, et l'ordre que Sa Majesté veut
être observé en ses villes de Champagne et
Brie, au sujet de l'heureuse victoire remportée
sur ses ennemis. Paris, Guillaume Sassier
(s. d.), 4p.
Har (ve), Md

M 2187. Lettre du roi envoyée à M. le maréchal de
Lhopital, gouverneur de la ville de Paris, sur
ce qui s'est passé entre l'armée du roi et celle
des princes. Paris, par les imprimeurs et
libraires ordinaires du roi, 1652, 8p.
Fol, Har, Md

M 2188. Lettre du roi envoyée à monsieur le maréchal
de Lhopital, gouverneur de la ville de Paris,
sur la réduction de la ville de Xaintes à son
obeissance. De Blois, le 16e jour de mars 1652.
Paris, par les imprimeurs et libraires ordinaires du roi, 1652, 4p.
Fol, Har, Minn, Wis

M 2190. Lettre du roi envoyée à monsieur le maréchal
de Lhopital, gouverneur de la ville de Paris,
sur la réduction de la ville et château de
Taillebourg, ensemble les articles de la capitulation accordée par messieurs Duplessis Bellière
et Montausier, lieutenants généraux de l'armée
du roi. De Sully, le dernier jour de mars
1652. Paris, par les imprimeurs et libraires
ordinaires du roi, 1652, 8p.
Fol, Har, Minn

M 2191. Lettre du roi envoyée à M. le maréchal de
Lhopital, gouverneur de la ville de Paris, sur
les affaires présentes (de la Guyenne). De Blois,
le 23e jour de mars 1652. Paris, par les
imprimeurs et libraires ordinaires du roi, 1652,
7p.
Fol, Minn

M 2192.   Lettre du roi envoyée à nos seigneurs de la
cour des Aydes sur l'assurance de son retour en
sa bonne ville de Paris.   Paris, P. Rocollet,
1649, 4p.
Har, Minn

M 2193.   Lettre du roi envoyée à nos seigneurs du
Parlement de Rouen sur le sujet des présents
mouvements (les violences exercées contre le
Parlement de Paris et l'incendie de l'Hôtel de
Ville).   Rouen, par les imprimeurs du roi,
1652, 8p.
Fol (ve), Har (ve), Minn (ve), NYPL (inc)

M 2194.   Lettre du roi Henry IV en bronze du Pontneuf
à son fils Louis XIII de la place Rouale.   Paris,
Jean Paslé, 1649, 8p.
BYU, Clev, Fol, Har, Md, Minn, NYPL, Wis

M 2195.   Lettre du roi pour la convocation et assemblée
des Estats généraux au huictiesme septembre
prochain mil six cent cinquante et un, envoyée
au bailly et séneschal du pays et comté de Laval,
avec l'arrest du conseil d'Estat donné en conséquence.   Paris, Antoine Estienne, 1651, 8p.
Clev, Fol, Md

M 2197.   Lettre du roi sur la détention des princes de
Condé, de Conty et duc de Longueville, envoyée
au Parlement, le 20 janvier 1650.   Paris, par
les imprimeurs et libraires ordinaires du roi,
20p.
BYU, Clev, Fol & (ve), Har (ve), Md, Minn,
(ve), NYPL & (ve), Wis

M 2198.   Lettre du sieur Cermier de Sipois à monseigneur
le duc d'Orléans, sur les défiances de quelques
particuliers, touchant la paix.   Paris, 1649, 32p.
Clev, Fol, Har & (ve)

M 2200.   Lettre du sieur de Nacar à l'abbé de La Rivière,
à Saint-Germain-en-Laye, sur les affaires de ce
temps où est représenté les moyens (sic) pour
faire la paix.   Paris, v^e d'Anthoine Coulon,
1649, 8p.
BYU, Clev, Fol, Har, Md, Minn, NYPL, Wis

M 2201. Lettre du sieur de Pelletier à monseigneur le duc de Beaufort, du dixième février 1649, sur son heureuse entreprise pour les armes du roi et des bons François. Paris, Nicolas de La Vigne, 1649, 7p.
BYU & (ve), Fol, Har, Md, Minn, NYPL, Wis

M 2202. Lettre du sieur Lafleur écrite au sieur de l'Epine, à Saint-Germain-en-Laye, le 9 février 1649, contenant le grand nombre des pièces imprimées contre Jules Mazarin. Paris, Jean Brunet, 1649, 10p.
Clev, Fol (ve), Har (ve), Minn, NYPL

M 2203. Lettre du sieur Mazarini au cardinal Mazarin, son fils, de Rome, du 25 octobre 1648, tournée d'italien en françois par le sieur de Lionne, avec la Réponse du cardinal Mazarin à son père. Paris, 16p.
Clev (ve), Fol (inc), Har, Md, Minn, Wis

M 2204. Lettre du sieur Mazarini au cardinal Mazarin, son fils, de Rome, le 25 octobre 1648, avec la Réponse du cardinal Mazarin à son père. (S. 1. n. d.), 6p.
BYU, Clev, Fol (ve), Har, Md, Minn, NYPL, Wis

M 2205. Lettre (la) du sieur Pepoli, comte bolognois, écrite au cardinal Mazarin, touchant sa retraite hors du royaume de France. (S. 1.), 1649, 8p.
BYU, Clev, Fol (ve), Har (ve), Md, Minn, NYPL, Wis

M 2206. Lettre du soldat françois au cavalier Georges, ou Suite de la Lettre à M. le cardinal, burlesque. Paris, Jacques Cailloué, 1649, 8p.
Clev, Minn, NYPL

M 2207. Lettre du vrai soldat françois au cavalier Georges, ensuite de la Lettre à M. le cardinal, burlesque. Paris, 1649, 19p.
BYU, Clev (ve), Fol (ve), Har, Md, Minn, NYPL, Wis

M 2208. Lettre écrite à monseigneur l'archevêque d'Ambrun (sic) par un clerc de son diocèse, sur

l'opposition formée au sceau par l'assemblée
du clergé de France, tenue à Paris, et signée
de lui, à la déclaration du roi poursuivie et
depuis obtenue et vérifiée par le Parlement de
Paris pour exclure les cardinaux, même françois,
de l'entrée du conseil du roi. Ambrun, 1651,
23p.
Har, Md, Minn

M 2209. Lettre écrite à monsieur le comte Pigneranda,
plénipotentiaire d'Espagne pour la paix générale,
sur le retour du roi dans sa ville de Paris, par
un fameux religieux de la ville de Douay, traduite
de l'espagnol en françois. Paris, Pierre Variquet, 1649, 8p.
Clev, Fol, Har, Minn

M 2210. Lettre écrite à Son Altesse Royale par le sieur
Peuche, sieur de la Pesche, syndic de tous les
bons et véritables François frondeurs, fidèles
serviteurs de Sa Majesté, pour la conservation de
l'Etat, réunion de la maison royale, tranquillité
publique et paix générale. (S.1., 1652), 8p.
Fol, Har

M 2212. Lettre écrite au chevalier de La Valette, sous
le nom du peuple de Paris, avec la Réponse aux
placards qu'il a semés dans ladite ville. Paris,
Mathieu Colombet, 1649, 8p.
BYU, Clev, Fol, Har, Md, Minn, NYPL, Wis

M 2214. Lettre (la) écrite au roi par deux notables
bourgeois de Paris, sur son prochain retour
dans sa ville. Paris, Alexandre Lesselin,
1650, 7p.
Har, Wis

M 2215. Lettre écrite au roi par M. le prince de Condé,
sur le sujet de son absence à l'action de sa
majorité, du 6 septembre 1651. Paris, Nicolas
Vivenay, 1651, 4p.
Fol & (ve), Har (ve), Minn

M 2216. Lettre écrite de Bourdeaux, contenant l'inventaire
de tout ce qui s'est trouvé dans le château
Trompette, après sa prise, avec l'ordre qui a
été gardé à la sortie de la garnison dudit château.

Paris, Nicolas de La Vigne, 1649, 8p.
Har

M 2217.   Lettre écrite de Bordeaux sur le Chapeau
rouge, avec la Réponse. (S. 1.), 1651, 8p.
Fol, Har

M 2218.   Lettre écrite de Madrid par un gentilhomme
espagnol à un sien ami, par laquelle il lui
découvre une partie des intrigues du cardinal
Mazarin, traduite de l'espagnol en françois.
Paris, veuve J. Guillemot, 1649, 7p.
BYU, Clev, Fol, Har, Md, Minn, NYPL, Wis

M 2219.   Lettre écrite de Munster à monsieur le nonce
du pape sur le sujet de la paix. Paris, 1649,
10p.
Har, Md

M 2220.   Lettre écrite de Poitiers, portant la réponse
aux Avis publiés à Paris, sous le nom de monsieur de Châteauneuf, touchant les affaires du
temps. Paris, Louis Chamhoudry, 1651, 15p.
Fol, Har, Md

M 2222.   Lettre écrite par l'archiduc Léopold à messieurs
les président et gens tenant la cour de Parlement
de Paris. Paris, Pierre Variquet, 1649, 4p.
BYU, Clev, Har, Wis

M 2223.   Lettre écrite par messieurs les princes à nos
seigneurs de Parlement. Paris, Nicolas Bessin,
1650, 4p.
Clev, Fol (ve), Har (ve), Md

M 2225.   Lettre envoyée à Dom Francisco Maria del
Monacho, sicilien, supérieur des Théatins,
prédicateur et confesseur du cardinal Mazarin,
où il est sommairement répondu aux libelles
diffamatoires jettés à Paris par les ennemis de
l'Etat. Paris, Pierre Du Pont, 1649, 8p.
BYU, Clev, Fol, Har, Md, Minn, Wis

M 2226.   Lettre envoyée à la reine, à la mort du duc de
Châtillon. Paris, Michel Mettayer, 1649, 8p.
BYU, Clev, Fol, Har, Md, Minn, NYPL, Wis

M 2227.   Lettre envoyée à la reine de Suède pour la
divertir de prendre les armes contre les
Parisiens, par un bon et véritable François.
Paris, Charles Chenault, 1649, 7p.
BYU, Clev, Fol, Har, Md, NYPL, Wis

M 2228.   Lettre envoyée à monseigneur le duc de Beaufort
sur la levée du siége de la ville d'Estampes,
avec le nombre des morts et blessés, ensemble
la marche de l'armée mazarine vers le village
d'Estrechy. Paris, Jacob Chevalier, 1652, 7p.
Fol

M 2229.   Lettre envoyée à monseigneur le duc de
Longueville par un de ses sujets. Paris,
Nicolas de La Vigne, 1649, 8p.
BYU, Clev, Fol, Har, Md, Minn, Wis

M 2230.   Lettre (la) envoyée à monsieur le lieutenant
général de la ville de Soissons, le 15 février
1649, touchant la grande affection que ledit
lieutenant a témoigné avoir pour le roi et son
Parlement, d'avoir fait fermer les portes de
ladite ville contre les traitres échevins qui
venoient d'offrir les clefs au cardinal Mazarin.
A Saint-Germain-en-Laye, écrite par un fidèle
sujet du roi, affectionné au bien de sa patrie.
Paris, Alexandre Lesselin, 1649, 8p.
BYU, Clev, Fol, Har, Md, Minn (ve), NYPL,
Wis

M 2231.   Lettre envoyée à Sa Sainteté, touchant le
rétablissement de la paix générale de France.
Paris, veuve Théod. Pépingué et Est. Maycroy,
1649, 7p.
BYU, Clev, Fol, Har, Md, Minn, NYPL, Wis

M 2232.   Lettre envoyée au roi par un docteur en théologie.
(S. 1.), 1651, 19p.
Clev, Fol, Har, Md

M 2233.   Lettre envoyée par Dom André Piedmontel (sic),
gouverneur de Nieuport en Flandre, le 8 juin
1649, à messieurs les colonels et capitaines
suisses, commandants ès armées et garnisons
de Sa Majesté très chrétienne. (S. 1. n. d.), 4p.
Fol

M 2234.   Lettre envoyée par la reyne à messieurs du
          Parlement, pour servir de réponse à la lettre
          à eux escrite par monsieur le Prince. Paris,
          v^e J. Guillemot, 1651, 7p.
          Har

M 2235.   Lettre envoyée par l'archiduc Léopold à mon-
          seigneur le duc d'Orléans, avec la Réponse de
          Son Altesse Royale sur le sujet de la paix
          générale d'entre les deux couronnes de France
          et d'Espagne, présentée à son Altesse Royale
          dans son hôtel par un trompette de l'archiduc
          Léopold, le vendredi après midi, 2 septembre
          1650. Paris, Guill. Sassier, 1650, 7p.
          Fol (ve)

M 2236.   Lettre envoyée sur le sujet de l'assemblée de
          la noblesse, et des procurations écrites dans
          les provinces. Paris, veuve J. Guillemot,
          1651, 8p.
          Clev, Fol, Har & (ve), Md, Minn, Wis

M 2237.   Lettre et déclaration du roi, avec les articles
          en conséquence accordés par Sa Majesté pour
          le repos et pour la tranquillité publique de ses
          sujets de la ville de Bordeaux, vérifiée au
          Parlement de ladite ville de Bordeaux, le 7 jan-
          vier 1650. Bordeaux, J. Mongiron Millanges,
          1650, 8p.
          BYU, Fol (ve's), Har (ve), Md, Minn (ve)

M 2240.   Lettre familière envoyée de Saint-Germain à
          madame de Montbazon, touchant les articles
          de la paix. Paris, veuve d'Anthoine Coulon,
          1649, 6p.
          BYU, Clev, Fol, Har, Md, Minn, NYPL, Wis

M 2241.   Lettre interceptée d'un serviteur de Dieu, savant
          et zélé, sur les véritables causes des misères
          de la France et de la calamité présente du peuple
          de Paris, avec apologie pour les prêtres secu-
          liers et docteurs à qui on s'en prend, pour ne
          pas prêcher la verité aux grands de la cour.
          Paris, 1652, 15p.
          Minn, Wis

M 2242.   Lettre interceptée de M. Servien à M. Gaultier,
avec la Réponse contre ladite lettre.   Paris,
S. de Larru, 1652, 6p.
Har (ve)

M 2243.   Lettre interceptée du sieur Cohon, ci-devant
évêque de Dol, contenant son intelligence et
cabale secrète avec Mazarin.   Paris, 1649, 7p.
BYU, Clev, Fol, Har, Md, Minn, NYPL (ve),
Wis

M 2244.   Lettre interceptée et déchiffrée du cardinal
Mazarin à M. Le Tellier, surprise à son
courrier par les gens du chevalier de Guyse,
et envoyée à messieurs les princes, contenant
les instructions du cardinal Mazarin pour le
gouvernement des affaires pendant son absence.
Paris, 1652, 15p.
Minn, NYPL

M 2245.   Lettre joviale à monsieur le marquis de La
Boulaye, en vers burlesques.   Paris, Sébastien
Martin, 1649, 15p.
BYU, Fol, Har (ve), Md, Minn, NYPL

M 2246.   Lettre joviale, présentée aux princes pour leur
sortie du Hâvre de Grâce, en vers burlesques.
Paris, 1651, 8p.
Har

M 2247.   Lettre latine de la reine de Suède envoyée au
Parlement de Paris sur les affaires présentes,
translatée de son original en françois.   Paris,
Denys Langlois, 1652, 8p.
Fol, Har

M 2248.   Lettre, ou Cartel du mois de mai à madame. . .,
sous le nom de Flore, par Florent Fleury, en vers
burlesques ou non.   Paris, Denys Langlois, 1649,
11p.
BYU, Clev, Fol, Har, Minn

M 2249.   Lettre, ou Exhortation d'un particulier à M. le
maréchal de Turenne, pour l'obliger à mettre
bas les armes.   Paris, Sébastien Martin, 1650,
39p.
Fol, Har, Md, Minn, Wis

M 2250.   Lettre particulière de cachet envoyée par la reine régente à messieurs du Parlement, ensemble la réponse à plusieurs choses couchées dans la Lettre (ou Exhortation, etc.) envoyée au maréchal de Turenne, et aux Avis donnés aux Flamands. (S. 1.), 1650, 36p.
Fol, Har (ve)

M 2251.   Lettre pastorale de monseigneur l'évêque d'Angers, avec la Réponse des habitants d'Angers à ladite lettre pastorale de mondit seigneur l'évêque. (S. 1.), 1652, 8p.
Har, Minn

M 2252.   Lettre politique sur l'assemblée de la noblesse. (S. 1.), 1651, 7p.
Fol (ve), Har, Md, Minn, NYPL & (ve), Wis

M 2253.   Lettre prophétique sur les affaires du temps, presentée à messieurs les princes. Paris, Pierre Remy, 1652, 10p.
Har

M 2254.   Lettre rendue au roi en particulier, pour lui représenter les dangers auxquels les princes exposent leurs Etats, en poussant à bout la patience de leurs peuples, prouvé (sic) par les exemples tirés des histoires anciennes et modernes, etrangères et domestiques. Paris, 1652, 30p.
Har, Minn

M 2255.   Lettre surprise écrite à Jules Mazarin par ses nièces, burlesque. Paris, Jacques Guillery, 1649, 8p.
BYU, Clev, Fol, Har, Md, Minn, Wis

M 2256.   Lettre véritable de M. le chevalier de Guyse envoyée à Son Altesse Royale, sur le sujet du secours de trois mille chevaux qu'il lui amène. Paris, Gilles de Halline, 1652, 7p.
Har, Minn

M 2257.   Lettre véritable des inondations prodigieuses et épouvantables, accompagnées de plusieurs sons de tambours, choquements d'armes, sons de trompettes, courses de chevaux et une confusion

horrible de toutes sortes de bruits, arrivées
en Provence, le jour de la Notre-Dame de
septembre dernier, envoyée à un ecclésiastique
et à diverses autres personnes de qualité de
plusieurs endroits de la Provence, province très
affligée. Paris, Estienne Pépingué, 1651, 8p.
Md

M 2258. Lettre véritable du prince de Galles écrite de
La Haye à la reine d'Angleterre, sa mère.
Paris, Fr. Preuveray, 1649, 8p.
BYU, Fol, Har, Md, Minn, Wis

M 2259. Lettre (la) véritable écrite par un bon religieux
à un officier de la ville de Paris, où se voient
la conversion d'un Mazarin, et la vérité
reconnue des fourberies du Sicilien, pour servir
d'avis aux bons François, et d'instruction à
toute l'Europe. Paris, veuve J. Guillemot,
1652, 14p.
Fol, Har, Minn

M 2260. Lettre véritable envoyée à Mazarin par le
révérend père Innocent Calaterone, Sicilien,
général des R. R. P. P. capucins de France et
de Flandre. (S. 1.), 1649, 7p.
Fol (ve), Har, Md

M 2263. Lettres de deux amis sur la prise de la Bastille.
(S. 1.), 1649, 8p.
BYU, Clev, Fol, Har, Md, Minn, NYPL, Wis

M 2264. Lettres de la cour de Parlement de Bordeaux
écrites au Parlement de Paris, sur le sujet des
mouvements de la Guyenne et des violences du
sieur d'Epernon. (S. 1.), 1649, 6p.
BYU, Clev, Fol, NYPL

M 2265. Lettres (les) de Mazarin surprises en les
envoyant à Paris, écrites de Dourlens (les 21
et 25 février 1651). Paris, 1651, 8p.
BYU, Clev, Har, Md, Minn

M 2269. Lettres de monseigneur le duc d'Orléans et de
M. l'archiduc Léopod sur la disposition de la
paix d'entre la France et l'Espagne, des 8 juillet

et 15 septembre 1650. Paris, par les imprimeurs et libraires ordinaires du roi, 1650, 8p.
Har

M 2270. Lettres de monseigneur le duc d'Orléans et de monsieur le Prince à messieurs du Parlement. Paris, Edme Pépingué, 1648, 4p.
Clev, Fol, Har, Md

M 2271. Lettres (les) de monseigneur le Prince à Son Altesse Royale et a nos seigneurs du Parlement, ensemble la Requête de monseigneur le Prince envoyée au Parlement. Paris, Nicolas Vivenay, 1652, 20p.
Clev, Fol (ve), Har (ve), Minn (pts I-III)

M 2272. Lettres de monseigneur le Prince écrites à la cour de Parlement et Capitouls de Toulouse sur la défaite des troupes du marquis de Saint-Luc, à Miradoux. Paris, veuve J. Guillemot, 1652, 4p.
Fol & (ve), Har, Md, Minn

M 2273. Lettres de monsieur le duc de Longueville et de messieurs du Parlement de Normandie, envoyées à messieurs du Parlement de Paris, avec cinq divers arrêts donnés et envoyés pour le service du roi par ladite cour de Normandie sur les affaires de ce temps, du mois de février 1649. Paris, par les imprimeurs et libraires ordinaires du roi, 1649, 12p.
BYU, Clev, Har (inc), Md, NYPL

M 2275. Lettres des députés du Parlement à nos seigneurs de la cour, avec l'arrêt de ladite cour, du mercredi 17 juillet, rendu, toutes les chambres assemblées, en présence de Son Altesse Royale et de messieurs les princes. Paris, Jacob Chevalier, 1652, 6p.
Fol

M 2276. Lettres du cardinal de Retz au roi et à la reine, pour les informer qu'il a confié l'administration du diocèse à l'official de Paris. (S. l. n. d.), 4p.
Har

M 2277. Lettres (les) du cardinal Mazarin envoyées à la reine et à monsieur le prévôt des marchands de la ville de Paris. Paris, Jean Pétrinal, 1652, 16p.

Fol, Har, Md, Minn

M 2278. Lettres du roi aux cours souveraines du royaume et aux trésoriers de France sur le rétablissement de M. de La Vieuville dans la surintendance des finances, et celle de M. de La Vieuville sur le même sujet. Paris, Georges Josse, 1651, 16p.

Fol (ve), Har

M 2280. Lettres du roi écrites à monseigneur le duc de Montbazon, pair et grand veneur de France, gouverneur et lieutenant général pour le roi à Paris et Isle-de-France, sur le sujet des articles accordés par Sa Majesté à la conférence de Ruel et de Saint-Germain-en-Laye. Paris, veuve Ribot, 1649, 6p.

Fol, Md

M 2281. Lettres du roi écrites à monseigneur le duc de Montbazon, pair et grand veneur de France, gouverneur et lieutenant général pour le roi en la province de l'Isle-de-France, contenant ce qui s'est passé au Parlement, le roi y séant, en son lit de justice, sur la déclaration de sa majesté (majorité), et le choix des ministres que Sa Majesté à mis dans son conseil. Paris, veuve Claude Ribot, 1651, 7p.

Fol, Har, Minn, Wis

M 2282. Lettres du roi envoyées à messieurs les gouverneur, prévôt des marchands et échevins de sa bonne ville de Paris, de Saumur le 22 février 1652, avec la relation véritable de ce qui s'est passé dans la défaite de la cavalerie de M. le prince de Tarente dans la plaine de Perdillac, près Xaintes. Paris, P. Rocollet, 1652, 11p.

Fol, Har, Md

M 2283. Lettres du roi envoyées à messieurs les gouverneur, prévôt des marchands et échevins de sa bonne ville de Paris, sur le sujet de son arrivée en ladite ville et pour la levée de la garde des portes, de Saint-Germain-en-Laye, le 19 octobre 1652. Paris, par les imprimeurs et libraires ordinaires du roi, 1652, 7p.

Fol (ve), Har (ve), Md, NYPL (ve)

M 2284. Lettres du roi envoyées à monseigneur le
maréchal de Lhopital, gouverneur de Paris, et
à MM. les prévôt des marchands et échevins de
ladite ville, ensemble l'ordonnance de Sa
Majesté contre le cardinal de Retz. Paris,
Pierre Rocollet, 1654, 8p.
Har, Md

M 2285. Lettres du roi envoyées à monseigneur le
maréchal de Lhopital, gouverneur de Paris, et
aux prévôt des marchands, échevins et habitants
de notre bonne ville de Paris, de Corbeil le
vingt-troisième jour d'avril 1652. Paris, par
les imprimeurs et libraires ordinaires du roi,
1652, 6p.
Fol & (ve)

M 2287. Lettres et arrêts de la cour de Parlement de
Normandie envoyés à la cour de Parlement de
Paris pour l'adjonction (sic) desdites cours et
affaires présentes, avec l'arrêt portant ladite
adjonction, du 4 février 1649. Paris, par les
imprimeurs et libraires ordinaires du roi,
1649, 16p.
BYU, Clev, Fol, Har (ve), Md, Minn, NYPL,
Wis

M 2288. Lettres et arrêts pour la jonction des parlements
du royaume et affaires présentes, et la très
humble remontrance du Parlement au roy et
à la reyne régente. (Rouen), 1649, 30p.
Har (ve)

M 2289. Lettres et déclaration du roi sur le sujet de sa
sortie de Paris, avec l'arrêt de son conseil
d'Etat, portant cassation de celui du Parlement
de Paris, concernant le logement des troupes de
Sa Majesté. Saint-Germain-en-Laye, (s. d.), 16p.
Har

M 2290. Lettres monitoires de monsieur l'official de
l'archevêqué de Paris pour avoir preuve des
contraventions faites par un certain quidan et
ses adhérents à l'exécution des arrêts de la
cour, des 7, 9, 20 février et 2 mars 1651.
Paris, par les imprimeurs et libraires ordinaires
du roi, (s. d.), 6p.
Clev, Fol (ve), Har, Md

M 2294. Lettres patentes du roi sur l'établissement d'une
chambre de justice pour la recherche et punition
des abus et malversations commises (sic) au fait
de ses finances, vérifiées en parlement, le 18
juillet 1648. Paris, par les imprimeurs et
libraires ordinaires du roi, 1648, 7p.
Fol, Har, Md, Minn (ve)

M 2295. Levée (la) du siége de la ville d'Etampes avec
la défaite des troupes commandées par le
maréchal de Turenne dans le faubourg de ladite
ville, et la mort du sieur de Baradas, conducteur des volontaires, ensemble la listes des
noms des colonels, capitaines et lieutenants,
tant françois que polonois, qui y sont demeurés.
Paris, Jacques Le Gentil, 1652, 8p.
Fol, Har, Md

M 2296. Levée (la) du siége de la ville d'Etampes par le
maréchal de Turenne, avec la défaite de son
arrière garde poursuivie jusques à Estrechy par
l'armée de Son Altesse Royale, commandée par
M. le comte de Tavannes, la nuit du 7 au 8 juin
1652. Paris, André Chouqueux, 1652, 6p.
Md

M 2297. Levée (la) du siége de la ville et château de
Nérac, et la défaite de quatre cents chevaux et
six cents prisonniers de l'armée du comte
d'Harcourt dans cette attaque, et de huit cents
autres devant la ville d'Agen, avec ce qui se
passe en Guyenne et en Languedoc pour l'expulsion du Mazarin, pour la réunion des princes
et le repos du peuple. Paris, Jacob Chevalier,
1652, 7p.
Fol

M 2298. Levée (la) du siége de Villeneuve d'Agénois,
écrite par un gentilhomme de ladite ville
d'Agénois à un bourgeois de la ville de Bordeaux.
Paris, Nicolas Vivenay, sur un imprimée à
Bordeaux, 1652, 7p.
Fol, Har, Md

M 2299. Liberté (la) de la France et l'anéantissement des
ministres étrangers. Paris, 1649, 8p.
Clev, Fol & (ve), Md, Minn, NYPL

M 2300. Liberté (la) de messieurs les princes, ou la Magnificence de leur entrée dans la ville de Paris, avec le feu d'artifice qui s'est tiré dans l'hôtel de Condé. (S. 1.), 1651, 8p.
Md

M 2301. Ligues (sic) (la) des Frondeurs pour combattre Mazarin et ses partisans. (S. 1.), 1650, 24p.
Md

M 2302. Limites (les) des souffrances de la France. (S. 1.), 1650, 7p.
Clev, Md

M 2303. Liquidation et supputation véritable de la quantité de livres de pain qu'un stier (sic) de blé peut rapporter, et du prix auquel chaque livre doit revenir, à proportion du prix courant du blé au marché, suivant ce que l'on en rend en eschange de blé dans le magazin du grand pain bourgeois estably pour cet effet dans la rue des Roziers, à côté de la vieille rue du Temple, au petit hostel d'O (où estoit autrefois l'Académie de Benjamin), où les pauvres mesmes et ceux qui n'ont pas des blés (sic), peuvent trouver la même satisfaction et avantage. (S. 1. n. d.), 3p.
Har

M 2304. Lis et fais. (S. 1. , 1649), 4p.
Clev

M 2306. Liste de l'armée de monsieur le Prince, le nombre des régiments de cavalerie et infanterie dont elle est composée, avec les noms des généraux, maistres de camp, capitaines et officiers qui la commandent, et de tous les seigneurs qui jusqu'à présent ont pris son parti. (S. 1. , 1651), 7p.
Fol (ve), Har, Md, Minn, NYPL

M 2307. Liste de messieurs les colonels de la ville de Paris, suivant l'ordre de leurs réceptions, avec les ordres qu'ils doivent tenir dans leurs marches. Paris, Nicolas Gasse, 1649, 6p.
Clev, Har, Md

M 2308. Liste de messieurs les députés pour faire
observer les arrêts et réglements sur le fait
des rentes assignées sur l'Hôtel de Ville de
Paris, pourvoir à l'ordre du paiement desdites
rentes, et veiller à la conservation des fonds
destinés à icelle (sic). Paris, Michel Mettayer,
1650, 7p.
Har

M 2309. Liste des députés de la milice de Paris. Paris,
Pierre Le Petit, 1652, 8p.
Clev, Fol, Har, Md, Minn

M 2310. Liste des édits et déclarations lues et publiées
en parlement, le roi y séant, le dernier
décembre 1652. Paris, par les imprimeurs
et libraires ordinaires du roi, 7p.
Har (ve)

M 2311. Liste des empereurs et des rois qui ont perdu
la vie en leur royaume par la malice de leurs
favoris et de leur ministres d'Etat. Paris,
veuve André Musnier, 1649, 8p.
BYU, Fol, Har, Md, Minn, Wis

M 2312. Liste des malcontents de la cour, avec le sujet
de leurs plaintes. (S. l. n. d.), 7p.
BYU, Clev, Fol, Har, Md, Minn, NYPL, Wis

M 2313. Liste des officiers de ce royaume qui sont
déchargés ou modérés du prêt et avance pour
être reçus à payer le droit annuel en la prochaine
année 1650, pour servir tant auxdits officiers
qu'à tous les commis établis aux bureaux de
recettes dudit droit annuel, avec généralité pour
la recette dudit droit annuel, prêt et avance,
suivant les déclarations du roi vérifiées, arrêts
donnés en conséquence, et régléments des parties
casuelles. Paris, Antoine Estienne, 1649, 8p.
Har, Md

M 2314. Liste (la) des réprouvés assemblés dans la grange
des Cordeliers de Pontoise, et y tenant séance,
le septième d'août 1652, en leur ordre. Paris,
Pierre Balthazar, (s. d.), 6p.
Fol, Har, Md, Minn

M 2315.   Liste (la) des troupes du duc de Lorraine et les noms de tous les régiments, tant de cavalerie que d'infanterie, suivant la revue qui en a été faite en présence de Son Altesse Royale, de monsieur le prince de Conté, du duc de Beaufort et autres seigneurs, avec le conseil de guerre séant proche de Choisy-sous-Thiers, touchant le passage desdites troupes. Paris, J. Le Gentil, 1652, 8p.
Fol, Har

M 2316.   Liste (la) et les miracles arrivés aux descentes de la châsse de Sainte-Geneviève, depuis l'année mil deux cent six jusques à présent, avec le nombre des châsses qui l'accompagnoient. Paris, J. Belay, 1652, 8p.
Fol, Har

M 2317.   Liste générale de tous les mazarins qui ont été déclarés et nommés, demeurants dans la ville et faubourgs de Paris, avec leurs noms, surnoms et demeures. Paris, François Malaize, 1652, 6p.
Har, Md

M 2318.   Liste (la) générale de tous les mazarins qui ont (sic) resté dans la ville et faubourgs de Paris, avec leurs noms et surnoms, envoyée à monseigneur le prince de Condé. (S. l.), 1652, 20p.
Har, Md

M 2319.   Liste générale de tous les mazarins, tant du Parlement que de messieurs de l'Hôtel de Ville, qui sont sortis de Paris les 8 et 9 juillet, avec les confessions des quatre échevins faites dans l'hôtel de cette dite ville à plusieurs curés et vicaires de cette ville de Paris. Paris, Claude Le Roy, 1652, 7p.
Har

M 2320.   Liste générale de tous les morts et blessés, tant mazarins que bourgeois de Paris, à la généreuse révolution faite à l'Hôtel de Ville pour la destruction entière des mazarins, ensemble le sujet de l'institution de l'ordre des Chevaliers de la Paille par l'ordre de messieurs les

276

Princes et de Mademoiselle. Paris, Claude
Le Roy, 1652, 7p.
Fol, Har, Md

M 2321. Litanie (la) du cardinal Mazarin, où sont contenues
(sic) tous les éloges de ce grand prélat. Paris,
1652, 7p.
Har

M 2322. Litanies (les) du temps. Paris, François Noël,
(1650), 16p.
Clev, Fol, Har, Md, Wis

M 2323. Loetitia (sic) publica, seu Faustus Ludovici XIV
in Lutetiam reditus, autore Salomon Priesaco.
Parisiis, apud Sebastianum Martin (sic), 1649,
13p.
Clev

M 2324. Logements (les) de la cour à Saint-Germain-en-
Laye. (S. l.), 1649, 6p.
Clev, Fol, Har (ve), Md, Minn, Wis

M 2325. Louange de feu monsieur le marquis de Clanleu,
tué à Charenton en combattant pour le service
du roi et du Parlement, avec cette épigraphe:
Dulce et decorum est pro patriâ mori. Paris,
Claude Huot, 1649, 7p.
BYU, Clev, Fol & (ve), Har (ve), Md, Minn,
NYPL, Wis

M 2326. Louange de la générosité des Parisiens pendant
le siége de leur ville. Paris, Claude Huot,
1649, 8p.
BYU, Clev, Fol, Har, Md, Minn, NYPL, Wis

M 2327. Louanges à monseigneur l'archevêque de Bordeaux
sur la paix de Gascogne. Paris, 1649, 7p.
Har (ve)

M 2328. Louanges (les) de la Paille, dédiées à monsieur
le duc de Beaufort. Paris, J. du Crocq, 1652,
8p.
Fol, Har, Wis

M 2329. Louanges (les) des Parisiens, données en
l'honneur du Parlement. Paris, veuve d'Anthoine
Coulon, 1649, 18p.
BYU, Clev, Fol (ve), Har (ve), Md, Minn
(ve), NYPL & (ve)

M 2332. Lucifer précipité du ciel par le genie françois,
ou Mazarin chassé de Paris par l'inspiration de
saint Michel, ange tutélaire de la France. Paris,
jouxte la copie imprimée à Rouen, 1649, 7p.
Clev, Fol, Har, Md, Minn, NYPL, Wis

M 2334. Lumières pour l'histoire de ce temps, ou Réfutation de tous les libelles et discours faits contre
l'autorité royale durant les troubles à Paris,
avec les motifs de la stabilité et durée de la
paix contre l'opinion du vulgaire. Fiat pax in
virtute tua et abundantia in turribus tuis. Ps.
121. Paris, 1649, 16p.
BYU, Clev, Fol (ve), Har (ve), Md, NYPL

M 2335. Lunettes (les) à toutes âges (sic), pour faire voir
clair aux ennemis de l'Etat. Paris, veuve Jean
Remy, 1649, 8p.
BYU, Clev, Fol, Har, Md, Minn, NYPL

M 2336. Lutetiae ad reginam suasoria et deprecatoria
lamentatio, ex Hieremiâ deprompta. Parisiis,
1649, 8p.
BYU, Clev, Fol, Har, Md, Minn, NYPL, Wis

M 2337. Lys (le) fleurissant, cultivé par la paix. Paris,
veuve Jean Remy, 1649, 7p.
BYU, Clev, Fol, Har, Md, Minn, NYPL, Wis

M 2338. Lys (le) royal, arrosé par les larmes de joie
des fidèles François, et l'explication des armes
de France, présenté à Leurs Majestés par
S. D. N. (Suzanne de Nervèze). Paris,
Guillaume Sassier, 1649, 7p.
Clev, Fol, Har, Minn

M 2340. Magnificat (le) de la reine sur la détention des
princes. Paris, Jean Brunet, 1650, 8p.
Clev, Fol, Har, Md, Minn

M 2341. Magnifique (la) entrée de la paix, ou les Superbes
portiques et arcs de triomphe préparés à la
venue de Leurs Majestés dans la ville de Paris.
Paris, Pierre Dupont, 1649, 8p.
Clev, Fol, Har, Minn

M 2343. Malédiction (la) des Mazarins et la glorification
des illustres Parisiens, défenseurs de la liberté
publique, avec les éloges des princes et princesses
déclarés pour le parti. Paris, Jean Brunet, 1652,
8p.
Fol, Har

M 2344. Maltôtiers (les), ou les Pêcheurs en eau trouble,
en vers burlesques. Langue normande: les
Pesqueux en yau trouble. Paris, 1649, 8p.
Clev, Fol, Har, Md, Minn, NYPL

M 2346. Mandement de messieurs les doyen et chapitre
de l'église de Paris pour l'administration et
régime de l'archevêché de Paris.
Har

M 2347. Mandement de monseigneur l'illustrissime et
révérendissime archevêque de Paris pour la
procession de la châsse de Sainte-Geneviève,
avec l'ordre et le chemin des processions.
(S. l. , 1652), 7p.
Fol, Har

M 2349. Mandement de monsieur l'évêque d'Amiens pour
invoquer l'aide de Dieu contre les désordres et
sacriléges que commettent les gens de guerre
envers le Très-Saint Sacrement de l'autel.
Jouxte la copie imprimée à Amiens par le commandement de mondit sieur l'évêque d'Amiens,
1650, 6p.
Har

M 2350. Manifestation (la) de l'antechrist en la personne
de Mazarin et de ses adhérents, avec des figures
authentiques de l'Ecriture sainte, où est vu à
découvert l'impiété et le blasphême des mauvais
chrétiens de ce temps. Sujet très-remarquable.
Beatus vir qui non abiit in concilio Mazarino-
rum et in vià cabalistarum non stetit, et in

cathedrâ impiorum non stetit.   Ps. 1.   Paris,
veuve Jean Remy, 1649, 8p.
BYU, Clev, Fol, Har, Md, Minn, NYPL, Wis

M 2351.   Manifeste au roi, contenant quel doit être le con-
seil d'un prince, à la gloire du Parlement, par
L. S. D. T. (le sieur Du Teil?)   Paris, Denys
Langlois, 1649, 8p.
BYU, Clev, Fol, Har, Md, Minn, NYPL, Wis

M 2352.   Manifeste (le) circulaire de monseigneur le
Prince, envoyé au peuple de France, touchant
les succès de Mouron, Coignac et de la dernière
bataille qu'il a gagnée sur le comte d'Harcourt
dans la Saintonge, et sur les ordres qu'on a
envoyés au cardinal Mazarin d'entrer dans l'Etat
avec le titre de généralissime.   (S. 1., 1652), 15p.
Fol (ve), Har, Md

M 2354.   Manifeste de dom Gabriel de Tolède, commandant
l'armée d'Espagne envoyée en France pour
messieurs les princes, contre les perfidies du
duc de Lorraine, où sont ajoutées (sic) les
violements des traités faits par ce duc depuis
12 ans, notamment celui du 16 juin dernier fait
avec S. A. R.   Paris, André Chouqueux, 1652,
16p.
Fol, Har

M 2355.   Manifeste (le) de l'auteur qui a composé le
Manifeste de monseigneur le prince de Condé,
pour servir d'instruction à ceux qui l'ont lu,
touchant les affaires d'Etat qu'il a traité (sic).
(S. 1., 1651), 23p.
Fol, Har, Md, Minn

M 2356.   Manifeste (le) de la noblesse de Normandie, par
lequel elle déclare reconnaître Son Altesse Royale
pour lieutenant général pour le roi, et se joint
aux princes et aux parlements pour mettre en
exécution les déclarations et arrêt donnés contre
le cardinal Mazarin.   Paris, Simon Le Porteur,
1652, 8p.
Md

M 2357. Manifeste (le) de la noblesse qui s'est jettée
dans le parti du roi, sous la conduite de monseigneur le Prince, où les véritables désintéressés verront dans la suite d'un beau raisonnement que les seigneurs et les gentilshommes
qui se sont déclarés pour monseigneur le Prince,
sont les véritables serviteurs du roi.
Et hoc etiam vidente et ringente invidiâ. Sen. ,
lib. II, de Benef. (S. 1.), 1651, 24p.
Fol, Har, Md

M 2358. Manifeste (le) de la reine régente et de monseigneur le duc d'Orléans touchant la disgrâce
du cardinal Mazarin. (S. 1.), 1651, 23p.
Md, Minn (ve), Wis

M 2359. Manifeste (le) de la reine sur le retour du
cardinal Mazarin et les affaires du temps.
Paris, Salomon Delafosse, 1652, 15p.
Fol, Har, Md, Minn

M 2360. Manifeste de la ville d'Aix sur les mouvements
de cette province. (S. 1. , 1649), 7p.
Minn

M 2361. Manifeste (le) de la ville d'Orléans, présenté à
Son Altesse Royale, où il est montré que, pour
avoir bientôt la paix, il est nécessaire de se
déclarer contre le Mazarin, à l'imitation des
habitants de ladite ville d'Orléans. Paris,
Claude Le Roy, 1652, 14p.
Fol, Har, Minn

M 2362. Manifeste de la ville de Paris contre le retour
du cardinal Mazarin, dedié à Son Altesse Royale.
Paris, veuve J. Guillemot, 1652, 27p.
Fol, Har, Md, Minn

M 2363. Manifeste de madame la duchesse de Longueville.
Bruxelles, Jean Rosch, 1650, 12p.
BYU, Clev, Fol (ve), Har (ve), Md, Minn

M 2365. Manifeste (le) de Mademoiselle, présenté aux
coeurs généreux par le sieur C. Perret. Paris,
1652, 16p.
Fol, Har, Minn

M 2366.   Manifeste (le) de monseigneur le duc d'Orléans,
avec les conspirations du cardinal Mazarin
découvertes par Son Altesse Royale, envoyées
(sic) aux bons François et la prise de quatre cents
casaques. Paris, Jean Pétrinal, 1652, 16p.
Clev, Fol, Har, Minn

M 2368.   Manifeste (le) de monseigneur le duc de Beaufort,
par lequel il déclare se joindre à Son Altesse
Royale, au Parlement et à la ville de Parıs.
Paris, 1652, 15p.
Fol, Har, Md

M 2369.   Manifeste (le) de monseigneur le duc de Guyse,
touchant les particularités de son emprisonnement et les raisons de sa jonction avec M. le
Prince. (S. 1. , 1652), 15p.
Clev, Fol, Har (ve), Md, Minn

M 2370.   Manifeste (le) de monseigneur le duc de Longueville sur sa déclaration faite le 8 du courant,
pour se joindre au parti de Son Altesse Royale
et de messieurs les princes. Paris, jouxte la
copie imprimée à Rouen, chez Guillaume Othot,
imprimeur du roi, 1652, 15p.
Fol, Har, Minn

M 2371.   Manifeste (le) de monseigneur le duc de Rohan,
contenant les raisons de son armement et de sa
jonction avec Son Altesse Royale et messieurs
les princes. Paris, jouxte la copie imprimée
à Angers (1652), 15p.
BYU, Fol, Har & (ve), Md, Minn, Wis

M 2372.   Manifeste (le) de monseigneur le prince de
Condé, touchant les véritables raisons de sa
sortie hors de Paris, faite le 6 juillet 1651,
avec une protestation qu'il fait à la France,
qu'il n'en veut qu'a l'ennemi commun de son
repos, c'est-à-dire au cardinal Mazarin.
(S. 1. , 1651), 23p.
Clev, Fol, Har, Md, Minn

M 2373.   Manifeste (le) de monseigneur le Prince, pour
servir de justification aux calomnies du discours
qui fut exposé le 17 août 1651, où il est répondu
en détail à toutes les choses qu'on lui impute

faussement, et où fait voir que ce discours ne tend qu'à décrier la réputation de M. le Prince dans l'idée du peuple, attendu que la fausseté des crimes qu'on lui suppose ne paraît que trop evidente à ceux qui sont versés dans la connoissance des affaires. Paris, 1651, 24p.
BYU, Clev, Fol (ve), Har, Md

M 2374.   Manifeste (le) de M. de Châteauneuf, touchant les raisons de sa retraite hors de la cour. Paris, jouxte la copie imprimée à Angoulême, chez François de Rosne, imprimeur ordinaire du roi, 1652, 15p.
Fol & (ve), Har, Md, Wis (ve)

M 2375.   Manifeste de M. le compte (sic) d'Harcourt, envoyée (sic) à monseigneur le duc d'Orléans de la ville de Brissac. Paris, Jean Petrinal, 1652, 8p.
Har

M 2376.   Manifeste (le) de M. le Prince envoyé au C., ensemble la lettre de M. de Bouillon. (S. l.), 1650, 10p.
Har

M 2378.   Manifeste de monsieur de Carlincas, conseiller du roi au Parlement de Tholose (sic), contre les délibérations des Etats du Languedoc, pour le service du roi et pour le soulagement de son peuple. Paris, 1651, 7p.
Md, Minn

M 2379.   Manifeste (le) de monsieur le coadjuteur de Paris, exposant les raisons pour lesquelles il s'est meslé des affaires d'Estat. (S. l.), 1651, 31p.
Clev

M 2381.   Manifeste de monsieur le duc de Bouillon à la reine régente. (S. l. n. d.), 12p.
Fol, Har, Md

M 2382.   Manifeste de monsieur le duc de Guyse, contenant les véritables motifs de la levée d'une armée pour le service du roi et de messieurs les princes. (S. l.), 1652, 15p.
Md

M 2383.   Manifeste des Angevins adressé au Parlement et
à la ville de Paris.   Paris, Nicolas Vivenay,
1652, 14p.
Fol, Har, Md

M 2384.   Manifeste des bons François contre Jules
Mazarin, perturbateur du repos public, ennemi
du roi et de son Etat, exhortant tous les bons
François de (sic) suivre et protéger ceux qui
n'ont point dessein (que) de remettre le roi dans
son autorité accoutumée, par la décision de trois
points, qui sont le service du roi, le bien public
et l'exemption de la tyrannie.   (S. 1.), 1649, 8p.
Clev, Fol, Minn, NYPL, Wis

M 2386.   Manifeste (le) des Bordelois, contenant le récit
véritable de ce qui s'est passé dans la ville de
Bordeaux, les 13 et 14 du passé.   Paris, jouxte
la copie imprimée, chez Simon Le Porteur,
1651, 8p.
Fol (ve), Wis

M 2387.   Manifeste des provinces fait aux parlements sur
la lettre circulaire du Parlement de Paris aux
autres parlements de France, au sujet de
l'expulsion du cardinal Mazarin hors du royaume.
(S. 1.), 1651, 16p.
Clev, Md

M 2388.   Manifeste (le) des sieurs Servient (sic), Le Tellier
et Lyonne, rendant un fidèle témoignage de toute
l'administration du gouvernement qu'ils ont eue
depuis la délivrance de messieurs les princes.
(S. 1. , 1652), 24p.
Har, Md, Wis

M 2390.   Manifeste (le) du cardinal Mazarin, laissé à
tous les François avant sa sortie hors du royaume,
contenant un exact abrégé de toutes les actions de
son ministère, répondant à tous les chefs d'accusation qu'on lui a objectés, découvrant les motifs,
les intrigues et la politique dont il s'est servi
pour entreprendre, pour conduire et pour établir
tous ses desseins, et le tout sans que le Parlement, les frondeurs, les partisans des princes
puissent s'inscrire en faux contre pas une de ses

propositions.
Nonne morituro licet uni dicere verum?
Juvenal, liv. III. (S. 1., 1651), 48p.
Fol (ve), Har & (ve), Md & (ve), Minn (ve)

M 2391. Manifeste (le) du cardinal Mazarin, présenté au
roi par lui-même à son départ de Pontoise.
Paris, 1652, 8p.
Har, Minn

M 2393. Manifeste (le) du duc de Lorraine, présenté à
Son Altesse Royale. Paris, Salomon Delafosse
(1652), 14p.
BYU, Clev, Fol, Har, Md, Minn, Wis

M 2394. Manifeste du roi de la Grand'Bretagne à ses
sujets du royaume d'Angleterre. Paris, François
Preuveray, 1649, 8p.
Har, Md

M 2395. Manifeste du sieur de Charlevois sur sa détention
et son retour ensuite à Brissac. Paris, Jacob
Chevalier, 1652, 15p.
Fol, Har, NYPL

M 2396. Manifeste, ou Déclaration des Etats généraux des
provinces unies des Pays-Bas, contenant les
causes et raisons qui les ont contraints à déclarer
la guerre aux Anglois. Jouxte la copie imprimée
à la Haye. Paris, Nicolas Bessin, 1652, 12p.
Clev, Fol (ve), Har & (ve), Md, NYPL (ve)

M 2397. Manifeste, ou Notable discours que dom F. de
S. (de Sylves), ci-devant ministre d'Etat du roi
catholique, a fait à tous les peuples d'Espagne,
et particulièrement à ceux qui gouvernent
actuellement les affaires de cette monarchie,
touchant l'élection du souverain qu'ils doivent
avoir après la mort de leur roi, traduit de
l'espagnol en françois. (S. 1.), 1650, 16p.
Har, Md, Minn, NYPL

M 2398. Manifeste, ou Raisonnement sur les affaires de
Catalogne contre les intrigues du cardinal Maza-
rin, traduit de l'espagnol en françois. Paris,
Francois Noël, 1649, 26p.
Clev, Fol (ve), Har, Md, Minn, NYPL, Wis

285

M 2399. Manifeste (le) pour la justice des armes des princes zélés pour le bien de la paix. Paris, Nicolas de La Vigne, 1649, 7p.
BYU, Clev, Fol, Har & (ve), Md, Minn, NYPL, Wis

M 2400. Manifeste pour les Bordelois sur la prise des châteaux Trompette et du Hâ, à nos seigneurs du Parlement de Paris, par G. D. G. P., Bourdelois. (S. 1.), 1650, 16p.
Fol, Md

M 2401. Manifeste pour messieurs de Parlement contre Jules Mazarin, perturbateur du repos public, ennemi du roi et de son Etat, exhortant tous les bons François de suivre et protéger ceux qui n'ont point d'autre dessein (que) de remettre le roi dans son autorité accoutumée par la décision de trois points, qui sont le service du roi, le bien public et l'exemption de la tyrannie. (S. 1.), 1649, 8p.
Fol, Har, Minn, NYPL, Wis

M 2402. Manifeste pour M. le duc de Bouillon et messieurs les autres généraux contre les libelles que le cardinal Mazarin a fait publier contre eux, avec la déclaration qu'a faite M. le marquis de Noir-moutier, touchant les troupes de l'archiduc Léopold qu'il conduit en France. Paris, veuve d'Antoine Coulon, 1649, 7p.
BYU, Clev, Fol, Har, Md, Minn, Wis

M 2404. Manifeste (le) véritable des intentions de M. le Prince, qui ne tendent qu'au rétablissement de l'autorité souveraine et du repos des peuples, présenté à nos seigneurs du Parlement. (S. 1., 1651), 16p.
BYU, Clev, Fol, Har, Md, Minn

M 2405. Manne (la) céleste, ou l'Heureuse arrivée du premier convoi de vivres à Paris, avec la généreuse sortie des Parisiens. Paris, François Noël, 1649, 8p.
BYU, Clev, Fol, Har, Md, Minn, NYPL, Wis

M 2406. Manuel du bon citoyen, ou Bouclier de défense légitime contre les assauts de l'ennemi. (S. 1.),

1649, 24p.

Fol (ve), Har & (ve), Md, Minn, NYPL (ve),
Wis

M 2407. Manuel (le) politique, faisant voir par la raison
et par l'autorité 1. Que le roi, dans l'âge où il
est, ne peut point choisir son conseil, et que
par conséquent la reine, le Mazarin, le duc de
Bouillon et le premier président sont des conseillers ingérés par tyrannie, ou pour parler
plus doucement, par usurpation: le raisonnement
ne craindra point la réplique; 2. Que l'injustice
du conseil du roi se reconnoît par les principes
par lesquels il agit, et qui sont contraires à la
royauté; 3. Que les succès des entreprises du
conseil du roi et l'imprudence avec laquelle il
les ménage, marquent encore plus visiblement
la même injustice; 4. Et qu'il ne faut plus con-
sidérer le roi que comme une majesté enchaînée
par la tyrannie de son conseil, et vers lequel
(sic) par conséquent c'est hors de saison qu'on
fait des députations et des remontrances.   (S. 1.),
1652, 24p.

Clev, Fol, Har, Md

M 2408. Marche (la) de l'armée de monseigneur le Prince
au-devant du cardinal Mazarin.   (S. 1.), 1652,
15p.

Fol, Har

M 2409. Marche 'la) de l'armée de monseigneur le prince
de Conty, commandée par le marquis de Lusignan,
pour le secours de la ville d'Agénois (sic),
assiégée par monsieur le comte d'Arcourt (sic),
avec l'ordonnance de mondit seigneur le prince
sur les offres faites par les bourgeois et habitants
de la ville de Bourdeaux pour le secours de
ladite ville.   Paris, jouxte la copie imprimée
à Bourdeaux, par Guill. de La Court, 1652, 4p.

Har

M 2410. Marche (la) du duc de Lorraine, avec son armée,
et tout ce qui s'est fait et passé dans les négociations de Son Altesse Royale et du C. Mazarin
près le duc de Lorraine sur ce sujet.   Paris,
Jean Brunet, 1652, 8p.

Fol (ve)

M 2413. Marche (la) du sieur de Balthazar dans le
Périgord, ensemble la prise de la ville de
Saint-Astier et de quelques chasteaux. Jouxte
la copie imprimée à Bourdeaux. Paris,
Nicolas Vivenay, 1652, 7p.
Fol, Har

M 2415. Maréchal (le) des logis logeant le roi et toute
sa cour par les rues et principaux quartiers, en
conséquence de la prétendue amnistie, par le
sieur de Sandric (sic).
Demandes au vendeur l'Etat présent de la
fortune des princes (de tous les potentats) et le
Visage de la cour; et recois ces trois pièces
commes des divertissements de ma plume.
Paris, 1652, 7p.
Fol (ve), Har, Md, Minn

M 2416. Mars (le) captif mis en liberté par Thémis, et
le Typhon de la France banni par la même déesse,
ou la Délivrance de monseigneur le prince de
Condé par l'entremise du Parlement, et l'éloignement du cardinal Mazarin ordonné par l'arrêt
de cet auguste corps. Paris, François Noël, 15p.
Clev, Har, Minn

M 2419. Masque (le) levé contre la conduite de la cour,
et le coup de grâce donné au cardinal Mazarin,
où l'auteur fait voir dans douze raisons invinci-
bles que l'établissement du repos de la France
dépend de la ruine du Mazarin, et que les
François n'ont ni ressentiment, ni honneur, ni
courage, s'ils ne lèvent ouvertement le masque
pour faire une conspiration générale contre le
rétablissement de ce ministre, dédié à monseigneur le Prince. Paris, 1652, 24p.
Clev, Fol & (ve), Har, Md, Minn

M 2420. Mathois (le), ou Marchand mêlé propre à tout
faire, en vers burlesques. Paris, Jean Hénault,
1649, 12p.
BYU, Clev, Fol, Har, Md, Minn, NYPL, Wis

M 2421. Mausolée (le) de la politique et de la justice
dressé à la mémoire des deux frères illustres,
M. le comte d'Avaux et M. le président de

Mesmes, décédés bien peu de temps l'un après l'autre. Paris, Jean Paslé, 1651, 28p.
Clev, Fol, Har (ve), Md

M 2422. Mauvais (le) succès de l'espion de Mazarin envoyé à l'archiduc Léopold pour se sauver Flandre (sic). Paris, Nicolas de La Vigne, 1649, 8p.
Clev, Fol, Har, Md, Minn, NYPL, Wis

M 2423. Mauvais (le) temps passé, ou le Ministère de Mazarin. (S. 1., 1649), 8p.
Clev, Fol, Har, Md, Minn, Wis

M 2424. Maximes chrétiennes, ou les Véritables moyens pour maintenir et conserver la paix. "Non est pax impiis, dicit Dominus." Ps. 1. Paris, Sébastien Martin, 1649, 7p.
Clev, Fol, Har, Md, Minn, Wis

M 2425. Maximes fondamentales touchant le gouvernement et les pernicieux desseins des Espagnols. Paris, veuve Jean Remy, 1649, 15p.
Clev, NYPL

M 2426. Maximes héroïques de saint Louis, au roi et à la reine régente. (S. 1.), 1649, 10p.
BYU, Clev, Har (ve), Md, Minn

M 2427. Maximes morales et chrétiennes pour le repos des consciences dans les affaires présentes, pour servir d'instruction aux curés, aux confesseurs, aux prédicateurs, dressées et envoyées de Saint-Germain-en-Laye par un théologien, fidèle officier du roi, à messieurs du Parlement. Paris, Cardin Besongne, 1649.
BYU, Clev (ve), Fol (ve), Har (ve), Md, Minn, NYPL & (ve), Wis

M 2428. Maximes royales, présentées au roi. Paris, veuve Jean Remy, 1649, 7p.
BYU, Clev, Fol, Har, Md, Minn, NYPL, Wis

M 2429. Mazarin (le) artizané, ou l'Artizan (sic) mazariné, par M. Q. d. F. L. (Mathurin Questier, dit fort Lys). (S. 1.), 1651, 12p.
Clev, Wis

M 2430.   Mazarin aux pieds du Parlement.   (S. 1. ,   1649),
          7p.
          BYU, Clev, Fol, Har, Minn, Wis

M 2431.   Mazarin (le) confus dans l'élévation de ses
          ennemis et l'abaissement de ses créatures.
          Paris, Louis Chamhoudry, 1651, 16p.
          Fol, Har

M 2432.   Mazarin dans Amiens.   (S. 1.),   1649, 11p.
          Clev, Fol (inc), Har, Md, Minn, NYPL

M 2433.   Mazarin en soupçon de sa vie et de ses moeurs.
          Paris, Pierre Anguerant, 1649, 8p.
          BYU, Clev, Fol, Har, Md, Minn, NYPL, Wis

M 2434.   Mazarin (le) portant la hotte dit: J'ai bon dos;
          je porterai bien tout.   (S. 1.),   1649, 7p.
          Clev, Fol, Har, Minn, NYPL, Wis

M 2435.   Mazarin (le) poulonnois pour le jour du Mardi
          Gras.   (S. 1. ,   1649), 8p.
          Har

M 2436.   Mazarinade (la).   Sur la copie imprimée à
          Bruxelles, 1651, 24p.
          Fol (ve), Har (ve), Md, NYPL

M 2437.   Médaille (la), ou la Chance retournée.   (S. 1. ,
          1650), 7p.
          Clev, Fol

M 2438.   Médecin (le) politique, ou Consultation pour la
          maladie de l'Etat.   Paris, veuve Théodore
          Pépingué et Estienne Maucroy, 1649.
          BYU, Clev, Fol, Har, Md, Minn, NYPL, Wis

M 2439.   Medecin (le) politique, qui donne un souverain
          remède pour guérir la France, malade à
          l'extrémité.   Honora medicum propter necessita-
          tem.   (S. 1.),   1652, 59p.
          Fol, Har, Md

M 2440.   Meditations du cardinal Mazarin, données au
          public par son sécrétaire, L. F. , avec
          l'oraison qu'il a composée pour la réciter quand
          il sera sur l'échafaud.   (S. 1.),   1649, 7p.
          Har, Minn, NYPL

M 2441. Méditations sur tous les jours de la semaine sainte, présentées à la reine. Paris, Robert Feugé, 1649, 11p.
Clev, Har, Md, Minn, NYPL

M 2443. Mémoire des entreprises faites contre l'Eglise en l'affaire de M. le cardinal de Retz. (S. 1., 1654), 4p.
Har

M 2444. Mémoire (le) des plus remarquables pièces faites depuis le 26 août (1648) jusques à présent, contenant une particulière description de toutes les affaires et négociations de l'Etat, et des barricades, avec l'emprisonnement de M. de Broussel et son élargissement. Paris, Claude Morlot, 1649, 8p.
Har

M 2446. Mémoires (les) du feu roi de la Grande-Bretagne, Charles Ier, écrits de sa propre main dans sa prison, où il est montré que le livre intitulé: Portrait du roi de la Grande-Bretagne est un livre aposté et diffamatoire, traduits de l'anglois en notre langue par le sieur de Marsys, et enrichis d'annotations et de renvois très-nécessaires pour l'intelligence de l'ouvrage. Paris, François Preuveray, 1649, 143p.
Fol, Har & (ve)

M 2447. Mémoires et plaintes des rentiers de l'Hôtel de Ville de Paris sur les contraventions aux arrêts, réglements et déclaration d'octobre 1648, présentés à nos seigneurs du Parlement. Paris, Edme Pépingué, 1649, 23p.
Har, Md

M 2448. Mémoires présentés à nos seigneurs du Parlement pour montrer que les dix-huit députés, nommés pour la conservation des rentes de l'Hôtel de Ville, peuvent s'assembler quand ils le jugeront nécessaire pour se rapporter les uns aux autres les désordres qu'ils auront remarqués dans chaque nature de rente, et pour en arrêter le cours et y chercher conjointement le remède. Paris, M. Mettayer, 1650, 9p.
Har

M 2449.   Menace (la) que fait le prince de Condé de
sortir du bois de Vincennes.   Paris, 1650, 6p.
Har, Md

M 2450.   Menaces (les) des harengères faites aux boulangers de Paris, à faute de pain.   (S. 1.),
1649, 4p.
Clev, Fol (ve), Har, Md, Minn

M 2451.   Mercure (le) anglois, ou Recueil succinct des
affaires d'Angleterre, traduit par Jean Ango,
interprète des langues angloise et écossoise.
Jouxte la copie imprimée à Londres par R.
Leysbourne.   Rouen, Jacques Hollant, 1649, 12p.
Fol (ve), Har (ve), Md, NYPL, Wis

M 2452.   Mercure (le) de la cour, ou les Conférences
secrètes du cardinal Mazarin avec ses conseillers
et confidents pour venir à bout de ses entreprises.   Dédié aux Parisiens, avec cette
épigraphe: "Nolite fieri sicut equus et mulus,
quibus non est intellectus. "   Paris, 1652.
BYU, Clev, Fol (ve), Har (ve), Md,
Wis (pts I-IV)

M 2453.   Mercure (le) infernal.   (S. 1. n. d.),   8p.
BYU, Har, Minn, NYPL

M 2454.   Mercure (le), ou le Courrier céleste parlant à
monsieur le Prince.   Paris, 1649, 8p.
BYU, Clev, Fol (ve), Har, Md, Minn, NYPL

M 2455.   Mercure (le) parisien, contenant tout ce qui
s'est passé de plus particulier, tant dans Paris
qu'au dehors, depuis la nuit du jour et fête des
Rois jusques à présent, et qui n'ont été
remarquées (sic) aux imprimés ci-devant
publiés.   Paris, Cardin Besongue, 1649.
BYU, Fol, Har (ve), Md, Minn (pt I), NYPL

M 2456.   Mercuriade (la), ou l'Ajournement personnel
envoyé à Mazarin par le cardinal de Richelieu,
en vers burlesques.   (S. 1.), 1649, 8p.
BYU, Clev, Fol, Har, Md, Minn, Wis

M 2457.   Mercuriale (la) faisant voir 1. l'injustice des
deux partis, soit en leurs fins, soit aux moyens
dont ils se servent pour y parvenir; 2. la
nécessité d'un tiers parti pour réduire les
autres deux à la raison.   Paris, 1652, 24p.
Fol, Har, Minn, NYPL

M 2458.   Merveilles (les) de la Fronde du grand Hercules
(sic) de Paris.   Anvers (Paris), 1649, 7p.
Clev, Har

M 2459.   Merveilleux (le) effet de la députation de messieurs du Parlement, avec tout ce qui s'est
fait et passé en la cour, ensemble les serments
de fidélité faits au roi par madame la Princesse,
messieurs les ducs d'Enguyen (sic), de Bouillon
et de La Rochefoucault.   Paris, Pierre Gautier,
1650, 15p.
Fol, Md

M 2460.   Messager du cardinal de Richelieu envoyé des
Champs-Elysées à Julle (sic) Mazarin.   Paris,
Nic. de La Vigne, 1649, 8p.
Clev, Fol, Har, Md, Minn, NYPL

M 2462.   Métamorphose (la) de la France envoyée à une
dame de la campagne.   Paris, Claude Marette,
1649, 7p.
Clev, Fol, Har (ve), Md, Minn

M 2464.   Métamorphose (la) morale, ou l'Heureux changement de nos fortunes par la prudence de nos
seigneurs du Parlement.   Paris, veuve d'Anthoine
Coulon, 1649, 7p.
BYU, Clev, Fol, Har, Md, Minn, Wis

M 2465.   Métiers (les) de la cour.   (S. l. n. d.), 7p.
BYU, Clev, Fol, Har, Md, Minn, Wis

M 2466.   Micarême (la) des harengères, ou leur Entretien
sur les affaires de l'Etat.   (S. l.), 1649, 7p.
Clev, Har, Md, Wis

M 2467.   Miliade (la), ou l'Eloge burlesque de Mazarin,
pour servir de pièce de carnaval.   (S. l.), 1651,
17p.
Har (ve), Wis

M 2468. Militante (la) république de Venise prosternée
aux pieds de la France, implorant son secours
contre la tyrannie du Turc. Paris, Rollin de
La Haye, 1649, 8p.
BYU, Clev, Fol, Har, Minn, Wis

M 2469. Mine (la) éventée de Jules Mazarin par un
ingénieur, avec un sonnet à monseigneur le duc
de Beaufort. Paris, Michel Mettayer, 1649, 8p.
BYU, Clev, Fol, Har, Md, Minn, NYPL, Wis

M 2470. Ministre (le) d'Etat flambé. Ridendo dicere verum
quid vetat? Jouxte la copie imprimée à Paris,
1649, 16p.
Clev, Fol (ve), Har (ve), Md, Minn, NYPL
(ve), Wis

M 2471. Ministre (le) d'Etat rétabli et justifié. Paris,
1649, 14p.
Clev, Fol, Har, Md, Minn, NYPL (ve), Wis

M 2472. Ministre (le) fugitif sans esprit de retour.
Paris, 1651, 11p.
BYU, Clev, Har, Md

M 2473. Ministre (le) sans reproche, à monseigneur le
président de Bailleul, surintendant des finances
et chancelier de la reine régente. (S. 1., 1648),
47p.
Har

M 2474. Miracle (le) arrivé en la place royale. Paris,
1649, 10p.
Clev, Har, Md

M 2476. Miracle (le) nouveau d'un crucifix qui parla,
vendredi dernier, dans Saint-Germain, à la
reine régente. Paris, Denys Langlois, 1649, 8p.
BYU, Clev, Fol, Har, Minn

M 2477. Miroir (le) à deux visages opposés, l'un louant le
ministère du fidèle ministre, l'autre condamnant
la conduite du méchant et infidèle usurpateur et
ennemi du prince et de son Etat. (S.1.), 1644
(1649), 16p.
Clev, Fol, Har (ve), Md, Minn, NYPL, Wis

M 2478.   Miroir (le) des souverains, où se voit l'art de
régner, et quelles sont les personnes qu'ils
doivent élire pour être leurs commensaux, leurs
domestiques, leurs serviteurs, leurs conseillers
et leurs ministres d'Etat quel est le devoir de
ces divers esprits, et quelle doit être leur
récompense. Paris, François Noël, 1649, 50p.
Har (ve)

M 2479.   Miroir (le) françois, représentant la face de ce
siècle corrompu. Paris, 1651, 8p.
Clev

M 2480.   Miroir (le) françois, représentant la face de ce
siècle corrompu, où se voit si le courtisan, le
politique, le partisan et le financier sont nécessaires au maintien et conservation d'un Etat.
Paris, 1649, 15p.
Clev, Har

M 2481.   Miroir royal, ou Fidèle portrait du monarque
accompli, tiré au modèle d'un grand Gustave,
roi de Suède, à monsieur Hambreus, docteur en
droit canon et professeur du roi ès langues
orientales. Paris, 1649, 7p.
Clev, Minn

M 2482.   Mirouer (le) de la reine lui représentant tous les
désordres de sa régence et lui donnant d'infaillibles moyens de les réparer. Paris, Jacob
Chevalier, 1652, 16p.
Fol, Har

M 2483.   Misérable (la) chute du ministre d'Etat étranger,
son bannissement, sa fuite préméditée et sa
retraite en Turquie. Paris, François Noël,
1649, 8p.
Clev, Fol, Har, Md, Minn, NYPL, Wis

M 2484.   Mission (la) des partisans à ce qu'ils méritent.
(S. 1. , 1649), 4p.
Clev, Fol, Har, Md, Minn, Wis

M 2486.   Monarchie (la) affligée, avec ses consolations
politiques et religieuses, à monseigneur le prince
de Conty. Paris, Robert Sara, 1649, 7p.
BYU, Clev, Fol & (ve), Har (ve), Md, Minn,
NYPL, Wis (ve)

M 2487. Monition. Placard in-folio, daté du 8 septembre 1655.
Har

M 2489. Monitoire publié par toutes les paroisses de la ville de Paris contre les Juifs de la Synagogue, le 1er jour de septembre 1652, pour avoir cruellement martyrisé, assassiné et tué un notable bourgeois de ladite ville de Paris. Paris, veuve J. Guillemot, 1652, 6p.
Fol, Md

M 2490. Monologue, ou Entretien de Mazarin sur sa bonne et sa mauvaise fortune, en vers burlesques. Paris, 1649, 8p.
Clev, Fol, Har, Md, Minn, Wis

M 2491. Monopoleur (le) rendant gorge. Paris, veuve Théodore Pépingué et Estienne Maucroy, 1649, 8p.
Clev, Fol, Har (ve), Md, Minn, NYPL, Wis

M 2493. Mort (le) de terre, ou le Bras hors de terre, en vers burlesques. Paris, 1649, 7p.
Clev, Fol, Har, Md, Minn, Wis

M 2495. Mort (la) effroyable d'un boulanger impitoyable de cette ville. Paris, 1649, 5p.
Fol (inc), Har (ve), Md

M 2496. Mort (la) et les funérailles de la guerre, en vers burlesques. Paris, Claude Morlot, 1649, 8p.
Clev, Har, Md, Minn (inc), Wis

M 2497. Mort (la) funeste du cardinal Mazarin, avec son épitaphe, dédiée à monseigneur le duc de Beaufort, duc et pair de France, et protecteur du peuple. (S. l.), 1651.
Clev, Minn, NYPL

M 2498. Mot (le) à l'oreille, ou le Miroir qui ne flatte point. Paris, 1649, 7p.
BYU, Clev, Fol, Har, Md, Minn, NYPL, Wis

M 2499. Mot (le) à l'oreille sur les desseins particulières (sic) de la reine et du cardinal Mazarin. (S. l., 1652), 15p.
Clev, Fol, Har

M 2500.   Motifs (les) de l'union des bourgeois de Paris
avec le Parlement, représentés à la reine,
servans (sic) de réponse aux libelles jettés dans
Paris, où est découverte la fausse politique des
deux ministres cardinaux.   Paris, Nicolas Bessin,
1649, 8p.
Clev, Fol, Har, Md, Minn, NYPL, Wis

M 2501.   Motifs de la ligue de tous les véritables François
pour conspirer la ruine de Mazarin, avec Son
Altesse Royale et messieurs les princes, présentés à Son Altesse Royale par le sieur de
Vieupont.   Paris, chez défunt mon grand père,
à l'enseigne du Carême prenant (1652), 15p.
Fol (ve), Har

M 2502.   Motifs (les) de la retraite de M. le duc de
Beaufort dans sa solitude.   Paris, S. Le Porteur,
1652, 7p.
Har

M 2503.   Motifs de la retraite de monsieur le Prince.
Paris, Nicolas Vivenay, 1651, 7p.
BYU, Clev, Fol, Har, Md, Minn, NYPL, Wis

M 2504.   Motifs (les) de la tyrannie du cardinal Mazarin.
Paris, Arnould Cottinet, 1649, 7p.
BYU, Clev, Fol, Har, Md, Minn, NYPL, Wis

M 2505.   Motifs des arrêts des Parlements de France
contre le cardinal Mazarin.   (S.1.), 1652, 26p.
Clev, Fol, Har, Minn, Wis

M 2506.   Motifs du traité de madame de Longueville et
de monsieur de Turenne avec le roi catholique,
revus et corrigés.   Jouxte la copie imprimée à
La Haye, 1650, 13p.
Fol, Md

M 2507.   Motifs et raisons principales du Parlement de
Rouen pour sa jonction avec celui de Paris.
Paris, veuve André Musnier, 1649, 8p.
Clev, Fol, Har, Md, Minn, Wis

M 2508.   Motifs (les) qui ont empêché la paix jusqu'à
présent, et les seuls remèdes qui la peuvent sans

difficulté apporter dans peu de jours, par
A. D., Quercinois. Paris, 1652, 22p.
Minn

M 2509.   Motifs qui ont porté Son Altesse Royale à se
déclarer pour monseigneur le Prince, qui
servent de justification à son Manifeste.   (S. 1.),
1652, 15p.
Clev, Fol

M 2510.   Mouchard (le), ou Espion de Mazarin.   Paris,
Claude Boudeville, 1649, 8p.
BYU, Clev, Fol, Har, Minn, NYPL, Wis

M 2511.   Mouchoir (le) pour essuyer les yeux de M. le
prince de Condé.   Paris, (s. d., 1649), 7p.
Clev, Fol, Har, Md, Minn (ve), NYPL, Wis

M 2512.   Moyen assuré pour bien ménager le blé des
bourgeois et remédier à la cherté du pain dans
Paris, pour l'effet duquel il y aura, dès le commencement du mois de décembre prochain 1649,
un magasin dans la rue des Rosiers, à côté de la
vieille rue du Temple, au petit hôtel d'O (où
étoit autrefois l'académie de Benjamin).   Paris,
François Noël, 1649, 7p.
Clev, Har, Md

M 2514.   Moyens de récusation contre M. le premier
président.   (S. 1.), 1650, 3p.
Fol, Har, Md, Minn

M 2515.   Moyens des requêtes présentées à la cour par
M. Guy Joly, conseiller du roi au Châtelet de
Paris, pour raison de l'assassinat commis en
sa personne le 11 décembre 1649.   (S. 1. n. d.),
6p.
Fol, Har (ve), Md

M 2516.   Moyens faciles et nécessaires pour la garde,
sûreté et police de la ville et faubourgs de
Paris, la levée et subsistance de ses troupes,
et ouverture de ses passages, tant par eaus (sic)
que par terre.   Paris, veuve J. Guillemot, 1649,
8p.
Fol, Har, Md, Minn, NYPL

M 2517. Moyens infaillibles pour faire périr le cardinal
         Mazarin, et la guerre à ses dépens. Paris,
         veuve J. Guillemot, 1652, 6p.
         Fol, Har, Md

M 2518. Moyens (les) pour accorder les deux partis,
         proposés par Jacques Bonhomme, paysan de la
         Beauce, aux bourgeois de Paris. Paris, Jacob
         Chevalier, 1652, 7p.
         Fol (ve), Har (ve), Minn (ve)

M 2522. Mystère (le) de la croix proposé à la reine pour
         motif à traiter et conclure la paix dans son Etat,
         tant générale que particulière. Paris, Robert
         Reugé, 1649, 11p.
         Fol, Har, Md, NYPL, Wis

M 2524. Naissance (la) d'un monstre épouvantable,
         engendré d'une belle et jeune femme, native de
         Mark, à deux lieues de Calais, le 23 février
         1649. Paris, veuve d'Anthoine Coulon, 1649, 7p.
         Fol, Har, Minn, NYPL

M 2525. Nappe (la) renversée, chez Renard, en vers
         burlesques. Paris, 1649, 8p.
         Fol, Har, Md, Minn, Wis

M 2526. Nations (les) barbares à la reine d'Angleterre.
         Paris, Pierre Targa, 1649, 4p.
         Md

M 2527. Nazarde (la) à Jules Mazarin. Paris, chez la
         veuve de l'auteur, rue de l'Orphelin, vis-à-vis
         de la Limasse (sic), 1649, 8p.
         BYU, Clev, Fol, Har (ve), Minn, NYPL, Wis

M 2528. Noble (le) confus, ou le Point d'argent du temps
         présent, dialogue de deux gentilshommes et d'un
         valet depuis peu arrivés en Cour. Paris, 1649,
         11p.
         Md

M 2529. Nocturne (la) chasse du lieutenant civil. Paris,
         par la société typographique du pays grec et
         latin, au Mont-Parnasse, (s. d. , 1649), 8p.
         Clev, Fol, Har, Md, NYPL, Wis

M 2530.   Nocturne (le) enlèvement du roi hors de Paris,
          fait par le cardinal Mazarin, la nuit des Rois,
          en vers burlesques.   Paris, Arnoult Cottinet,
          1649, 32p.
          Clev (ve), Fol (ve's), Har (ve), Md, Minn,
          NYPL, Wis

M 2531.   Noeud (le) de l'affaire, ou la Seule ressource des
          grands désordres qui menacent cette monarchie
          avec un danger évident de quelque changement
          d'Etat; discours sans flatterie sur la défiance
          que la reine à de la conduite de monseigneur le
          Prince, et sur la défiance que monseigneur le
          Prince à de la conduite de la reine, avec un
          beau parallèle des sorties de monseigneur le
          Prince et de monsieur le duc de Mercoeur, pour
          servir d'instruction aux médiateurs des troubles
          de l'Etat.   (S. 1.), 1651, 28p.
          Fol

M 2532.   Nompareille (la) du temps, ou la Prosopopée de
          Thémis et la Fortune plaidant le procès de
          Mazarin.   Paris, veuve d'Anthoine Coulon, 1649,
          8p.
          Fol, Har, Minn, NYPL

M 2533.   Nouveau Caquet, ou Entretien de l'accouchée, sur
          le départ du cardinal Mazarin de la ville de
          Dinan jusques à son arrivée à Saint-Germain.
          Première journée.   Paris, 1652, 24p.
          Fol, Har

M 2534.   Nouveau (le) De profundis de Jules Mazarin au
          Prince de Condé.   (S. 1.), 1649, 7p.
          BYU, Clev, Fol (ve), Har & (ve), Md, Minn,
          NYPL, Wis (ve)

M 2535.   Nouveau discours politique contre les ennemis du
          Parlement et de la ville de Paris, ou il est
          traité de l'usage légitime de la puissance royale
          dans l'imposition des subsides, de la dignité du
          Parlement de Paris dans la France, et de
          l'innocence de la ville de Paris.   A la reine.
          Paris, Rollin de La Haye, 1649, 12p.
          BYU, Fol, Har, Md, Wis

M 2536. Nouveau (le) fourrier de la Cour réformant les autres logements et les accommodant mieux au temps et aux lieux, et logeant commodément ceux qui avaient été oubliés. Paris, 1652, 8p.
Fol, Har, Md, Minn

M 2537. Nouveau journal contenant tout ce qui s'est fait et passé aux assemblées des cours souveraines du Parlement de Paris ès années 1648 et 1649 jusques à present, revu, corrigé et augments de tout leurs jours et dates des mois. Paris, Mathieu Colombel et Jérémie Bouilleront, 1649, 114p. jusqu'au 18 janvier 1649, et du 6 février jusqu'à la fin, 40p.
Fol (ve), Har, Md, NYPL

M 2540. Nouveaux (les) jeux du piquet de la Cour. (S. 1. n. d.), 4p.
BYU, Clev, Fol, Har (ve), Md, Minn, NYPL, Wis

M 2541. Nouveaux triolets frondeurs, ou les Triomphes de la Fronde. (S. 1.), 1650, 7p.
Fol, Har

M 2542. Nouvelle (la) courante. A la reine. Rouen, 1649, 4p.
Clev, Fol, Har, Md, Minn, NYPL, Wis

M 2544. Nouvelle (la) défaite de l'infanterie du mareschal de Turenne devant Estampes par monsieur le comte de Travannes, le mercredi cinquiesme juin 1652. Paris, André Chouqueux, 1652, 7p.
Md

M 2545. Nouvelle (la) extraordinaire, contenant ce qui s'est passé à Francfort au sujet de la défaite de l'armée du vicomte de Turenne (à la bataille de Rethel), avec les préparatifs des cercles du Haut et Bas-Rhin pour s'opposer aux armes d'Espagne, et l'état des troupes du vicomte de Turenne, envoyée à monsieur le gouverneur de la ville de Paris. Paris, Guillaume Sassier, 1651, 7p.
Md

M 2546. Nouvelle (la) extraordinaire contenant tout ce
qui s'est fait et passe en Champagne depuis
l'arrivée de l'armée du roi, commandée par
monseigneur le cardinal Mazarin, avec la prise
du château et garnison de Chemery par le sieur
de La Marre, envoyée à monsieur le maréchal
de Lhopital, gouverneur de la ville de Paris et
seul lieutenant-général pour le roi en Champagne
et Brie, par le sieur de Saint-Saufflieu (sic),
gouverneur de Donchery. Paris, Guillaume
Sassier, 1650, 7p.
Md

M 2548. Nouvelle extraordinaire touchant l'état présent
des affaires du roi de la Grand'Bretagne, avec
harangues éloquentes et zélées sur le dessein de
venger le meurtre du roi défunt et assurer le roi
d'à present dans ses Etats, l'une prononcée par
le chevalier Richard Blaque de la part de
l'assemblée des trois Etats du parti catholique
d'Irlande, et l'autre par monseigneur le marquis
d'Ormond, vice-roi du même royaume. Paris,
François Preuveray, 1649, 8p.
BYU, Fol, Har, Md, Minn, NYPL, Wis

M 2550. Nouvelle (la) ligue faite à la Cour contre le
cardinal Mazarin, sur le dessein du retour du
roi à Paris, depuis la défaite des troupes
mazarines (combat de Bleneau). Paris, Jean
Brunet, 1652, 8p.
Har, Minn

M 2551. Nouvelle (la) Mazarinade. Paris, 1652, 8p., les
deux dernières non chiffrées.
Clev, Fol, Har, Minn, Wis

M 2553. Nouvelle proposition faite par les bourgeois de la
ville et faubourgs de Paris à Messieurs du Parle-
ment, contre la Lettre (interceptée) du sieur
Cohon (ci-devant) évêque de Dol. Paris, Nicolas
Jaquard, 1649, 8p.
Fol & (ve), Har, Md, Minn

M 2554. Nouvelle (la) véritable du François étranger sur
le débris de Mazarin, présentée à Messieurs
du Parlement de Paris. Paris, Claude Morlot,
1649, 8p.
Har, Minn

302

M 2555.   Nouvelles apportées au roi Louis XIII dans les
Champs Elysées, et son entretien avec les
héros et les principaux seigneurs de sa Cour
touchant la funeste guerre que Mazarin a
allumée dans la France, et la description des
principales choses qui sont arrivées depuis
l'enlèvement du roi, qui est toute l'histoire du
temps. Paris, Guillaume et Jean-Baptiste
Loyson, 1649, 20p.
BYU, Clev, Fol, Har, Md, Minn, NYPL, Wis

M 2556.   Nouvelles (les) assurées de la paix et les joies
et les souhaits des Parisiens pour l'arrivée
de Leurs Majestés dans leur bonne ville de
Paris. Paris. Guillaume Sassier, 1649, 7p.
Fol, Har (ve), NYPL, Wis

M 2557.   Nouvelles burlesques portées par le duc de
Châtillon à l'empereur des ténèbres aux
affreuses cavernes de sa domination. (S. 1.),
1649, 7p.
BYU, Clev, Fol, Har, Md, Minn, NYPL, Wis

M 2558.   Nouvelles extraordinaires contenant les particularités de ce qui s'est passé tant à Blois qu'à
Gergeau et ès environs, et l'entrée de Mademoiselle dans la ville d'Orléans, ensemble la
marche de monsieur le duc de Beaufort vers
ledit Gergeau. Paris, Claude Le Roy, 1652, 7p.
Fol, Md

M 2559.   Nouvelles extraordinaires contenant tout ce qui
s'est passé à la Cour depuis la défaite des
Mazarins, avec les particularités de la poursuite
de leur déroute, ensemble les résolutions prises
dans leur conseil de guerre jusques à présent.
Paris, Salomon de La Fosse, 1652, 8p.
Fol, Har

M 2560.   Nouvelles (les) métamorphoses de l'Espagnol.
Paris, Claude Boudeville, 1649, 8p.
Fol, Har, Md, Minn, NYPL

M 2561.   Nouvelles remontrances à la reine régente sur
le gouvernement de l'Etat. Paris, Denys de Cay,
1649, 16p.
BYU, Fol, Har, Md, Minn, NYPL, Wis

M 2562.   Nouvelles remontrances au roi par ses conseillers
secrétaires, contenant les raisons et moyens de
leurs oppositions afin d'être payés sur le fait
de leurs gages, tant pour l'année dernière 1649
que pour l'avenir.   Paris, Denys Langlois, 1650,
18p.
Har & (ve), Md

M 2564.   Objet (l') de la haine publique, ou la Honte du
ministre d'Etat découverte.   Paris, François
Musnier, 1649, 8p.
Clev, Fol, Har, Minn

M 2565.   Obseques, (les) funérailles et l'oraison funèbre
de Mazarin.   Paris, N. Charles, 1649, 8p.
Fol, Har

M 2567.   Observations politicae super nuperis Galliae
motibus.   (S. 1.), 1649, 47p.
Fol, Har

M 2568.   Observations curieuses sur l'état et gouvernement
de France, avec les noms, dignités et familles
principales, comme il est en la présente année
1649, nouvellement revue et augmentée (sic).
Paris, Gervais Allyot, Denys et Jacques Langlois,
1649, 34p.
Fol (ve), Md, Minn (ve), NYPL

M 2569.   Observations pieuses sur la mort de la maréchale
d'Ancre, faisant voir quelles sont les causes de
la guerre, et les voies qu'il faut tenir pour
bientôt arriver à une bonne et solide paix.   Paris,
1652, 16p.
Fol

M 2570.   Observations politiques sur le prétendu manifeste
de monsieur le Prince.   Jouxte la copie imprimée
par Julien Courant, à Pontoise, 1652, 26p.
Fol, Har, Md

M 2571.   Observations sur les nouveautés de la cour, avec
l'état de l'armée du cardinal Mazarin.   Paris,
Jacob Chevalier, 1652, 8p.
Fol, Har

M 2572. Observations sur quelques lettres écrites au
cardinal Mazarin et par le cardinal Mazarin.
Paris, Nic. Vivenait (sic), 1652, 74p.
Fol & (ve), Har

M 2573. Observations sur un discours venu de Cologne.
Paris, 1651, 44p.
Fol, Har (inc), Md, Minn

M 2574. Observations véritables et désintéressées sur un
écrit imprimé au Louvre, intitulé: les Sentiments d'un fidèle sujet du roi contre l'arrêt du
Parlement du 29 décembre, par lesquelles
l'autorité du Parlement et la justice de son
arrêt contre le Mazarin est (sic) pleinement
défendue, et l'imposteur qui le condamne, entièrement refuté, par un bon ecclésiastique très
fidèle sujet du roi, première partie. Qui justifi-
cat impium, et qui condemnat justum, abomina-
bilis est uterque apud Deum. Prov., cap. 17,
vers. 15. Paris, 1652, 152p.
Fol (ve), Har, Md, Minn, NYPL, Wis

M 2575. Occupations (les) cléricales durant les vacations
extraordinaires du Palais de Justice de l'année
1649. Elegie. (S. l. n. d.), 12p.
Clev, Fol, Har, Md, Minn, NYPL, Wis

M 2576. Ode à nosseigneurs de la cour de Parlement de
Paris sur l'arrêt d'union donné le . . . 1648, et
quelques autres pièces ensuite. Paris, Nicolas
Bessin, 1649, 8p.
Fol, Har, Md, Minn, Wis

M 2577. Ode au roi sur les mouvements arrivés à Paris
au commencement de l'année 1649, ensuite de
l'enlèvement de Sa Majesté fait par le cardinal
Mazarin. Paris, 1649, 8p.
Clev, Fol, Har, Md, Minn, Wis

M 2580. Ode présentée à monseigneur le prince de Conty,
en la maison de ville, sur son arrivée à Paris.
Paris, Blageart, 1649, 8p.
Fol, Md

M 2581. Ode royal (sic) et pacifique dédiée au roi et à monseigneur le duc d'Anjou. Paris, Claude Morlot, 1649, 8p.
BYU, Clev, Fol, Har, Md, Minn, Wis

M 2582. Ode sur don Joseph de Illescas, pretendu envoyé de l'archiduc Léopold. (S. 1.), 1649, 8p.
BYU, Clev, Fol, Har, Md, Minn, NYPL, Wis

M 2583. OEufs (les) rouge (sic) à Mazarin, apresté (sic) par monsieur Scarron, en vers burlesques. Paris, Martin Bellay, 1652, 8p.
Minn

M 2585. Officier (l') de ce temps de la maison royale, voyageant par la France pendant le temps présent, qui apprend les misères et les désordres qui se sont commis et commettent dans les provinces, seigneuries et terres du royaume, causes d'icelle (sic), dont il auroit écrit une très humble remontrance faite au roi, lui déclarant les moyens d'y pourvoir à la gloire de Dieu et le repos de son Etat, sur les mauvais conseils à lui donnés par ses plus proches. Paris, 1652, 40p.
Har

M 2586. Oie (l') royale tirée devant Leurs Majestés. Prosopopée, ou l'Oie qui parle. Paris, Denys Langlois, 1649, 11p.
Md

M 2587. Oiseau (l') de rivière, ou le Tournoy (sic) naval, dédié aux mariniers. Paris, Pierre Variquet, 1649, 40p.
Clev, Har

M 2588. Ombre (l') de madame la Princesse apparue à la reine, au Parlement et à plusieurs autres. (S. 1.), 1651, 16p.
Fol, Har, Md

M 2590. Ombre (l') de Mancini, sa condamnation et sa déposition contre le cardinal Mazarin, la marche de ce dernier, sa contenance, ses desseins et ses passions différentes; c'est la suite de la pièce intitulée: les Sentiments de la France et des plus

déliés politiques sur l'éloignement du cardinal
Mazarin et la conduite du prince de Condé, par
le sieur de Sandricourt. Paris, 1652, 47p.
Md

M 2591.   Ombre (l') de monsieur de Châtillon, ou les Avis
héroïques et importants donnés à monsieur le
prince de Condé. Paris, Denys Langlois, 1649,
12p.
Clev, Fol, Har & (ve), Minn, NYPL, Wis

M 2592.   Ombre (l') du feu prince de Condé apparue à
monsieur le Prince, son fils, depuis sa sortie
de Paris. Paris, 1652, 8p.
Md

M 2593.   Ombre (l') du grand Armand, cardinal, duc de
Richelieu, parlant à Jules Mazarin. Paris,
François Noël, 1649, 11p.
Clev, Fol, Har & (ve), Md, Minn, NYPL, Wis

M 2594.   Ombre (l') du grand César à monsieur le prince
de Condé pour l'animer à la destruction du
Mazarin et la protection de Paris. Paris, 1652,
8p.
Har, Minn

M 2595.   Ombre (l') du maréchal d'Ancre apparue au cardinal Mazarin en la ville de Sédan, touchant la
résolution qu'il doit prendre sur les troubles
qu'il a suscités en France, pour la sûreté de sa
personne. (S. l.), 1651, 8p.
Har

M 2597.   Ombre (l') du roi d'Angleterre apparue à la reine
de France. (S. l. n. d.), 7p.
Fol, Har, NYPL, Wis

M 2598.   On (l') du temps tout nouveau, en vers burlesque
(sic), par C. D. B. M. (S. l.), 1649, 12p.
Md

M 2599.   Onophage (l') ou le Mangeur d'âne, histoire
véritable d'un procureur qui a mangé un âne.
Improbius nihil est hâc . . . gulâ. Martial,
epig. 51, liv. 5. Paris, 1649, 10p.
BYU, Clev, Fol, Har & (ve), Md, Minn (ve),
NYPL (ve), Wis

M 2602. Oracle (l') de Morphée pour le retour du roi.
Paris, veuve d'Anthonie Coulon, 1649, 8p.
Clev, Fol, Har, Md, Minn, NYPL, Wis

M 2603. Oracle (l') des vertus héroïques et cardinales de
monseigneur le prince de Conty. Paris, Pierre
Du Pont, 1649, 8p.
Clev, Fol, Har, Md, Minn, Wis

M 2605. Oraison (l') des bons François aux pieds de la
Fronde. (S. 1.), 1650, 7p.
Fol

M 2607. Oraison funèbre sur la vie et la mort de madame
la princesse douairière de Condé, par M. D. L.
B. E. Paris, Nicolas Jacquard, 1650, 27p.
Fol, Har (ve), Md

M 2608. Orateur (l') des peuples faisant voir les aveugles.
Paris, 1652, 15p.
Minn

M 2609. Ordonnance de messieurs les prévôt des marchands et échevins de la ville de Paris, par
laquelle il est enjoint aux boulangers et
pâtissiers de faire dorénavant des pains de deux
et trois livres seulement pour la subsistance et
soulagement des pauvres gens. Du premier
mars 1649. Paris, Pierre Rocollet, 1649, 4p.
Fol

M 2611. Ordonnance de messieurs les prévôt des marchands et échevins de la ville de Paris, portant
réglement général pour la garde ordinaire des
portes de ladite ville et faubourgs de Paris et
autres expéditions qui seront commandées pour
le service du roi et la conservation de ladite
ville. Du quatorizième février 1649. Paris,
1649, 4p.
Har

M 2612. Ordonnance de messieurs les prévôt des marchands et échevins, portant réglement pour
les blés et farines en faveur des bourgeois et
habitants de la ville et faubourgs de Paris. Du
23 janvier 1649. Paris, Pierre Rocollet, 1649,
4p.
Har, Minn (ve)

M 2614.   Ordonnance de police, par laquelle il est enjoint
à tous les houlangers, tant de gros que de petit
pain, d'y mettre leur marque et le nombre de
livres qu'il pèsera; comme aussi il leur est fait
défense de vendre la livre à plus huit prix qu'il
n'est porté par la présente ordonnance, sur les
peines y mentionnées.   Du sixième jour de mars
1649. Paris, par les imprimeurs et libraires
ordinaires du roi, 1649, 4p.
Har, Minn (inc), Md

M 2615.   Ordonnance du roi en faveur des bourgeois et
habitants de sa bonne ville de Paris pour
l'ouverture et liberté des passages des bleds (sic),
vins, bois, poissons et autres denrées destinées
pour la provision de ladite ville.   Donnée à
Pontoise le 29 septembre 1652.   Paris, Antoine
Estienne, 1652, 6p.
Fol, Har, Md

M 2616.   Ordonnance du roi envoyée à messieurs les
prévôt des marchands et échevins de la ville
de Paris, par laquelle Sa Majesté veut et entend
que le commerce ordinaire des blés et autres
vivres et marchandises y soit entretenu ainsi
qu'il est accoutumé, et fait défenses très-
expresses à toutes personnes d'y contrevenir.
Paris, Michel Mettayer, (s. d.), 4p.
Md

M 2617.   Ordonnance du roi, envoyée à messieurs les
prévôt des marchands et échevins de la ville de
Paris pour le rétablissement du commerce.   Du
20 mars 1649.   Paris, Pierre Rocollet, 1649, 4p.
Har (ve), Minn

M 2618.   Ordonnance du roi, portant commandement aux
sujets de Sa Majesté étant près le cardinal de
Retz de s'en retirer, avec défenses à eux et à
tous autres de garder correspondance avec lui,
et injonction d'indiquer ceux qui auront intelligence avec lui, comme aussi d'arrêter ceux qui
iront et viendront vers lui.   Du 28 mars 1656,
à Paris.   Paris, par les imprimeurs et libraires
ordinaires du roi, 1656, 7p.
Har

M 2619.   Ordonnance du roi pour faire arrêter le cardinal
de Retz en quelque lieu du royaume qu'il se
présente, et défendre de lui donner retraite ni
assistance sur les peines y mentionnées, du 14
septembre 1656 à Compiègne, avec l'arrêt du
parlement de Toulouse du 6 octobre 1656.
Toulouse, Jean Boude, 1656, 7p.
Har (ve)

M 2620.   Ordonnance pour la convocation des trois Etats
de la ville, prévôté et vicomte de Paris en la
grande salle de l'archevêché, au lundi 4 du mois
de septembre prochain 1651, pour faire élection
de députes aux Etats Généraux. Paris, par les
imprimeurs et libraires ordinaires du roi, 1651,
7p.
Fol, Har, Minn

M 2622.   Ordonnances du roi que Sa Majesté a commandé
être publiées de nouveau pour être exécutées,
suivant le contenu en la dernière du 2 juillet
1656, contre le cardinal de Retz et ses adhérents.
Paris, par les imprimeurs et libraires ordinaires
du roi, 1656, 12p.
Har

M 2623.   Ordre (l') de la Paille, institué pour combattre
les mazarins, avec l'avis pour faire sortir
présentement des prisons ceux qui y sont détenus
pour quoi que ce soit. Paris, Simon le Porteur,
1652, 7p.
Fol

M 2624.   Ordre donné par le Mazarin à son maistre d'hostel
pour un plat dont il veut que sa table particulière
soit servie pendant tous les jours du mois de
février prochain, laissant le reste à la volonté
du sieur Euzenat. Paris, 1652, 7p.
BYU, Fol, Har, Md, Minn

M 2625.   Ordre (l') du roi envoyé aux villes pour le
passage du cardinal Mazarin. (S. 1. n. d.), 2p.
Md

M 2628.   Ordre et réglement donné par Son Altesse Royale,
que doivent tenir les gens de guerre, tant
cavalerie que infanterie; extrait des registres

de la connétablie et maréchaussée de France au
siége général de la table de marbre du Palais.
Paris, Jacques Bellay, 1652, 8p.
Fol, Har

M 2629. Ordre et réglement que doivent tenir et garder
les soldats et gens de guerre à pied; extrait
des registres de la connétablie et maréchaussée
de France au siége général de la table de marbre
du Palais. Paris, 1649, 4p.
BYU, Clev, Fol, Har, Md, Minn, NYPL, Wis

M 2630. Ordre et réglement que nos seigneurs de la cour
de Parlement veulent estre gardé (sic) et
observé aux portes de la ville et fauxbourgs de
Paris; par l'ordre de messieurs des prévôts (sic)
des marchands et eschevins de ladite ville.
Paris, Jean de La Caille, 1649, 7p.
Wis

M 2631. Ordre (l') qui doit être observé pour les prières
sur la descente de la châsse de madame sainte-
Geneviève, patronne de la ville de Paris, pour
implorer par son intercession la paix du royaume.
Paris, Jean de La Haye, 1652, 8p.
Har

M 2632. Orgueilleux (l') humilié, ou le Caporal étonné.
Paris, Claude Boudeville, 1649, 8p.
Minn

M 2633. Origine (l') des partisans, avec la purgation de
Jules Mazarin, et autres vers sur le temps, en
vers burlesques. Paris, 1649, 8p.
Clev, Fol, Har, Md, Minn, Wis

M 2634. Orphée (l') grotesque, avec le Bal rustique, en
vers burlesques, première partie. Paris,
Sébastien Martin, 1649, 20p.
Clev (ve), Fol, Har & (ve), Md & (ve), Minn,
Wis

M 2635. Outrecuidance (l') présomption (sic) du cardinal
Mazarin dans le mariage de sa nièce. (S. l. n. d.),
15p.
BYU, Fol, Har, Md, Wis

M 2636.   Ouy dire (l') de la cour.   (S. l. n. d.), 8p.
BYU, Fol, Har, Md, Minn, NYPL, Wis

M 2637.   Ovide parlant à Tieste (sic), lui montrant l'ordre
qu'il doit tenir pour gouverner un Etat et le
rendre victorieux malgré ses ennemis; 1. que la
coutume doit être observée sans qu'on y puisse
mettre empêchement; 2. que les lois recues ne
se doivent aucunement changer; 3. que l'épée
rouillée de justice peut perdre le Mazarin par
ses nouvelles lois; 4. que les lois permettant
d'appeler mains ennemies (sic) pour éviter une
continuelle guerre; 5. que les vertus modernes
se doivent autant louer que les anciennes; 6. que
Son Altesse Royale, messieurs les princes et le
Parlement sont obligés de retirer le roi d'entre
les mains du Mazarin.   Paris, 1652, 44p.
Fol (ve), Md

M 2638.   Oygnon (l') ou l'union qui fait mal à Mazarin,
avec quelques autres pièces du temps contre lui.
Paris, 1649, 12p.
Clev, Fol, Har, Md, Minn, NYPL, Wis

M 2640.   P. Guerre (la) ensevelie.   (S. l. n. d.), 8p.
Har, Wis

M 2641.   Pacifique (le), ou Entretien d'Ariste avec Lucile
sur l'état des affaires présentes.   Erit consilium
pacificum inter utrosque.   Eccles., 4.   (Il y aura
un conseil de paix entre l'un et l'autre parti.)
Paris, Pierre Variquet, 1649, 15p.
BYU, Clev, Fol, Har, Md, Minn, NYPL, Wis

M 2642.   Pacte (le) de Mazarin avec le démon.   (S. l.),
1649, 8p.
Clev, Fol, Har, Md, Minn, Wis

M 2643.   Paix (la) accordée par le roi à ses sujets de sa
ville de Bordeaux, apportée par le courrier
arrivé à Paris le mardi 27 septembre 1650, avec
la sortie de madame la Princesse, messieurs de
Bouillon et de Larochefoucault de ladite ville.
Paris, Jacques Barlay, 1650, 7p.
Har

M 2645. Paix (la) au milieu de la guerre. Discours chrétien. Paris, Denys Langlois, 1649, 8p.
BYU, Clev, Fol, Har, Md, Minn, NYPL, Wis

M 2647. Paix (la) demandée par les bons François au roi et à la reine, en vers burlesques. (S. 1.), 8p.
Clev, Har, Md, Minn, Wis

M 2648. Paix (la) en France. Saint-Germain-en-Laye, 1649, 8p.
Clev

M 2649. Paix (la) en son trône de gloire, ou la Corne d'abondance apportée du ciel à tous les bons François par l'ange tutélaire de ce royaume.
Paris, Pierre Variquet, 1649, 8p.
BYU, Clev, Fol, Har, Md, Minn, NYPL, Wis

M 2650. Paix (la) en son trône, ou la Guerre exilée dedans la Trace (sic) par le glorieux retour du roi en sa ville de Paris. Paris, veuve Calleville, (1649), 7p.
Clev, Har, Minn

M 2651. Paix (la) errante et complaignante. Paris, veuve Jean Remy, 1649, 7p.
BYU, Clev, Fol, Har, Md, Minn, NYPL, Wis

M 2652. Paix (la) véritable accordée par le roi à ses sujets de la ville de Bordeaux et à ceux qui ont tenu leur parti, apportée à Son Altesse Royale dans le palais d'Orléans par M. le comte de Lhopital, le mardi 4 octobre 1650, avec les articles accordés à madame la princesse, monseigneur le duc d'Anguien (sic), et à messieurs de Bouillon et de Larochefoucault. Paris, Guillaume Sassier, 1650, 7p.
Fol, Har, Md, Minn, Wis

M 2653. Paix (la) véritable, présentée à la reyne. Paris, Guillaume Sassier, 1649, 8p.
Minn, Wis

M 2654. Palladium (le), ou le Dépôt tutélaire de Paris, à madame la duchesse de Longueville, par M. de l'Isle. Paris, Guillaume Sassier, 1649, 8p.
Clev, Har, NYPL, Wis

M 2655.   Palme (la) présentée au roi et à la reine à
          Saint-Germain-en-Laye, le jour des Rameaux,
          pour un symbole de paix.   Paris, Guillaume
          Sassier, 1649, 8p.
          Clev, Fol, Har, NYPL

M 2656.   Palmes (les) du grand prince de Condé.   Paris,
          Nicolas Vivenay, 1652, 8p.
          Fol, Md

M 2657.   Palmes (les) héroïques du généreux duc de
          Beaufort.   Paris, Jean Hénault, 1649, 8p.
          BYU, Fol (ve), Har, Md, Minn, NYPL, Wis

M 2658.   Pandore (la), ou l'Assemblage de tous les mal-
          heurs que la France a soufferts dans le ministère
          du cardinal Mazarin, 1. sur son manquement de
          foi; 2. sur le nom de Jules Mazarin, funeste à
          la chrétienté; 3. sur ses mauvais conseils donnés
          à Sa Majesté; 4. sur la nécessité qu'il y a de
          d'éloigner du conseil du roi et du ministère;
          5. et sur son ambition aspirant à la souveraineté.
          Paris, 1652, 32p.
          Fol, Har, Md

M 2660.   Panégyrique à l'honneur du roi, présenté à Sa
          Majesté.   Paris, veuve Théodore Pépingué et
          Estienne Maucroy, 1649, 15p.
          Clev, Fol, Har, Md, Minn, NYPL

M 2661.   Panégyrique (le) de monseigneur le duc de
          Beaufort, pair de France.   Paris, Jean du Crocq,
          1649, 12p.
          Clev, Har, NYPL

M 2662.   Panégyrique (le) du cardinal Mazarin, par L. A.
          P. (S. 1.), 1649, 11p.
          BYU, Clev, Fol, Har, Md, Minn, Wis

M 2666.   Panégyrique pour monseigneur le duc de Beaufort,
          adressé à M. de Palleteau par L. S. D. B. (le
          sieur de Bonair).   Paris, Pierre Du Pont, 1649,
          8p.
          BYU, Fol, Har, Md, Minn, NYPL, Wis

M 2668. Panégyrique royal de Louis XIV. <u>Unius</u> <u>anni</u> <u>erat</u> Saül, <u>cum</u> <u>regnare</u> coepisset. Regum, cap. 1. Paris, veuve d'Anthoine Coulon, 1649, 16p. Clev, Fol, Har, Md, Minn, NYPL, Wis

M 2669. Panégyrique royal, ou Triomphe de la paix pour le retour de messieurs les députés du Parlement, avec ce qui s'est passé de plus mémorable, dédié au roi. Paris, Pierre Variquet, 1649, 7p. BYU, Clev, Fol, Har, Md, Minn, NYPL

M 2670. Panégyrique (le) royal présenté à Leurs Majestés, à Compiègne, le 14 juillet 1649, par S. D. N. (Suzanne de Nervèze). Paris, Guillaume Sassier, 1649, 8p. Har

M 2671. Papilion (le) Sicilien, qui s'est venu brûler à la chandelle. Paris, Clément, 1652, 8p. Clev, Fol, Har

M 2673. Parabole (la) du temps présent. Paris, 1649, 8p. BYU, Clev, Fol, Har, Md, Minn, NYPL, Wis

M 2674. Parabole (la) du temps présent, dénottant (sic) les cruautés de Mazarin contre les François, et prophétisant la victoire de messieurs du Parlement. Paris, Arnould Cottinet, 1649, 8p. Clev, Har, Md, Wis

M 2675. Parabole et similitude plaisante pour faire voir l'union et la concorde qui doivent être entre un roi et ses sujets, s'ils veulent vivre en paix et en prospérité. Paris, Guillaume et Jean-Baptiste Loyson, 1649, 8p. BYU, Clev, Fol, Har, Md, Minn, NYPL, Wis

M 2676. Paradis (le) et félicité de Mazarin, ou le Purgatoire de la France. (S. 1. n. d.), 11p. Fol, Har & (ve), Minn

M 2677. Paradoxes (les) d'Etat, servant d'entretien aux bons esprits et faisant voir: 1. qu'il falloit absolument que monseigneur le Prince fût emprisonné, parce qu'il étoit innocent; 2. qu'il est nécessaire que Mazarin revienne; 3. que le mauvais gouvernement du Mazarin a été très-avantageux à l'Etat;

4. que la reine a ruiné la fortune du Mazarin;
5. qu'il est nécessaire qu'on fasse de nouvelles
impositions pour soulager le peuple; 6. que le
ministère d'Etat n'est point un degré digne d'être
brigué par un homme de coeur; 7. qu'il étoit
nécessaire que les jansénistes et les molinistes
s'entr'accusâssent d'erreur. (S. 1.), 1651, 44p.
Clev, Fol, Md

M 2678. Paradoxes (les) de l'éloignement de Mazarin pour
savoir: 1. s'il se tiendra toujours loin de la cour,
ou si son retour se fera dans peu de jours,
comme on le croit; 2. si nous devons nous réjouir
ou nous affliger de son départ; 3. si son éloignement nous produira la paix ou la guerre; 4. et
si nous trouverons la fin de nos maux en ce bien
tant souhaité, avec un curieux examen de la conduite et des intentions de messieurs les princes
et du coadjuteur. Paris, 1652, 40p.
Fol, Md

M 2679. Parallèle de monsieur le duc de Beaufort avec
le roi David. Saül percussit mille; David autem
decem millia, quia manus Domini erat cùm illo.
Paris, 1649, 15p.
Clev, Fol (ve), Har (ve), Minn, NYPL

M 2680. Parallèle des plus pernicieux et abominables
tyrans que la nature réprouvée ait jamais su
créer en forme d'hommes, ou Véritable parangon
des moeurs, humeurs, conditions et maximes de
Jules Mazarin avec celles d'OElius Séjanus, l'un
et l'autre généralement reçus de tout l'univers
pour les plus illustres coryphées de toute la
doctrine machiavélique, dédié à monseigneur le
Prince. Saül percussit mille; David autem decem
millia, quia manus Domini erat cum illo. Paris,
1652.
Fol (ve's), Har, Minn (pt II)

M 2681. Parallèle (le) politique chrétien du Jansénisme et
du Molinisme avec la Mazarinisme et la Fronde,
tiré 1. de leurs prétentions communes, 2. de
leur naissance, 3. de leur créance et politique,
4. de leur disposition pour le mal, 5. de l'alliance qu'ils ont avec les hérétiques et rebelles,

6. de leurs desseins, 7. de la condition de leurs partisans, 8. de la façon de professer leurs maximes, 9. et de leurs effets; avec le procès de tous les quatre partis et l'arrêt de leur condamnation, si toutefois ils refusent de consentir à la reunion, par le moyen d'une simplicité de créance dont les Jansénistes et les Molinistes ont besoin, et d'une obéissance aveugle que je prescris aux Mazarins et aux Frondeurs, pour se soumettre à la religion et au roi, les premiers sous le seul titre de catholiques romains, les seconds sous la très-glorieuse qualité de fidèles sujets du roi. (S. 1), 1651, 40p.
Md

M 2682. Parallèles (les) royales, prophétiques et saintes (sic) présentées à Leurs Majestés par le sieur B. de P. (S. 1.), 1650, 8p.
Clev, Har

M 2683. Paranymphe (le) aromatique, dédié à monseigneur le duc de Beaufort. Paris, veuve d'Anthoine Coulon, 1650, 6p.
Clev, Har, Md

M 2684. Paranymphe (le) du roi par Nicolas Jamin, Tourangeau. Paris, Nicolas Gasse, 1649, 11p.
Clev, Fol, Har, Md, Minn, Wis

M 2685. Paranymphe (le) mazarinique. (S. 1.), 1651, 10p.
Har

M 2687. Paraphraze sur le bref de Sa Sainteté, envoyé à la reine régente, mère du roi, touchant sa réconciliation avec plusieurs des plus signalés de son royaume et le soulagement de ses peuples, en vers burlesques. Paris, Claude Morlot, 1649, 8p.
Clev, Fol, Har, Md, Minn, NYPL, Wis

M 2688. Parfait (le) repos de la France, ou Moyens assurés pour rendre la France tranquille, heureuse et invincible. Paris, 1652, 16p.
Fol, Har (ve)

M 2689.   Parfaite (la) description du coquin du temps, métamorphosé en partisan. Paris, (1649), 11p.
BYU, Clev, Fol, Har, Md, Minn, NYPL, Wis

M 2690.   Paris aux pieds du roi Louis XIV.   Paris, Anthoine Estienne, 1652, 8p.
Har, Md

M 2692.   Paris débloqué, ou les Passages ouverts, en vers burlesques.   Paris, Claude Huot, 1649, 10p.
BYU, Clev, Fol, Har, Md, Minn, NYPL, Wis

M 2693.   Paris en deuil réfléchissant sur son état présent, sur les périls auxquels elle a été exposée, les pertes qu'elle a faites, la semaine dernière, et les dangers qui la menacent encore à l'avenir. Foris interficit gladius; et domi mors similis est. (S. 1.), 1652, 14p.
Fol (ve), Har

M 2694.   Paris en son estre malgré l'envie.   Paris, 1649, 7p.
Clev, Md, NYPL

M 2695.   Paris euphemismos.   (S. 1. n. d.), 14p.
Minn

M 2696.   Paris sous la figure d'une reine aux pieds du roi Louis XIV.   Paris, Jacques Hérault, 1652, 8p.
NYPL

M 2697.   Paris transformé en un paradis au retour de la paix, en vers burlesques.   Paris, Claude Morlot, 1649, 8p.
Clev (ve), Fol (ve), Har (ve), Minn, NYPL & (ve), Wis (ve)

M 2701.   Parlement (le) burlesque de Pontoise, contenant les noms de tous les présidents et conseillers rénégats qui composent ledit Parlement, ensemble les harangues burlesques faites par le prétendu premier président. (S. 1.), 1652.
Clev, Fol (ve), Har (pts I-IV), Md, Minn (pt I)

M 2702.   Parlement (le) de Paris à confesse aux pieds du
roy, à la Thoussaint (sic), 1652. Paris, par
l'imprimeur ordinaire du duc d'Orléans, (s. d.),
2p.
Har

M 2703.   Particularités (les) de ce qui s'est fait et passe
à la dernière assemblée du Parlement et de
l'Hôtel de Ville, à la réception des nouveaux
échevins qui ont été nommés par Son Altesse
Royale, avec l'extrait de l'arrêt donné le 16 de
ce mois. Paris, Claude Le Roy, 1652, 6p.
Fol, Md

M 2704.   Particularités (les) de ce qui s'est fait et passé
en l'assemblée de la Maison de ville pour
l'élection de M. de Brusselles (sic) à la charge
de prévôt des marchands, le sixième juillet
1652. Paris, Louis Pousset, 1652, 7p.
Fol

M 2705.   Particularités (les) de ce qui s'est passé à
Bordeaux jusqu'à la conclusion de la paix.
(S. l.), 1650, 7p.
Fol, Har, Md

M 2706.   Particularités (les) de l'entrée de messieurs les
princes dans la ville de Paris, et de celle du
cardinal, Mazarin dans Le Hâvre de Grâce, avec
la lettre envoyée au maréchal de Turenne sur
l'élargissement des princes. Paris, 1651, 8p.
Md

M 2708.   Particularités (les) de la bataille générale donnée
entre l'armée de Son Altesse Royale, commandée
par M. le prince de Condé, les ducs de Beaufort
et de Nemours, et celle des mazarins dans la
plaine de Galles, entre Châtillon-sur-Loing et
Briare, le 8 avril 1652, avec les noms des
morts et blessés, et le nombre des prisonniers.
Paris, Claude Le Roy, 1652, 8p.
Md, Minn

M 2710.   Particularités (les) de la route de M. le prince
de Condé, et le sujet de son retardement, avec
le passage des troupes du cardinal Mazarin à
Gien. Paris, 1652, 8p.
Fol, Har, NYPL

M 2711.
Particularités (les) de tout ce qui s'est fait en
l'assemblée du Parlement, au sujet de la
réponse par écrit faite à messieurs les députés,
avec la députation de la cour vers M.
le chance-
lier, et l'ordre donné pour la sûréte du retour
desdits sieurs deputés par M. le prince de
Condé, du mercredi 17 juillet 1652. Paris,
Jacques Le Gentil, 1652, 8p.
Fol (ve)

M 2712.
Particularités (les) de tout ce qui s'est fait et
passé à l'entrée et au retour du roy dans sa
ville de Paris, le lundy 21 octobre 1652. Paris,
Jacques Le Gentil, 1652, 7p.
Md

M 2713.
Particularités (les) de tout ce qui s'est fait et
passé au Parlement, le xviii juillet, la trahison
de Mazarin découverte pour l'enlèvement des
députés, avec la lettre de cachet du roi envoyée,
cette nuit, auxdits deputés, et celle du président
de Nesmond à messieurs du Parlement, et la
résolution de Son Altesse Royale d'aller en personne querir les députés à Saint-Denys. Paris,
Jean Brunet, 1652, 7p.
Fol, Har

M 2714.
Particularités (les) des cérémonies observées en
la majorité du roi, avec ce qui s'est fait et
passé au Parlement, le roi séant en son lit
de justice. Paris, 1651, 8p.
Minn

M 2717.
Particularités (les) du résultat des trois assemblées du Parlement tenues les lundi, vendredi
et samedi onze, douze et treize avril, avec
l'arrêt de ladite cour du même jour, samedi 13,
contre le cardinal Mazarin. Paris, Jacques
Le Gentil, 1652, 7p.
Clev, Fol (ve), Har (ve)

M 2718.
Particularités (les) du second combat donné entre
l'armée de Son Altesse Royale, commandée par
messieurs le comte de Tavannes et le baron de
Clinchamp, et l'armée commandée par le maréchal de Turenne, devant la ville d'Etampes, le

29e mai 1652, avec la prise de leurs drapeaux, canons et bagages, et le neveu du cardinal Mazarin blessé, et autres.   Paris, Jacques Le Gentil, 1652, 8p.
Fol, Har

M 2719. Particularités (les) du siége et de la prise du château de Vayres, ensemble les combat et prise de l'Ile Saint-Georges, avec ce qui s'est passé de plus remarquable à Bordeaux. (S. 1.), 1650, 8p.
Har

M 2720. Particularités (les) du traité du duc de Lorraine avec le cardinal Mazarin, et de tout ce qui s'est passé entre les deux armées, avec l'état des troupes de Son Altesse Royale et du lieu où elles sont à présent. Paris, Jacques Le Gentil, 1652, 7p.
Fol, Har

M 2722. Partisan (le) tenté du désespoir par le démon de la Maltaute (sic), qui lui reproche les crimes de sa vie et cause son repentir.   Dialogue. Paris, Arnould Cotinet, 1649, 12p.
Clev, Fol, Har & (ve), Md, Minn, NYPL, Wis

M 2724. Pasquil des partisans contre le diable.   (S. 1., 1650), 7p.
Clev (ve), Fol, Har, Minn

M 2725. Pasquin et Marforio sur les intrigues de l'Etat, par le sieur de Sandricourt.   Paris, 1652, 40p.
Fol, Har, Md, Minn

M 2726. Pasquin, ou Dialogue à bâton rompu sur les affaires de ce temps. (S. 1.), 1649, 7p.
BYU, Fol, Har, Md, Minn, NYPL, Wis

M 2727. Pasquin sur les affaires du temps, mis en françois. (S. 1.), 1649, 7p.
BYU, Har, Md, Minn, NYPL, Wis

M 2728. Passage de Jules Mazarin, avec le récit des plus belles pièces trouvées en son inventaire. (S. 1. n. d.).
Clev, Fol, Har, Md, Minn, Wis

M 2729. Passepartout (le) du temps, ou la Sourde
renommée. Paris, N. Charles, 1649, 7p.
BYU, Clev, Fol, Har, Md, Minn, NYPL, Wis

M 2730. Passeport, (le) et l'adieu de Mazarin, en vers
burlesques. Paris, Claude Huot, 1649, 11p.
BYU, Clev, Fol, Har & (ve), Md, Minn,
NYPL, Wis

M 2731. Passetemps (le) de Villejuif, en vers burlesques.
Paris, Claude Huot, 11p.
Clev, Fol, Har, Md, Minn, NYPL, Wis

M 2732. Passion (la) de la cour. Anvers, 1649, 6p.
Clev, Fol, Har, Md, Minn, NYPL

M 2733. Passion (la) de Notre Seigneur, en vers burlesques,
dédiée aux âmes dévotes. Paris, veuve Jean
Remy, 1649, 8p.
Fol

M 2734. Passion (la) extrême que témoignent les bourgeois
de Paris pour le retour de Sa Majesté en sa
bonne ville de Paris. Paris, Claude Boudeville,
1649, 7p.
BYU, Fol, Har, Md, Minn, NYPL, Wis

M 2735. Passionné (le) pour le bien de l'Etat, ou la Guerre
aux partisans, à messieurs les notables de Paris,
leur conseillant de s'unir pour empêcher la suite
ou le renouvellement des guerres civiles, et
prouvant que la ruine des partisans qui sont les
véritables mazarins, est nécessaire pour cet
effet. (S.1.), 1652, 84p.
Fol, Har & (ve)

M 2736. Pater (le) des jesuites. Jouxte la copie
imprimée à Leyde, 1649, 7p.
Clev, Fol, Har, Md, Minn, Wis

M 2737. Pater noster (le) de Mazarin. (S.1., 1649), 4p.
Clev, Fol, Har (ve), Minn, NYPL, Wis

M 2738. Pâtissier (le) en colère sur les boulangers et
taverniers, en vers burlesques. Paris, Nicolas
de La Vigne, 1649, 8p.
Clev, Fol, Har, Md, Minn, Wis

322

M 2740.   Paysan (le) désolé aux pieds du roi.   Paris,
Nicolas de La Vigne, 1649, 8p.
BYU, Clev, Fol, Har, Md, Minn, NYPL, Wis

M 2741.   Pénitence (la) du prince de Condé et l'offre qu'il
fait aux trois Etats de son assistance, s'ils
trouvent à propos de la faire sortir de Vincennes.
(S. 1. n. d.), 7p.
Har, Md, Minn

M 2742.   Pensée chrétienne sur la paix.   (S. 1. , 1652), 8p.
Fol

M 2743.   Pensées (les) d'un grand poëte sur les affaires
du temps.   (S. 1. , 1649), 4p.
Clev, Fol, Har, Md, Minn, NYPL, Wis

M 2744.   Pensées (les) du Provençal solitaire sur les
affaires du temps présent.   (S. 1.), 1650, 12p.
Har, Md

M 2745.   Pensées (les) utiles, nécessaires au public sur
le temps présent.   Paris, 1650, 30p.
Clev, Fol (ve), Har, Md

M 2746.   Pensez-y bien (le) des malaffectionnés, cause
trouble aux Parisiens.   (S. 1.), 1649, 8p.
Clev, Fol, Har, Md, Minn, NYPL

M 2747.   Perle (la) des triolets, ou l'Antiquité renouvelée,
avec les noms et surnoms des plus généreux
frondeurs de la ville et faubourgs de Paris.
Paris, François Noël, 1650, 8p.
Fol, Har, Minn

M 2748.   Pernicieux (les) conseils donnés à Sa Majesté
par le cardinal Mazarin pour assembler toutes
les forces de France, afin de s'opposer à l'armée
de Son Altesse Royale et celle du duc de Lorraine.
Paris, André Chouqueux, 1652, 8p.
Har

M 2749.   Perroquet (le) parlant à la cour, qui découvre
les faussetés, artifices et suppositions commises
(sic) par les principaux officiers de finance, les
moyens d'en retirer plusieurs millions d'or après

une bonne et solide paix, et rendre le peuple
comme il étoit du règne de Henry IV, représenté
au roi Louis XIV, par M. L. M. D. Paris,
1652, 8p.
Har, Md

M 2750.   Petit (le) David de la maison royale contre le
géant machiavéliste et le monstre mazarin.
(S. 1. n. d.), 12p.
Md

M 2751.   Philosophe (le) d'Etat, ou Reflexions politiques
sur les vertus civiles du Parlement et peuple
de Paris.   Paris, Jean Hénault, 1649, 8p.
Clev, Fol, Har, Md, Minn, Wis

M 2752.   Philosophe (le) d'Etat sur la majorité des rois,
prescrite à l'âge de 14 ans par Charles V, dit
le Sage, où les desinterésses verront clair pour
justifier sans erreur les armes de l'un ou l'autre
des deux partis qui divisent aujourd'huy tout cet
Etat.   Non ubi rex est, sed ubi regia autoritas,
ibi jus.   Bol, lib. 1er, Conf. (S. 1. n. d.), 20p.
Fol (ve), Har, Md

M 2753.   Philosophe (le) et casuiste de ce temps, dédié à
nosseigneurs de Parlement.   Paris, Pierre
Variquet, 1649, 8p.
BYU, Clev, Fol, Har, Md, Minn, NYPL, Wis

M 2754.   Philosophie (la) morale de l'Etat, ou les Passions
de ceux qui hantent la cour.   Paris, 1649, 7p.
BYU, Clev, Fol (inc), Har, Md, Minn, Wis

M 2755.   Philothemis (le), ou Contrebandeau du Parlement.
Discite justifiam montiti; et non temnite divos.
(S. 1. , 1649), 8p.
Clev, Har (ve)

M 2756.   Physionomie (la) de la France, où se voit le
mauvais état auquel elle se trouve, sur la perte
de ses belles conquêtes, sur les entreprises des
ennemis étrangers sur nous, et le tout par les
mauvais conseils de ceux qui ont gouverné et
gouvernent l'Etat.   Paris, 1652, 31p.
Har & (ve), Md

M 2757.   Pièce (la) curieuse, ou les Sentiments des grands
de ce royaume touchant la personne de Mazarin.
(S. 1. , 1650), 24p.
Har & (ve), Md

M 2758.   Pièce d'Etat, ou les Sentiments des sages.
(S. 1. n. d.), 19p.
Clev, Har, Minn, Wis

M 2759.   Pièce de Pontoise.   Les sentiments divers sur
l'arrêt du Parlement du 20 juillet et le discours
séditieux qu'on prétend faussement avoir été fait
par M. Bignon, le 26, sur la lieutenance du
royaume.   (S. 1. , 1652), 15p.
Fol, Md, NYPL

M 2760.   Pièce justificative du cardinal Mazarin contre les
libelles diffamatoires à lui imposés jusques à ce
jourd'huy, ensemble sa réponse sur un avis à
lui envoyé par les communes de Londres, lui
représentant une histoire d'un favori d'Angleterre,
nommé Gaverston (sic), et ses défenses sur ce
sujet.   Paris, 1652, 15p.
Fol, Har

M 2761.   Pièce (la) royale, ou la Défense de leurs
majestés sur l'éloignement de M. le Prince.
Pontoise, Julien Courant, 1653, 14p.
Fol (ve), Har

M 2764.   Pièce sans titre, sans date, publiée sous forme
de lettre, et dans laquelle il est rendu compte
des délibérations de l'Assemblée du clergé sur
l'affaire du cardinal de Retz, notamment de celle
du 14 novembre 1656, 15p.
Clev, Har (ve)

M 2765.   Pierre (la) de touche aux Mazarins.   Paris, 1652,
40p.
Fol, Har, Md

M 2766.   Pierre (la) de touche faisant voir que le cardinal
Mazarin et ses adhérents sont les plus grands
ennemis du roi, de son état, de son peuple et
de la ville de Paris, aux trois Etats de France.
Paris, 1652, 30p.
Fol, Md

M 2767.   Piquet (le) de la cour.   (S. 1. , 1649), 3p.
          Har, Minn, NYPL

M 2771.   Placard en date du 16 avril 1655.
          Har

M 2772.   Placet présenté à Son Altesse Royale par Jean
          Le Riche, sieur de Verneuile (sic), bourgeois et
          habitant de Paris, sur le moyen qu'il a donné à
          messieurs les princes de faire le dernier effort
          pour chasser le cardinal Mazarin sans fouler
          les peuples.   Paris, veuve Marette, 1652, 7p.
          Har

M 2774.   Plaidoyer héroï-comique pour l'Eminence contre
          le Creux.   (S. 1.), 1649, 16p.
          Clev, Fol, Har (ve), Md, Minn, Wis

M 2775.   Plainte à la reine des dames qui ont leurs maris
          dans l'armée mazarine.   Paris, Lous Sévestre,
          1649, 6p.
          BYU, Clev, Fol (ve), Har, Md, Minn (ve),
          NYPL, Wis (ve)

M 2776.   Plainte contre le désordre du paiement des rentes
          de l'hôtel de ville, mémoire raisonné pour le
          rétablissement qui peut être fait dudit paiement,
          et observations sur l'élection de messieurs les
          députés des rentiers dudit hôtel de ville.   Paris,
          veuve J. Guillemot, 1652, 29p.
          Fol

M 2778.   Plainte de la France à la reine.   (S. 1. , 1649), 7p.
          Clev, Fol (ve), Har, Minn, NYPL, Wis

M 2780.   Plainte (la) des bourgeois de Paris à messieurs du
          Parlement pour faire advancer le procès de Jules
          Mazarin.   Paris, 1649, 4p.
          Clev, Fol (ve), Har, Minn, NYPL

M 2781.   Plainte (la) des bourgeois de Paris à M. de
          Broussel pour avancer le procès de Jules Mazarin.
          Paris, 1649, 4p.
          Md

M 2782.   Plainte des Parisiens au roi et à la reine sur le
desseing (sic) que Leurs Majestés ont de s'éloigner
de leur bonne ville de Paris. (S. 1.), 1649, 8p.
Clev, Fol, Har, Minn, NYPL, Wis

M 2783.   Plainte (la) du Palais Royal sur l'absence du roy,
avec un dialogue du grand Hercule de bronze et
des douze statues d'albâtre qui sont à l'entour
de l'étang du jardin, faicte par un poëte de la
cour. H. C. Paris, David Beauplet, 1649, 8p.
Clev, Md, Minn, NYPL

M 2784.   Plainte publique sur l'interruption du commerce.
Paris, Jean Brunet, (1650), 20p.
Md

M 2785.   Plaintes burlesques du secrétaire extravagant
des nourrices, des servantes, des cochers, des
laquais et de toute la république idiote. Paris,
veuve André Musnier, 1649, 8p.
Clev, Fol, Har, Md, Minn, NYPL, Wis

M 2786.   Plaintes d'une fruitière et d'une harengère
envoyées à la reine. Paris, 1649, 7p.
Clev, Fol, Har, Md, Minn, NYPL, Wis

M 2787.   Plaintes de la France à la reine touchant la
guerre suscitée par Jules Mazarin. Paris,
1649, 8p.
BYU, Clev, Fol, Har, Md, Minn, Wis

M 2788.   Plaintes de la France à monseigneur le Prince.
Paris, Robert Feugé, 1649, 7p.
BYU, Clev, Fol, Har, Md, Minn, NYPL, Wis

M 2789.   Plaintes de la France à ses peuples sur
l'emprisonnement des princes, contre Mazarin.
(S. 1.), 1651, 14p.
Clev, NYPL

M 2791.   Plaintes (les) de la France sur l'état présent.
(S. 1. , 1649), 7p.
BYU, Fol, Har, Md, Minn, NYPL, Wis

M 2792.   Plaintes (les) de la noblesse de Provence contre
l'oppression du Parlement sur le sujet de
l'éloignement du comte d'Alais, leur gouverneur.

(S. 1. , 1651), 11p.
Fol, Har, Md

M 2794. Plaintes du Carnaval et de la foire Saint-Germain, en vers burlesques. Paris, Claude Huot, 1649, 8p.
BYU, Clev (ve), Fol, Har (ve), Md, Minn, NYPL, Wis (ve)

M 2795. Plaintes du poëte champêtre à la cour des Aydes. (S. 1. , 1649), 4p.
Clev, Fol, Har (ve), Md, Minn, NYPL, Wis

M 2796. Plaintes et reflexions politiques sur la harangue de M. l'archevêque de Rouen faite au roi dans la ville de Tours, au nom du clergé de France et de vingtquatre évêques suivant la cour qui l'accompagnoient, contre le Parlement de Paris, en faveur du cardinal Mazarin proscrit et légitimement condamné par plusieurs arrêts donnés contre lui, où il est demontré que le Parlement est juge naturel et légitime des cardinaux, archevêques, évêques, abbés et autres ecclésiastiques du royaume, tant séculiers que réguliers. (S. 1.), 1652, 22p.
Fol, Har, Minn

M 2798. Plaisant entretien de deux femmes de Paris. (S. 1. , 1649), 3p.
Clev

M 2799. Plaisant entretien du sieur Rodrigue, courtisan du Pont-Neuf, avec Jules Mazarin qui, ayant ruiné la France, est resolu de s'en aller, disant son peccavi. Paris, 1649, 8p.
Clev, Fol, Har, Md, Minn, NYPL, Wis

M 2800. Plaisant (le) railleur de cour sur les affaires du temps. (S. 1.), 1649, 8p.
Clev, Fol & (ve), Har, Md, Minn, NYPL, Wis

M 2801. Pleurs et regrets inconsolables de la reine et du cardinal Mazarin, avec le congé du roi donné audit cardinal pour sa sortie hors du royaume. Paris, 1652, 8p.
Har

328

M 2803.   Plus heureux (le) jour de l'année par le retour
de Leurs Majestés dans leur bonne ville de
Paris, à monseigneur l'éminentissime cardinal
Mazarin.   Paris, Guillaume Sassier, 1649, 8p.
Clev, Wis

M 2805.   Poëme sur la barbe du prem. présid. (sic).
Bruxelles, 1649, 6p.
BYU, Clev, Fol, Har (ve), Md, Minn, NYPL
(ve), Wis

M 2806.   Poignard (le) du coadjuteur.   Paris, 1652, 7p.
Fol, Har, Md

M 2807.   Point d'argent, point de Suisse.   (S. 1.), 1649,
11p.
Clev, Fol, Har, Minn

M 2808.   Point (le) de l'ovale faisant voir que pour
remédier promptement aux maladies de l'Etat
pendant qu'elles ont encore quelque ressource,
1. il faut renforcer un parti pour le faire
triompher de haute lutte, parce que l'égalité
feroit tirer la guerre en des longueurs insup-
portables; 2. il faut renforcer le parti le plus
juste ou le seul juste; 3. le parti le plus juste
ou le seul juste est celui qui appuie et qui est
appuyé des lois; 4. après avoir reconnu le parti
le plus juste, il faut le renforcer par un soulèvement et par une émeute générale dans Paris;
5. ce soulèvement et cette émeute générale sont
appuyés sur les déclarations royales et sur les
arrêts des parlements; et par conséquent on peut
les résoudre avec moins de crainte d'injustice.
(S. 1. , 1652), 15p.
Fol, Har (ve), Md, Minn, Wis

M 2810.   Politique (le) burlesque, dédié à Amaranthe, par
S. T. F. S. L. S. D. T.   Paris, 1649, 44p.
BYU, Clev, Fol, Har, Md, Minn, NYPL, Wis

M 2811.   Politique (le) chrétien de Saint-Germain à la
reine.   Paris, Jean Hénault, 1649, 12p.
BYU, Clev, Fol & (ve), Har (ve), Md, Minn,
NYPL, Wis

M 2812. Politique (le) du temps, touchant ce qui s'est passé depuis le 26 aoôt 1648, jusques à l'heureux retour du roi dans sa ville de Paris, discours qui peut servir de mémoirs à l'histoire. Dédié aux curieux. (S. 1.), 1648, 22p. Clev, Fol, Har & (ve), Md, Minn (ve), NYPL, Wis

M 2814. Politique (le) étranger, ou les Intrigues de Jules Mazarin. Paris, 1649, 14p. Clev, Fol, Har, Minn, NYPL, Wis

M 2815. Politique (le) lutin porteur des ordonnances, ou les Visions d'Alectromante sur les maladies de l'Etat, par le sieur de Sandricourt. Paris, 1652, 24p. Fol, Har & (ve), Md, NYPL (ve)

M 2816. Politique (le) royal faisant voir à Sa Majesté régente et à Son Altesse Royale que Mazarin s'en défera infailliblement, supposé qu'il puisse conserver les affections du roi étant majeur, comme il tâche sans doute de s'y ancrer non moins par leur entremise que par ses propres souplesses; et les suppliant, par leurs sacrées personnes si chères et si nécessaires à l'Etat, de préoccuper ce coup infaillible de cet ingrat en le sacrifiant à la haine publique, et rendant à même temps au roi, à eux-mêmes et à la France la liberté tant desirée et tant nécessaire de messieurs les princes. (S. 1.), 1651, 39p. Clev, Md

M 2817. Politique (la) sicilienne, ou les Pernicieux desseins du cardinal Mazarin declarés à monseigneur le duc de Beaufort de la part de toutes les provinces de France. (S. 1.), 1650, 34p. Clev, Fol, Har, Md

M 2818. Politique (le) universel, ou Briève et absolue décision de toutes les questions d'Etat les plus importantes, savoir est, 1. si les rois sont d'institution divine; 2. s'ils ont un pouvoir absolu sur nos biens et sur nos vies; 3. si les conditions avec lesquelles les peuples se sont donnés aux rois, ne doivent pas être inviolables; 4. s'ils sont obligés d'observer les lois fondamentales de l'Etat; 5. si leur gouvernement doit être monarchique ou aristocratique pour le bien commun du prince et du peuple; 6. s'ils doivent avoir des favoris; 7. si leurs favoris doivent entrer dans le conseil et prendre le gouvernement des affaires. (S. 1., 1652). Har (pts I-V), Md, Minn (pt I), NYPL

M 2819. Pont-Neuf (le) frondé. Paris, 1652, 7p.
Fol

M 2820. Portrait (le) de l'inconstance des armes. Paris, 1649, 12p.
BYU, Clev, Fol, Har, Minn, NYPL

M 2823. Portrait (le) des favoris, en vers burlesques. (S. 1.), 1649, 19p.
Clev, Fol, Har, Minn, NYPL, Wis

M 2824. Portrait (le) du méchant ministre d'Etat Jules Mazarin et sa chute souhaitée. (S. 1., 1649), 8p.
Clev, Fol, Har, Md, Minn, NYPL, Wis

M 2825. Postillon (le) de Mazarin arrivé de divers endroits, le premier octobre. Paris, 1649, 15p.
Clev

M 2827. Pot (le) aux roses découvert. Paris, Jean Brunet, 1649, 8p.
Clev, Fol, Har, Md, Minn, NYPL, Wis

M 2829. Pot (le) aux roses découvert, ou le Véritable récit des projets que Mazarin fait état d'exécuter tôt ou tard, suivant la nécessité des affaires présentes. Paris, 1652, 16p.
Har

M 2830. Pot pourri (le) burlesque de toute l'histoire de ce temps. Paris, Pierre Du Pont, 1649, 8p.
BYU, Clev, Fol, Har, Md, Minn, NYPL, Wis

M 2831. Poulet (le). Paris, 1649, 11p.
BYU, Clev, Fol, Har, Md, Wis

M 2832. Pour (le) et le contre de la cour. (S. 1., 1649), 7p.
BYU, Clev, Fol, Har, Md, Minn, NYPL, Wis

M 2833. Pour (le) et le contre de la cour, ensemble le Pasquin sur les affaires du temps, mis en françois. (S. 1.), 1649, 8p.
Minn

M 2834. Pour (le) et le contre de la majorité des rois et de la loi salique, divisé en deux parties. En la première sera le pour; en la seconde sera le contre. (S. 1. , 1652), 36p.
Har (ve), Minn

M 2836. Pourpre (la) ensanglantée. Paris, 1649, 11p.
BYU, Clev, Fol, Har, Md, Minn, NYPL, Wis

M 2837. Préceptes saints et nécessaires pour la conduite des rois, au roi très-chrétien. Paris, veuve A. Musnier, 1649, 8p.
Clev, Fol, Har, Md, Minn, NYPL, Wis

M 2838. Prédicateur (le) déguisé. (S. 1. , 1649), 12p.
BYU, Clev, Fol, Har, Md, Minn, Wis

M 2839. Prédication d'Etat faite devant toute la cour, savoir, si un souverain peut, selon Dieu, faire des favoris et quels favoris il peut faire. Paris, 1649, 12p.
Fol, Har, Md, Minn

M 2840. Prédiction de l'année 1649 sur l'emprisonnement du prince du sang surnommé la Cuirasse. (S. 1.), 1650, 7p.
Fol, Har, Md, Minn

M 2841. Prédiction de l'enlèvement du roi et sur le débordement de la rivière. Paris, (1649), 3p.
Har, Wis

M 2842. Prédiction de Nostradamus sur la perte du cardinal Mazarin, en France, extraite de la Centurie 8e, article 9. (S. 1. , 1649), 3p.
BYU, Clev, Fol, Har, Md, Minn, Wis

M 2843. Prédiction du retour du cardinal Mazarin. (S. 1.), 1652, 6p.
Har

M 2844. Prédiction merveilleuse en laquelle est pronosti-
quée la fin de nos maux, trouvée dans les ruines
d'une maison renversée par l'inondation dex eaux.
Paris, Jéan Hénault, 1649, 7p.
BYU, Clev, Fol, Har, Minn, NYPL, Wis

M 2845. Premier (le) babillard du temps, en vers
burlesques. Paris, Nicolas De La Vigne, 1649.
Md (pt V)

M 2848. Premier (le) courrier françois, traduit fidèlement
en vers burlesques. Paris, Claude Boudeville,
1649.
BYU (pts I-XI), Clev (ve), Fol (ve), Har, Md
Minn, NYPL

M 2849. Premier factum, ou Défense de messire Philippe
de La Mothe Houdancourt, duc de Cardone et
maréchal de France, ci-devant vice-roi et
capitaine général en Catalogne, avec plusieurs
requêtes, arrêts et autres actes sur ce intervenus tant au conseil qu'ailleurs. Paris, Louis
Sévestre, 1649.
Clev (ve), Fol, Har (ve), Md, Minn

M 2850. Premier (le) mercure de Compiègne, depuis
l'arrivée du roi en cette ville jusques au jeudi
10 du mois de juin 1649, en vers burlesques.
(S. 1.), 1649.
Clev, Har (pts I-II), Md

M 2852. Première partie de l'art de bien dire des
courtisans de la cour, qui consiste à bien
enseigner, en vers burlesques. Paris, Claude
Morlot, 1649.
Clev, Fol, Har (pts I-III), Md (pt III), Minn,
Wis

M 2853. Première partie de la science universelle des
courtisans, qui consiste dans les déclinaisons
de leur grammaire, en vers burlesques. Paris,
1649.
Clev, Har (pts I-III), Md, Minn (Pts I, III),
Wis (pt I)

M 2854. Première partie des vérités françoises et politiques contenant toutes les affaires les plus
remarquables de ce temps dédiées à monseigneur
le prince de Conty, par le sieur R. Ch. (Rozard,
Champenois). Paris, Pierre Variquet, 1649, 7p.
BYU, Clev, Har, Md, Minn, NYPL

M 2855. Première partie du philosophe malotru, en vers
burlesques. Paris, 1649, 20p.
Clev

M 2856. Premières (les) nouvelles de la paix envoyées de
Saint-Germain-en-Laye à Paris. Paris, veuve
Jean Remy, 1649, 8p.
Clev, Fol, Har (ve), Md, Minn, NYPL, Wis

M 2857. Préparatifs (les) de la descente du cardinal
Mazarin aux enfers, avec les entretiens des
dieux souterrains, touchant et contre les Maximes
supposées véritables du gouvernement de la
France justifié par l'ordre des temps dans toutes
les royales (sic), par le sieur de Sandricourt.
C'est la suite de ma Descente (du polit. lutin)
aux limbes. Tu demanderas au vendeur les trois
pièces précédentes. Paris, 1652, 32p.
Clev, Fol, Har, Md, NYPL

M 2859. Présages de changement dans la monarchie des
François par M. B. J. V. D. R. D. L. P. P. T.
(S. 1.), 1652, 16p.
Har, Md

M 2860. Présent (le) d'immortalité offert au roi par
Apollon et par les Muses représentées au feu
de la Grève, le dimanche 5 septembre 1649.
Paris, Jean du Crocq, 1649, 6p.
Fol, Har, Minn, Wis

M 2861. Pressantes (les) conjurations d'un très-dévot
exorciste françois, en vertu desquelles on doit
chasser ce diable de Mazarin du corps de la
France. 1. Conjuration faite au roi, où notre
très-dévot exorciste françois lui fait voir la
perte générale de tous ses Etats, si Sa Majesté
ne chasse pas tout présentement ce diable de
Mazarin et toute sa sequelle du corps de la

France; 2. conjuration faite à la reine, où notre
très-dévot exorciste françois lui fait assez sensi-
blement voir l'étrange précipice où elle se va
jetter, si elle ne chasse pas ce diable de Mazarin
du corps de la France; 3. conjuration faite à
messieurs les princes, où notre très-dévot
exorciste françois leur fait voir qu'ils n'ont rien
de plus assuré qu'une étroite détention ou qu'un
exil volontaire, s'ils ne chassent pas, comme
ils l'ont entrepris, ce diable de Mazarin du corps
de la France; 4. conjuration faite à messieurs
du Parlement, où notre très-dévot exorciste
françois leur fait voir qu'ils sont infailliblement
perdus, s'ils ne font pas tout leur possible pour
chasser ce diable de Mazarin du corps de la
France; 5. conjuration faite à tous les peuples,
où notre très-dévot exorciste françois leur fait
voir qu'ils ne sont pas encore à la fin de toutes
les misères qui leur doivent arriver, s'ils
ne vont fondre tous ensemble sur ce diable de
Mazarin pour le chasser du corps de la France,
(S. 1.), 1652, 30p.
Fol, Har, Minn

M 2862. Pressantes (les) exhortations de l'Eglise, au nom
de Sa Sainteté, à tous les princes chrestiens pour
la paix générale. (S. 1.), 1650, 16p.
Md

M 2863. Pressantes (les) exhortations de l'Europe aux
quatre monarchies chrétiennes et autres Etats de
son empire pour la paix universelle et l'union de
leurs armes pour la destruction de l'empire
ottoman. Paris, 1649, 22p.
Fol, Har

M 2865. Prince (le) de Condé aux bons bourgeois de
Paris. Quatrième affiche. (S. 1. n. d.), 6p.
Har, Md

M 2867. Prince (le) généreux foudroyant Mazarin pour
l'intérêt des peuples, présenté à Son Altesse
Royale. Paris, Salomon De Lafosse, 1652, 7p.
Har

M 2868.   Prince (le) populaire écrivant aux deux couronnes
de France et d'Espagne, leur faisant voir exactement tous les motifs et importance (sic) qu'il y a
de faire la paix générale, avec les moyens
nécessaires pour appraiser les troubles de ce
royaume. Paris, 1652, 15p.
Fol, Har (ve), Md

M 2869.   Prise (la) d'un convoi de cinquante chariots
chargés de blés et farines, avec la défaite de
deux cents cavaliers des Mazarins qui le con-
duisaient, par cinq cents maîtres de l'armée
des princes, qui sortirent de la ville d'Etampes.
Paris, Louis Hardouyn, 1652, 7p.
Fol, Har

M 2871.   Prise (la) de la ville de Creil par les troupes
de M. le Prince, avec l'état de tout ce qui s'est
passé parmi lesdites troupes depuis leur décampement des environs de Paris.   Paris, Jacques Le
Gentil, 1652, 8p.
Har

M 2872.   Prise (la) de la ville et château de Langon par
quelques troupes de monsieur le Prince, sous
la conduite de M. le marquis de Luysignan (sic),
lieutenant général dans l'armée de Son Altesse.
Sur un imprimé à Bordeaux, à Paris, Nicolas
Vivenay, 1652, 8p.
Fol, Har

M 2874.   Prise de possession de l'archevêché de Paris
par monseigneur l'éminentissime cardinal de
Retz. (S. l., 1653), 7p.
Clev, Har

M 2875.   Prise (la) du bagage, meubles et cabinet de
Mazarin par les habitants de la ville d'Angers,
avec la liste de tout ce qui s'y est trouvé.
Paris, Antoine du Hamel, 1652, 8p.
Har (ve), Minn

M 2876.   Prise (la) du château de Dijon par les troupes
du roi, commandées par M. le duc d'Epernon,
avec les articles accordés au sieur de La
Planchette, commandant audit château, et à

la garnison d'icelui, qui tenoient pour le prince de Condé. Paris, par les imprimeurs et libraires ordinaires du roi, 1651, 2p.
Fol (ve), Md

M 2878. Prise (la) du château de Pagny par le sieur de Boutteville, gouverneur de Seurre, et la reprise dudit château par M. le marquis d'Uxelles, commandant l'armée du roi en Bourgogne. Paris, Jacob Chevalier, 1652, 7p.
Fol (ve)

M 2879. Prise (la) du château de Tournon, dans le Vivarats (sic), et du Pont Saint-Esprit, sur le Rhône, par les troupes de Son Altesse Royale, commandées par M. le vicomte d'Arpajon. Paris, André Chouqueux, 1652, 7p.
Fol, Har (ve)

M 2880. Prise (la) du courrier de Mazarin par les gens du prince de Condé, apportant deux lettres à la cour. (S. 1.), 1651, 8p.
Har (ve), Md, Minn

M 2882. Prise (la) et réduction de la ville et château de Chaulny par les troupes de l'archiduc Léopold, avec la prise du duc d'Elbeuf, du prince d'Harcourt et du sieur de Manicamp (sic), et la défaite entière de leur armée apportée à Son Altesse Royale par un courrier, le 18 juillet 1652. Paris, M. Maury, 1652, 8p.
Har

M 2884. Procès burlesque entre monsieur le Prince et madame la duchesse d'Aiguillon, avec les plaidoiries, par le S. D. S. M. Paris, veuve Théod. Pépingué et Est. Maucroy, 1649, 35p.
BYU, Clev, Fol, Har (ve), Md, Minn, NYPL, Wis

M 2885. Procès (le) criminel du cardinal Mazarin envoyé d'Espagne, avec la dénonciation de l'empereur. Paris, Pierre Variquet, 1649, 8p.
Clev, Fol, Har, Md, Minn, NYPL, Wis

M 2886.   Procès des véritables habitants de la ville
d'Angers contre l'évêque, avec les pièces justi-
ficatives de leur différend: Lettre pastorale de
monseigneur l'évêque d'Angers, avec la Réponse
des habitans d'Angers à ladite pastorale de
mondit seigneur l'évêque, et la Plainte de la
réponse à la lettre pastorale de l'évêque d'Angers,
brûlée par les Mazarins de la ville d'Angers.
Aux habitants de ladite ville (S. 1.), 1652, 12p.
Fol, NYPL

M 2887.   Procès (le) du cardinal Mazarin tiré du greffe de
la cour, avec les chefs d'accusation proposés par
la France contre l'insolence de son ministère,
présenté à Son Altesse Royale par le sieur de
Sandricourt. Paris, 1652, 15p.
Fol, Har, Minn

M 2888.   Procès (le) d'ajournement personnel, l'interroga-
toire et l'arrêt de mort du roi d'Angleterre, avec
le procéde dont il a été mis à mort, et la
harangue qu'il fit sur l'échafaud, sur le rapport
de plusieurs gentilshommes anglois qui y
assistèrent et mirent le tout sur des tablettes.
Fidèlement traduit de l'anglois par le sieur de
Marsys, interprète et maître, pour la langue
françoise, du roi d'Angleterre, régnant à présent,
et de Son Altesse Royale Mgr. le duc d'Yorck,
son frère. Paris, François Preuveray, 1649,
14p.
BYU (inc), Fol (ve), Har (ve), Md, Minn,
NYPL, Wis

M 2889.   Procès verbal contenant ce qui s'est passé, tant
à Pont-sur-Yonne qu'en la ville de Sens, au
voyage de messieurs les députés du Parlement
de Paris, présenté à la cour par M. Du Coudray
Géniers (sic), conseiller en icelle et l'un des
députés, le 7 février 1652, en présence de Son
Altesse Royale. Paris, Nicolas Bessin, 1652, 14p.
Har, Md

M 2890.   Procès verbal contenant tout ce qui s'est fait et
passé dans l'assemblée générale faite à Chartres
pour députer aux Etats généraux, avec le rapport
fait au roi et à la reine régente par les députés

de la noblesse du pays chartrain, ensemble
l'arrêt du conseil d'Etat sur ce intervenu.
Paris, Mathieu Colombel, 1651, 16p.
Fol, Har, Md, Minn

M 2891.　Procès verbal (le) de la canonisation du bienheureux Jules Mazarin, faite dans le consistoire
des partisans par Catalan (sic) et Tabouret,
étant Emery antipape. Apothéose ironique.
Paris, Claude Boudeville, 1649, 12p.
Clev, Fol & (ve), Har, Minn, NYPL, Wis

M 2892.　Procès verbal de la conférence faite à Ruel par
messieurs les députés du Parlement, chambre
des Comptes, cour des Aydes, ensemble ceux de
la ville, contenant toutes les propositions qui ont
été faites tant par les princes et députés de la
reine que par les députés desdites compagnies,
et tout ce qui s'est passé entr'eux pendant ladite
conférence. Paris, Mathieu Colombel, 1649, 35p.
Clev, Fol, Har, Md, Minn, NYPL, Wis

M 2993.　Procès verbal fait par messieurs Le Musnier et
Bitaut, conseillers du roi en sa cour de Parlement, commissaires députés par icelle vers Sa
Majesté et la reine régente pour la pacification
de la paix (sic) de Bordeaux et province de
Guienne, et pour l'exécution de l'arrêt du 5
septembre 1650. Paris, par les imprimeurs et
libraires ordinaires du roi, 1651, 59p.
Har, Md, Minn

M 2895.　Procès verbaux des deux conférences, la première
tenue à Ruel, le dernier jour de février et autres
jours suivants, entre les députés du roi et les
députés du Parlement et des autres compagnies
souveraines, la seconde tenue à Saint-Germain-
en-Laye, le 16e jour de mars et autres suivants
1649, entre les députés du roi et ceux du Parlement et des compagnies souveraines de la ville de
Rouen. Paris, par les imprimeurs ordinaires du
roi, 1649, 192p.
Clev (ve), Fol (ve), Har & (ve), Md, Minn,
NYPL, Wis

M 2896. Prodiges (les) arrivés à l'emprisonnement (des princes) et le triomphe du duc de Beaufort, en vers burlesques. (S. l.), 1650, 8p.
Clev, Har, Md, Minn

M 2897. Profanations (les) mazariniques, ou le Truche-ment de Saint-Denys apportant des nouvelles de sa désolation, par le sieur de La Campie, gentil-homme périgourdin. Paris, Pierre Targa, 1649, 8p.
BYU, Clev, Fol (ve), Har, Md, Minn, NYPL, Wis

M 2898. Progrès (les) des armes du roi sur les frontières de la Lorraine, et la prise de la ville de Cler-mont par le marquis de La Ferté Senneterre. Paris, veuve d'Anthoine Coulon, 1650, 7p.
Md, NYPL

M 2899. Promenade (la) de Gentilly. Paris, 1649, 8p.
Har, Minn

M 2900. Promenade (la) des bougeios (sic) de Paris au camp de Villejuive (sic), en vers burlesques. (S. l.), 1649, 12p.
Clev, Fol (ve), Minn, Wis

M 2901. Promenade (la), ou les Entretiens d'un gentil-homme de Normandie avec un bourgeois de Paris sur le mauvais ménage des finances de France. Paris, 1649, 8p.
Fol, Har, Md, Minn, NYPL

M 2903. Prompt et salutaire avis. Vive Jésus-Christ! vive le roi! François et tous ses bons sujets. (S. l.), 1649, 11p.
BYU, Clev, Fol (ve), Har (ve), Md, Minn, NYPL, Wis

M 2904. Prompt et salutaire avis envoyé à messieurs les princes par un père capucin. Paris, Pierre Lombard, 1652, 8p.
Fol (ve), Har, Minn

M 2905. Pronostic (le) sur les affaires de notre temps. Paris, Michel Mettayer, 1649, 8p.
Clev, Fol, Har, Minn, NYPL, Wis

M 2906. Pronostiques (sic) redoutables de cette prodigieuse
éclipse de soleil qui doit arriver le 8e jour avril
de la présente année 1652, nécessaires de savoir
à toutes sortes de personnes, pour s'en prévaloir.
(S. l. , 1652), 8p.
Har, Minn

M 2907. Prophète (le) françois, ou les Sentiments généreux
d'Aristide, adressés à la reine. Paris, 1649,
15p.
Clev, Fol, Har, Md, Minn, NYPL, Wis

M 2908. Prophète (le) véritable de messieurs de Paris,
envoyée (sic) à la reine sur leurs dernières
résolutions. Paris, 1652, 6p.
Har, Md

M 2909. Prophétie curieuse et remarquable d'un certain
Rouallond, natif d'un village appelé la Rouallon-
dière, dans la paroisse de Chollet, près le pays
de Retz, dans l'évêché de Maillezais, en l'an
1480, sur les affaires de la France. Paris,
1652, 8p.
Har

M 2910. Prophéties sur les affaires du temps présent et
advenir, tirée (sic) de la Centurie 11, prop. 34,
35 de M. Nostradamus, et ce que dit Kepler
pour la présente anné 1649. Paris, 1649, 4p.
Har

M 2911. Proposition des mariniers de Paris à Son Altesse
Royale, faite par leur capitaine, de faire une
armée contre les mazarins. Paris, Claude
Bourgeois, 1652, 7p.
Har

M 2912. Proposition demandée au roi par le cardinal
Mazarin pour se retirer en l'un des cinq lieux
suivants, savoir: Venise, Avignon, Casal,
Pignerolle (sic) et Sédan. Paris, Louis Hardouin,
1652, 7p.
Har

M 2913. Propositions chrétiennes d'un député à la chambre
de Saint-Louis pour le soulagement des pauvres.
Paris, 1652.
Har

M 2914. Propositions d'une suspension d'armes faites à
Stenay par monsieur de Croissy, député de Sa
Majesté très-chrétienne, au député de monsieur
l'Archiduc, avec la réponse dudit député. Paris,
Nicolas de La Vigne, 1651, 11p.
Har, Md

M 2915. Propositions (les) de messieurs les princes faites
à messieurs du Parlement pour le soulagement du
peuple. Paris, Jean Potet, 1652, 8p.
Minn

M 2916. Propositions (les) de monseigneur le duc d'Orléans,
registres du Parlement de Paris, lettre de Sa
Majesté portant approbation d'iceux et révocation
de M. le duc d'Epernon du gouvernement de
Guyenne, avec l'arrêt d'enregistrement et publi-
cation au Parlement de Bordeaux. Paris,
Nicolas Bessin, 1650, 8p.
Har (inc)

M 2917. Propositions (les) du duc de Lorraine, envoyées
à Son Altesse Royale et à messieurs les princes,
pour empêcher les tyrannies que le sieur
Mazarin veut exercer sur la ville d'Etampes,
avec une lettre de son cachet envoyée à monseigneur le Prince. Paris, Claude Le Roy,
1652, 8p.
Har

M 2919. Propositions (les) faites à Poitiers, dans le conseil du roi, pour la tenue des états généraux,
après le glorieux succès de la bataille remportée
dans la Xaintonge sur le comte d'Harcourt par
l'armée du roi, commandée par monseigneur le
Prince. (S. 1. , 1652), 24p.
Fol, Har, Md

M 2922. Propositions (les) que le cardinal Mazarin fait à
la France, pour obtenir son rétablissement dans
le ministère. (S. 1.), 1651, 19p.
BYU, Clev, Md

M 2923. Propriétés (les) diaboliques D. C. (S. 1.), 1649,
7p.
Clev, Fol, Har, Md, Minn

M 2924. Prosopopée (la) de la France aux bons soldats
françois, tant cavalerie qu'infanterie. (S. d.),
1649, 8p.
BYU, Clev, Fol, Har, Md, Minn, Wis

M 2925. Prospérité (la) malheureuse, ou le Parfait abrégé
de l'histoire du cardinal Mazarin, où se voit (sic)
toutes les ruses et toutes les fourberies dont il
s'est servi, pour arriver au faite de la prodigieuse
fortune où il s'est vu, avec une relation de toutes
les causes de sa disgrâce. Paris, 1651, 43p.
Md

M 2926. Puce (la) à l'oreille, ou la Cabale mazarine
détruite par l'arrivée de l'archiduc Léopold.
Paris, Martin Maury, 1652, 8p.
Har

M 2927. Pucelle (la) de Paris triomphant des injustes
prétentions d'un Italien par la force de ses
arrêts. Paris, Nicolas Jacquard, 1649, 6p.
BYU, Clev, Fol, Har, Md, Minn, NYPL,
Wis

M 2928. Pure (la) vérité cachée. (S. 1. n. d.), 7p.
Minn, NYPL

M 2929. Pures (les) vérités qui ne sont pas connues.
(S. 1. , 1652), 8p.
Har, Md, Minn

M 2930. Pyralide (la), dédiée à monseigneur, monseigneur
le duc de Beaufort, par le sieur Barrois. Paris,
Louis Sévestre, 1649, 5p.
BYU Clev, Fol, Har (ve), Md, Minn

M 2931. Quarante-cinq (les) faits criminels du cardinal
Mazarin, que les peuples instruits envoient à
ceux qui ne le sont point. (S. 1.), 1650, 14p.
BYU, Clev, Fol (ve), Har, Md, Minn, Wis

M 2933. Quatre (les) amants disgrâciés, rapportés par
énigme à quatre grands de l'Etat, et discourant
de leurs faveurs ou de leurs disgrâces, avec une
proportion entière et mystique avec celle de ceux
qui sont le sujet de cette véritable fiction.

OEdipo dabitur Jocasta. (S. 1.), 1650, 22p.
Clev, Wis

M 2934. Quatre (les) lettres du cardinal Mazarin envoyées
à ses confédérés, surprises par M. de Tavannes
tramant une horrible trahison, écrites de Melun,
le 26 juin 1652. Paris, Claude Le Roy, 1652,
7p.
Clev, Fol

M 2935. Quatre (les) nouveaux mécontents de la cour.
Paris, Clément, 1652, 7p.
Fol, Har

M 2936. Quatre (les) nouvelles trahisons descouvertes,
tramées à Ponthoise (sic) par le cardinal Mazarin
et ses émissaires. Paris, 1652, 8p.
Fol, Har

M 2937. Quatre (les) parties de la théologie des exprits
forts et des courtisans de la cour. (S. 1.),
1649, 7p.
Clev, Fol, Har, Md, Minn, NYPL

M 2938. Quatrième affiche posée à Paris, le 24 juillet
1651, 7p.
Fol (ve), Minn

M 2939. Quatrième arrêt du conseil d'Etat du roi portant
cassation de l'assemblée tenue en l'Hôtel-de-Ville
de Paris, le 29 du mois passé, et défense aux
habitants de payer aucunes taxes en conséquence
de ce qui s'en est ensuivi. Pontoise, Julien
Courant, (s. d.), 4p.
Fol, Har, Minn

M 2940. Quatrième (le) combat donné devant Etampes, à
l'ouverture des tranchées, entre l'armée de S. A.
R. et celle de Mazarin, où ils ont perdu plus de
six cents hommes, avec le nombre des morts,
blessés et prisonniers, et quatre pièces de canon
enclouées, le 1er jour de juin 1652. Paris, J.
Brunet, 1652, 4p.
Fol (ve)

M 2941. Qu'as-tu vu (le) de la cour, ou les Contrevérités. (S. l. , 1649), 7p.
BYU, Clev, Fol, Har, Md, Minn, NYPL, Wis

M 2942. Qu'en dira-t-on (le) de Mazarin, burlesques (sic).
Paris, Antoine Quenet, 1649, 8p.
BYU, Clev, Fol, Har & (ve), Md, Minn,
NYPL, Wis

M 2943. Que la voix du peuple est la voix de Dieu, contre
le sentiment de celui qui nous a proposé une
question toute contraire. Paris, Pierre Variquet,
1649, 26p.
Clev, Fol, Har, Minn

M 2945. Querelle (la) d'un partisan avec sa femme, et
leurs reproches, en forme de dialogue. Paris,
Guillaume Sassier, 1649, 7p.
Fol, Har, Md, Minn

M 2946. Querelle du cardinal Mazarin avec un capitaine
frondeur, survenue pour la paix générale.
Paris, 1652, 8p.
Har

M 2947. Question canonique: Si monsieur le Prince a pu
prendre les armes en conscience, et si ceux qui
prennent son parti, offensent Dieu; contre les
théologiens courtisans. Bordeaux, Guillaume
De La Court, 1651, 23p.
Fol & (ve), Har, NYPL

M 2948. Question cardinale plaisamment traitée ou
dasthicotée entre un Hollandois et un Suisse,
et décidée par un François. Paris, Pierre
Du Pont, 1649, 8p.
BYU, Fol, Har, Md, Minn, NYPL, Wis

M 2949. Question morale et politique très-importante à
décider et pour la gloire du roi et pour le bien
de son peuple, savoir: Laquelle de ces deux
vertus est plus nécessaire au souverain, ou la
clémence ou la justice. Paris, François Noël,
1650, 42p.
Fol, Har, Md

M 2950. Question: S'il doit y avoir un premier ministre dans le conseil du roi; raison d'Etat et politique très-importante à décider pour le bien du souverain et pour le repos de la patrie. Paris, 1649, 22p.
Clev, Fol, Har, Md, Minn

M 2951. Question: Si la voix du peuple est la voix de Dieu. (S. 1., 1649), 34p.
Fol, Har, Md, Minn

M 2952. Questions, en forme de dialogue, du conseil de conscience au conseil d'Etat, avec les réponses. Paris, François Noël, 1649, 7p.
Clev, Fol, Har, Minn, NYPL, Wis

M 2953. Questions royales, ou Demandes et réponses entre le roi et Monsieur, son frère, pour bien et heureusement régir et gouverner le royaume en paix et concorde. Paris, veuve Musnier, 1649, 16p.
Clev, Fol, Har, Md, Minn, NYPL

M 2954. Qui fut (le) de Jacquemard sur les sujets de la guerre mazarine. Paris, Pierre de Chaumusy, 1652, 8p.
Clev, Fol, Har

M 2955. Quiproquo (le) de l'autre monde sur l'arrivée du Mazarin, et l'arrêt irrévocable rendu contre ce cardinal du même nom. Un courrier arrivé depuis peu de l'autre monde m'en a appris des nouvelles, dont je veux vous faire part, mon cher Damon, si vous l'avez pour agréable. Voici à peu près ce qu'il m'a dit. Paris, Jean Brunet, 1649, 12p.
Clev

M 2956. Quode (le) de messieurs de Compiègne présenté au roi contre le cardinal Mazarin et ses adhérents, avec l'affiche affiché (sic) dans la ville de Compiègne, du 1er jour de septembre 1652, contre le cardinal Mazarin. (S. 1., 1652), 11p.
Har

M 2957.   Rabais (le) du pain, en vers burlesques. Paris, Claude Huot, 1649, 7p.
             BYU, Clev, Fol, Har, Md, Minn, Wis

M 2958.   Raillerie (la) sans fiel, ou l'Innocent jeu d'esprit, en vers burlesques. Paris, 1649, 7p.
             Clev, Fol, Har, Md, Minn, Wis

M 2959.   Raillerie (la) sans venin, à monsieur le Prince. Paris, Denys Pelé, 1650, 7p.
             Clev, Har, Md, Minn

M 2960.   Raillerie universelle, dédiée aux curieux de ce temps, en vers burlesques. Paris, Pierre Targa, 1649, 20p.

M 2961.   Raison (la) d'Etat et le bouclier du Parlement. Paris, Jean Hénault, 1649, 7p.
             Clev, Fol, Har, Md, NYPL, Wis

M 2962.   Raisons d'Etat contre le ministre étranger. (S. l. , 1649), 7p.
             BYU & (ve), Clev, Fol, Har & (ve), Md, Minn, NYPL, Wis

M 2963.   Raisons (les) de la retraitte (sic) et du retour du duc de Lorraine; Problesme, sçavoir s'il a manqué de parole ou non, en vers burlesques. Paris, 1652, 8p.
             Clev, Fol, Md

M 2964.   Raisons (les) et motifs ou la Décision de la question du temps: pourquoi l'on ne s'est pas opposé au passage de Mazarin s'en allant à la cour. (S. l. , 1652), 14p.
             Clev, Fol, Har, Md

M 2966.   Raisons (les) ou Motifs pour la nullité du pretendu Parlement de Pontoise, ensemble l'arrêt de la cour de Parlement contre les officiers de ce nouveau Parlement, toutes les chambres assemblées, en présence de monsieur le Prince. Paris, André Chouqueux, 1652, 8p.
             Fol

M 2967. Raisons (les) ou les Motifs véritables de la
défense du Parlement et des habitants de Paris
contre les perturbateurs du repos public et les
ennemis du roi et de l'Etat. Paris, 1649, 26p.
BYU & (ve), Clev, Fol, Har (ve), Md,
Minn, NYPL & (ve), Wis

M 2968. Raisons pour montrer que monseigneur le cardinal de Retz a pu destituer M. Du Saussay, évêque
de Toul, de la charge de grand vicaire et celle
d'official. (S. 1. n. d.), 4p.
NYPL

M 2969. Raisonnable (le) plaintif sur la dernière déclaration du roi. Paris, Jacques Bellé (sic), 1652,
14p.
Fol

M 2970. Raisonnement sur les affaires présentes et leur
différence de celles d'Angleterre. Paris,
François Preuveray, 1649, 7p.
BYU, Clev, Fol (ve), Har & (ve), Md, Minn,
NYPL (ve), Wis

M 2971. Raisonnements moraux et politiques, dédiés à
tous les princes de l'Europe. Paris, Denys
Pelé, 1650, 27p.
Clev, Fol, Har, Minn

M 2972. Raisonnements particuliers de Mazarin. (S. 1. ,
1649), 12p.
Clev, Fol, Har (ve), Minn, NYPL

M 2974. Ramage (le) de l'oiseau mis en cage, en vers
burlesques. Paris, 1650.
BYU (pt II), Clev, Fol (inc), Har, Md

M 2975. Rameau (le) royal ou le Symbole de la paix
présenté à la reine le jour des Rameaux. Paris,
Arnould Cottinet, 1649, 8p.
BYU, Clev, Fol, Har, Md, Minn, NYPL, Wis

M 2976. Rapport, fait en l'assemblée du Parlement par
monsieur le président de Nesmond et messieurs
les députés, de tout ce qui s'est passé en leur
négociation vers le roi, avec les avis ouverts

en la même assemblée pour déclarer le roi
entre les mains des ennemis de l'Etat et Son
Altesse Royale lieutenant général du royaume.
Paris, J. Le Gentil, 1652, 8p.
Minn

M 2977.   Rapporteur (le) des procès d'Etat faisant voir,
pour servir d'instruction au procès du comte de
Rieux, 1. que les affronts qu'on fait aux princes
du sang sont des crimes d'Etat, retombant sur
la personne du roi, et méritent d'être punis avec
autant ou plus de rigueur que ceux qui sont faits
à Sa Majesté; 2. que les paroles peu respectu-
euses dites à un prince du sang doivent passer
pour des attentats ou des crimes d'Etat; 3. qu'il
ne peut être d'offense légère lorsqu'elle est
commise avec réflexion contre un prince du sang;
4. que la vengeance en doit être particulièrement exigée par la rigueur des lois, lorsque les
affronts sont faits à des princes du sang ou par
d'autres grands ou par des princes étrangers;
5. et que le roi ne peut pas donner de grâce à
des crimes de cette nature. (S. 1. , 1652), 32p.
Fol (ve), Har, Md, Minn

M 2978.   Rat (le) de la cour. (S. 1. , 1650), 7p.
Har (ve)

M 2982.   Recherche générale de ceux qui ont retenu et
recélé les deniers, dus à Sa Majesté, des
levées qu'ils ont faites dans tout le royaume,
depuis 1630 jusqu'à 1638, et depuis 1638 jusques
en l'année présente, par arrêt du conseil d'Ftat
du roi. Paris, veuve Loizet, 1651, 15p.
Har, Md, Minn

M 2983.   Recherches politiques sur toutes les affaires qui
se passent adjourd'huy dans l'Etat, et sur
l'issue qu'on en doit espérer. (S. 1. , 1651), 39p.
Clev, Har (ve), Md

M 2984.   Récit d'un combat donné entre monsieur le prince
de Condé et le comte d'Harcourt, avec les noms
des morts et des prisonniers, ensemble la prise
des châteaux d'Ambleville et de Barbésieux en
Angoumois. Paris, jouxte la copie imprimée à
Poitiers par Antoine Mesnier, 1652, 8p.
Fol, Har (ve), Minn

M 2985.   Récit de ce qui s'est passé à l'emprisonnement du père de Jules Mazarin, traduit d'italien en françois par le sieur H. R. Dazor (Drazor). Paris, François Musnier, 1649, 8p.
BYU, Clev, Fol, Har, Md, Minn, NYPL

M 2986.   Récit de ce qui s'est passé à la conférence de Ruel, où se voit le sujet du rétardement de la paix, causé par Mazarin, avec la plainte par lui faite à ses confidents, en vers burrelesques (sic). (S. 1. , 1649), 8p.
Clev, Fol, Har, Minn, Wis

M 2987.   Récit de ce qui s'est passé à la mort d'Emery, avec les dernières paroles qu'il a proférées en mourant. Paris, 1649, 15p.
Md

M 2989.   Récit de ce qui s'est passé en l'assemblée des cours souveraines, assemblées en la chambre de Saint-Louis. (S. 1. , 1648), 12p.
Clev, Har (ve), Md, NYPL

M 2990.   Récit de tout ce qui s'est fait et passé au Parlement en présence de Son Altesse Royale et de messieurs les princes, ensemble leur déclaration envoyée à Sa Majesté, avec la sédition émue entre quelques bourgeois de Paris, et aussi le nombre des morts et blessés en cette occasion, le 25 juin 1652. Paris, Claude Le Roy, 1652, 7p.
Clev, Har (ve)

M 2991.   Récit de tout ce qui s'est passé en Parlement, le samedi 28 septembre 1652, en présence de Son Altesse Royale, où est contenu l'emprisonnement de plusieurs personnes trouvées, la nuit du vendredi au samedi dernier, semant des placards par les rues tendant à sedition, avec l'arrêt de la cour rendu contre lesdits prisonniers, toutes les chambres assemblées, et autres belles particularités. Paris, Laurent Laureau, 1652, 8p.
Fol, Md

350

M 2993.   Récit du duel mémorable fait à Ruel entre dix
laquais des députés et autant d'estaphiers (sic)
de Mazarin, le 28ᵉ mars 1649, en vers burlesques. Paris, veuve d'Anthoine Coulon, 1649,
8p.
Clev, Fol, Har, Md, Minn, Wis

M 2994.   Récit du fort du Palais-Royal pour le divertissement du roi, avec le nom des seigneurs qui
l'attaqueront, et de ceux qui seront sur la
défensive. Paris, Charles De Sercy, 1651, 12p.
Md

M 2996.   Récit exact et fidèle de ce qui s'est passé à
la conférence de Ruel pour la négociation de la
paix. Paris, Nicolas Bessin, 1649, 43p.
Fol, Har (ve), Md, NYPL & (ve), Wis

M 2998.   Recit sommaire de ce qui s'est passé au Parlement sur le sujet de la retraite de monsieur
le Prince à Saint-Maur, dans la dernière délibération du 14 juiljet 1651. Paris, Nicolas Vivenay, 1651, 8p.
Clev, Fol, Har & (ve), Md, Minn

M 2999.   Récit (le) véritable apporté à Son Altesse Royale
par le sieur de Bechereau, gentilhomme servant
de madame la duchesse d'Orléans, le 1ᵉʳ juin
1652, contenant ce qui s'est fait et passé au
siége de la ville d'Etampes entre l'armée de
Son Altesse Royale et celle du Mazarin. Paris,
veuve J. Guillemot, 1652, 8p.
BYU, Fol, Har, Md

M 3001.   Récit véritable d'une action horrible faite dans
l'église des pères de l'Oratoire à Paris, le
11ᵉ jour de juin 1649, au grand étonnement d'un
chacun qui assistaient (sic) à la sainte messe.
Paris, 1649, 6p.
Md

M 3002.   Récit véritable de ce qui fut dit à l'arrivée de
messieurs les députés du Parlement de Normandie
(à Ruel). Paris, Jean Dédin, 1649, 7p.
BYU, Clev, Fol, Har (ve), Md, Minn,
NYPL, Wis

M 3003. Récit véritable de ce qu s'est passé à Chaliot (sic) à l'entrevue de messieurs les princes de Condé, de Conty, de madame de Longueville et autres princes. Paris, 1649, 8p.
Clev, Fol & (ve), Md, Minn, NYPL, Wis

M 3004. Récit véritable de ce qui s'est passé à l'emprisonnement des princes. (S. 1., 1650), 6p.
Fol, Har (ve), Md, NYPL (ve)

M 3005. Récit (le) véritable de ce qui s'est passé à l'entree de Mademoiselle dans la ville d'Orléans le 27 mars 1652, avec la résolution qui a été prise touchant l'arrivée du garde des sceaux et du conseil envoyé par le roi dans ladite ville, donné au public par le commandement de Son Altesse Royale. Paris, veuve Jean Guillemot, 1652, 7p.
Minn

M 3006. Récit véritable de ce qui s'est passé au Mont de Marsan contre les troupes du marquis de Poyanne. Paris, Nicolas Vivenet (sic), 1652, 7p.
Fol, Har

M 3009. Récit véritable de ce qui s'est passé aux barricades de l'année 1588, depuis le 7e mai jusqu'au 1er juin ensuivant, décrites en vers burlesques. Paris, Michel Mettayer, 1649, 14p.
Fol, Har, Md, Minn, NYPL, Wis

M 3010. Récit véritable de ce qui s'est passé de plus considérable au Parlement de Paris, et de ce qui s'est fait par son ordre pour le service du roi depuis l'enlèvement de Sa Majesté, fait le 6 janvier 1649. Paris, 1649, 7p.
BYU, Clev, Fol, Har (ve), Md, Minn, NYPL (ve), Wis

M 3011. Récit véritable de ce qui s'est passé en l'approche de l'armée mazarine, commandée par le maréchal de Turenne, devant Etampes, avec le nombre des morts et blessés et la prise de deux canons. Paris, veuve Guillemot, 1652, 8p.
Md, NYPL

M 3012. Récit véritable de ce qui s'est passé en l'attaque
du fort de la Bastide, apporté par le courrier
Bourdelois. (S. 1. , 1650), 8p.
Har, Md

M 3013. Récit véritable de ce qui s'est passé en la place
de Grêve, mercredi deuxième octobre dernier,
et au palais en présence de Son Altesse Royale
et du duc de Guyse au sujet des séditieux, le
jeudi 7 du même mois, dont leur capitaine,
nommé Tambourg, a été amené prisonnier au
palais, ensemble la liste des noms de ceux qui
se trouvèrent en leur dernière assemblée.
Paris, Laurent Laureau, 1652, 7p.
Md

M 3014. Récit véritable de l'attentat fait sur le précieux
corps de notre Seigneur Jésus-Christ entre les
mains du prêtre disant la messe, le lendemain
de la Pentecôte, 24 mai de cette présente année
1649, commis dans l'église du village de Sanois,
à une petite demilieue d'Argenteuil, par un grand
laquais âgé de vingt-six à vingt-sept ans. Paris,
1649, 7p.
Har, Md, Minn, NYPL

M 3015. Récit véritable de la fin malheureuse d'un
usurier, arrivée en la province de France, le
18 mars 1649. Paris, Jérémie Bouillerot, 1649,
8p.
Fol (ve), Har, Md, NYPL

M 3016. Récit véritable de tout ce qui s'est fait au
procès du roi de la Grand'Bretagne, son arrêt
et la manière de son exécution, avec la harangue
faite par ladite Majesté sur l'échefaud, traduit
d'anglois en françois par J. Ango, interprète
de ladite langue, sur l'imprimé à Londres, par
François Coles. (S. 1. , 1649), 20p.
Har

M 3017. Récit véritable de tout ce qui s'est fait et passé
à l'arrivée du cardinal Mazarin vers Sa Majesté,
avec la réception qui lui a été faite. Paris,
Jacob Chevalier, 1652, 7p.
Fol, Har, Md

M 3018. Récit véritable de tout ce qui s'est fait et passé
à l'entrée du roi en la ville d'Auxerre, avec les
harangues faites à Leurs Majestés par messieurs
du clergé de ladite ville. Paris, Nicolas Bessin,
1650, 12p.
Har

M 3019. Récit (le) véritable de tout ce qui s'est fait et
passé à la prise du pont de Charenton par les
troupes de Son Altesse Royale sous la conduite
de M. de Briolles, maréchal de camp, où tous
ceux qui y étoient ont été faits prisonniers.
Paris, Philippe Lefèvre, 1652, 6p.
Fol

M 3020. Récit véritable de tout ce qui s'est fait et passé
au Parlement, le jeudi 26 septembre 1652, en
présence de Son Altesse Royale, avec les arrêts
portant cassation des procédures faites contre
M. le duc de Beaufort et défenses à toutes personnes de s'assembler ni attrouper au Palais-
Royal ni autres lieux à peine de la vie, et la
députation de M. Talon, avocat général, pour
être envoyé à Sa Majesté par messieurs du
Parlement. Paris, L. Laureau, 1652, 7p.
Md

M 3021. Récit véritable de tout ce qui s'est fait et passé
dans les villes de Senlis et Soissons sur les
demandes de monsieur le Prince. Paris, Noël
Polletier, 1652, 7p.
Har

M 3022. Récit véritable de tout ce qui s'est fait et passé
en l'assemblée générale de la noblesse tenue à
la Roche Guyon, avec la lettre de cachet du roi
envoyée à ladite assemblée. Paris, veuve
J. Guillemot, 1652, 7p.
Fol, Har, Md, NYPL

M 3023. Récit véritable de ce qui s'est fait et passé en
la province de Languedoc, et de nombre de
forteresses qui se sont déclarées pour Son
Altesse Royale. Paris, Jacob Chevalier, 1652,
7p.
Fol, Har

M 3024.   Récit véritable de tout ce qui s'est fait et passé
en Parlement, le mercredi 16 octobre 1652, en
présence de Son Altesse Royale et autres ducs
et pairs de France, avec la réponse du roi à la
dernière lettre et déclaration de Son Altesse
Royale. Paris, Laurent Toussaint, 1652, 7p.
Har, Md

M 3025.   Récit véritable de tout ce qui s'est fait et passé
en toute la Normandie à la réception et magnificence royale de Leurs Majestés, avec les
harangues faites au roi par toutes les villes
de ladite province. Paris, Jean de Courbe,
1650, 8p.
Har

M 3026.   Récit véritable de tout ce qui s'est fait et passé
ès assemblées tenues en Parlement, en présence
de Son Altesse Royale et de messieurs les
princes, ducs et pairs et principaux officiers de
la couronne, les 19 et 20 juillet 1652, avec
l'arrêt notable dudit jour 20 juillet 1652, avec
l'arret notable dudit jour 20 juillet, qui déclare
Son Altesse Royale lieutenant général de l'Etat et
couronne de France durant la détention de la
personne du roi par les Mazarins. Paris,
Salomon de La Fosse, 1652, 7p.
Md

M 3027.   Récit véritable de tout ce qui s'est fait et passé
tant dans la ville de Bordeaux qu'aux environs de
la ville; de Bordeaux, le 13 septembre 1649.
Jouxte la copie imprimée à Bordeaux, 1649, 7p.
Fol (ve), Har, Minn, NYPL (ve)

M 3030.   Récit véritable des discours tenus entre les trois
figures qui sont le pont au Change, sur les
affaires du temps. (S. 1.), Pierre Targa, 1649,
7p.
BYU, Clev, Fol, Har & (ve), Md, Minn (pts
I-II), NYPL & (ve), Wis

M 3031.   Récit (le) véritable du funeste accident arrivé dans
la Picardie au village de Mareuil sur Daule, entre
Soissons et Feime (sic), où deux enfants ont été
trouvés se nourrir des cadavres ou corps de leur

père et mère. Paris, Simon Le Porteur, 1652,
8p.
Har, Md

M 3032. Récit véritable de ce qui s'est fait et passé à
Rome et à Venise par Sa Sainteté et par la
république contre Jules Mazarin. Paris, Robert
Feugé, 1649, 8p.
Clev, Fol & (ve), Har, Minn, NYPL (ve), Wis

M 3035. Recueil de diverses pièces curieuses de ce temps,
sur l'imprimé à Paris. Rouen, par les
imprimeurs de la cour (de Parlement), 1649.
Har (pts II-IV)

M 3036. Recueil de diverses pièces pour la défense de
messieurs les princes. (S. 1., 1650), 90p.
Minn

M 3037. Recueil de diverses pièces qui ont paru durant
les mouvements derniers de l'année 1649. Paris,
1650.
Fol (ve), Md, NYPL (ve), Wis

M 3040. Recueil de plusieurs pièces curieuses contre le
cardinal Mazarin, imprimées depuis l'enlèvement
qu'il fit de la personne du roi, le 6 janvier
1649, jusques à la paix qui fut publiée le 2e jour
d'avril de la même année, et autres choses
remarquables arrivées durant les trois mois que
ce ministre étranger a allumé la guerre contre
le Parlement, le peuple de Paris et autres bons
François. (S. 1., 1649).
Md

M 3041. Recueil de plusieurs pièces curieuses imprimées
depuis le'enlèvement fait de la personne du roi,
le 6 janvier 1649, jusques à la paix qui fut
publiée le 2e jour d'avril de la même année, et
autres choses remarquables arrivées depuis ce
temps jusques à l'heureux retour de Sa Majesté
dans sa bonne ville de Paris, qui fut le 18e jour
d'août 1649. (S. 1., 1649.)
BYU, Clev (ve), Fol, Har

M 3042. Recueil de plusieurs pièces curieuses tant en prose
qu'en vers, imprimées depuis l'enlèvement fait de

la personne du roi, le 6 janvier 1649, jusques
à la paix qui fut publiée le 2e jour d'avril de
la même année, et autres choses remarquables
arrivées depuis ce temps là jusques à présent,
lesquelles serviront beaucoup à la connoissance
de l'histoire. (S. 1., 1649.)
Clev (ve), Md

M 3044.   Recueil de quelques pièces contre le cardinal
Mazarin, au cardinal Mazarin. Paris, 1649, 8p.
Clev, Fol, Har, Md, Minn, Wis

M 3045.   Recueil de tous les arrêts de la cour de Parlement, lettres, déclarations et autres actes donnés
tant pour la liberté et innocence de messeigneurs
les princes de Condé, de Conty et duc de Longueville, que pour l'éloignement et sortie hors du
royaume du cardinal Mazarin, avec commission
aux sieurs de Broussel, Le Meusnier, Bitault
et Pithou, conseillers du roi en ladite cour, pour
informer des contraventions auxdits arrêts,
ensemble les délibérations concernant l'exclusion
des étrangers, même des cardinaux françois
d'entrer dans les conseils de Sa Majesté, des
7, 9, 10, 20, et 25 février, 2, 11 et 16 mars
1651, quelques-uns desdits arrêts non encore
publiés.   Paris, par les imprimeurs et libraires
ordinaires du roi, 1651, 14p.
Har

M 3046.   Recueil de toutes les déclarations du roi rendues
pour la police, justice et finances de son royaume
énoncées en la dernière du mois de mars 1649,
insérée au présent recueil et donnée pour faire
cesser les mouvements et rétablir le repos et
tranquillité publique, toutes lesquelles déclarations Sa Majesté veut être exécutées selon leur
forme et teneur, avec tous les arrêts de verification et modification d'icelles tant du Parlement, chambre des Comptes que cour des Aydes,
ensemble autres déclarations des rois Louis XI
et Henry III, avec les articles des ordonnances
de Blois et d'Orléans pour l'éclaircissement des
articles 13, 14 et 15 mentionnés en la déclaration du 22 octobre 1648, et encore une table desdites déclarations avec un abrégé de ce qui y est

contenu. Paris, par les imprimeurs et
libraires ordinaires du roi, 1649, 56p.
Har (inc)

M 3047. Recueil de toutes les pièces faites contre le
cardinal Mazarin sur l'enlèvement du roi de sa
bonne ville de Paris.
Har, NYPL

M 3049. Recueil des arrests, remonstrances et lettres
tant du Parlement et cour des Aydes de Paris
que du Parlement de Rouen, ensemble le recueil
des ordonnances et commissions de messieurs
les prévost des marchands et eschevins de la
ville de Paris concernant la levée des gens de
guerre et deniers pour leur subsistance, seureté
et police de ladite ville de Paris, depuis les
mouvements commencés au sixième janvier
jusqu'à la pacification d'iceux. Paris, par les
imprimeurs et libraires ordinaires du roy,
1649, 104p.
NYPL

M 3053. Recueil des pièces secrètes de ce temps. (S. 1.),
1649.
Har (pts I-II)

M 3054. Recueil du journal contenant ce qui se passe de
plus remarquable en tout le royaume, depuis le
vendredi 23 août jusqu'au vendredi 23 septembre
1652. Paris, Simon Le Porteur, 1652, 48p.
BYU

M 3055. Recueil général de toutes les chansons mazarinistes, et avec plusieurs qui n'ont point été
chantées. Paris, 1649, 27p.
Clev, Fol, Har, Md, NYPL, Wis

M 3057. Réduction (la) de la ville et chasteau d'Angers en
l'obéissance du roy, avec les articles de sa
capitulation, fait (sic) le 26 février 1652. Paris,
Salomon de La Fosse, 1652, 7p.
Fol

M 3058. Réduction (la) du château et forteresse de Mouront
(sic), avec les motifs de la capitulation et la

sortie des gens de guerre qui étoient dans la place, ensemble les véritables articles accordés à M. le marquis de Persan par le comte de Palluau et tout ce qui s'est fait et passé entre les deux armées depuis ladite capitulation jusques au 2 septembre 1652. Paris, 1652, 15p.
Md

M 3059. Réflexion sur la conduite de Monsieur le Prince par laquelle l'on peut connoître la fin de ses desseins dans la recherche de toutes ses actions examinées avec beaucoup de soin depuis sa liberté jusques à présent. (S. 1. , 1652), 23p.
BYU, Clev, Fol, Har, Md, Minn, Wis

M 3060. Réflexions chrétiennes, morales et politiques de l'hermite du Mont Valérien sur toutes les pièces volentes (sic) de ce temps, ou Jugement critique donné contre ce nombre infini de libelles diffamatoires qui ont été faits dès le commencement des troubles jusques à présent par des personnes. Quid detur tibi, aut quid apponatur tibi ad linguam dolosam? Psalm. 119. Paris, 1649, 14p.
BYU, Clev, Fol, Har, Md

M 3061. Réflexions consciencieuses des bons François sur la régence de la reine. Paris, Guillaume Sassier, 1649, 42p.
Har

M 3063. Réflexions politiques et morales tant sur la France que sur l'Amérique, par un pauvre diable. Paris, Antoine Chrestien, 1652, 8p.
Clev, Fol (ve), Har (ve), Minn

M 3064. Réflexions sérieuses et importantes sur les affaires présentes. (S. 1. , 1651), 7p.
Fol (ve), Har, Md

M 3066. Réformation (la) du bréviaire de Mazarin envoyé de Rome. Paris, 1651, 8p.
Fol, Har, Md

M 3067. Réfutation de la Pièce de Pontoise intitulée: les Sentiments divers sur l'arrêt du Parlement du 20e juillet et le discours séditieux qu'on prétend

faussement avoir été fait par M. Bignon sur la lieutenance du royaume. (S. 1. , 1652), 31p.
Fol (ve), Md, NYPL

M 3068. Réfutation de la réponse sans jugement au bandeau de la justice. (S. 1.), 1649, 11p.
Clev, Fol, Har

M 3069. Réfutation (la) des articles de la paix qui ontété passés à Ruel, ensemble les véritables nouvelles reçues de leur réformation. (S. 1.), 1649, 4p.
Fol, Har & (ve), Md, Minn (ve), NYPL, Wis

M 3070. Réfutation des louanges données à Mazarin dans l'écrit qui porte titre: le Consentement donne par le roi à l'éloignement du cardinal Mazarin. Paris, 1652, 8p.
Fol, Har, Md

M 3071. Réfutation du libelle intitulé: Excommunication politique lancée contre le clergé, contre les sentiments de monseigneur le cardinal de Retz, où l'on verra: 1. Que le maniement des affaires d'Etat n'est pas contraire à la profession des évêques et des cardinaux, mais qu'il est particulièrement affecté à l'une et à l'autre de ces deux charges; 2. Que les prélats qui s'ingèrent dans les affaires d'Etat, font ce à quoi Dieu les a destinés de toute éternité, et que s'ils ne le faisoient pas, ils se mettroient au nombre des membres pourris et des âmes réprouvées; 3. Que les prélats ne doivent jamais entrer dans les palais des grands que pour s'offrir à décider les causes d'Etat et à résoudre les différents de grande importance; 4. Que si les prélats sont gens de bien, ils doivent exposer leurs biens et leurs vies pour le bien de l'Etat et pour le salut des peuples. (S. 1.), 1652, 28p.
Fol, Har

M 3072. Réfutation ou censure des libelles intitulés: Requête civile et la Vérité reconnue. (S. 1. , 1649), 7p.
BYU, Clev, Fol, Har (ve), Md, Minn, Wis

M 3075.   Réglement de monseigneur l'illustrissime et révérendissime archevêque de Paris touchant ce qui se doit pratiquer durant ce saint temps de Carême.
BYU, Clev, Fol (ve), Minn

M 3076.   Réglement du conseil d'Estat du roy pour la subsistance des troupes de Sa Majesté en Guyenne et provinces circonvoisines, avec l'ordre pour la fourniture des estappes (sic) et autres ustancilles (sic). Paris, Antoine Estienne, 1651, 8p.
Har (ve)

M 3077.   · Règles générales et statuts militaires qui doivent être observés par les bourgeois de Paris et autres villes de France à la garde des portes desdites villes et faubourgs. Paris, Arnould Cottinet, 1649, 8p.
Har, Md, NYPL

M 3078.   Règne (le) sans favori ou l'Abrégé de la vie du roi Henri le Grand, dédié aux bons François. Paris, Robert Quenet, 1649, 7p.
BYU, Clev, Fol, Har, Md, Minn, NYPL, Wis

M 3079.   Regrets (les) de l'absence du roi. (S. l. , 1649), 8p.
BYU, Clev, Fol, Har (ve), Md, Minn, NYPL & (ve), Wis

M 3080.   Regrets (les) de la France sur la mort de monsieur de Châtillon, présentés à monseigneur le prince de Condé. Paris, Mathieu Colombel, 1649, 8p.
BYU, Clev, Har, Md, Minn, NYPL

M 3081.   Regrets de la mort glorieuse de monsieur Tancrède de Rohan à madame de Rohan, sa soeur, par le sieur Scudéry. Paris, veuve André Musnier, 1649, 4p.
Fol (ve)

M 3083.   Regrets de Paris sur la mort de M. le duc de Nemours. Paris, François Noël, 1652, 8p.
Fol (ve), Har

M 3084.   Regrets (les) du cardinal Mazarin sur la mort de
son neveu Manchiny ses dernières paroles et son
épitaphe. Paris, Jean Brunet, 1652, 8p.
Har

M 3085.   Regrets (les) du cardinal Mazarin sur le lèvement
de siège de Cambray, avec la description des
arcs de triomphe qu'il prétendoit faire ériger
lorsqu'il feroit sa première entrée dans la place.
Paris, 1649, 12p.
BYU, Fol, Har, Minn, NYPL, Wis

M 3087.   Regrets funèbres sur la mort du joyeux Rondibilis,
dont tous les honnêtes goinfres sont obligés d'en
(sic) solemniser la mémoire. Paris, 1649, 7p.
Clev, NYPL

M 3088.   Regrets gascons sur la mort dou praube feu
Sarret; que Dieu l'agi son aume. Paris, 1649,
12p.
Minn, NYPL

M 3089.   Regrets (les) héroïques du soldat amoureux résolu
à mourir pour sa patrie. Paris, veuve Théodore
Pépingué et Estienne Maucroy, 1649, 12p.
BYU, Clev, Fol (inc), Har (ve), Md, Minn,
Wis

M 3091.   Réjouissance (la) publique et banquet provincial
au retour du roi en sa bonne ville de Paris, par
le S. D. L. C. Paris, Pierre Margut et Thomas
Lacarière, 1649, 20p.
Clev, Har (ve), NYPL

M 3094.   Relation burlesque véritable de tout ce qui s'est
passé dans la Fronde de Paris jusques à présent,
envoyée au cardinal Mazarin par un provincial,
ou Histoire burlesque du ministère et des disgrâces du cardinal Mazarin. (S. 1., 1652), 14p.
Clev, Fol, Har, Minn

M 3095.   Relation contenant ce qui s'est fait au conseil tenu
à Melun le 3e juin 1652, et la résolution prise
par le roi et la reine pour l'éloignement du cardinal Mazarin hors de France. Paris, Louis
Hardouin, 1652, 8p.
Har, Minn

M 3096.   Relation contenant ce qui s'est passé samedi,
dernier jour du mois (août), au faubourg Saint-
Marcel entre la garde bourgeoise et les gens de
guerre des princes.   Paris, 1652, 8p.
Fol, Minn

M 3097.   Relation contenant la suite et conclusion du
Journal de tout ce qui s'est passé au Parlement
pour les affaires publiques, depuis Pâques 1652
jusqu'en janvier 1653.   Paris, Gervais Alliot et
Emmanuel Langlois, 1653, 263p.
Minn

M 3098.   Relation contenant le secours jetté dans la ville
de Gravelines par les soins du sieur d'Estrades,
lieutenant général dans les armées du roi et
gouverneur de Dunkerque, avec l'état de cette
première place et ce qui s'est passé en son
siége jusques au 29 (19 avril) de ce mois.
Paris, Jacques Bellay, 1652, 8p.
Har, Minn

M 3099.   Relation contenant les particularités de tout ce qui
s'est passé entre l'armée de M. le prince de
Condé et celle du comte d'Harcourt.   Paris,
Antoine Clément, 1652, 7p.
Fol

M 3100.   Relation contenant tout ce qui s'est fait et passé
dans la ville de Pontoise entre les vrais serviteurs du roy et les partisans du cardinal Mazarin, avec la conspiration secrète de quelques uns
des plus apparents pour livrer la ville au duc
d'Elbeuf, découverte par les habitants.   (S. 1.,
1652), 12p.
Fol (ve), Har, Minn

M 3101.   Relation contenant tout ce qui s'est passé au combat donné devant la ville de Saint Denys, et de la
prise de ladite ville par les bourgeois de Paris
commandés par messieurs les princes (sic) de
Condé et duc de Beaufort.   Paris, Jacques Le
Gentil, 1652, 8p.
Fol

M 3102. Relation contenant tout ce qui s'est passé au combat donné entre l'armée de messieurs les princes et celle du maréchal de Turenne, avec les noms des morts et blessés et la prise du canon des Mazarins. Paris, Jacques Le Gentil, 1652, 8p.
Fol

M 3103. Relation curieuse et remarquable de la pompe royale du jour de Saint-Louis, ensemble les harangues et cérémonies faites à Notre-Dame, et de tout ce qui s'est passé depuis l'heureuse arrivée du roi jusques à présent. Paris, veuve J. Remy, 1649, 15p.
Clev, Har, Md, Wis

M 3104. Relation de Bordeaux contenant ce qui s'est passé, depuis la sortie de nos chaloupes, entre l'armée du Parlement et celle du duc d'Epernon jusques au 23 août. Imprimée à Bordeaux, 1649, 12p.
Fol

M 3106. Relation de ce qui s'est fait et passé en l'emprisonnement du sieur Foule, maistre des requestes ordinaires (sic) de Sa Majesté, et dans les affaires les plus importantes du Languedoc et de la Guyenne. Paris, Jacob Chevalier, 1652, 8p.
Fol

M 3108. Relation de ce qui s'est fait et passé touchant les propositions faites au roi, étant en son conseil, la reine présente, par aucuns des principaux créanciers du roi. (S. l. , 1651), 20p.
BYU, Fol (ve), Har (pt I), Md, Minn (pt I), Wis

M 3111. Relation de ce qui s'est passé à l'arrivée de madame la princesse de Condé et de monsieur le duc d'Enguien, son fils, en la ville de Bordeaux, avec l'arrêt de messieurs du Parlement de ladite ville sur ce sujet. (S. l. , 1650), 8p.
BYU, Fol, Har & 've), Md, Minn, NYPL, Wis

M 3112. Relation de ce qui s'est passé à l'arrivée du roy au camp devant Estampes, ensemble la défaite de

deux régiments des ennemis à la reprise d'une
demy lune par les Mazarins.   Paris, Louis
Hardouin, 1652, 8p.
Har (ve)

M 3113.   Relation de ce qui s'est passé à la cour dans la
négociation du sieur de Joyeuse, envoyé de Son
Altesse de Lorraine, et ce qui s'est passé au
Parlement, aujourd'huy 26 septembre, en
présence de messieurs les princes, avec la
députation de M. Talon, avocat général, et des
six corps des marchands.   Paris, Jean Brunet,
1652, 7p.
Fol (ve), Har, Md, Minn

M 3114.   Relation (la) de ce qui s'est passé à la cour en la
réception de messieurs les députés du Parlement
de Paris.   Paris, 1652, 7p.
Fol, Har, Minn

M 3115.   Relation de ce qui s'est passé à Marseille dans
le voyage de monsieur le comte d'Alais, gouverneur de Provence.   (S. 1., mars 1650), 7p.
Har

M 3116.   Relation de ce qui s'est passé à Monguyon entre
les troupes de monseigneur le Prince, commandées par M. le comte de More (sic), et celles
du sieur de Folleville.   Paris, Nicolas Vivenay,
(25 mai) 1652, 8p.
Fol, Har

M 3117.   Relation de ce qui s'est passé à Paris depuis
l'enlèvement du roi jusqu'à présent, envoyée aux
provinces.   Paris, par les imprimeurs et libraires
ordinaires du roi, 1649, 8p.
BYU, Fol, Har, Md, Minn, NYPL, Wis

M 3118.   Relation de ce qui s'est passé à Péronne sur le
refus que les habitants ont fait de recevoir et
d'ouvrir leurs portes au maréchal d'Hocquincourt,
leur gouverneur.   Paris, Jean Brunet, 1652, 7p.
Har (ve)

M 3119.   Relation de ce qui s'est passé à Rome en la
promotion de monseigneur le coadjuteur de Paris

au cardinalat et en la confirmation faite par Sa
Sainteté de l'arrêt de la cour de Parlement de
Paris donné contre le cardinal Mazarin. Paris,
1652, 8p.

Fol, Har, Md, Minn

M 3120.   Relation de ce qui s'est passé à Villeneuve
d'Agenois par les généraux exploits des habitants
de ladite ville sous la conduite de M. le marquis
de Théobon, avec le nombre des morts et des
prisonniers faits sur l'armée du comte d'Harcourt. Sur un imprimé à Bordeaux. Paris,
Nicolas Vivenay, 1652, 8p.

Har, Minn

M 3121.   Relation de ce qui s'est passé au combat de
Blanquefort, et la reprise de l'île Saint-Georges
par les troupes des Bordelois, avec l'arrêt
donné par le Parlement contre le duc d'Epernon,
le chevalier de La Valette, son frère, et leurs
adhérents. (S. l. , 1650), 8p.

Fol (ve), Har

M 3122.   Relation de ce qui s'est passé au Parlement le
jeudi 3 octobre, en présence de Son Altesse
Royale et de messieurs les princes, et la
réponse de la cour au sieur de Joyeuse, avec la
prise de trois séditieux mazarins et l'accusation
de leurs complices et adhérents et le retour du
duc de Guyse. Paris, Jean Brunet, 1652, 8p.

Har

M 3123.   Relation de ce qui s'est passé aux Thuilleries
(sic) entre monseigneur le duc de Beaufort et
autres seigneurs. (S. l. , 1649), 4p.

BYU, Har, Md, NYPL

M 3124.   Relation de ce qui s'est passé en l'assemblée
tenue à l'Hôtel de Ville de Paris le 21 juillet
1649. Paris, Pierre Rocollet, 1649, 7p.

Fol (ve)

M 3125.   Relation de ce qui s'est passé en l'attaque et
prise du château de Dijon et autres places,
avec le nombre des morts et des blessés.
Paris, J. Chevalier, 1652, 8p.

Fol, Har

M 3126. Relation de ce qui s'est passé en la dernière
assemblée du Parlement, le deuxième jour de ce
mois (août 1651). Paris, Nicolas Vivenay, 1651,
15p.
BYU, Clev, Fol, Har, Md, Minn

M 3127. Relation de ce qui s'est passé en la ville de
Bordeaux les derniers jours du mois de juillet
1649, lors de la signification de l'interdiction
du Parlement. Paris, s. d. Jouxte la copie
imprimée à Bordeaux, 12p.
Fol, Har, Md, Minn

M 3129. Relation de ce qui s'est passé en Parlement,
toutes les chambres assemblées, le vendredi 29
décembre 1651, ensemble l'arrêt contre le cardinal Mazarin et ses adhérents. Paris, veuve
J. Guillemot, 1651, 8p.
Fol, Har, Md

M 3130. Relation de ce qui s'est passé le mardi 24
septembre dans le Palais-Royal, avec les
noms des principaux de l'assemblée. Paris,
Simon Le Porteur, 1652, 7p.
Clev, Fol

M 3131. Relation de ce qui s'est passé tant au Palais
Royal qu'au Parlement, en faveur de monsieur
le prince de Condé, depuis le 21 juillet jusqu'à
présent 1651. Paris, 1651, 8p.
Fol, Md

M 3132. Relation de la bataille navale donnée entre les
armées de France et d'Espagne sur les mers
d'Olleron et de Ré le 9 aoust 1652, avec l'estat
des vaisseux dont les deux armées étoient com-
posées, et les noms des capitaines. Paris,
Nicolas et Jean de La Coets, 1652, 12p.
Har, Md, NYPL

M 3134. Relation de la défaite de l'armée du marquis de
Saint-Luc, avec la levée du siége de la ville de
Mont-de-Marsan. Jouxte la copie à Bordeaux.
Paris, Jean Brunet, 1652, 8p.
Har (ve), Minn

M 3136. Relation de la marche et progrès de l'armée commandée par M. le marquis de Sauveboeuf, général de l'armée du roi sous l'autorité du Parlement de Bourdeaux. Bourdeaux, J. Mongiron Millanges, 1649, 8p.
Fol, Har (ve), Md

M 3137. Relation de la paix de la ville de Bordeaux et de la province de Guyenne, faite par l'entremise de monseigneur l'archevêque de Bordeaux, le 4 juin 1649. Paris, Jean du Crocq, 1649, 12p.
Fol, Har (ve)

M 3139. Relation de la victoire obtenue par les armées de la sérénissime république de Venise sous le commandement de l'illustrissime et excellentissime seigneur Jacques de Riva, capitaine des vaisseux, contre l'armée turquesque en Asie au port de Foquie, traduit d'italien en françois par N. D. F., et par lui donnée à l'illustrissime et excellentissime seigneur Michel Morosini, ambassadeur ordinaire de ladite sérénissime république de Venise auprès du roi très-chrétien. Paris, Antoine Estienne, 1649, 8p.
Har

M 3140. Relation de tout ce qui s'est fait et passé à la vie et à la mort de M. le maréchal de Rantzau. Paris, 1650, 7p.
Minn

M 3141. Relation de tout ce qui s'est fait et passé dans la levée du siège de Miradoux par monsieur le Prince. Jouxte la copie imprimée à Bordeaux. Paris, veuve Marette, 1652, 7p.
Fol, Har

M 3142. Relation de tout ce qui s'est fait et passé de messieurs les princes de Condé, de Conty, du duc de Longueville jusqu'à présent. (S. l., 1651), 32p.
Har (ve), Wis

M 3143. Relation de tout ce qui s'est fait et passé en l'armée de monsieur le prince de Condé depuis son départ de Guyenne, avec la déclaration de

la ville de Toulouse pour le service des princes.
Paris, Jacob Chevalier, 1652, 7p.
Fol (ve)

M 3144. Relation de tout ce qui s'est fait et passé en la
députation du corps de la milice de Paris, et
l'assurance que le roi a donnée de se rendre le
21 octobre à Paris, avec toute la satisfaction
qu'on a désirée de Sa Majesté. Paris, Pierre
Le Petit, 1652, 8p.
Md, NYPL (ve)

M 3145. Relation de tout ce qui s'est fait et passé en la
ville de Bordeaux et province de Guyenne, et la
réponse faite par le roi aux députés dudit
Parlement et ville de Bordeaux, depuis l'arrivée
desdits députés en la ville de Libourne, le 3
août 1650, jusques au 12 dudit mois, ensemble
la prise de l'île Saint-Georges, avec les nouvelles apportées à Leurs Majestés, du 12 août
1650, du secours arrivé à Porto-Longone de la
galère commandée par le lieutenant du chevalier
de Châtellus (sic), renforcée de 510 hommes de
guerre, argent et munitions, et la défaite de
1500 paysans révoltés en Catalogne, envoyée à
M. le maréchal de Lhôpital. Paris, Guillaume
Sassier, s. d. , 8p.
Fol (ve), Har, Md, Minn

M 3146. Relation de tout ce qui s'est passé à l'arrivée
des troupes de l'aarchiduc (sic) Léopold, près
la ville de Saint-Quentin. Paris, 1652, 7p.
Fol, Md

M 3147. Relation (la) de tout ce qui s'est passé au conseil
de monsieur le Prince depuis son départ jusques
à présent, envoyée à Son Altesse Royale. (S. l. ,
1652), 15p.
Har, Minn

M 3148. Relation de tout ce qui s'est passé au Parlement
le huitième juillet. (S. l. , 1651), 7p.
Clev, Fol, Md

M 3149. Relation de tout ce qui s'est passé au Parlement
le 7 juillet 1651, touchant la déclaration de mes-

sieurs les princes contre le cardinal Mazarin et ses adhérents. Paris, 1651, 14p.
Fol, Md

M 3151. Relation d'un complot formé en la ville de Rheims pour poignarder le cardinal Mazarin, et la façon dont il a été decouvert, et les noms des complices. Paris, P. Vallée, 1652, 7p.
Fol

M 3152. Relation des avantages remportés par l'armée de monseigneur le Prince sur les troupes de monsieur le comte d'Harcourt. Bordeaux, Guillaume de La Court, 1651, 8p.
Fol, Har

M 3153. Relation des députés du Parlement, séant à Pontoise, pour l'éloignement de M. le cardinal Mazarin. Pontoise, Julien Courant, 1652, 4p.
NYPL (ve)

M 3154. Relation des dernières nouvelles du siège de la ville de Bordeaux, avec la prise et conservation du faubourg Saint-Seurin et état de l'armée du roi, avec le nombre des blessés et des prisonniers. Paris, Martin Berlay, 1650, 8p.
Fol & (ve), Har, Md

M 3156. Relation des plaisantes singeries du prétendu Parlement de Pontoise, avec l'extrait du premier arrêt qu'il a donné pour l'éloignement de Mazarin. Paris, Pierre Grandin, 1652, 10p.
Fol, Har, Minn

M 3157. Relation des réjouissances de la ville de Bourdeaux sur la nomination de monseigneur le prince de Condé au gouvernement de Guyenne, selon la teneur d'une lettre adressée au R. P. C. C. Paris, Pierre Boulanger, 1651, 8p.
Har, Md

M 3159. Relation (la) du conseil tenu à Epernay entre quatre maréchaux de France et le cardinal Mazarin sur l'arrivée de monseigneur le duc de Guyse avec six mille hommes au service de monseigneur le prince de Condé, et sur le

370

dessein que ledit cardinal a de rentrer dans
l'Etat à main armée. (S. 1., 1652), 20p.
Fol

M 3160. Relation du 12 septembre touchant ce qui s'est
fait et passé dans l'armée de messieurs les
princes, et leur campement pour investir l'armée
du maréchal de Turenne, avec la prise de
quantité de prisonniers. Paris, Jacob Chevalier,
1652, 8p.
Md

M 3161. Relation du secours jetté dans Villeneuve d'Agenois
par M. le comte de Marchin (sic), lieutenant
général des armées du roi sous l'autorité de M.
le Prince, avec la prise de La Serre Balthazar,
près Bazas. Sur un imprimé à Bordeaux. Paris,
Nicolas Vivenay, 1652, 8p.
Fol, Har (ve), Md

M 3162. Relation du succès emporté sur les troupes de
monsieur le Prince par M. de Bougy sous les
ordres de monsieur le comte d'Harcourt, avec la
défaite de 500 chevaux. Paris, par les imprimeurs et libraires ordinaires du roi, 1652, 7p.
Fol, Har, Md

M 3163. Relation du voyage du roi depuis son départ de
Paris jusques à cejourd'huy 6ᵉ octobre 1651,
arrivé à Aubigny. Paris, 1651, 7p.
Fol, Har, Md, NYPL

M 3164. Relation envoyée par un gentilhomme de Provence
à un de ses amis de Paris, sur ce qui s'est
passé en la ville d'Aix au sujet de quelques
factieux, qui vouloient y causer du désordre, et
de l'arrêt du Parlement donné contr'eux. Paris,
1651, 6p.
Md, Wis

M 3165. Relation escrite de Poictiers, du xx janvier
MDCLII, contenant les avantages emportés sur
l'armée de M. le Prince par l'armée du roy.
Paris, par les imprimeurs et libraires ordinaires
du roy, 1652, 6p.
Fol

M 3167. Relation (la) extraordinaire contenant le traité
de Mazarin avec le Parlement d'Angleterre,
ensemble les articles de composition pour le
lieu de sa retraite dans la ville de Londres.
Paris, 1651, 14p.
Fol

M 3169. Relation extraordinaire de ce qui s'est passé en
Provence en faveur de messieurs les princes,
avec la réunion de la maison royale. Paris,
1651, 15p.
Har

M 3170. Relation fidèle de ce qui s'est passé de plus
remarquable au Parlement depuis le 10 février
1649 jusques à la fin du mois, envoyée aux
provinces. Paris, par les imprimeurs et
libraires ordinaires du roi, 1649, 11p.
Clev, Fol (ve), Har & (ve), Md, Minn,
NYPL, Wis

M 3171. Relation générale contenant au vrai ce qui s'est
passé entre les deux armées (de Turenne et du
duc de Lorraine), à Villeneuve-Saint-Georges,
entre le quinzième et le seizième juin 1652.
Paris, Pierre de Mirville, 1652, 7p.
Md

M 3172. Relation générale de tout ce qui s'est fait et
passé dans la ville d'Orléans depuis l'arrivée
de Mademoiselle, avec le récit de tout ce qui
s'est passé dans la ville de Paris depuis sa
sortie. Paris, Jean Pétrinal, 1652, 8p.
Fol, Har, Minn

M 3174. Relation générale et véritable de tout ce qui
c'est (sic) fait au procès du roi de la Grand'
Bretagne, son arrêt et la manière de son
exécution, avec la harangue faite par Sadite
Majesté sur l'échafaud, traduit d'anglois en
françois par J. Ango, interprète de ladite langue,
sur l'imprimé à Londres par François Coles.
(S. 1. , 1649), 16p.
Clev, Fol, Har & (ve), Md, Minn, NYPL

M 3176. Relation nouvelle de la défaite des trouppes du
comte d'Harcourt par l'armée de Son A. R.,
commandée par M. le prince de Conty, près
Bordeaux, où il est demeuré plus de six cens
chevaux des ennemis sur la place et deux cens
pris prisonniers avec tous leurs bagages. Paris,
Louis Hardouin, 1652, 8p.
Fol, Har

M 3177. Relation sommaire et véritable de tout ce qui
s'est passé au Parlement dans les deux dernières
assemblées tenues les vendredi et samedi 12 et
13 d'avril, en présence et avec les suffrages de
messeigneurs les duc d'Orléans et prince de
Condé. Paris, veuve J. Guillemot, 1652, 16p.
Fol, Har, Minn

M 3178. Relation véritable contenant ce qui s'est passé
au palais d'Orléans touchant le discours fait
par M. de Penis, trésorier de France, le
vendredi 10 mai 1652, au nom des bourgeois de
la ville de Paris, qui étoient ce jour là assemblés audit palais au nombre de plus de dix
mille, avec l'adjonction des habitants de ladite
ville aux intentions et armes de Son Altesse
Royale pour donner la chasse au cardinal
Mazarin. Paris, Alexandre Lesselin, 1652, 8p.
Fol, Har, Minn

M 3179. Relation véritable contenant l'état du siège de la
ville d'Etampes et ce qui s'est passé aux
attaques des 6 et 7 juin entre les troupes de Son
Altesse Royale, commandées par les comtes de
Tavannes, baron de Clinchamp et de Vallon, et
celles du maréchal de Turenne, avec la réponse
de Son Altesse Royale à messieurs les députés
du Parlement sur le sujet de l'arrivée des
troupes du duc de Lorraine. Paris, Jacques
Le Gentil, 1652, 8p.
Fol, Har

M 3180. Relation véritable contenant la défaite de l'arrière-
garde de l'armée du comte d'Harcourt par les
troupes de monseigneur le Prince, commandées
par le sieur Marsin, avec la prise de la ville
de Miradoux, où il a été fait douze cents prison-

niers de guerre. Paris, Jean Brunet, 1652, 6p.
Fol, Har

M 3182. Relation véritable contenant la défaite des forces
que le maréchal de La Meilleraye envoyoit contre
Angers, par monseigneur le duc de Rohan.
Angers, Jean Martin (1652), 8p.
Har (ve), Minn (ve)

M 3183. Relation véritable contenant la liste des noms de
ceux qui étoient en l'assemblée faite le mardi
24 septembre 1652 au Palais-Royal, avec
l'exhortation que Mademoiselle, fille de Son
Altesse Royale, fit à cette assemblée séditieuse,
et l'ordre que Son Altesse Royale mit pour faire
arrêter la sédition. Paris, Laurent Laureau,
1652, 8p.
Fol (ve), Har

M 3184. Relation (la) véritable contenant la prise de la
ville et château par force (sic) de Montargis
par l'armée de Son Altesse Royale. Paris,
Jean Brunet, 1652, 8p.
Fol, Har

M 3185. Relation (la) véritable contenant la prise par
force de Pont en Saintonge par l'armée de monseigneur le prince de Condé, commandée par
monseigneur le prince de Tarente, fils aîné de
monseigneur de La Trémouille, duc et pair de
France, avec autres avantages emportés sur le
comte d'Harcourt, apportés (sic) à Son Altesse
Royale. (S. l. , 1652), 6p.
Fol, Har (ve), Md

M 3186. Relation véritable contenant la sortie par force
du duc d'Epernon hors la ville de Dijon, avec
le siège du château de ladite ville par les habitants d'icelle. Paris, J. Brunet, 1652, 7p.
Fol, Har, Md

M 3187. Relation (la) véritable contenant le grand combat
donné entre l'armée de Son Altesse Royale, commandée par M. le Prince et M. le duc de
Nemours, contre les troupes du cardinal Mazarin
par le maréchal d'Hocquincourt. Paris, Jean
Brunet, 1652, 7p.
Fol, Har, Md

M 3188.   Relation véritable contenant le grand combat
donné entre les troupes de Son Altesse Royale
et celle du C. M. à l'attaque d'Etampes.   Paris,
Jean Brunet, 1652, 8p.
Fol (ve)

M 3189.   Relation véritable contenant les articles accordés
à madame la Princesse et à monsieur le duc
d'Anguien, sous le bon vouloir et plaisir du roi,
en conséquence de la paix de Bordeaux, publiée
le 17 octobre 1650, en présence des sieurs de
Saint-Août, comte de Châteaumeillan et d'Alvi-
mare, sous-gouverneur de monseigneur le duc
d'Anjou, envoyés par Leurs Majestés, et le sieur
Laisné (Lenet), conseiller ordinaire du roi en
ses conseils d'Etat et privé, envoyé par madame
la Princesse en exécution desdits articles, avec
amnistie aux sieurs de Chambois (sic), comte de
Bussy Rabutin, Montatère, Delignon, Degamille
et autres, fait à Montrond le 23 octobre 1650.
Paris, Guill. Sassier, (s. d.), 7p.
Har, Md

M 3190.   Relation véritable contenant tout ce qui s'est fait
et passé à Bordeaux, ensemble la défaite des
troupes mazarines par l'armée de monseigneur le
Prince, avec la prise de Soubise par M. le
prince de Tarente.   Paris, Jacob Chevalier,
1652, 6p.
Fol, Har, Md, Minn

M 3191.   Relation véritable contenant tout ce qui s'est
fait et passé à Mantes à l'arrivée des troupes
conduites par M. le duc de Nemours, avec la
marche de ladite armée.   Paris, Jacob
Chevalier, 1652, 8p.
Fol, Har, Minn

M 3192.   Relation véritable contenant tout ce qui s'est
fait et passé au conseil du roi sur les remontrances de messieurs le maréchal de Lhopital,
Le Fèvre, cidevant prévôt des marchands, et
les députés, avec la réformation des articles
de la cour pour la paix donnés aux députés, et
la réponse de Son Altesse Royale à messieurs
les échevins au palais d'Orléans.   Paris, Jean

Brunet, 1652, 8p.
Har, Minn

M 3193. Relation véritable contenant tout ce qui s'est fait
et passé en l'assemblée du Parlement du 8 juillet,
tant pour l'union générale que pour le soulagement de la ville de Paris, avec l'arrivée des
troupes de l'archiduc Léopold sous la conduite
du duc de Wittemberg. Paris, Jean Brunet,
1652, 8p.
Fol

M 3195. Relation véritable contenant tout ce qui s'est passé
au Parlement dans les dernières assemblées, et
de l'arrivée de Leurs Majestés devant la ville
d'Orléans et le refus de l'entrée du cardinal
Mazarin. Paris, Jacob Chevalier, 1652, 8p.
Fol

M 3196. Relation véritable contenant tout ce qui s'est
passé en Parlement, le samedi 19 octobre 1652,
en présence de Son A. Royale, sur le retour de
Sa Majesté en sa bonne ville de Paris. Paris,
Jean Brunet, 1652, 8p.
Md

M 3197. Relation véritable de ce qui s'est fait et passé
à Bordeaux touchant la paix qu'il a plu au roi
d'y envoyer. (S. l. , 1652), 8p.
Md

M 3198. Relation véritable de ce qui s'est fait et passé
à Gravelines. Paris, 1652, 8p.
Fol (ve), Har, Md

M 3199. Relation véritable de ce qui s'est fait et passé
à l'attaque de la ville de La Réole en Guyenne,
et les généreuses sorties des habitants sur les
troupes mazarines. Bordeaux, Guillaume de La
Court, 1652, 8p.
Har (ve), Minn (ve)

M 3200. Relation véritable de ce qui s'est fait et passé
à la prise et réduction du château Trompette,
avec les articles qui ont été accordés au sieur
de Haumont, le 18 octobre 1649. Paris, Nicolas
de La Vigne, 1649, 7p.
Har, Md

M 3201. Relation véritable de ce qui s'est fait et passé
dans l'audience donnée à Saint-Denys, le
onzième juillet 1652, à messieurs les députés
du Parlement, avec les propres termes de la
réponse à eux faite de la part du roi par monsieur le garde des sceaux. Paris, J. Chevalier,
1652, 8p.
Fol, Har, Minn

M 3202. Relation véritable de ce qui s'est fait et passé
dans la ville d'Aix en Provence depuis l'enlèvement du roi Louis XIV, fait à Paris le sixième
janvier 1649, et en l'affaire du Parlement où
le comte d'Alais, madame sa femme et mademoiselle sa fille, le duc de Richelieu, monsieur
de Scève, intendant, et plus de cent cinquante
gentilshommes ont été arrêtés prisonniers,
apportée par le Sr T., envoyé par messieurs du
Parlement de Provence. Paris, Jean Hénault,
1649, 8p.
BYU, Clev, Fol, Har, Md, Minn, NYPL, Wis

M 3203. Relation véritable de ce qui s'est fait et passé
devant Saint-Denys par l'armée des bons François,
le jour de saint Mathias, comme aussi devant
Brie, ensemble ce qui s'est passé dans Paris
de plus mémorable, par le sieur Rozard. Paris,
veuve Jean Remy, 1649, 8p.
BYU, Clev, Fol, Har, Md, Minn

M 3204. Relation véritable de ce qui s'est fait et passé
en la dernière assemblée du Parlement, en
présence de M. le duc d'Orléans et de M. le
Prince, sur la réponse du roi faite à Mrs les
députés, l'arrêt intervenu sur icelle et ce qui
s'est passé au Parlement de Normandie et en
la ville de Rouen. Paris, veuve J. Guillemot,
1652, 11p.
Fol, Har

M 3205. Relation véritable de ce qui s'est fait et passé
en Parlement, le lundi 14 octobre 1652, en
présence de Son Altesse Royale et de plusieurs
ducs et pairs de France, avec la déclaration de
Son Altesse Royale et de M. le duc de Beaufort
pour l'éloignement sans retour des gens de

guerre. Paris, Laurent Toussaint, 1652, 7p.
Md

M 3206. Relation véritable de ce qui s'est passé à
Bourdeaux à la prise de trois personnes qui
ressembloient au cardinal Mazarin, au duc
d'Epernon, et à la nièce Mancini, destinée pour
femme au fils dudit duc, et comme elles ont
été brûlées (en effigie). Paris, François
Preuveray, 1651, 8p.
Har, Md

M 3207. Relation véritable de ce qui s'est passé à
Bordeaux et aux environs, avec la prise d'un
espion italien envoyé par le cardinal Mazarin.
(S. 1. , 1650), 7p.
Fol, Har (ve), Minn

M 3208. Relation véritable de ce qui s'est passé à Bourg
à l'arrivée de messieurs les députés du Parlement de Paris près du roi et de la reine régente,
avec la cessation d'armes accordée par Leurs
Majestés tant en la ville qu'aux faubourgs, avec
les otages donnés de part et d'autre et l'entrée
de messieurs les députés dans la ville de
Bordeaux, le 16 septembre 1650. Paris, Jacob
Chevalier, 1650, 7p.
Har, Md, Minn

M 3210. Relation véritable de ce qui s'est passé à la
levée du siége de Brouage, que le duc de
Vendosme y avoit mis, envoyée à monseigneur
le prince de Conty par le comte du Dognon,
ensemble la prise d'un vaisseau et de trois
galiottes par le sieur de Saint-Germain Beaupré,
et d'un autre coulé à fonds. Paris, Samuel de
Larru, 1652, 8p.
Fol, Har, Md

M 3211. Relation véritable de ce qui s'est passé à la
levée du siége de Cognac par l'armée du roi,
commandée par M. le comte d'Harcourt, à la
vue du prince de Condé. Paris, par les
imprimeurs et libraires ordinaires du roi,
1651, 14p.
Fol (ve), Har, Md

M 3212. Relation véritable de ce qui s'est passé à la levée du siége d'Etampes, qui fut vendredi dernier, septième du courant (juin) à une heure après mide, avec la défaite des troupes du maréchal de Turenne par l'armée de messieurs les princes, commandée par le comte de Tavannes. Paris, Henry Ruffin, 1652, 8p.
Har, Minn

M 3213. Relation véritable de ce qui s'est passé à la prise de la tour de Saint-Nicolas à La Rochelle par l'armée du roi, commandée par M. le comte d'Harcourt. Paris, par les imprimeurs et libraires ordiniares du roi, 1651, 8p.
Fol (ve), Md

M 3214. Relation véritable de ce qui s'est passé à la prise de la ville de Harfleur près le Hâvre par l'armée de monseigneur le duc de Longueville, ensemble la liste de tous les officiers de son armée. Paris, Nicolas de La Vigne, 1649, 8p.
BYU, Fol, Har, Md, Minn, Wis

M 3215. Relation véritable de ce qui s'est passé à la prise du Pont de Cé par les troupes de monsieur le Prince, commandées par M. le duc de Rohan, le 15 du mois présent (janvier 1652). (S. l. n. d.), 8p.
Fol, Har, Md

M 3216. Relation véritable de ce qui s'est passé à la prise du village de la Pointe, situé à la chûte de la rivière du (de la) Maine dans la Loire, envoyée à messieurs les prévôt des marchands et échevins de sa (sic) bonne ville de Paris. Paris, Pierre Rocollet, 1652, 8p.
Har

M 3217. Relation véritable de ce qui s'est passé à Pontoise en la disgrâce du maréchal de Turenne, dans laquelle le maréchal d'Aumont a été subrogé en sa place de général d'armée. Paris, Louis Hardouin, 1652, 8p.
Har

M 3218. Relation véritable de ce qui s'est passé à
Pontoise en la réception des six corps de mar-
chands, ensemble leurs harangues et ce qui leur
a été répondu par le roi et la reine. Paris,
Antoine Chrétien, 1652, 15p.
Fol, Har, Md, Minn, NYPL (ve)

M 3219. Relation véritable de ce qui s'est passé à Saint-
Germain en la députation de la cour des Aydes
pour le retour de Leurs Majestés à Paris, avec
la harangue et la réplique de M. Amelot, premier
président, sur ce sujet. (S. 1., 1649), 7p.
BYU, Clev, Fol (ve), Har (ve), Md, Minn,
NYPL, Wis

M 3220. Relation véritable de ce qui s'est passé au combat qui se rendit, mardi au matin, 16 février,
entre Lonjumeau et Huitsous, à l'escorte du convoi. Paris, Claude Morlot, 1649, 8p.
Fol (ve), Har, Md, Minn, Wis

M 3221. Relation véritable de ce qui s'est passé au
meurtre d'un jeune garçon, fils d'un marchand
épinglier de la rue Saint-Denys, nommé
Bourgeois. Paris, Simon Le Porteur, 1652, 8p.
Fol, Har

M 3222. Relation véritable de ce qui s'est passé au Mont-
de-Marsan contre les troupes du marquis de
Poyanne. Jouxte la copie imprimée à Bordeaux.
(S. 1.), 1652, 7p.
Har (ve)

M 3223. Relation véritable de ce qui s'est passé au Parlement en présence de Son Altesse Royale et de
messieurs les princes, sur la détention des
députés en la ville de Saint-Denys, ensemble la
lettre de cachet du roy envoyée aux députés.
Paris, A. Chouqueux, 1652, 7p.
Fol

M 3225. Relation véritable de ce qui s'est passé dans le
combat de messieurs les ducs de Beaufort et de
Nemours, avec le sujet de leur querelle. Paris,
Julien Mallard, 1652, 15p.
Fol, Har (ve)

M 3229.   Relation véritable de ce qui s'est passé entre
           l'armée de messieurs les princes et les troupes
           mazarines, commandées par le maréchal
           d'Hauquincourt (sic), apportée à Son Altesse
           Royale par M. le comte de Gaucourt. Paris,
           Nicolas Vivenay, 1652, 16p.
           Fol & (ve), Har, Md

M 3230.   Relation véritable de ce qui s'est passé ès
           environs de la ville de Rheims, depuis le 20
           mai 1651, et l'état déplorable du pays, tirée
           de diverses lettres écrites de ladite ville de
           Rheims. (S. 1. , 1651), 16p.
           Md

M 3232.   Relation véritable de ce qui se passa, le mardi
           2e de juillet, au combat donné au faubourg St. -
           Antoine entre les troupes du cardinal Mazarin,
           commandées par les maréchaux de Turenne et
           de La Ferté, et celles de monsieur le duc
           d'Orléans et de monsieur le Prince. Paris,
           Nicolas Vivenay, (1625), 31p.
           Fol & (ve), Har, Md, Minn, NYPL

M 3233.   Relation véritable de l'assassinat fait à messieurs
           de Coudray et Bitault, conseillers de la cour de
           Parlement de Paris, par les troupes de Mazarin.
           Paris, Jacob Chevalier, 1652, 7p.
           Fol, Har, Md, Minn, Wis (ve)

M 3234.   Relation véritable de l'enterprise faite par le
           prince de Lingne (sic) et le duc de Vittemberg
           sur la ville de Noyon, avec la défaite des troupes
           espagnoles devant ladite ville, et le récit de tout
           ce qui s'y est fait et passé. Paris, Jean Lerat,
           1652, 8p.
           Har, Md, Minn

M 3235.   Relation véritable de l'établissement d'un prétendu
           Parlement de Pontoise pour être sédentaire à
           Mantes, ensemble la liste des présidents, con-
           seillers et autres officiers de ce prétendu Parle-
           ment. Paris, Samuel de Larru, 1652, 8p.
           Fol (ve), Har, Md

M 3236.

Relation véritable de l'état présent du siège de
la ville de Bourdeaux, écrite de l'armée, le
13ᵉ du mois courant, septembre 1650, et reçue
à Paris par le dernier courrier, arrivé le samedi au soir 17 dudit mois. Paris, Jacques
Berlay, 1650, 8p.
Md, Minn

M 3237.

Relation véritable de l'horrible assassinat commis par les fripiers de la nation judaïque en la
personne d'un bourgeois de cette ville de Paris,
le 26 août 1652. Paris, 1652, 7p.
Har (ve)

M 3238.

Relation véritable de la défaite de cinq cents
chevaux de l'armée de monsieur le Prince, lui
présent, et de la prise de Tonné (sic) Charente,
par M. le comte d'Harcourt. Paris, par les
imprimeurs et libraires ordinaires du roi, 1651,
7p.
Fol (ve), Har, Md

M 3239.

Relation véritable de la défaite de l'armée du
maréchal de Turenne, avec la prise de leur
canon et bagage par l'armée de Son Altesse
Royale, commandée par monsieur le comte de
Tavannes. Paris, Gilles de Halline, 1652, 8p.
Har, Md

M 3240.

Relation véritable de la deffaite (sic) de l'armée
navale mazarine, près Brouage, par le comte
Du Dognon, ensemble la liste des morts et
prisonniers, avec la prise du butin et de dix
vaisseaux et six galiottes coulés à fonds. Paris,
Louis Hardouin, 1652, 8p.
Fol

M 3241.

Relation véritable de la mort barbare et cruelle
du roi d'Angleterre, arrivée à Londres le 8
février 1649. Paris, Robert Feugé, 1649, 8p.
BYU, Fol, Har & (ve), Md, Minn, NYPL (ve),
Wis

M 3242.

Relation véritable de la réduction de la ville de
Caudecoste, et la capitulation faite avec monseigneur le prince de Conty. Jouxte la copie

imprimée à Bordeaux.   Paris, Simon de La
Fosse, 1652, 8p.
Fol, Har, Md

M 3243.   Relation véritable de la sédition, faite à Bordeaux,
des principaux bourgeois de cette ville par
l'assemblée de l'Ormière, avec la trahison découverte d'un des jurats qui devoit faire emparer le
comte d'Harcourt de la place de Saline. Paris,
jouxte la copie imprimée à Bordeaux, 1652, 7p.
Fol, Har

M 3244.   Relation véritable de la trahison tramée dans la
ville de Ligourne (sic) contre monsieur le prince
de Condé par les adhérents du cardinal Mazarin;
comment decouverte et les traitres surpris.
Paris, 1652, 6p.
Fol, Har (ve), Md

M 3245.   Relation véritable de la victoire obtenue sur les
Mazarins par les bourgeois de Paris sous la
conduite de nos seigneurs les princes (sic) de
Condé et de Beaufort à l'attaque et prise par
force de la ville de Saint-Denys, ensemble le
nombre des cavaliers et suisses pris prisonniers
et amenés par lesdits bourgeois au palais de Son
Altesse. Paris, Eloy Chéreau, 1652, 7p.
Md

M 3246.   Relation véritable de tout ce qui s'est fait en
Parlement le lundi trentième septembre 1652, en
présence de Son Altesse Royale et plusieurs ducs
et pairs de France, avec l'arrêt d'abolition de
M. le duc de Beaufort, ensemble la réponse de
MM. le chancelier et garde des sceaux de
France aux lettres de M. l'avocat général Talon.
Paris, Laurent Laureau, 1652, 8p.
Fol (ve), Har (ve), Minn (ve)

M 3247.   Relation véritable de tout ce qui s'est fait et passé
à l'attaque du fauxbourg Saint-Antoine et de la
défaite des Mazarins et leur retraite, ensemble
le nombre des morts et blessés. Paris, Jacob
Chevalier, 1652, 7p.
Fol, Har

M 3249.   Relation véritable de tout ce qui s'est fait et
          passé au commencement de la bataille qui fut
          donnée hier, entre Chastillon et Briare, entre
          l'armée de monseigneur le Prince et celle du
          Mazarin. (S. 1. , 1652), 8p.
          Har (ve)

M 3250.   Relation véritable de tout ce qui s'est fait et
          passé au Parlement, en présence de monseigneur
          le duc d'Orléans et monsieur le prince de Condé,
          le 26 juillet 1652, ensemble la teneur de l'arrêt
          dudit jour.   Paris, veuve J. Guillemot, 1652, 6p.
          Fol (ve), Har, Md, Minn (ve), NYPL (ve), Wis

M 3251.   Relation véritable de tout ce qui s'est fait et
          passé aux barricades de Paris, le vingt-sixième,
          le vingt-septième et vingt-huitième d'août mil
          six cent quarante huit.   Paris, Jérémie Bouil-
          lerot (s. d.), 8p.
          BYU, Har, Md

M 3252.   Relation véritable de tout ce qui s'est fait et
          passé aux trois dernières assemblées du Parle-
          ment, tenues les 18, 19 et 20 juillet, en pré-
          sence de Son Altesse Royale et de messieurs les
          princes, ensemble l'arrêt dudit Parlement par
          lequel il est ordonné qu'attendu la détention du
          roi, M. le duc d'Orléans seroit prié de prendre
          la qualité de lieutenant général du roi en toutes
          les provinces de son royaume, et M. le Prince
          de l'assister et de prendre le commandement
          des armées sous son autorité.   Paris, veuve J.
          Guillemot, 1652, 8p.
          Fol & (ve), Md

M 3253.   Relation véritable de tout ce qui s'est fait et
          passé dans la ville de Bordeaux, à l'attaque
          de l'Hôtel de Ville par ceux de l'Ormière, avec
          la prise de trois pièces de canon et autres
          bagages.   Bordeaux, Guill. de La Court, 1652,
          6p.
          Har (ve)

M 3254.   Relation véritable de tout ce qui s'est fait et
          passé en la bataille du Val en Provence et au
          délogement des troupes du sieur de Saint-André,

qui sont entrées dans ladite province sans ordre
du roi, le 14 juin 1649, et le nom de ceux qui
y ont été tués ou blessés. Aix, 1649, 8p.
Fol

M 3255. Relation véritable de tout ce qui s'est fait et
passé en Parlement, dans la dernière assemblée
tenue en présence de Son Altesse Royale et de
monsieur le Prince, le 2ᵉ et 3ᵉ septembre 1652,
Paris, Claude Le Roy, 1652, 7p.
Fol, Har

M 3257. Relation véritable de tout ce qui s'est passé à la
marche de l'armée de monseigneur le duc de
Beaufort et les avantages qu'il a déjà remportés
sur les Mazarins. Paris, Jean l'Allemand, (s.d.),
7p.
BYU, Fol, Har

M 3258. Relation véritable de tout ce qui s'est passé à
Saint-Germain-en-Laye. Paris, 1652, 8p.
Har, Md

M 3259. Relation véritable de tout ce qui s'est passé
depuis la sortie de l'armée des Bourdelois
jusques à la prise de Potensac, avec la coppie
(sic) de la lettre du sieur marquis de Lusignan,
lieutenant général dans l'armée, à messieurs du
parlement de Bordeaux. Paris, 1649, 11p.
Har, Md

M 3260. Relation véritables des particularités observées
en la réception du roi en sa bonne ville de Paris,
et tout ce qui s'est fait et passé au Parlement,
le lundi 21 octobre 1652, en présence de Son
Altesse Royale et autres ducs et pairs de
France, avec la harangue faite par M. le prévôt
des marchands à Sa Majesté. Paris, N. Poulletier, 1652, 8p.
Fol (ve), Md, Minn

M 3261. Relation véritable des victoires remportées sur les
ennemis par les armes du roi en Lorraine, Barrois et Bassigny, depuis la signalée bataille
gagnée sur eux par M. le marquis de La Ferté
Senneterre, lieutenant général de l'armée de Sa

Majesté et son gouverneur èsdites provinces de
Lorraine et Barrois, avec la prise du château de
Voys. Paris, Guillaume Sassier, (1650), 8p.
Har

M 3262.
Relation véritable des vrais motifs du retour
du cardinal Mazarin, avec la défaite de son
arrière garde par le chevalier de Guyse, ensemble la réponse de la reine au courrier de Son
Altesse Royale. Paris, Samuel de Larru, 1652,
8p.
Fol

M 3263.
Relation véritable du combat fait à la prise du
pont d'Ablon-sur-Seine par M. le Prince, ensemble ce qui s'est passé à la prise de l'éminence
de Saint-Spire sur Corbeil par le prince de
Tarente. Paris, Samuel De Larru, 1652, 8p.
Fol, Md

M 3264.
Remarques d'état sur le ministère du cardinal
Mazarin, ou le Manifeste des crimes de lèse-
Majesté dont il est convaincu jusques à présent.
Veritas odium parit. Paris, 1650, 18p.
Clev, Fol, Har & (ve), Minn

M 3267.
Remarques importantes à la cause commune sur
les actions et la conduite de M. le duc d'Elbeuf
dans les affaires de ce temps. Paris, François
Preuveray, 1649, 12p.
BYU, Clev, Fol, Har, Md, Minn, NYPL, Wis

M 3268.
Remarques sommaires sur la maison de Gondy,
par le sieur d'Hozier, gentilhomme ordinaire
de la maison du roi, généalogiste de Sa Majesté
et juge général des armes et blasons de France.
Paris, 1652, 16p.
Fol, Har, NYPL

M 3269.
Remarques sur la conduite du cardinal de Retz
et sur ses trois lettres au roi, à la reine et
aux évêques de France. (S. l. , 1654), 35p.
Har

M 3270.
Remède aux malheurs de l'Etat de France au
sujet de la question: Que la voix du peuple est

la voix de Dieu. Paris, 1649, 30p.
Clev, Fol, Har (ve), Md, Minn (ve)

M 3272. Remerctment (le) de la France à nosseigneurs
du Parlement sur le dernier arrêt donné contre
le cardinal Mazarin et ses adhérents. Paris,
1652, 7p.
Fol

M 3273. Remerctment (le) de la ville de Bordeaux aux
généraux de son armée, contenant ce qui s'est
passé de plus mémorable pendans (sic) ses
mouvements, pièce pour servir à l'histoire.
(S. 1. , 1650), 10p.
Har (ve), Md

M 3275. Remerctment de Paris à monseigneur le duc
d'Orléans pour le retour du roi et de la reine.
Paris, Denys Langlois, 1649, 15p.
BYU, Fol, Md, Minn

M 3276. Remerctment (le) de toutes les provinces de
France à nos seigneurs du Parlement et aux
bourgeois de Paris, des nobles efforts qu'ils
ont faits pour le soulagement du public. Paris,
Louis Framery et se vend chez Alexandre
Lesselin, 1649, 6p.
BYU, Clev, Fol, Har, Md, Minn, NYPL

M 3277. Remerctment des Bordelois au roi sur le sujet
de la paix. Bordeaux, J. Maugiron Millanges,
1650, 8p.
Md

M 3278. Remerctment des bourgeois de Paris à mon-
seigneur le duc d'Orléans sur la paix. Paris,
Guill. Sassier, 1649, 8p.
Md, Minn

M 3279. Remerctment des bourgeois de Paris à monsieur
le coadjuteur, archevêque de Corinthe, ou
Reconnaissance des ouailles pour leur vrai
pasteur. Paris, François Preuveray, 1649, 8p.
BYU, Clev, Fol, Har, Md, Minn, NYPL, Wis

M 3280. Remercîment des imprimeurs à monseigneur le
cardinal Mazarin. Paris, N. Boisset, 1649, 7p.
Clev, Fol, Har & (ve), Md, Minn, NYPL, Wis

M 3281. Remercîment des Normands à Son Altesse de
Longueville pour la paix. Paris, Cardin
Besongne, 1949, 7p.
BYU, Clev, Fol, Har, Md, Minn, NYPL, Wis

M 3282. Remercîment des Parisiens à Mademoiselle pour
leur avoir procuré la paix. (S.1., 1649), 7p.
Clev, Fol, Har (ve), Md, Minn, NYPL, Wis

M 3283. Remercîment fait à monseigneur le coadjuteur
par une demoiselle parisienne. Paris, veuve
Théodore Pépingué et Estienne Maucroy, 1649,
4p.
BYU, Clev, Fol, Har (ve), Md, Minn, NYPL,
Wis

M 3286. Remercîments au roi par messieurs les avocats
au Parlement de Paris. (S.1., 1649), 18p.
BYU, Clev, Fol, Har (ve), Md, Wis

M 3288. Remercîments (les) de la France pour la paix
à monseigneur le prince de Conty. Paris,
Mathurin Hénault, 1649, 8p.
BYU, Clev, Fol, Har, Md, Minn, NYPL, Wis

M 3290. Remontrance à monsieur le cardinal, burlesque.
Paris, Nicolas Jacquard, 1649, 7p.
BYU, Clev, Fol, Har, Md, Minn, NYPL, Wis

M 3291. Remontrance à la reine sur les abus des intendants
de justice et la cruauté de l'exaction des deniers
royaux à main armée (par la cour des Aydes).
Paris, Nicolas Jacquard, 1649, 8p.
BYU, Clev, Fol, Har, Md, Minn, NYPL, Wis

M 3293. Remontrance au peuple par L. S. D. N. L. S. C.
E. T. (S.1., 1649), 24p.
Clev, Minn, Wis

M 3294. Remontrance au prétendu Parlement de Pontoise.
(S.1., 1652), 15p.
Fol, Md

M 3296.   Remontrance au roi pour le parlement de
Toulouse touchant l'autorité des Parlements.
Paris, Jacob Chevalier, 1652, 22p.
Fol, Har, Md, Minn, NYPL

M 3297.   Remontrance aux esprits foibles de ce temps.
(S. 1. , 1649), 8p.
Clev, Har (ve), NYPL

M 3298.   Remontrance burlesque au Parlement.   (S. 1. ,
1649), 8p.
BYU, Clev, Fol, Har (vc), Md, Minn,
NYPL, Wis

M 3299.   Remontrance d'un bon François sur les impiétés
du cardinal Mazarin.   Paris, J. Pétrinal, 1652,
8p.
Clev, Fol, Har, Minn

M 3300.   Remontrance de Bazile, empereur des Romains,
à Léon, son cher fils et compagnon à l'empire,
pour servir à l'éducation non-seulement des rois,
mais encore de tous leurs sujets, traduction
faite de grec en françois par l'exprès commandement du très-auguste et très-juste Louis XIII,
roi de France et de Navarre, par le sieur
Fleurance Rivault, gentilhomme ordinaire de la
chambre et précepteur de Sa Majesté, présentée
à la reine régente.   Paris, Antoine Estienne,
1649, 28p.
Clev, Fol (ve), Har, Md

M 3301.   Remontrance de Fairfax, général de l'armée
d'Angleterre, à monsieur le prince de Condé.
Paris, Robert Feugé, 1649, 8p.
BYU, Clev, Fol, Har, Md, Minn, Wis

M 3302.   Remontrance de l'Eminence à la France et
quelqu'autre manigance.   (S. 1. , 1649), 6p.
BYU, Clev, Fol, Har (ve), Md, Minn, Wis

M 3303.   Remontrance de la noblesse à monseigneur le duc
d'Orléans pour estre admise, conjointement avec
le clergé, à l'audience de Leurs Majestés et
pour obtenir d'elle (sic) le temps et la députation
libre pour la tenue des Estats généraux, pro-

noncée par monsieur le comte de Fiesque.
Paris, veuve J. Guillemot, 1651, 7p.
Fol, Har & (ve), Md, Minn, Wis

M 3304. Remontrance de la reine d'Angleterre à la reine
régente touchant la mort de son mari à l'état
présent. Paris, Robert Feugé, 1649, 7p.
BYU, Fol, Har, Md, Minn, NYPL, Wis

M 3305. Remontrance de la reine de Pologne à la reine
de France touchant le déplaisir qu'elle a de voir
combattre les Polonois contre les François.
Paris, Robert Feugé, 1649, 7p.
BYU, Clev, Fol, Har, Md, Minn, Wis

M 3307. Remontrance de la ville de Paris à la reine
régente, mère du roi, sur le fait du thoisez
(sic). Paris, (s. d.), 8p.
Fol, Har (inc), Md, Minn

M 3308. Remontrance de Me Jean Guillaume contre les
donneurs d'avis et leurs adhérents. Paris,
Thibaut des Halles, 1649, 7p.
BYU, Clev, Fol, Md, NYPL, Wis

M 3309. Remontrance de M. le duc de Châtillon à monsieur le prince de Condé au château du bois de
Vincennes après la prise de Charenton, avec
les larmes de madame de Châtillon sur la mort
de son mari. Paris, Pierre Targa, 1649, 7p.
Clev, Fol (ve), Har, Md

M 3310. Remontrance des bons François à messieurs du
Parlement. Paris, Michel Mettayer, 1649, 8p.
BYU, Clev, Fol, Har, Md, NYPL, Wis

M 3311. Remontrance des ministres de la province de
Londres, adressée par eux au général Fairfax
et à son conseil de guerre, douze jours avant
la mort du roi de la Grand'Bretagne.
Si tu te retiens pour ne délivrer point ceux
qui sont trainés à la mort, et ceux qui penchent
à être tués, d'autant que tu diras: "Voici, nous
n'en avons rien su," celui qui pèse les coeurs,
ne l'entendra-t-il point? et celui qui garde ton
âme, ne le saura-t-il point? et ne rendra-t-il

point à chacun selon son oeuvre? Prov.,
xxiv, 11, 12.
Traduit en françois sur la copie imprimée
à Londres par Samuel Gellibrand et Raphaël
Smith. Paris, veuve Théod. Pépingué et Est.
Maucroy, 1649, 16p.
BYU, Fol (inc), Har & (ve), Md, NYPL, Wis

M 3312.   Remontrance des trois états à la reine régente
pour la paix. Paris, Jean Brunet, 1649, 24p.
Clev, Fol (inc), Har, Md, Minn, NYPL, Wis

M 3313.   Remontrance des trois états de ce royaume,
faite au roi pour la conservation de la couronne
de Sa Majesté et de la reine régente, sa mère.
Paris, jouxte la copie imprimée à Tours, par
Jean Oudot, avec permission, 1650, 6p.
Har, Minn, NYPL (ve)

M 3314.   Remontrance du berger de la grande montagne
faite à la reine regente à Compiègne pour le
retour de Leurs Majestés à Paris. Paris,
1649, 8p.
Fol

M 3317.   Remontrance du pape et de tous les cardinaux
faite au cardinal Mazarin pour se retirer hors
du royaume de France, avec exhortation audit
cardinal Mazarin d'aller rendre compte à Sa
Sainteté de tous ses mauvais déportements, à
peine de désobéissance. Paris, Pierre Variquet,
1649, 7p.
BYU, Clev, Fol, Har, Md, Minn, NYPL, Wis

M 3321.   Remontrance du roi à la reine régente sur
l'obligation qu'ont Leurs Majestés de cesser en
bref le siége de Paris. Paris, Robert Feugé,
1649, 7p.
BYU, Clev, Fol, Md, Minn, NYPL, Wis

M 3322.   Remontrance du roi Louis XII au roi Louis XI
sur leur différente façon de régner. Paris, 1649,
14p.
BYU, Clev, Fol, Har, Md, Minn

M 3323. Remontrance (la) faite à la reine par les prédicateurs de la cour sur les misères de la France
et la calamité présente du peuple. Paris, 1652,
15p.
Fol (ve), Har

M 3324. Remontrance faite à la reine par messieurs du
Parlement sur les affaires de la Guyenne et
sur la disette des blés dans la ville de Paris.
Paris, 1649, 8p.
Har

M 3325. Remontrance faite à la reine par monsieur
l'évêque d'Alez (sic) sur la misère du pauvre
peuple. Paris, André Chouqueux, 1652, 23p.
Har

M 3326. Remontrance faite à Mazarin à Saint-Germain
par un bouffon sur son obstination à demeurer
en France, en prose et en vers burlesques.
Paris, Jacques Guillery, 1649, 7p.
BYU, Clev, Fol, Har, Md, Minn, NYPL, Wis

M 3327. Remontrance faite à messieurs du Parlement par
monseigneur l'éminentissime cardinal de Rest
(sic) pour le maintien et la conservation de
l'autorité royale. Paris, Hilaire Savinien, 1652,
7p.
Fol, Minn

M 3328. Remontrance faite au roi par monsieur le premier
président pour la liberté de messieurs les princes. (S. l.), 1651, 7p.
Fol (ve), Har (ve), Minn (ve), Md, NYPL,
Wis (ve)

M 3329. Remontrance faite au roi sur le pouvoir et autorité
que Sa Majesté a sur le temporel de l'état
ecclésiastique, pour le soulagement de tous ses
autres sujets, tant nobles que du Tiers Etat.
Paris, Antoine Estienne, 1651, 54p.
Har, Md

M 3330. Remontrance faite par madame la princesse
douairière de Condé au prince de Condé, son fils,
en faveur de la ville de Paris. Paris, Michel
Mettayer, 1649, 7p.
Md, Minn, NYPL, Wis

M 3331. Remontrance officieuse des Bordelois aux
Parisiens de tous les ordres contre le retour
du cardinal Mazarin. Sur un imprimé à
Bordeaux. Paris, Jacob Chevalier, 1652, 16p.
Fol, Har, Minn

M 3332. Remontrance (la) présentée aux échevins et
bourgeois de la ville de Paris sur la descente
de la châsse de sainte Geneviève pour la paix
générale, avec la harangue présentée à monseigneur le duc d'Orléans sur le même sujet,
le tout dédié à Son Altesse Royale par son très
humble et très obéissant serviteur de La Haye.
Paris, François Pousset, 1652, 16p.
Fol

M 3334. Remontrances à la reine régente sur le gouvernement de l'Etat. Paris, Arnould Cottinet, 1649,
8p.
BYU, Clev, Fol, Har, Md, Minn, NYPL, Wis

M 3337. Remontrances de la province de Guyenne à monseigneur le prince de Condé pour la réunion de
la maison royale. Paris, 1651, 7p.
Fol, Har, Md, Minn

M 3338. Remontrances (les) du Parlement de Bordeaux
faites au roi et à la reine régente, suivant la
copie présentée au Parlement de Paris, par
MM. de Gourgues, président, Monjon, Guyonnet
et Voisins, conseillers et députés du Parlement
de Bordeaux, le 7 septembre 1650. Paris,
Nicolas Bessin, 1650, 19p.
Fol (ve), Har, Md, Minn, NYPL (ve)

M 3339. Remontrances et avis des conseillers secrétaires
du roi pour le paiement de leurs gages et de
ceux des autres officiers, et des rentes assignées
sur les gabelles de France. Paris, 1649, 18p.
Md

M 3340. Remontrances faites au roi et à la reine régente
par monsieur le président de Galliffet, député
du Parlement de Provence, pour le changement
du gouverneur. Paris, Nicolas Bessin, 1651, 11p.
Fol (ve), Minn

M 3341. Remontrances faites au roi et à la reine régente par nos seigneurs du Parlement pour la liberté de messieurs les princes, du 20 janvier 1651. (S. 1. n. d.), 8p.
Har (ve)

M 3342. Remontrances faites au roi par messieurs les prévôt des marchands et échevins de la ville de Paris, assistés des députés des conseillers de ville, ecclésiastiques, quartiniers et bourgeois, monsieur le prévôt des marchands portant la parole, suivant la résolution prise en l'assemblée générale, tenue en l'hôtel de ladite ville le 12 avril 1652. (S. 1. n. d.), 4p.
Fol (ve)

M 3343. Remontrances très humbles à la reine mère, régente en France, pour la conversation de l'Etat pendant la minorité du roi, son fils.
Paris, Pierre du Pont, 1650, 23p.
Fol

M 3345. Remontrances très humbles que présente au roi et à la reine régente, mère de Sa Majesté, la chambre des Comptes sur les moyens par lesquels les deniers provenans, depuis plusieurs années, des levées ordinaires et extraordinaires faites sur le peuple par forme de taille, des autres impositions et taxes extraordinaires d'aisés, celles des entrées des villes, marchés et autres lieux, des créations de nouveaux offices, augmentations de gages, droits et autres attributions à des officiers, des constitutions de rentes sur les finances de Sa Majesté, des gages et rentes et d'autres moyens extraordinaires ont été dissipés à la ruine des affaires de Sa Majesté et de son Etat, et à la foule et oppression de ses bons sujets. Paris, 1648, 16p.
Fol (ve), Har (ve), Minn, NYPL (ve), Wis

M 3346. Rencontre (la) d'un Gascon et d'un Poitevin, les fanfaronnades de l'un et les continuelles railleries de l'autre. Paris, 1649, 12p.
BYU, Har, Md, Minn

M 3347. Rencontre (la) des esprits du duc de Châtillon
et du baron (marquis) de Clanleu après leur
mort, arrivée à Charenton. Paris, Henry Sara,
1649, 8p.
BYU, Clev, Fol, Har, Md, Minn, Wis

M 3348. Rencontre (la) inopinée de Mars et de Vénus dans
le Cours de la reine, arrivée nouvellement en
France. Paris, 1649.
Fol (ve), Har (pts I-II), Md, Minn (pt I), NYPL

M 3349. Rendez-vous (le) d'un soldat congédié, rencontré
avec des filoux. (S. 1.), 1649, 7p.
Clev, Fol, Har, Minn

M 3350. Renommée (la) de monsieur le maréchal de
Turenne. Paris, veuve Théodore Pépingué et
Estienne Maucroy, 1649, 16p.
BYU, Clev, Fol, Md

M 3352. Repentir (le) de Mazarin, par lui témoigné à
la reine, et la demande de son congé. Paris,
Claude Morlot, 1649, 12p.
BYU, Clev, Fol, Har, Md, Minn, NYPL, Wis

M 3353. Réplique au suffisant et capiteux censeur de la
Lettre d'avis présentée au Parlement de Paris
par un provincial. (S. 1. , 1649), 7p.
Clev, Fol, Har, Md, Minn, NYPL

M 3354. Réponse à un amy sur les affaires présentes.
Paris, 1651, 8p.
Har

M 3356. Réponse à une lettre qui a été publiée depuis peu
sans aucun titre et qui traite de ce qui s'est
passé dans l'assemblée générale du clergé de
France sur le sujet de M. le cardinal de Retz,
archevêque de Paris. (S. 1. , 1657), 95p.
Fol

M 3357. Réponse à l'Antisatyre du temps. Paris, 1649,
8p.
Clev, Fol, NYPL, Wis

M 3358.　Réponse à l'Outrecuidante présomption du cardinal Mazarin. Paris, 1649, 12p.
Clev, Fol, Har, Minn

M 3359.　Réponse à la déclaration du roi (22 avril 1643) imprimée contre monsieur de Chateauneuf et madame la duchesse de Chevreuse. (S. 1.), 1651, 8p.
Fol (ve), Har, Md, Minn

M 3360.　Réponse à la dernière déclaration du roi contre son Parlement de Paris, faite par les conseils du prétendu Parlement de Pontoise, ensemble la confirmation de la déclaration de Son Altesse Royale au Parlement, chambre des Comptes, cour des Aydes et à l'Hôtel de Ville. Paris, S. de Larru, 1652, 8p.
Fol, Har

M 3361.　Réponse à la 2e lettre des partisans du cardinal Mazarin, écrite sous le nom du roi au Parlement de Paris, sur le sujet de l'entrée de M. le duc de Nemours avec les vieilles troupes de monsieur le Prince. Paris, 1652, 15p.
Fol, Har

M 3363.　Réponse à la Harangue faite par monsieur Talon à messieurs du Parlement, en présence de S. A. R. et de messieurs les princes, présentée à Son Altesse Royale. (S. 1.), 1652, 8p.
Fol, Har, Minn

M 3365.　Réponse à la Lettre d'avis à monseigneur le duc de Beaufort sur l'importance de sa réunion avec monsieur le Coadjuteur contre le rétablissement du cardinal Mazarin. Paris, 1652, 14p.
Har (ve), Md

M 3368.　Réponse à la lettre du roi envoyée à nos seigneurs du Parlement de Rouen sur le sujet des présents mouvements (l'incendie de l'Hôtel de Ville de Paris). S. 1. , 1652, 15p.
Clev, Fol, Har, Md, Minn

M 3369.　Réponse à la prétendue Apocalypse de l'Etat. Paris, 1652, 12p.
Fol, Md

M 3370.   Réponse à la prétendue déclaration du roi pour
la translation du Parlement en la ville de
Pontoise.   Paris, Jacques le Gentil, 1652, 8p.
Fol, Md

M 3371.   Réponse à la prétendue déclaration du roi sur le
sujet de la paix, nuitamment affichée, avec les
procédures criminelles faites contre les auteurs,
afficheurs et leurs complices.   Paris, Jean
Brunet, 1652, 8p.
Fol (ve), Har, Md

M 3372.   Réponse à la Résolution politique des deux principaux doutes qui occupent les esprits du temps,
dédiée à tous ceux qui voudront voir des raisons
sans passion, des justifications sans ambiguïté,
et des conclusions sans fallace.   (S. l., 1650),
20p.
Har, Md

M 3373.   Réponse au Bandeau de l'honneur, en vers burlesques.   Paris, 1649, 12p.
Clev, Wis

M 3374.   Réponse au (Véritable) bandeau de Thémis, ou
la Justice bandée.   Voe vobis maledicentibus.
Paris, 1649, 10p.
Clev, Fol, Har, Minn, NYPL, Wis

M 3376.   Réponse au Frondeur désintéressé par un autre
frondeur désintéressé.   (S. l., 1650), 12p.
Clev, Fol, Har (ve), Minn

M 3377.   Réponse au libelle intitulé: Bons avis sur plusieurs mauvais avis.   (S. l., 1650), 32p.
Clev, Fol (ve), Har, Md, Minn

M 3378.   Réponse au libelle intitulé: le Franc bourgeois.
Paris, Nicolas Vivenay, 1651, 15p.
Clev, Fol & (ve), Md

M 3379.   Réponse (la) au Manifeste de la reine (sur le
retour du cardinal Mazarin) présentée à Son
Altesse Royale.   Paris, 1652, 8p.
Fol, Har, Md

M 3380. Réponse au manifeste des méchants François, soidisants bons serviteurs du roi, étant dans Paris pour y commettre des massacres et y mettre le trouble et la confusion. Paris, veuve J. Guillemot, 1652, 16p.
Clev, Fol, Har, Md, Minn

M 3381. Réponse au Parlement burlesque de Pontoise, ou l'Anti-burlesque du sieur D. L. R. Parisien, contre l'auteur du libelle intitulé: le Parlement burlesque de Pontoise. Paris, 1652, 7p.
Fol, Har, Md, Minn

M 3382. Réponse au Réveille-matin (sic) de la Fronde royale sur la honteuse paix de Bourdeaux. (S. 1., 1650), 16p.
Fol, Har, Md, Wis

M 3383. Réponse au séditieux écrit intitulé: l'Esprit de paix, fait en faveur de Mazarin et semé par toute la ville pour décrier la conduite de messieurs les princes et du Parlement et semer partout la discorde, pour causer des meurtres dont il fut, mardi 25 juin 1652, le plus apparent motif. (S. 1., 1652), 12p.
Fol, Md

M 3384. Réponse au séditieux écrit intitulé: le Caractère du royaliste à Agathon. (S. 1., 1652), 46p.
Fol, Har, Md, Minn

M 3385. Réponse au séditieux écrit intitulé: Lettre du bourgeois désintéressé. (S. 1., 1652), 39p.
Fol, Har (ve), Md

M 3386. Réponse au sieur Scarron sur le sujet de ses Cent quartre vers, qu'il a fait imprimer contre les rimailleurs de ce temps. Paris, 1651, 15p.
Fol, Md

M 3387. Réponse aux Intrigues de la paix et négociations faites à la cour par les amis de monseigneur le Prince depuis sa retraite en Guyenne jusqu'à présent. Paris, Simon Le Porteur, 1652, 14p.
Fol, Har, Md, Minn, Wis

M 3389.   Réponse chrétienne et politique aux opinions
             erronées du temps. <u>Sancta Brigida: quandò
             sedebit puer in sede lilii, tunc dissipabit omne
             malum intuitu suo.</u> (S. 1. , 1652), 14p.
             Fol, Har, Minn

M 3390.   Réponse d'Ariste à Clytophon sur la pacification
             des troubles de Provence. Paris, J. Dédin,
             1649, 16p.
             Clev, Har

M 3391.   Réponse (la) d'un malheureux au cardinal de
             Retz, ou l'Imposture et la trahison du coadjuteur
             découvertes dans la réfutation de son libelle
             séditieux, intitulé: <u>Avis aux malheureux.</u> Paris,
             1652, 18p.
             Fol, Har, Md, Minn, NYPL

M 3392.   Réponse d'un véritable désintéressé à l'avis du
             faux désintéressé sur la conduite de monseigneur
             le coadjuteur, avec la réfutation des calomnies
             qui y sont contenues contre l'innocence de mon-
             sieur le Prince. (S. 1. , 1651), 20p.
             Fol & ʿve), Har (ve), Md, Minn

M 3393.   Réponse de la plus fameuse coquette de l'univers
             à la Lettre du plus malheureux courtisan de la
             terre, avec plusieurs questions qu'elle lui fait
             pour savoir l'explication de ce qu'il veut dire.
             Paris, 1649, 8p.
             Fol, Har, Md

M 3394.   Réponse (la) de La Rallière à l'<u>Adieu de Catelan,</u>
             son associé, ou l'Abrégé de la vie de ces deux
             infâmes ministres et auteurs des principaux
             brigandages, voleries et extorsions de la France.
             Paris, Rollin de la Haye, 1649, 8p.
             BYU, Clev, Fol, Har, Md, Minn, NYPL, Wis

M 3395.   Réponse de la reine d'Angleterre au prince de
             Galles, son fils (<u>Lettre veritable du prince de
             Galles,</u> etc.). Paris, Robert Feugé, 1649, 7p.
             Fol, Har, Md, Minn, NYPL, Wis

M 3396.   Réponse de la reine au mémoire présenté au
             Parlement de la part de M. le prince de Conty,

touchant l'entrée de l'archiduc Léopold en
France. Paris, Nicolas Jacquard, 1649, 4p.
BYU, Clev, Fol & (ve), Har, Md, Minn,
NYPL, Wis

M 3397. Réponse de Mademoiselle à l'archiduc Léopold
touchant le traité de l'accommodement de la
paix. Paris, J. Dédin, 1649, 6p.
Clev, Fol, Har, Md, Minn

M 3398. Réponse de messieurs du Parlement de Paris
aux lettres à eux présentées par un conseiller
député du Parlement de Bordeaux sur les malheurs de leur province (sic). De Paris le
vingt-quatrième octobre 1649. Paris, 1649, 4p.
Har, Minn (ve), Wis

M 3399. Réponse de messieurs les princes aux calomnies
et impostures de Mazarin. (S. l. , 1650), 50p.
Fol (ve's), Har (ve), Wis (ve)

M 3400. Réponse (la) de messieurs les princes aux
articles proposés dans celle qui fut faite aux
députés du Parlement de Paris à Melun, le
16 juin 1652, 1. faisant voir que le conseil de
Sa Majesté, gagné par le Mazarin, n'a d'autres
desseins que d'entretenir la guerre, d'affamer,
prendre et ruiner Paris pour affermir la tyrannie
du Mazarin; 2. que les princes ne doivent poser
les armes, sous quelques promesses qu'on leur
donne, que Mazarin ne soit hors du royaume;
3. qu'il est nécessaire que Paris joigne ses armes
à celles des princes pour se conserver les uns
les autres; 4. quels sont les moyens de délivrer
la France de l'oppression et de la tyrannie.
Paris, Simon Le Porteur, 1652, 19p.
Fol

M 3401. Réponse (la) de monseigneur l'archevêque et
prince d'Ambrun, président de l'assemblée du
clergé, faite à monsieur le comte de Fiesque et
autres gentilhommes envoyés à ladite assemblée
de la part de messieurs de la noblesse, le mercredi 15 mars 1651. Paris, Georges Le Rond,
1651, 6p.
Clev, Har, Minn

M 3402.   Réponse (la) de monseigneur le cardinal de
Retz faite à monsieur le nonce du pape et à
messieurs de Brienne et Le Tellier, secrétaires d'Etat.   (S. 1. n. d.),   8p.
Clev, Har

M 3403.   Réponse de monseigneur le Prince à la Requête
et remontrance qui lui ont été adresses par
le Parlement de Dijon à son arrivée en
Bourgogne, avec la déclaration qu'il leur a
faite de n'être plus mazariniste.   Paris, 1649,
8p.
Fol, Minn

M 3404.   Réponse de monseigneur le prince de Condé
aux imposturès de la Relation du voyage du
roi en Berry.   (S. 1. , 1651),   8p.
Fol, Har (ve), Md

M 3405.   Réponse de monseigneur le Prince envoyée à
messieurs du Parlement de Dijon sur l'arrivée
du roi en Bourgogne, avec la déclaration qu'il
leur a été faite (sic).   Paris, 1650, 8p.
BYU, Fol, Har

M 3406.   Réponse de monseigneur le Prince et ses très-
humbles remontrances faites au roi, à la reine
régente et à la France sur le sujet de sa
détention.   (S. 1. , 1651), 91p.
Fol, Har, Md, Minn (ve)

M 3407.   Réponse de monsieur le duc d'Orléans la lettre
de monsieur le prince de Condé.   Paris, Jean
Le Rat, 1652, 7p.
Fol, Minn

M 3408.   Réponse de monsieur le duc de Mercoeur à la
Lettre de monsieur le duc de Beaufort, son
frère.   (S. 1. , 1649), 11p.
BYU, Fol, Har (ve), Md, Minn, NYPL, Wis

M 3409.   Réponse de monsieur le Prince à la Lettre des
bourgeois de Paris sur le sujet de la marche
du cardinal Mazarin vers la cour, par laquelle
l'on est instruit des particularités qui se passent
dans les deux armées, et confirmé dans les

véritables résolutions qu'il a prises de périr ou de la pousser à bout, nonobstant les sollicitations qu'on lui fait de s'accommoder avec la cour. (S. 1. , 1652), 14p.
Fol, Md

M 3410. Réponse de monsieur le prince de Condé contre la vérification de la déclaration envoyée contre lui au Parlement de Paris. (S. 1. , 1652), 19p.
BYU, Clev, Fol, Har (ve), Md, Minn, Wis

M 3411. Réponse (la) de Sa Majesté à messieurs les députés du Parlement, à leur dernière remontrance faite au roi en la ville de Melun, le quinzième jour de juin 1652. Paris, Jean Brunet, 1652, 8p.
Clev, Har, Md

M 3412. Réponse (la) de Sandricourt sur la thèse couchée en la 2e partie du Censeur du temps et du monde, à savoir que les régences du royaume ne doivent jamais être déférées aux reines meres ni aux princes du sang. C'est une branche de la 2e partie du Censeur du temps et l'examen de la pièce intitulée: le Censeur censuré, par le sieur de Sandricourt. Paris, 1652, 24p.
Har, Md, NYPL

M 3413. Réponse des bourgeois d'Orléans faite à Sa Majesté et la députation qu'ils ont envoyée à Son Altesse Royale, touchant le dessein qu'ils ont de ne permettre point l'entrée de Mazarin dans leur ville. (S. 1. , 1652), 8p.
Fol, Har

M 3414. Réponse des bourgeois de Paris à l'Avertissement de messieurs les princes (aux bons bourgeois) sur le sujet de la conférence, etc. , et la résolution d'aller à Saint-Germain avec main forte pour amener le roi dans Paris. (S. 1. , 1652), 7p.
Clev, Fol, Har

M 3415. Réponse des bourgeois de Paris à la Lettre écrite des provinces sur le mutuel secours de leurs armes. Paris, 1649, 7p.
Clev, Fol, Har

402

M 3417. Réponse des bourgeois et habitants de Paris
à messieurs les jurats et habitants de la ville
de Bordeaux. (S. 1. , 1650), 7p.
Har (ve), Md, Wis

M 3418. Réponse des fermiers des entrées. (A la
Requête d'opposition des principaux créanciers
du roy, etc.) (S. 1. , 1651), 4p.
Md

M 3420. Réponse (la) des partisans à leur Catalogue,
avec leur avertissement envoyé aux partisans
des provinces de ce royaume. (S. 1. , 1651),
11p.
Md

M 3421. Réponse (la) des princes aux arrêts du conseil
du roi tenu à Pontoise le (sic) 18, 23 et 24
juillet et 1 août 1652. Paris, Simon Le Porteur,
1652, 15p.
Fol

M 3422. Réponse des principaux créanciers du roi aux
fermiers des entrées de Paris contre les trois
Mémoires qu'ils ont fait imprimer. (S. 1. n. d.),
16p.
Minn

M 3423. Réponse des principaux de la synagogue présenté
(sic) par articles aux notables bourgeois de
Paris, où il montre (sic) leur ordre, leur reigle,
leur loy, et leurs procez avec le complaignant.
Paris, 1652, 8p.
Har, Md

M 3424. Réponse des vrais frondeurs au faux frondeur
soidisant désintéressé. (S. 1. n. d.), 7p.
Clev, Har, Md, Minn

M 3425. Réponse (la) du boulanger au Pâtissier en colère
contre les boulangers et les taverniers, en vers
burlesques. Paris, Nicolas de La Vigne, 1649,
8p.
Clev, Har

M 3427. Réponse du cardinal Mazarin à la Lettre du cardinal Antonio Barberin, de Saint-Germain-en-Laye, ce 2 mars 1649. Paris, veuvé André Musnier, 1649, 7p.
BYU, Clev, Har, Md, NYPL, Wis

M 3428. Réponse du curé à la Lettre du marguiller sur la conduite de monseigneur le coadjuteur. Paris, 1651, 35p.
Clev, Fol, Har, Md, Minn

M 3429. Réponse du fidèle Provençal au calomniateur sur les troubles de Provence. (S. 1., 1651), 14p.
Md

M 3430. Réponse du nouveau roi d'Angleterre, ci-divant prince de Galles, aux milords d'Angleterre touchant la mort de son père. Paris, Robert Feugé, 1649, 8p.
Fol, Har, Md, NYPL, Wis

M 3431. Réponse (la) du père Favre (sic), prédicateur et confesseur de la reine, sur la harangue à elle faite par un révérend père chartreux pour la paix. Paris, 1652, 8p.
Fol, Har, Md, Minn, Wis

M 3432. Réponse du roi à la lettre de Son Altesse Royale du 27 août 1652. Pontoise, Julien Courant, 1652, 7p.
Md, NYPL

M 3434. Réponse du roi donnée par écrit au sieur Piètre, procureur de Sa Majesté en l'Hôtel de Ville de Paris, tendante au rétablissement des cours souveraines et à envoyer des passe-ports nécessaires aux officiers, communautés, bourgeois et habitants de sa bonne ville de Paris. Paris, par les imprimeurs et libraires ordinaires du roi, 1652, 7p.
Fol, Md, NYPL

M 3435. Réponse du roi faite à messieurs les députés du clergé après la harangue faite par M. le cardinal de Retz, par laquelle se voit la satisfaction que ces messiers ont reçue à la cour sur

le sujet de leur députation, le 13 septembre 1652.
Paris, Louis Benar, 1652, 7p.
Har

M 3437. Réponse du roi faite aux députés de son Parlement de Paris, séant à Pontoise, le douzième jour d'août 1652. Pontoise, Julien Courant, 1652, 4p.
Har (ve), NYPL (ve)

M 3439. Réponse (la) du roy faite aux remontrances de messieurs du Parlement et de la ville de Paris, avec l'offre, faite à Son Altesse Royale par les bourgeois de ladite ville, d'entretenir douze mille hommes à leurs dépens, et l'assurance de sadite Altesse de l'approche du duc de Lorraine pour le secours de Paris. Paris, Jacques Le Gentil, 1652, 8p.
Fol, Har

M 3440. Réponse du roi Louis XIII en bronze de la place Royale à son père Henry IV de dessus le Pont-Neuf. Paris, Jean Paslé, 1649, 8p.
BYU, Clev, Fol, Har, Md, Minn, NYPL, Wis

M 3441. Réponse du roi servant de réplique à la dernière lettre de Son Altesse Royale, article par article, contenant les desservices que les Mazarins ont rendus à Sa Majesté, le changement qu'ils ont fait en son conseil, avec les moyens de prévenir leurs mauvais desseins. (S. 1. , 1652), 46p.
Fol, Har, Md

M 3443. Réponse et réfutation du discours intitulé: Lettre d'avis à messieurs du Parlement de Paris par un provincial. Paris, 1649, 31p.
Clev, Fol, Har, Md, Minn

M 3444. Réponse faite au libelle intitulé: Arrêt de la cour donné contre le cardinal de Retz, du 13e août 1652. Paris, 1652, 7p.
Md

M 3445. Réponse faite par le roi à la dernière lettre de Son Altesse Royale. Compiègne, Julien Courant, 1652, 8p.
BYU, Clev, Fol, Har, Md, Minn, NYPL

M 3446.   Réponse faite par le roi à Son Altesse Royale. Pontoise, Julien Courant, 1652, 8p.
Fol, Har, Minn, NYPL, Wis (ve)

M 3448.   Réponse faite par un religieux de l'Ordre saint François (sic) au pape sur l'exhortation faite à Jules Mazarin, cardinal. Paris, Jean Brunet, 1649, 7p.
BYU, Clev, Fol, Har, Md, Minn, NYPL, Wis

M 3449.   Réponse pour messieurs les princes au libelle séditieux intitulé: l'Esprit de paix, semé dans les rues de Paris la nuit du 25 juin 1652, pièce académique par le sieur de Sandricourt. Paris, 1652, 12p.
Fol, Har, Md, NYPL

M 3450.   Réponse pour Son Altesse Royale à la Lettre du cardinal Mazarin (écrite . . .) sur son retour en France, par le sieur de Sandricourt. Paris, 1652, 7p.
Fol, Md

M 3451.   Réponse que la reine a donnée à messieurs les gens du roi pour porter au Parlement de sa part, après la lecture faite par Sa Majesté de la lettre de monsieur le Prince. Paris, 1651, 4p.
Minn

M 3452.   Réponse que le roi a fait donner par écrit aux sieurs Le Vieux et Piétre, sur les assurances qu'ils ont portées à Sa Majesté des bonnes intentions qu'avoit sa bonne ville de Paris pour son service et pour le rétablissement de son autorité. Pontoise, Julien Courant, 1652, 4p.
NYPL

M 3453.   Réponse véritable de Mademoiselle à la Lettre (supposée) de l'archiduc Léopold. Paris, Guill. Sassier, 1649, 7p.
BYU, Clev, Fol, Md, NYPL, Wis

M 3454.   Réponses aux moyens allégués en la (Très-humble) remontrance faite à nosseigneurs de la cour de Parlement pour les cardinaux françois, en faveur du clergé de France, sur l'exclusion des cardi-

naux étrangers et françois hors des conseils du
roi. (S. l. , 1651), 24p.

Fol, Md, Minn

M 3455.

Réponses faites aux députés du Parlement de
Paris, les quatrième et seizième juin 1652, le
roi étant à Melun. Paris, par les imprimeurs
et libraires ordinaires du roi, 1652, 8p.

Fol, Har, NYPL (ve), Wis

M 3457.

Reprise (la) de la ville de Coussy par l'armée
du duc de Lorraine, et le secours jetté dans
le château par les mêmes troupes, avec la
défaite du régiment de Piémont et la prise de
six pièces de canon sur les troupes commandées
par le maréchal d'Estrées. Paris, Jacques Le
Gentil, 1652, 8p.

Fol, Har

M 3458.

Reproches de l'ombre du cardinal de Richelieu
faites (sic) au cardinal Mazarin sur les affaires
de ce temps. (S. l. , 1651), 15p.

Md

M 3459.

Reproches (les) de la fortune à Mazarin. Paris,
1649, 4p.

BYU, Clev, Fol, Har, Md, Minn, NYPL, Wis

M 3460.

Reproches (les) de la France au cardinal
Mazarin sur quatre chefs principaux: premier,
sur le gouvernement de l'état present; II, sur
la dissipation des finances du roi; III, sur les
attentats faits à la personne des princes et des
officiers des cours souveraines; IV, sur l'empêchement de la paix générale. Paris, Louis Hardouin,
1652, 23p.

Fol & (ve), Har

M 3461.

Reproches de saint Pierre et des deux larrons à
Judas sur la douloureuse passion de notre sauveur
Jésus-Christ. Paris, veuve Musnier, 1649, 8p.

Clev, Har, Md, Wis

M 3462.

Reproches des coquettes de Paris aux enfarinés
sur la cherté du pain. Paris, Jacques Guillery,
1649, 8p.

BYU, Clev, Fol, Har, Md, Minn, NYPL, Wis

M 3463. Requête à monseigneur le maréchal de Villeroy, gouverneur de la personne du roi, touchant le retardement de son retour dans sa bonne ville de Paris, en vers burlesques. Paris, Jean du Crocq, 1649, 8p.
BYU, Clev, Fol, Har, Minn, NYPL, Wis

M 3464. Requête (la) à nos seigneurs de la cour de Parlement pour être exemptés de payer aux propriétaires des maisons le terme de Pâques. (S. 1. , 1649), 4p.
Fol, Har (ve), Md, Minn, NYPL, Wis

M 3465. Requête au Parlement de Paris sur l'attentat commis en la personne du roi, la nuit des Rois, faite par Louis Cadet. Paris, Alexandre Lesselin, 1649, 8p.
BYU, Clev, Fol & (ve), Har, Md, Minn, Wis (ve)

M 3466. Requête burlesque des partisans au Parlement. Paris, Jacques Guillery, 1649, 8p.
BYU, Clev, Fol (ve), Har, Md, Minn (inc)

M 3467. Requête burlesque présentée à la reine par les chapons du Mans, députés des Manceaux, sur les désordres faits par les gens de guerre en leur province. (S. 1. , 1649), 7p.
Har, Md, NYPL

M 3468. Requête civile contre la conclusion de la paix. (S. 1. , 1649), 8p.
BYU, Clev, Fol, Har (ve), Md, Minn, NYPL, Wis

M 3469. Requête d'opposition des principaux créantiers (sic) du roi à l'exécution d'un arrêt du conseil, du quinzième avril dernier, qui porte sept millions quatre cent mille livres de rembourse-ments particuliers accordés aux fermiers des entrées de Paris. (S. 1. , 1651), 8p.
Minn

M 3470. Requête (la) de la France présentée à messieurs du Parlement sur la funeste retour du cardinal Mazarin. (S. 1. , 1652), 14p.
Har (ve), Md

M 3471. Requête de la justice au Parlement contre un de ses principaux ministres, ses adhérents et complices, papetiers et torche-cul du Mazarin, avec les noms des principaux Mazarins qui y ont assisté (sic). Paris, veuve J. Guillemot, 1652, 8p.
Clev, Fol, Har

M 3472. Requête de la noblesse pour l'assemblée des Etats généraux. Paris, veuve J. Guillemot, 1651, 15p.
BYU, Har, Md, Minn, Wis

M 3474. Requête de madame la Princesse à messieurs du Parlement de Bordeaux pour la sûreté de sa personne et celle de M. le duc d'Anguien (sic). (S. l., 1650), 8p.
Har, Md

M 3475. Requête de madame la princesse de Condé à messieurs du Parlement pour la justification de messieurs les princes, le 2 décembre 1650. Paris, 1650, 6p.
Clev, Har, Md

M 3477. Requête de madame la princess douairière de Condé pour sa sûreté dans la ville de Paris et pour la justification de messieurs les princes, ses enfants, présentée à nos seigneurs du Parlement (le 27 avril). (S. l., 1650), 6p.
Clev, Fol & (ve), Har (ve), Md, Minn, NYPL

M 3478. Requête de mademoiselle de Longueville, fille de Henry d'Orléans, duc de Longueville, présentée à nos seigneurs de Parlement (le 7 décembre 1650) touchant la mort de madame la princesse douairière de Condé et le transport de messieurs les princes du château de Vincennes à Marcoussi et au Hâvre et sur leur délivrance. (S. l. n. d.), 6p.
BYU, Fol (ve), Har, Md

M 3479. Requête de messieurs le duc de Beaufort, le coadjuteur et Broussel à nos seigneurs du Parlement. (S. l., 1650), 6p.
Clev

M 3480.   Requête (la) de monsieur le duc de Bouillon à nos seigneurs du Parlement, présentée le 16 mai 1650. (S.1. , 1650), 7p.
Clev, Fol, Har, Md

M 3481.   Requête de Son Altesse monseigneur le prince de Conty au roy par le sieur II. Paris, 1650, 7p.
Clev, Fol

M 3482.   Requête de toutes les dames et bourgeoises de la ville de Paris, présentée à la reine, le 7e jour de mars 1649. Paris, Pierre Variquet, 1649, 7p.
BYU, Clev, Fol, Har, Md, Minn

M 3484.   Requête (la) des auteurs (tant du style du palais que de celui du Pont-Neuf et de la Samaritaine), présentée au Parlement à l'encontre de Mazarin. Paris, Jean Hénault, 1649, 6p.
BYU, Clev, Fol, Har, Md, Minn, NYPL, Wis

M 3485.   Requête (la) des bourgeois de Paris à nosseigneurs du Parlement touchant la police et les vivres. Paris, veuve d'Antoine Coulon, 1649, 8p.
Clev, Fol, Har (ve), Md, Minn, NYPL, Wis

M 3486.   Requête des bourgeois et habitants de la ville de Paris à messieurs du Parlement sur leur union avec messieurs les généraux. Paris, veuve J. Guillemot, 1649, 7p.
BYU, Clev, Fol, Har, Md, NYPL, Wis

M 3487.   Requête des intéressés aux prêts et avances, présentée au roi. (S.1. , 1650), 15p.
Har (ve)

M 3488.   Requête des marchands libraires du Pont-Neuf, présentée à nos seigneurs de la basoche, en vers burlesques. (S.1. , 1650), 8p.
Minn

M 3489.   Requête des partisans, présentée à messieurs du Parlement, en vers burlesques. Paris, Jacques Guillery, 1649, 8p.
BYU, Clev, Fol, Har (ve), Minn, NYPL, Wis

M 3490.   Requête des peuples de France, affligés des
présents troubles, à nos seigneurs de la cour de
Parlement, séant à Paris.   (S. 1. , 1652), 20p.
Fol, Har, Md, NYPL (ve)

M 3491.   Requête (la) des peuples, présentée à Son
Altesse Royale sur les nécessités pressantes
des affaires du temps.   (S. 1. , 1652), 15p.
Fol, Md

M 3492.   Requête des provinces et des villes de France
à nos seigneurs du Parlement de Paris. (S. 1. ,
1649), 16p.
BYU, Clev, Fol & (ve), Har & (ve), Md,
Minn, Wis

M 3493.   Requête des rentiers de l'hôtel de cette ville
de Paris à nos seigneurs de la cour de Parlement.   (S. 1. , 1649), 8p.
Clev

M 3494.   Requête des trois états, présentée à messieurs
du Parlement. (S. 1. , 1648), 8p.
BYU & (ve), Clev, Fol, Har (ve), Md,
Minn, NYPL & (ve), Wis (ve)

M 3495.   Requête (la) des trois états touchant le lieu et
les personnes qu'on doit choisir pour l'assemblée
des Etats généraux, conformément à la proposition que Son Altesse Royale en a faite à Leurs
Majestés, et aux sentiments de messieurs les
princes, dont les conseils doivent être principalement suivis et préférés à tous autres.
(S. 1. , août 1651), 24p.
BYU, Clev, Fol, Har, Md, Minn

M 3496.   Requête du duc de Vendôme au Parlement de
Paris, avec les Mémoires et pièces qui en
dépendent.   (S. 1. , 1649), 46p.
Md

M 3498.   Requête et remontrance adressées par le Parlement de Dijon à monsieur le Prince, à son
arrivée en Bourgogne.   Paris, 1649, 8p.
Fol, Minn

M 3499.   Requête faite au roi par le corps de la noblesse
pour les dignités des ducs et pairs de France
et les honneurs et prééminences des nobles de
ce royaume.   Paris, 1649, 7p.
BYU, Har

M 3500.   Requête présentée à messieurs de l'Assemblée
du clergé par la noblesse, tenue à Paris aux
Augustins, 1650.   (S. 1. , 1650), 8p.
Clev, Har, Minn

M 3501.   Requête présentée à monseigneur le Prince par
les vignerons de son gouvernement de Bourgogne,
en vers burlesques.   Paris, Nicolas Bessin,
1649, 12p.
Clev, Fol, Har, Md, Minn, Wis

M 3502.   Requête présentée à nos seigneurs du Parlement
par les principaux bourgeois de la ville de Paris
pour une levée de gens de guerre, pour l'exécution de la déclaration et arrêts rendus contre
le cardinal Mazarin, rétablissement du repos
et tranquillité de l'Etat et salut particulier
de ladite ville de Paris.   Paris, Jacques Le
Bon, 1652, 16p.
Clev, Fol

M 3503.   Requête (la) présentée au conseil privé par les
bourgeois de la ville de Paris, avec leur lettre
au cardinal Mazarin.   Paris, 1649, 6p.
Clev, Fol, Har, Md, Minn, Wis

M 3504.   Requête présentée au roi, en son château du
Louvre, par les pauvres locataires de la ville
et faubourgs de Paris, le jeudi 24 octobre 1652,
pour les exempter du paiement des termes de
Pâques, Saint-Jean et Saint-Remy derniers.
Paris, Noël Poulletier, 1652, 7p.
Fol (ve), Har

M 3505.   Requête présentée au roi Pluton par Conchino
Conchini contre Mazarin et ses partisans.
Paris, 1649, 7p.
Clev, Fol (ve), Har (ve), Md, Minn, NYPL,
Wis

M 3506.   Requête présentée au roi sur les affaires
présentes.   Paris, 1652, 8p.
Fol

M 3507.   Résipicence (la) du cardinal Mazarin.   (S. 1.,
1649), 8p.
Clev, Fol, Har, Md, Minn, NYPL, Wis

M 3509.   Résolution de messieurs les colonels pour une
députation générale de la milice de Paris,
tendante à obtenir du roy la paix et son retour
en sa bonne ville de Paris, du dimanche sixiesme
octobre 1652.   Paris, veuve Quinet, 1652, 7p.
Fol, Har, Md, Minn

M 3510.   Résolution (la) de Son Altesse Royale et de
MM. du Parlement sur la réponse faite à
messieurs les députés, avec l'avis de monsieur
le prince de Condé, touchant l'éloignement du
cardinal Mazarin, en Parlement, le 17 juillet
1652.   Paris, Jacques Le Gentil, 1652, 7p.
Fol (ve), Har (ve)

M 3511.   Résolution (la) des bons François, au roi et
à la reine.   Paris, veuve Théodore Pépingué
et Estienne Maucroy, 1649, 7p.
BYU, Clev, Fol, Har (ve), Md, Minn, NYPL

M 3513.   Résolution (la) du conseil de conscience, tenu
à Saint-Germain, pour la confirmation de la
paix, et les nouvelles secrètes d'un père
Récollet de Saint-Germain, envoyées à un
père de Paris du même ordre.   Paris, Sébastien
Martin, 1649, 7p.
BYU, Clev, Fol, Har, Md, Minn, Wis

M 3514.   Résolution (la) faite à messieurs de la noblesse
par monseigneur le duc d'Orléans et messieurs
les princes sur le retardement des Etats généraux,
touchant la paix générale.   Paris, 1652, 15p.
Minn

M 3515.   Résolution politique des deux principaux doutes
qui occupent les esprits du temps, savoir est:
Pourquoi est-ce que Mazarin a fait emprissoner
messieurs les princes dans le temps de la

minorité, et pourquoi est-ce qu'il s'opiniâtre
à leur détention, en vue des désordres qui
troublent l'Etat, pour procurer leur élargissement, dédiée à tous ceux qui voudront voir une
apologie sans passion, une invective sans
aigreur et un raisonnement sans obscurité.
(S. 1. , 1650), 30p.
Clev, Fol, Har (ve), Md, Minn

M 3516. Ressemblance (la) de madame la duchesse d'Orléans à la colombe qui apporta le rameau d'olive
à Noé, présenté (sic) à Son Altesse Royale.
(S. 1. , 1649), 8p.
BYU, Clev, Fol, Har (ve), Md, Minn, Wis

M 3517. Ressentiments (les) de la ville de Paris sur
les obligations qu'elle a à la généreuse protection de monseigneur le duc de Beaufort.
Paris, Pierre Du Pont, 1649, 8p.
BYU, Fol, Har, Minn

M 3518. Ressentiments (les) de Paris sur la durée de
la guerre et des malheurs du temps présent.
Paris, 1652, 7p.
Clev, Fol, Har

M 3519. Résultat de l'assemblée de la noblesse, en conséquence des déclarations et promesses à elle
faites par Son Altesse Royale et monsieur le
Prince, portant ordre de remercier Leurs
Majestés pour la convocation et tenue des Etats
généraux du royaume par Elles accordés au
8e jour de septembre prochain, et pouvoir de
se rassembler en cas d'inexécution, signé par
monseigneur le duc d'Orléans et par monsieur
le Prince, par MM. les présidents et MM. les
secrétaires, du samedi 25 mars 1651, à
l'assemblée de la noblesse tenue aux Cordeliers,
où étoient S. A. R. et monsieur le Prince.
Paris, veuve J. Guillemot, 1651, 4p.
Fol, Md, Minn

M 3520. Résultat de l'assemblée de la noblesse tenue à
Dreux par les députés des bailliages unis, le
dimanche vingt-uniesme juillet mil six cent
cinquante-deux, ensemble le récit par le menu

de ce que leurs députés en cour y ont négocié,
et de toute leur conduite. Paris, veuve Jean
Guillemot, 1652, 8p.
Fol, NYPL

M 3521. Résultat (le) de la députation des six corps de
marchands, avec la harangue faite au palais
d'Orléans et la réponse de Son Altesse aux
députés, jeudi dernier 17 septembre 1652.
Paris, Simon Le Porteur, 1652, 8p.
Fol, Md

M 3522. Résultat de tout ce qui s'est passé au prétendu
nouveau Parlement de Pontoise, en la première
assemblée que le roi y a faite pour faire lire
sa déclaration touchant l'interdiction du Parlement de Paris, transféré à Pontoise, le 7
août 1652. Paris, 1652, 7p.
Fol, Md

M 3523. Résultat (le) du conseil tenu à Epernay en
Champagne, le 25 du mois de décembre 1651, par
le cardinal Mazarin et ceux de sa faction, sur
le dessein de rentrer à main armée dans
l'Etat, suivant les ordres exprès de la cour.
(S. l. , 1652), 24p.
Fol, Md

M 3524. Résultat véritable de ce qui s'est passé dans le
Parlement en présence de messieurs les Princes,
le quatorzième mai 1652, pour le soulagement
et la protection de la ville de Paris. Paris,
Jacob Chevalier, 1652, 11p.
Fol, Md

M 3525. Résurrection (la) de la Fronde. (S. l. , 1650), 7p.
Clev, Md

M 3527. Retour (le) de l'abondance dans les ports et places
publiques de la ville de Paris, en vers burlesques.
Paris, Mathurin Hénault, 1649, 8p.
Clev, Fol, Har, Md, Minn, NYPL, Wis

M 3528. Retour (le) de messieurs les gens du roi portant
réponse de Sa Majesté pour l'éloignement des
troupes à dix lieues de Paris, avec l'espérance

d'une prompte et bonne paix. Paris, Jean
Brunet, 1652, 7p.
Fol

M 3529. Retour (le) désiré du roi Louis XIV dans sa
grande ville de Paris. Paris, Jérémie
Bouillerot, 1649, 8p.
Fol

M 3530. Retour (le) du prince de Condé dans le ventre
de sa mère. Undé exeunt flumina, indè
revertuntur.
"Ce fier torrent dont la rage et l'envie
Ravageoit tout sans ordre ni raison,
S'est englouti dans le même prison
Où il avoit reçu l'air et la vie."
(S. 1. , 1650), 11p.
Clev, Fol, Har

M 3531. Retour (le) du roi désiré à Paris, par J. J.
de Barthès, ecclésiastique. Paris, veuve
d'Anthoine Coulon, 1649, 8p.
BYU, Clev, Fol, Md, Minn, NYPL

M 3532. Retour (le) et acheminement du roi vers Paris.
Paris, Alexandre Lesselin, 1649, 8p.
Fol (ve), Har, Minn

M 3533. Retour (le) et rétablissement des arts et
métiers. Vers burlesques. Paris, 1649, 8p.
BYU, Clev, Fol, Har, Md, Minn, NYPL, Wis

M 3535. Réunion (la) des esprits. Paris, François Noël,
1649, 32p.
Clev, Md, Wis

M 3536. Réveille-matin (le) de deux favoris ministres
d'Etat, ou Requête intérinée (sic) et l'arrêt donné
en faveur de la patrie, avec les jeux de la cour
qui se sont joués au départ du Mazarin. Paris,
1652, 15p.
Har

M 3537. Réveille-matin (le) de la Fronde royale sur la
honteuse paix de Bordeaux. (S. 1. , 1650), 18p.
BYU, Har (ve), Md

M 3538.　Réveil-matin (le) des curieux touchant les
regrets de la petite Nichon, poëme burlesque
sur l'amprisonnement (sic) des Princes.　Paris,
1650, 7p.
Fol, Har, Md, Wis

M 3539.　Révélation d'un bon hermite sur la prochaine paix
générale et délivrance de Paris.　Paris, Claude
Boudeville, 1649, 4p.
BYU, Clev, Fol, Har, Md, Minn, NYPL, Wis

M 3540.　Révélation de sainte Geneviève à un religieux de
son ordre sur les misères du temps, où elle
lui déclare la raison pour laquelle elle n'a pas
fait de miracles, cette année.　Paris, 1652, 16p.
Har, Md, Minn

M 3541.　Révélation du jeuneur ou vendeur de gris établi
dans le parvis de Notre-Dame, contenant les
remèdes nécessaires à la maladie de l'Etat.
Paris, 1649.
Clev, Fol, Har (pts I-II), Md (ve), Minn,
NYPL, Wis

M 3542.　Révélation pour la paix du reclus de mont
Valérien à un bon religieux, faite le 9 de ce
mois.　Paris, Robert Feugé, 1649, 7p.
Har, Wis

M 3543.　Rêveries (les) d'Etat.　Paris, 1652, 8p.
Fol, Har

M 3544.　Rêveries (les) de Mazarin à sa sortie de la cour
sur la malheureuse issue de ses affaires, et sa
conférence avec le sieur Des Forests.　(S. l.,
1652), 19p.
Har (ve), Minn

M 3545.　Revers (le) du mauvais temps passé et la libre
entrée de la paix, livrée à ses adorateurs,
par Me Questier, dit Fort Lys, parisien.
Paris, veuve d'Anthoine Coulon, 1649, 15p.
Clev, Fol, Har, Md, Minn, NYPL, Wis

M 3546.　Revers (le) du prince de Condé, en vers burlesques, et le regret de quitter la ville de

Paris pour aller loger au château de Vincennes.
Paris, veuve d'Anthoine Coulon, 1650, 8p.
Clev, Fol, Har, Md, Minn, NYPL

M 3547. Révolution impériale de Louis XIV, Dieudonné,
contenant les liens de sa démarche pour parvenir à l'empire romain, prédit par l'oracle
françois, Michel Nostradamus. Paris, se vend
chez Jacques Papillion et se distribue chez
l'auteur, 1652, 14p.
NYPL

M 3550. Rimaille sur les plus célèbres bibliotières de
Paris, par le Gyrouague Simpliste. (S. 1.,
1649), 4p.
Har (ve)

M 3551. Ris (les) et les pleurs de la France sur la conduite de la reine et du conseil d'Etat, découvrant
l'origine de nos misères et des calamités
publiques. Paris, 1652, 32p.
Fol, Md

M 3552. Rivière (la) à sec au coeur de l'hyver pendant
les plus grandes pluies. (S. 1., 1650), 8p.
Clev, Fol, Md

M 3553. Rivère (la) en fuite après son débordement,
avec l'emprisonnement du chevalier, son frère,
au château de la Bastille. Paris, veuve
d'Anthoine Coulon, 1650, 6p.
BYU, Clev, Fol, Har, Md, Minn, NYPL

M 3554. Robe (la) sanglante de Jules Mazarin, ou les
Véritables récits des fourbes, des impostures
et autres vices, par le sieur de Mirand, gentilhomme cécilien (sic). Paris, François Musnier,
1649, 12p.
Clev, Fol, Har & (ve), Minn, NYPL, Wis

M 3555. Rodomontades (les) espagnoles, en vers burlesques. Paris, 1649, 11p.
Clev, Fol, Har, Minn, NYPL, Wis

M 3556. Roi (le) des Frondeurs, et comme cette dignité
est la plus glorieuse de toutes les dignités de

la terre, contre le sentiment des esprits du
siècle. Paris, 1649, 15p.
BYU, Clev, Fol, Har, Md, Minn, Wis

M 3558.   Rois (les) sans roi, ou Réflexions des rois de la
fève sur l'enlèvement du roi hors sa bonne ville
de Paris.   Paris, Mathurin et Jean Hénault,
1649, 8p.
BYU, Clev, Fol, Har, Md, Minn, Wis

M 3559.   Roman (le) des esprits revenus à Saint-Germain,
burlesque et sérieux.   Paris, 1649, 16p.
BYU, Clev, Fol, Har, Md, Minn, NYPL, Wis

M 3560.   Rondeau du roi contre le cardinal Mazarin.
(S. 1. , 1649), 4p.
Clev, Fol, Har, Md, Minn, Wis

M 3561.   Royal (le) au Mazarin, lui faisant voir par la
raison et par l'histoire, 1. que l'autorité des
rois sur la vie et sur le bien des sujets est
fort limitée, à moins qu'elle ne soit tyrannique;
2. que l'autorité des princes du sang est
essentielle dans le gouvernement; 3. que
l'autorité des autres Parlements de France pour
les affaires d'Etat est inférieure et subordonnée
à celle du Parlement de Paris; 4. que les
prélats n'ont point d'autorité dans le maniement
des affaires d'Etat, et que leur devoir les
engage à n'avoir d'attachement que pour le
sanctuaire.   (S. 1. , 1652), 32p.
Fol, Har, Md, Minn

M 3563.   Royauté (la) de Charles second, roi de la Grand'
Bretagne, etc. , reconnue au parlement d'Ecosse
et proclamée par tout le royaume, envoyée à
la reine d'Angleterre, traduit fidèlement des
placars (sic) et affiches publiques, imprimées à
Edimbourg, le 15 février 1649.   Paris, veuve
d'Antoine Coulon, 1649, 6p.
Fol, Har, Md, NYPL, Wis

M 3564.   Ruade (la) d'un poulain qui a fait trembler
Paris.   Paris, 1651, 15p.
Md

M 3566. Ruine (la) de la chicane, ou la Misère des
avocats, procureurs, greffiers, notaires,
huissiers, clercs, praticiens et autres et de
leurs femmes. Paris, 1649, 8p.
Clev, Fol, Har, Md, Minn, NYPL, Wis

M 3567. Ruine (la) du mal nommé, ou le Foudroiement
du Donjon faussement appelé du droit naturel
divin, avec l'abomination de sa mémoire par
l'énorme péché de son défenseur qui, pour le
maintenir injustement, s'est déclaré ennemi
mortel de Dieu, des rois et des peuples. Paris,
1649, 31p.
Fol, Har, Minn

M 3569. Ruine (la) et submergement de la ville
d'Amsterdam en Hollande, laquelle est abimée
en plein jour, avec perte de plus de trente
mille personnes, deux cents navires tant de
guerre que marchands, ensemble la prophétie
de Nostradamus et l'explication d'icelle sur ce
sujet, traduit de flamand en françois par M. N.
Jouxte la copie imprimée à La Haye, 1649, 7p.
Har, Md

M 3570. Ruse (la) Mazarine découverte depuis sa sortie
de Pontoise jusques aux approches de la ville
de Château-Thierry, avec la défaite de ses
troupes proche la bois de Moriset, distant d'une
lieue de Charlis-sur-Marne, par les troupes
de messieurs les Princes, commandées par le
sieur Lardouin sous le comte de Tavannes.
Paris, Pierre Valée, 1652, 7p.
Md

M 3571. Sainte allégorie sur l'Exaudiat, chanté dans les
églises de Paris pour la prospérité du roi et
son heureux retour. Paris, Claude Morlot,
1649, 7p.
Clev, Fol, Md

M 3572. Saisie (la) des places fortes aux environs de
Paris par les ordres de Son Altesse Royale, les
articles et règlements généraux pour la conservation d'icelles, les desseins des mareschaux
de Turenne, de Senneterre et d'Hocquincourt
rompus, et le jour assigné de la bataille ou de

l'entier traité de la paix générale. Paris, 1652, 7p.
Fol (ve)

M 3573.   Salade en réponse à la Sauce du poulet, par
B. B. G. (S. 1., 1649), 8p.
Md, Minn, NYPL, Wis

M 3574.   Salomon instruisant le roi. Paris, Augustin
Courbé, 1651, 20p. non compris l'épître au roi,
l'avertissement au lecteur et les extraits de
Salomon.
Minn

M 3575.   Salut (le) aux courtisans. (S. 1., 1649), 7p.
BYU, Clev, Fol, Har (ve), Md, Minn

M 3577.   Salut (le) des partisans, et autres pièces du
temps. (S. 1., 1649), 8p.
Clev, Fol, Har (ve), Md, Minn, NYPL, Wis

M 3578.   Salve regina (le) de Mazarin et des partisans.
(S. 1., 1649), 4p.
BYU, Clev, Fol, Har (ve), Md, Minn,
NYPL, Wis

M 3580.   Sanglant (le) théâtre de la guerre d'Allemagne
heureusement changé en un glorieux trône de
paix, où règne en souveraine cette déesse qui
ne soulage pas seulement les peuples affligés,
mais qui réunit encore les princes et les
potentats de l'empire avec l'empereur. (S. 1.,
1649), 19p.
Fol, Har (ve), NYPL

M 3581.   Sanglante (la) défaite des troupes mazarines en
Picardie, où le duc d'Elbeuf et le sieur de
Manicamp qui les commandoient, ont été faits
prisonniers par l'armée de l'archiduc Léopold,
commandée par le comte de Fuensaldagne et
le marquis de Sfrondate, où il y a eu 1,200
hommes tués, 800 prisonniers, avec perte de
leurs canons et bagages. Paris, Salomon de
La Fosse, 1652, 7p.
Fol, Har, Md

M 3582. Sanglante (la) dispute arrivée sur le jeu entre le cardinal Mazarin et l'abbé de La Rivière à Saint-Germain-en-Laye. Paris, Michel Mettayer, 1649, 8p.
BYU, Clev, Fol, Har (ve), Md, Minn, NYPL, Wis

M 3583. Sanglante (la) dispute entre le cardinal Mazarin et l'abbé de La Rivière, le Visage de bois au nez du Mazarin et son exclusion de la conférence de Ruel, et la Supplication faite au roi pour avancer le procès des partisans et financiers. Sur l'imprimé à Paris. Rouen, Robert Daré, 1649, 16p.
Har (ve)

M 3584. Sanglots (les) de l'Orviétan sur l'absence du cardinal Mazarin et son adieu, en vers burlesques. Paris, N. Charles, 1649, 7p.
Clev, Fol, Har, Md, Minn, NYPL, Wis

M 3585. Sanglots (les) pitoyables de l'affligée reine d'Angleterre du trépas de son mari. Paris, veuve André Musnier, 1649, 8p.
BYU, Fol (ve), Har, Md, NYPL, Wis

M 3587. Satyre contre Mazarin. Paris, 1651, 7p.
Fol

M 3588. Satyre de Mazarin envoyée à monsieur le duc de Beaufort. Paris, 1649, 4p.
Clev, Fol, Har, Md, Minn, Wis

M 3589. Satyre (la) des satyres du temps. Paris, François Noël. (S. d., 1650), 10p.
Fol, Har, Md, Wis

M 3591. Satyre (la) du temps, ou la Guerre déclarée aux partisans. Paris, Nicolas de La Vigne, 1649, 7p.
BYU, Clev, Fol (ve), Har (ve), Md, Minn, Wis

M 3592. Satyre, ou Feu à l'épreuve de l'eau pour consommer (sic) ce chiffon intitulé: Réponse des vrais Frondeurs au faux Frondeur soi-disant

désintéressé, et foudre qui chasse de la maison d'Abraham ces Ismaélites impatriés (sic) et descendus de la race bâtarde d'Italie. (S. 1., 1651), 12p.
BYU, Clev, Har

M 3593. Satyre, ou Imprécation contre l'engin du surnommé Mazarin, source de tous nos maux. (S. 1, 1652), 8p.
Md, Wis

M 3594. Satyre sur le grand adieu des nièces de Mazarin à la France, avec une plaisante description de leurs entreprises, en vers burlesques. Paris, Claude Morlot, 1649, 8p.
BYU, Clev, Fol, Har, Md, Minn, NYPL, Wis

M 3595. Satyre sur les troubles de Paris, en vers burlesques. Rouen, 1649, 12p.
BYU, Clev, Fol, Har, Md, Minn, Wis

M 3596. Satyrique (le), ou le Mazarin métamorphosé. Paris, François Noël, 1649.
BYU, Clev (inc), Fol, Har (pts I-II), Md Minn (pt I), NYPL, Wis

M 3597. Sauce (la) du poulet, par R. D. Q. Paris, 1649, 11p.
BYU, Fol, Md, Minn, NYPL, Wis

M 3598. Sceptre (le) de la France en quenouille par les régences des reines, faisant voir par de naïves représentations d'histoire, 1. les désordres du pouvoir absolu des femmes en France, par 2. la mauvaise éducation des rois, 3. la pernicieuse conduite de l'Etat, 4. les horribles factions qui s'y sont élevées et qui ont souvent mis cette monarchie à deux doigts de sa ruine; 5. et le moyen infaillible de remédier à tous ces désordres, si l'on veut s'en servir efficacement et dans l'usage des lois fondamentales. (S. 1., 1652), 110p.
Fol, Har (ve), Md

M 3600. Séance du roi Louis XIV en son lit de justice en Parlement, ou les Vraies harangues de messieurs le chancelier, premier président, et Talon, avocat général. Paris, Gervais Clousier, 1649, 8p.

BYU, Clev, Fol (ve), Har, Md, Minn

M 3602.   Second (le) ambassadeur des Etats du Languedoc et du Parlement de Toulouse envoyé par le maréchal de Schomberg à la reine régente, mère du roi. Paris, Claude Morlot, 1649, 8p.
Fol, Har, Md, Minn, Wis

M 3603.   Second arrêt du conseil du roi tenu à Pontoise le 27 juillet, portant cassation de l'arrêt du Parlement de Paris des 19 et 20 juillet 1652. (S. 1., 1652), 8p.
Fol (ve), Har, Md, Minn, NYPL

M 3604.   Second avertissement aux Parisiens, affiché à Paris le 14 juillet 1651. (S. 1. n. d.), 7p.
Clev, Fol, Har, Md, Minn

M 3605.   Second avis de M. de Chasteauneuf, donné à Sa Majesté dans Poictiers, sur la proposition qui fut faite, s'il falloit ou avancer ou reculer ou séjourner dans cette ville, et quel conseil il falloit prendre dans cette conjoncture. (S. 1., 1651), 18p.
Fol (ve), Har (ve), Md, Minn

M 3606.   Second (le) courrier de la bataille (de Bleneau), avec les particularités du combat, qu'il a rapportées à Son Altesse Royale. (S. 1., 1652), 7p.
BYU, Har (ve), Md, Minn

M 3607.   Second (le) et entier jeu de piquet de la cour. (S. 1., 1649), 4p.
Clev, Fol, Har, Md, Minn, Wis

M 3608.   Second extrait des registres du Parlement contenant ce qui s'est passé pour l'éloignement du cardinal Mazarin, par messieurs les députés, depuis le 25 juin jusqu'au jour de leur retour de Saint-Denys. Paris, 1652, par les imp. et libr. ordinaires du roi, 15p.
Fol, NYPL

M 3609.　Second (le) festin des bourgeois de la ville de
　　　　　Paris. (S. 1. , 1649), 7p.
　　　　　Har (ve)

M 3610.　Second (le) journal, ou Entretien du gentilhomme
　　　　　françois avec le Vénitien, touchant le tableau
　　　　　des harpies de l'Etat et des tyrans du peuple, et
　　　　　notamment celui de leur principal chef, con-
　　　　　tenant: 1. le commencement et le progrès de sa
　　　　　fortune dans le service du cardinal Sachetti;
　　　　　2. les moyens détestables dont il s'est servi pour
　　　　　y parvenir, savoir par l'entretien qu'il eut avec
　　　　　un pipeur dans Ferme et la Marche d'Ancône,
　　　　　qui lui donna un caratère dans le chaton d'une
　　　　　bague; 3. les rares pièces de son cabinet touchant
　　　　　le jeu et la piperie; 4. ses menées et ses
　　　　　intrigues dans Rome pour obtenir du pape Urbain
　　　　　la députation de Cazal; 5. la relation naïve de
　　　　　l'assassinat commis par ses factions sur le sieur
　　　　　Francisco Pamphilio (sic), neveu du cardinal
　　　　　du même nom, tenant à présent le siége
　　　　　apostolique sous le nom d'Innocent X. (S. 1. ,
　　　　　1651), 24p.
　　　　　Har

M 3611.　Second (le) retour du cardinal Mazarin à la cour,
　　　　　avec le succès de son voyage. Paris, 1652, 8p.
　　　　　Fol

M 3612.　Seconde lettre de l'archiduc Léopold, envoyée à
　　　　　Mademoiselle à Saint-Germain-en-Laye. Paris,
　　　　　veuve André Musnier, 1649, 7p.
　　　　　Har, Md, Wis

M 3613.　Seconde lettre de la cour de Parlement de
　　　　　Bordeaux, écrite au Parlement de Paris sur le
　　　　　sujet des mouvements de la Guyenne et vio-
　　　　　lences du sieur duc d'Epernon. (S. 1. , 1649), 2p.
　　　　　Har

M 3614.　Seconde lettre de monseigneur le duc de Guise
　　　　　à un grand seigneur de France sur sa fidélité
　　　　　pour mademoiselle du Pont (sic). Paris,
　　　　　Nicolas de La Vigne, 1649, 6p.
　　　　　Clev, Fol, Har, Md, Minn, NYPL, Wis

M 3615.   Seconde lettre des députés du Parlement à nos
seigneurs de la cour, touchant l'audience qu'ils
ont eue du roi à Saint-Denys, le 15 juillet
1652, et la réponse de Sa Majesté. Paris,
J. Chevalier, 1652.
Fol, Har

M 3616.   Seconde lettre du sieur Du Pelletier à monseigneur le duc de Beaufort. Paris, Nicolas
de La Vigne, 1649, 7p.
Har, Md, NYPL

M 3617.   Seconde lettre écrite à messieurs du Parlement
par M. le prince de Condé, servant de réponse
à l'écrit envoyé par la reine régente à messieurs
du Parlement par messieurs les gens du roi.
Paris, veuve J. Guillemot, 1651, 8p.
Har, Md

M 3618.   Seconde monition.   Placard in-folio daté d'octobre
1655.
Har

M 3620.   Seconde relation de ce qui s'est fait et passé
devant la ville d'Angers par monsieur le duc
de Rohan et les habitants contre les troupes
du cardinal Mazarin; d'Angers les 21 et 22
février 1652. Paris, veuve J. Guillemot, 1652,
7p.
Fol (ve), Har (ve), Md

M 3622.   Secours (le) arrivé de Normandie au camp de
l'armée de Son Altesse Royale, conduit par le
marquis de Vezins, le 2e jour d'août 1652,
ensemble le combat donné au pont de Charenton
contre les ennemis qui l'ont attaqué. Paris,
Louis Hardouin, 1652, 7p.
Har

M 3623.   Secret (le) à l'oreille d'un domestique de
Mazarin à Mazarin. Paris, veuve André
Musnier, 1649, 8p.
Clev, Fol, Har, Md, Minn, NYPL, Wis

M 3624.   Secret (le) de la cour. (S. l. , 1652), 16p.
Clev, Fol, Har, Minn

426

M 3625.   Secret de la disgrâce imaginaire du comte
          d'Harcourt, avec l'état de son armée en
          Guyenne, et une relation fidèle de ce qui s'est
          passé de plus considérable dans Bordeaux.
          Paris, Jacob Chevalier, 1652, 8p.
          Fol

M 3626.   Secret (le) de la paix à la reine.   Paris,
          Hyérôme Hameau, 1649, 16p.
          BYU, Clev, Fol, Har & (ve), Md, Minn,
          NYPL, Wis

M 3627.   Secret (le) de la paix, ou la Véritable suite du
          Théologien d'Etat à la reine, 1649, 16p.
          BYU, Clev, Fol (ve), Har, Md, Minn,
          NYPL, Wis

M 3628.   Secret (le) de la retraite de monseigneur le
          Prince, contenant une fidèle et courte déduction
          de toutes les intrigues qu'on a joué (sic) dans
          l'Etat, depuis son éloignement jusqu'à l'arrêt de
          proscription donné contre le cardinal Mazarin.
          (S. 1., 1652), 30p.
          Fol, Har, Wis

M 3629.   Secret (le) découvert du temps présent, ou
          l'Intrigue manifestée.   Paris, Nicolas de La
          Vigne, 1649, 12p.
          BYU, Clev, Fol, Har, Md, Minn, Wis

M 3630.   Secret (le) du voyage du roi et de la route que
          doit tenir Sa Majesté.   Paris, 1651, 7p.
          Fol, Har, Md, Minn

M 3631.   Secret (le) entretien du roy et monseigneur le
          duc d'Anjou, avec les dernières résolution de la
          reyne.   (S. 1.), 16p.
          Fol, Har, Minn

M 3632.   Secret (le) important à messieurs les colonels
          de Paris pour rendre la paix immortelle, après
          leur députation auprès du roi.   Paris, 1652, 7p.
          Fol, Har (ve)

M 3633.   Secret (le) nécessaire de savoir, envoyé à mon-
          sieur le Prince.   (S. 1. n. d.), 8p.
          Fol, Har, Md

427

M 3634. Secret (le), ou les Véritables causes de la détention et de l'élargissement de messieurs les princes de Condé et de Conty et duc de Longueville, avec un exact recueil de toutes les délibérations du Parlement dans les assemblées qui ont été faites pour leur liberté et pour l'éloignement du cardinal Mazarin, où son fidèlement exposés tous les raisonnements et les belles remarques faites par chacun de ces messieurs dans leur opinion. (S. 1. , 1651), 84p.
Fol & (ve), Har (ve), Md, Minn, NYPL, Wis

M 3635. Secrets (les) de conscience d'une âme dévote déclarés à son confesseur touchant les affaires du temps. Paris, Jacques Guillery, 1649, 7p.
BYU, Clev, Fol, Har, Md, Minn, NYPL, Wis

M 3637. Secrets (les) publics pour la France. Paris, 1649, 8p.
BYU, Clev, Fol, Har, Md, Minn, Wis

M 3638. Secrètes intelligences de la cour avec le coadjuteur et M. de Châteauneuf, pour détacher monseigneur le duc d'Orléans des intérêts de messieurs les Princes. Paris, 1652, 14p.
Har

M 3639. Senèque (le) exilé, consolant les bourgeois de la ville de Paris sur l'assassin de leurs citoyens (sic), leur donnant d'infaillibles remèdes pour la guérison de leurs maux présents et leur faisant toucher au doigt le chemin qu'ils doivent prendre. Paris, 1652, 15p.
Clev, Fol, Har

M 3640. Senèque (le) mourant, déclarant à sa mort le seul moyen d'avoir la paix, pourvu qu'on le veuille croire, en suite de la députation du Parlement, par le sieur Du Crest. Paris, 1652, 31p.
Clev, Fol, Har

M 3641. Sens (le) dessus dessous, ou le Malheur universel de toutes les conditions. Paris, 1649, 12p.
Clev, Fol, Har, Md, Minn, Wis

M 3642.   Sentence de monsieur le prévôt de Paris, du 12 avril 1652, rendue conformément à l'arrêt de la cour de Parlement.   Paris, Charles Coquet, 1652, 4p.
Fol

M 3643.   Sentence de M. le prévôt de Paris portant condamnation d'un libelle intitulé: Lettre monseigneur l'Eminentissime cardinal de Retz, archevêque de Paris, à messieurs les archevêques et évêques des églises de France. Paris, par les imprimeurs et libraires du roi, 1655, 6p.
Fol (ve), Har, Md

M 3647.   Sentiments (les) d'Aristide sur les affaires publiques. Paris, 1649, 8p.
BYU, Clev, Fol, Har, Md, Minn, Wis

M 3648.   Sentiments (les) d'un fidèle sujet du roi sur l'arrêt du Parlement du vingt-neuvième décembre 1651. (S. 1., 1652), 73p.
Fol (ve), Har (ve), Minn (ve)

M 3649.   Sentiments (les) d'un véritable François (sic) sur les intirgues (sic) italiennes.   (S. 1., 1650), 8p.
Clev, Har, Md

M 3651.   Sentiments (les) de la France sur la délivrance de messieurs les Princes, présentés à monseigneur le prince de Condé par le père de Valongnes, de la compagnie de Jesus. Paris, Jean Hénault, 1651, 15p.
Clev

M 3652.   Sentiments (les) de réjouissance d'un solitaire sur l'heureux retour du roi dans sa bonne ville de Paris, dédiés à nos seigneurs du Parlement. Paris, 1649, 16p.
Clev, NYPL (ve)

M 3653.   Sentiments (les) des François intéressés à la paix générale, adressés à messieurs du Parlement de Paris. Jouxte la copie imprimée à Bruxelles. (S. 1., 1650), 23p.
BYU, Clev, Fol, Har, Md, Minn

M 3654. Sentiments (les) des princes répondant à la Voix des peuples, en les désabusant de leurs chimères par leurs propres raisonnements. Paris, veuve Claude Marette, 1652, 8p.
Fol, Har, Md

M 3655. Sentiments (les) divers sur l'arrest du Parlement du vingtiesme juillet et sur le discours prétendu de M. Bignon, le 26, sur la lieutenance générale. (S. l. , 1652), 31p.
Clev, Md

M 3656. Sentiments (les) du public touchant la doctrine prêchée par le père Favre (sic). Paris, Cardin Besongne, 1649, 15p.
BYU, Clev, Fol, Har, Md, Minn, NYPL, Wis

M 3657. Sentiments (les) du vrai citoyen sur la paix et union de la ville, par le sieur B. Paris, Nicolas Pillon, 1649, 8p.
BYU, Clev, Fol, Har, Md, Minn, NYPL, Wis

M 3658. Sentinelle (la) de Paris. (S. l. , 1652), 15p.
Clev, Fol, Har (ve), Minn, NYPL

M 3659. Sept (les) arts libéraux de la cour, en vers burlesques. Paris, 1649, 12p.
Clev, Fol, Har, Md, Minn, Wis

M 3660. Sept (les) trompettes du ciel envoyées par la France à Jules Mazarin, pour l'exciter à faire pénitence, en vers burlesques. Paris, Mathurin Hénault, 1649, 8p.
BYU, Clev, Fol, Har, Md, Minn, NYPL

M 3661. Sérieuses (les) réflexions du cardinal Mazarin, en vers. Paris, veuve Jean Remy, 1649, 7p.
BYU, Clev, Fol, Har, Md, Minn, NYPL, Wis

M 3662. Serment de fidélité au roy de monseigneur l'éminentissime cardinal de Retz, archevesque de Paris.
Har

M 3663. Serment de l'union des princes et seigneurs ligués ensemble pour le bien public, contre le

mauvais gouvernement de Jules Mazarin, en janvier 1649. (S.1., 1649), 4p.
BYU, Clev, Fol, Har (ve), Md, Minn, NYPL (ve), Wis

M 3665. Serpent (le) britannique, ou la Trahison découverte du roi de la Grande-Bretagne, vérifiée devant Son Altesse Royale, ensemble les plus véritables particularités touchant cette affaire. Paris, 1652, 3p.
Fol (ve), Har

M 3666. Services (les) que la maison de Condé à rendus à la France, contre les calomnies des partisans du Mazarin. (S.1., 1651), 30p.
Har (ve), Md

M 3667. Sésanus (le) romain au roy, ou l'Abbrégé des crimes du proscript Mazarin. Paris, 1652, 31p.
Clev, Fol, Har (ve)

M 3669. Siége (le) d'Aubervilliers, en vers burlesques. Paris, Mathurin Hénault, 1649, 8p.
BYU, Clev, Fol, Har, Md, Minn, NYPL (ve), Wis

M 3671. Signalé (le) combat et siége de la table emportée d'assaut par les Parisiens, au mardi gras, pour faire micque (sic) à Mazarin. Paris, veuve André Musnier, 1649, 8p.
Clev, Fol, Har, Md, Minn

M 3672. Signalée (la) victoire remportée par les Justes sur les malins exprits. Paris, Pierre Sevestre, 1649, 6p.
BYU, Clev, Fol, Har, Md, Minn, NYPL

M 3674. Silence (le) au bout du doigt. (S.1., 1649).
BYU (pts I-II), Clev, Fol & (ve), Har (pts I-II), Md, Minn, Wis

M 3675. Sincérité du Parlement dans la conduite de ses actions pour le soulagement du peuple, avec la découverte des ennemis du bien public, et des remèdes qu'on y peut apporter, pour mettre Paris en repos et tout l'Etat en paix. Paris, 1652, 8p.
Fol, Har

M 3676.   Sincérité (la) et nouvelle union de messieurs
les princes, leurs (sic) zèle et deffenses (sic)
pour la conservation de l'Etat et repos de la
France, fait ce 14 mai 1652.   Paris, 1652, 7p.
Clev, Fol, Har, Md, NYPL

M 3677.   Soldat (le) bourdelois, ou la Misère du pays de
Gascogne, ensemble ce qui s'est passé en la
bataille.   Bourdeaux, Michel Millange, 1649.
BYU, Fol, Har (pts I-II), Md, Wis (ve)

M 3678.   Soldat (le) en peine de prendre party.   En vers
burlesques.   Paris, Jacques Guillery, 1649, 8p.
BYU, Clev, Fol, Har, Md, Minn, Wis

M 3679.   Soldats (les) sorties (sic) de Ville-Iuifve sans
congé.   En vers burlesques.   Paris, Nicolas
de La Vigne, 1649, 8p.
BYU, Clev, Fol, Har, Minn, Wis

M 3680.   Solitaire (le) aux deux désintéressés.   (S. 1.),
1651, 8p.
Fol, Har, Md

M 3681.   Sommaire de ce qui s'est fait et passé en la ville
de Bourg, au sujet de la paix de Bordeaux,
ensemble les articles concédés par le roi, à la
supplication et très-humble remontrance de messieurs les députés de Paris.   Paris, Jacob
Chevalier, 1650, 8p.
Fol, Har, Md, Minn

M 3682.   Sommaire de l'estat présent des affaires de
France, avec la marche du roy et de l'armée
des princes et celle des Mazarins.   Paris,
Jacob Chevalier, 1652, 7p.
Fol, Har

M 3683.   Sommaire de la doctrine curieuse du cardinal
Mazarin, par lui déclarée en une lettre qu'il
écrit à un sien confident, pour se purger de
l'arrêt du Parlement et des faits dont il est
accusé.   Ensemble la réponse à icelle, par
laquelle il est dissuadé de se représenter au
Parlement.   Paris, Nicolas Bessin, 1649, 18p.
BYU, Clev, Fol, Har, Md, Minn, NYPL, Wis

M 3684. Sommaire de tout ce qui s'est passé de plus
mémorable en Angleterre, depuis l'année 1640
jusqu'au 1er janvier 1650, contenant la convocation du Parlement, les causes et les effets
des troubles, les différences des factions, le
procès fait au roi, sa condamnation et son
exécution de mort, ce qui a été fait pour
l'établissement d'une république, et des partis
qui sont maintenant dans cet état. Paris, veuve
Jean Camusat et Pierre Le Petit, 1650, 133p.
Fol

M 3685. Sommaire des articles de la paix générale entre
l'Empire et la France (traité de Munster). Paris,
par les imprimeurs et libraires ordinaires du
roi, 1648, 20p.
Clev, Har, Minn, Wis

M 3686. Sommaire relation de ce qui s'est passé à Saint-
Germain, en la députation de la cour des Aydes,
pour le retour de Leurs Majestés à Paris, avec
la harangue de M. Amelot, premier président,
sur ce sujet, et sa réplique sur la réponse de
M. le chancelier, de la part de la reine, au
sujet de l'éloignement du roi. (S.1.), Denys
Langlois, 1649, 8p.
BYU, Fol (ve), Har, Md, Minn

M 3687. Songe burlesque de Polichinel (sic) sur le départ
de Jules Mazarin. Paris, veuve Musnier, 1649,
8p.
Clev, Fol, Har, Md, Minn, NYPL, Wis

M 3688. Songe du roi admirable et prophétique pour la con-
solation de la France, arrivé le 15 mars 1649.
Paris, Claude Boudeville, 1649, 8p.
BYU, Clev, Fol, Har, Md, Minn, Wis

M 3690. Songes (les) et réponses d'Hydromante, sur les
dangers inévitables et les misères toutes certaines de l'Etat, depuis la personne du monarque
jusqu'à celle de l'artisan, en case que la paix
civile soit plus longtemps différée, que le cardinal Mazarin retourne en France, et que on abuse
plus longtemps de la parole et de la puissance
royale, par le sieur de Sandricourt. C'est la
troisième pièce de cet ouvrage qui suit à (sic)

l'Ombre de Mancini.   Paris, 1652, 64p.
Har, Md

M 3693.   Sonnets sur la pacification, addressez aux
puissances.   Par V. R.   Paris, Gaspard,
Meturas, 1649, 16p.
BYU, Clev, Fol, Har, Minn, Wis

M 3694.   Sortie (la) de madame la Princesse et de monsieur son fils, de messieurs de Bouillon, de
Larochefoucault et des autres de leur parti, de
la ville de Bordeaux, avec leurs submissions aux
pieds de Leurs Majestés, rendues le lundi, 3
octobre 1650, ensemble leurs entrevues et visites
pour cet effet.   (S. 1.), 1650, 6p.
Har, Md

M 3695.   Sortie (la) de monseigneur le duc de Beaufort du
bois de Vincennes.   Stances.   Paris, Rolin de
La Haye (1649), 4p.
BYU, Clev, Fol, Har, Md, Minn, NYPL, Wis

M 3697.   Sottise (la) des deux partis, dialogue du Parisien
et du Mazariniste.   (S. 1.), 1649, 11p.
BYU, Clev, Fol, Har, Md, Minn, NYPL, Wis

M 3698.   Soufflet (le) de la fortune, donné au prince de
Condé.   (S. 1.), 1650, 6p.
Clev, Fol, Har, Md, Minn

M 3700.   Souhaits (les) de la France, à monseigneur le duc
d'Angoulême.   (S. 1. , 1649), 4p.
BYU, Clev, Fol, Har, Md, Minn, NYPL, Wis

M 3701.   Souhaits (les) des bons François, envoyés à
messieurs les députés qui traitent de la paix.
Paris, veuve Jean Remy, 1649, 7p.
BYU, Clev, Fol, Md, Minn, Wis

M 3702.   Souhaits (les) des bons François pour la paix,
avec le Da pacem des bons laboureurs sur
l'arrivée d'icelle.   Paris, Nicolas de La Vigne,
1649, 8p.
Clev, Fol, Har (ve), Md, NYPL, Wis

M 3703.　Souhaits et soupirs des bons concitoyens de la ville de Paris pour le retour du roi et de toute la cour, dédiés à la reine régente. Paris, Pierre Variquet, 1649, 7p.
BYU, Clev, Fol, Har, Md, Minn, Wis

M 3704.　Soupe (la) frondée. (S. 1.), 1649, 8p.
BYU, Clev, Fol, Har, Md, NYPL

M 3705.　Souper (le) royal de Pontoise, fait à messieurs les députés des six corps de marchands de cette ville de Paris. En vers burlesques. Paris, Nicolas Damesme, 1652, 7p.
Fol, Md

M 3706.　Soupirs (les) des fleurs de lys, adressées (sic) au roi et à la reine. Paris, 1652, 15p.
Clev, Fol, Har, Md

M 3707.　Soupirs (les) des Parisiens sur l'absence du roi. Paris, Nicolas Gasse, 1649, 7p.
BYU, Clev, Fol, Har, Md, Minn, Wis

M 3708　[see Addendum]

M 3709.　Soupirs françois redoublés sur la paix italienne. Magna est veritas et praevelet! veritatem eme. Prov. , xxii. (S. 1.), 1649, 16p.
BYU, Clev, Fol, Har, Md, Minn, Wis

M 3710.　Soupirs françois sur la paix italienne. Jouxte la copie imprimée à Anvers, 1649, 8p.
BYU & (ve), Clev, Fol (ve), Har (ve), Md, Minn, NYPL, Wis

M 3711.　Soupirs françois sur la paix italienne, avec l'augmentation, édition dernière, revue et exactement corrigée. Jouxte la copie imprimée à Anvers, 1649, 12p.
Clev, Md

M 3712.　Soupirs (les) redoublés de monsieur le Prince consolé de M. le duc de Beaufort. Paris, 1650, 8p.
Clev, Fol, Har, Md, Minn, Wis

M 3713.　Stances à Mademoiselle. (S. 1. , 1649), 4p.
Fol, Har, Md, Minn, NYPL

M 3714.   Stances au roi et à messieurs du Parlement.
(S. 1. , 1649), 3p.
Clev, Md

M 3715.   Stances au roi par le sieur Algier, 3p.
NYPL

M 3717.   Stances sur l'anagramme de Iules le cardinal:
Lardés ce villain. (S. l.), 1650, 6p.
Clev, Fol, Har, Md, Wis

M 3718.   Stances sur le départ de monseigneur le premier
président, garde des sceaux de France. Paris,
Antoine Estienne, 1652, 4p.
Clev, Fol

M 3719.   Stomachatio boni popularis. (S. 1. , 1649), 7p.
Clev, Fol, Har, Md, Minn, NYPL, Wis

M 3721.   Subtilité (la) du cardinal Mazarin découverte sur
la conférence faite à Ruel pour la paix. Paris,
François Noël, 1649, 7p.
BYU, Clev, Fol, Har, Md, Minn, Wis

M 3722.   Subtils (les) moyens du prince de Condé pour
faire revenir nos louis d'Italie. (S. 1. , 1649), 7p.
Clev, Har (ve), Md, NYPL

M 3723.   Suite de ce qui s'est passé à Saint-Germain en
Laye. --Déclaration du roi, par laquelle sont
donnés six jours aux habitants de Paris pour
rentrer dans leur devoir. (S. 1. , 1649), 8p.
BYU, Clev, Fol & (ve), Har, Md, Minn, Wis

M 3724.   Suite de la déclaration du roi, ensemble les
propositions de monseigneur le duc d'Orléans,
registres du Parlement de Paris, lettres de Sa
Majesté, portant approbation d'iceux et révocation
de M. le duc d'Epernon du gouvernement de
Guyenne, avec l'arrêt d'enregistrement et publication. Paris, Sébastien Martin, 1650, 7p.
Har

M 3725.   Suite de la relation portée par le courrier bordelois, contenant de qui s'est passé à Bordeaux
depuis le vingt-unième juillet 1650 jusques à
présent. (S. 1. , 1650), 8p.
BYU, Fol, Har, Md

436

M 3726. Suite du journal contenant ce qui s'est fait et
passé en la cour de Parlement de Paris, toutes
les chambres assemblées, sur le sujet des
affaires du temps présent. Paris, Gervais
Allyot, 1649, 19p.
Har, Md, NYPL (ve)

M 3727. Suite (la) du Parlement burlesque de Pontoise,
et les moyens de récusation envoyés par la
ville de Paris à ceux qui le composent. (S. l.,
1652), 8p.
Md

M 3728. Suite (la) du vrai journal des assemblées du
Parlement, contenant ce qui s'y est fait depuis
la Saint-Martin 1649 jusques à Pâques 1651.
Paris, Gervais Allyot et Simon Langlois, 1651.
Har (ve), Md, Wis

M 3729. Sujet de la farce représentée par Mazarin, ses
deux nièces et les partisans, dansé (sic) dans
la place de Saint-Germain en Laye. Paris,
Claude Morlot, 1649, 8p.
Clev, Fol, Har, Md, Minn, NYPL, Wis

M 3730. Sujet (le) du secours promis par l'archiduc
Léopold à la ville de Paris. Paris, veuve André
Musnier, 1649, 8p.
BYU, Clev, Fol, Har, Md, Minn, NYPL, Wis

M 3731. Supplication (la) de Mazarin faite aux Parisiens,
leur demandant pardon, envoyée de Saint-Germain
en Laye. Paris, Claude Boudeville, 1649, 8p.
BYU, Clev, Fol, Har, Md, Minn, NYPL

M 3732. Supplication faite au roi pour avancer le procès
des partisans et financiers de son royaume.
Paris, Nicolas de La Vigne, 1649, 8p.
Clev, Fol, Har, Md, Minn, Wis

M 3733. Supplication, ou Requête présentée à Son Altesse
Royale, samedi dernier, par les bourgeois qui
s'étoient assemblés, le vendredi 21 juin 1652,
à la place Royale, pour y résoudre ce qu'on
avoit à faire sur le sujet des affaires du temps.
Paris, 1652, 7p.
Fol, Har, Md

M 3734.   Sur la conférence de Ruel en mars, vers bur-
lesques du sieur S. (S. 1. , 1649), 4p.
BYU, Clev, Fol, Har (ve), Md, Minn,
NYPL, Wis

M 3735.   Sur la révolte de Paris.   (S. 1. , 1649), 3p.
Har

M 3736.   Sur le portrait de monsieur de Broussel, conseiller du roy en sa cour de Parlement, par
le sieur Dubreton.   Paris, 1648, 8p.
Har

M 3737.   Sybille (la) françoise, ou Avis très-important,
1. pour lever une armée en peu de temps; 2.
pour ôter le roi de captivité, détenu par le
cardinal Mazarin; 3. pour mettre la France en
repos; 4. et pour autoriser le pouvoir de Son
Altesse Royale.   Paris, Louis Hardouin, 1652,
16p.
Har

M 3738.   Sybille (la) moderne, ou l'Oracle du temps.
Paris, Jean Brunet, 1649, 15p.
Clev, Fol, Har, Md, Minn, NYPL, Wis

M 3739.   Synagogue (la) mise en son lustre avec l'épitaphe
de Bourgeois, pour mettre sur son tombeau.
(S. 1. , 1652), 12p.
Fol, Har

M 3740.   Synderèse (la), ou l'Innocence fourée de malice
de l'auteur de nos maux.
Quis (sic) das salutem regibus, de gladio
maligno eripe me; et erue Galliam de manu
filiorum alienorum, quorum os locatum est
vanitatem, et dextera eorum dextera iniquitatis.
Psalm. cxliii.
Par le sieur de Criquetot.   Paris, Pierre
Sevestre, 1649, 7p.
BYU, Clev, Fol, Har, Md, Minn, Wis

M 3741.   Syndic (le) du peuple envoyé au roi pour faire
entendre à Sa Majesté tout ce qui se passe dans
son royaume.   (S. 1. , 1652), 15p.
BYU, Clev, Md

M 3742. Syndic (le) du peuple françois, élu par messieurs
les bourgeois de Paris, au roi, lui représentant
les Intrigues, fourberies, caractères et magies
que le cardinal Mazarin pour troubler l'état de
tout son royaume (sic), et comme il est indigné
d'être ministre d'Etat ni cardinal, avec une
Répresentation de l'Etat françois sous les favoris
à accomparer (sic) tant du commencement du
règne de Louis XIII, que Dieu absolve, que du
règne d'à présent. Paris, 1652, 38p.
Fol & (ve), Har

M 3743. Tableau (le) de l'ingratitude de monsieur le
Prince, présenté à monsieur le duc de Beaufort.
(S. l. , 1650), 15p.
Clev, Har (ve)

M 3745. Tableau des misères de la France, en vers
héroïques. Paris, Chevalier, 1652.
Clev

M 3746. Tableau (le) des tyrans favoris, et la description
des malversations qu'ils commettent dans les
Etats qu'ils gouvernent, envoyé par l'Espagne à
la France. Paris, François Noël, 1649, 12p.
BYU Clev, Fol, Har (ve), Md, Minn,
NYPL, Wis

M 3747. Tableau (le) du Gouvernement présent, ou Eloge
de son Eminence. Satyre de mille vers, nouvelle
édition, revue et exactement corrigée. Paris,
ce 27 mars 1649, 15p.
Har (ve), Minn, NYPL, Wis

M 3748. Tableau (le) funeste des harpies de l'Etat et des
tyrans du peuple, et notamment celui de leur
principal chef, contenant les plus grands maux
qu'il a commis dans l'Europe: 1. l'aversion que
lui et les siens ont toujours eue contre les
François, comme étant Espagnols naturels;
2. les pernicieux enseignements que son père
Porcini lui a donnés; 3. le notable assassinat
commis dans Rome, par ses menées, sur la
personne du sieur Francisco Pamphilio (sic),
neveu du cardinal du même nom, tenant à présent
le siége apostolique sous le nom d'Innocent X;

4. sa députation à Casal, par le pape Urbain
VIII, après ledit assassinat, où il servit la
couronne d'Espagne plus que celle de France;
5. sa venue en France à la suite du cardinal
de Richelieu, qui le mit dans l'esprit de Louis
XIII, d'heureuse mémoire; 6. sa promotion au
cardinalat contre la résistance du pape et des
cardinaux; 7. son ministère en France après
le décès de Louis XIII; 8. ce qu'il a fait contre
la maison de Vendôme; 9. ce qu'il a fait contre
la maison de Condé; 10. ce qu'il a fait contre
les Parlements; 11. les guerres qu'il a fomentées
dans tous les Etats pour son seul intérêt; 12. son
ingratitude envers la France, assistant maintenant
ses ennemis par ses conseils et par les trésors
qu'il lui a volés; enfin l'abrégé de ses plus
notables actions, divisé par journées, et entretiens d'un gentilhomme françois et d'un vénitien;
dédié à monseigneur le coadjuteur de Paris.
Paris, 1651, 18p.
Fol, Har (ve)

M 3749. Tableau raccourci des courtisans, en vers burlesques. Paris, Jean du Crocq, 1649, 8p.
BYU, Clev, Fol, Har, Md, Minn, NYPL, Wis

M 3750. Tarentèle (la) écrasée, ou l'Imprécation de
l'impie Mazarin. Rouen, 1649, 7p.
BYU, Clev, Fol, Har, Md, Minn, NYPL, Wis

M 3751. Tarif des droits que l'entrepreneur du magasin
du grand pain bourgeois, établi dans la rue des
Rosiers, au petit hôtel d'O, à côté de la
Vieille rue du Temple, prend tant pour le détail
ordinaire de la farine au moulin ou ailleurs, que
pour les frais dudit moulin et de la fabrique et
cuisson du pain. (S. 1., 1650), 4p.
Md

M 3752. Tarif du prix dont on est convenu dans une
assemblée de notables, tenue en présence de
messieurs les princes, pour récompenser ceux
qui délivreront la France du Mazarin, que a été
justement condamné par arrêt du Parlement.
Paris, Nicolas Vivenay, 1652, 15p.
Fol, Har, Md, Minn, NYPL, Wis

M 3755. Te Deum (le) françois, ou Cantique royal sur la
délivrance de messieurs les princes, et la fuite
du Mazarin. (S. 1. , 1651).
Clev, Har (pt I)

M 3756. Te Deum (le) général de tous les bons François,
sur la prise de messieurs les princes. (S. 1. ,
1650), 23p.
Clev, Fol, Har, Md, Minn, Wis

M 3757. Te Deum (le) général de toutes les provinces de
France, sur l'heureux retour du roi Louis XIV
en sa ville de Paris, le dix-huitième jour d'août
1649. Paris, Pierre Variquet, 1649, 30p.
Fol

M 3758. Tempérament (le) amphibologique des testicules
de Mazarin, avec sa médecine par maître Jan
(sic) Chapoli, son médecin ordinaire. Tales
fuimus ex quibus nutrimur. Cologne, 1651, 8p.
NYPL, Wis

M 3760. Temps (le) passé et l'avenir et le génie
démasqué de Jules Mazarin. (S. 1. , 1649), 8p.
NYPL

M 3761. Terme (le) de Pâques sans trébuchet, en vers
burlesques, suivant l'arrêt du 14 avril 1649.
Paris, Nicolas Jacquard, 1649, 7p.
Clev, Fol, Har, Md, Minn, NYPL, Wis

M 3762. Terreurs (les) de Mazarin et le secours
chimérique et imaginaire qui lui vient d'Italie,
conduit par le redoutable capitaine et général
Scaramouche. Paris, veuve Jean Remy, 1649, 8p.
BYU, Clev, Har, Md, Minn, NYPL

M 3763. Testament de monsieur le duc d'Epernon. (S. 1. ,
1650), 8p.
Fol, Har (ve), Md

M 3764. Testament du cardinal Mazarin, qu'il a renouvelé
à son départ. (S. 1. , 1651), 8p.
Clev

M 3765.   Testament (le) du diable d'argent, avec sa mort.
Paris, 1649, 8p.
BYU, Clev, Md, Minn, NYPL, Wis

M 3766.   Testament solennel du cardinal Mazarin par lui
fait au temps des barricades et trouvé depuis
sa sortie de Paris en son cabinet, daté du 29
aoüt 1648, avec l'avertissement de la vente de
ses biens, etc., suivant l'arrêt de la cour du
mois précédent.   Paris, François Musnier,
1649, 16p.
BYU, Clev, Fol, Har, Md, Minn, NYPL, Wis

M 3767.   Testament véritable du cardinal Jules Mazarin.
(S. l., 1649), 12p.
Har, Md, NYPL, Wis

M 3769.   Théologien (le) d'Etat à la reyne.   Paris, Jean
de Bray, 1649.
Md, Minn, NYPL

M 3770.   Théologien (le) d'Etat à la reyne, pour faire
déboucher Paris.   Paris, Jean du Bray, 1649.
BYU & (ve), Clev (ve), Fol (ve), Har (ve),
Md, Minn (ve), NYPL, Wis (ve)

M 3771.   Théologien (le) d'Etat, fidèlement traduit en vers
burlesques, dédié à la reine régente.   Paris,
1649, 32p.
Clev, Har, Md, Minn, NYPL, Wis

M 3772.   Théologien (le) politique, pièce curieuse sur les
affaires du temps pour la défense des bons
François.   Paris, Guillaume et Jean-Baptiste
Loyson, 1649, 11p.
Clev, Fol, Har & (ve), Md, Minn, NYPL

M 3774.   Thèses d'Etat tirées de la politique chrétienne,
présentées à monseigneur le prince de Conty.
Paris, veuve Théodore Pépingué et Estienne
Maucroy, 1649, 12p.
BYU, Clev, Fol, Har, Md, Minn, NYPL, Wis

M 3775.   Ti Oelov (le) de la maladie de l'Etat, pièce docte
et curieuse.   Paris, veuve Théodore Pépingué et
Estienne Maucroy, 1649, 12p.
Clev, Fol, Har, Minn, NYPL, Wis

M 3777. Tocsin (le) de la France pour le maintien du roi et de sa couronne. Paris, 1649, 6p.
BYU, Clev, Fol, Har, Md, Minn, NYPL, Wis

M 3778. Tocsin (le) de la Fronde contre les menaces des armes de Mazarin. Paris, 1651, 14p.
Clev

M 3779. Toilette (la) ployée de Mazarin, sortant du château de Pontoise. Paris, Nicolas Lerrein, 1652, 7p.
Clev

M 3780. Tombeau (le) de la médisance. (S. 1. , 1649), 6p.
Clev, Har (ve)

M 3781. Tombeau (le) de la paix. (S. 1.), 1649, 12p.
BYU, Clev, Fol, Har (ve), Md, Minn, NYPL, Wis

M 3782. Tombeau de madame la princesse douairière. (S. 1. , 1651), 15p.
Har (ve), Md

M 3783. Tombeau (le) des monopoleurs, avec leur épitaphe. Paris, 1649, 8p.
BYU, Clev, Fol, Har, Md, Minn, Wis

M 3784. Tombeau (le) du sens commun, ou la Renversement des idées de tous les sages: 1. justifiant la détention des princes; 2. prouvant la nécessité du retour de Mazarin; 3. justifiant les malversations de ce ministre; 4. faisant voir que le reine à contribué plus que tout autre à la perte de ce ministre; 5. prouvant la nécessité du rétablissement des subsides; 6. détruisant le rang pretendu de ministre d'Etat; 7. et bâtissant la religion sur les deux scandales qui la détruisent. (S. 1. , 1650), 42p.
Fol, Har (ve), Md

M 3785. Tombeau (le) et l'épitaphe de Mancini, fils et neveu de Mazarin. Paris, 1652, 7p.
Clev, Har, Minn

M 3786. Tombeau (le) général de toutes les pièces du temps, ou la Sépulture de toutes les fausses nouvelles. Paris, veuve J. Remy, 1649, 7p.
BYU, Clev, Fol, Har, Md, Minn, Wis

M 3787. Torche-barbe (le) de Mazarin et du maréchal de Turenne à l'arrivée de l'armée du duc de Lorraine, et leurs espérances perdues, en vers burlesques. Paris, 1652, 8p.
Md, Wis

M 3788. Tour (le) burlesque du duc Charles. (S. 1., 1652), 19p.
Fol

M 3789. Tout (le) en tout du temps. (S. 1., 1649), 4p.
BYU, Clev, Fol, Har (ve), Md, Minn, NYPL, Wis

M 3790. Tragédie (la) de la royauté, jouée sur le théâtre de la France par le cardinal Mazarin, ou les bons François verront que si cet insolent ministre n'a point entièrement ruiné la royauté, il a du moins pratiqué toutes les intrigues qu'on peut inventer pour la perdre. (S. 1., 1651), 31p.
Har (ve), Md, Minn

M 3791. Trahison (la) des Mazarins découverte par messieurs les Princes, pour introduire le Mazarin et son armée dans Paris. Paris, Jérôme Camus, 1652, 8p.
Md

M 3792. Trahison (la) du duc Charles tramée par le roi d'Angleterre et le cardinal de Rez (sic), coadjuteur de Paris, et découverte par monseigneur le duc de Beaufort, le dimanche 16 juin 1652. Paris, Simon Le Porteur, 1652, 7p.
Clev, Fol, Har, Md

M 3793. Trahisons (les) découvertes du Mazarin dans le conseil de la reine pour empêcher la conférence de messieurs les députés. Paris, Gilles de Halline, 1652, 15p.
Clev, Fol (ve), Har, Minn

M 3794. Trahisons (les) découvertes, ou le Peuple vendu. (S. 1., 1649), 7p.
BYU, Clev, Fol, Har (ve), Md, Minn, Wis (ve)

M 3795.   Trahisons (les) du cardinal Mazarin, descouvertes par M. le Prince, envoyées aux bons bourgeois de Paris, sur son prétendu retour en France. Bordeaux, Guill. Lacour, 1651, 7p.
Fol, Har

M 3796.   Traité de l'ancienne dignité royale et de l'institution des rois. (S. 1. n. d.), 20p.
Har, Md, Minn

M 3797.   Traité de paix de l'âme avec son dieu, dédié à monseigneur le duc de Beaufort, duc et pair de France, proper à ce saint temps. Paris, Jacques Langlois, 1649, 8p.
Fol, Minn, NYPL

M 3798.   Traité de paix entre Sa Majesté Catholique et les sieurs Etats généraux des provinces unies des Pays-Bas. Jouxte la copie imprimée à Bruxelles. Paris, Jean du Crocq, 1649, 32p.
Clev

M 3799.   Traité et articles de paix entre les couronnes de France et d'Espagne, exhibés à Munster par monseigneur le duc de Longueville et messieurs les comtes d'Avaux et Servient (sic), ambassadeurs et plénipotentiares du roi très-chrétien ès années 1646 et 1647. Paris, veuve J. Guillemot, 1650, 27p.
Fol, Har, Md, Minn

M 3802.   Transport (le) et les pleurs du Hiérémie anglois sur les misères du siècle, en vers burlesques. Paris, Claude Morlot, 1649, 8p.
BYU, Fol, Har, Md, Minn, NYPL, Wis

M 3803.   Travaux (les) de messieurs du Parlement pour le bien de la France, tant en la conférence qu'en plusieurs autres occasions, dédiés à nosdits seigneurs, par G. T. L.   Paris, Thomas La Carrière, 1649, 8p.
Clev, Md, Wis

M 3804.   Trente-cinq anagrammes sur l'auguste nom de Sa Majesté très-chrétienne, Louis quatorzième du nom, roi de France et de Navarre.   Le sujet des

anagrammes: L'absence inopinée du roi et
l'affliction des bons François à cette occasion;
que les bons François sont fort aimés de Dieu;
et ce qu'ils doivent faire pour se conserver cet
amour divin, venir audessus de leurs entreprises
militaires et de leur entier soulagement. Paris,
François Noël, 1649, 11p.
Clev, Fol & (ve), Har, Md, NYPL (ve)

M 3807.
Très-humble et chrétienne remontrance à la reine
régente sur les malheurs présents de l'Etat.
Paris, Jacques Langlois, 1649, 14p.
Fol, Md, NYPL, Wis

M 3808.
Très-humble (la) et véritable remontrance de nos
seigneurs de Parlement pour l'éloignement du
cardinal Mazarin, présenté (sic) au roi état à
Sully par nos seigneurs les députés. Paris,
Jacob Chevalier, 1652, 20p.
Har

M 3809.
Très-humble remerciement, fait au roi et à la
reine régente par les bourgeois et habitants de
Paris, du bon traitement qu'ont reçu à Saint-
Germain nos seigneurs les députés du Parlement,
avec supplication très-humble de ramener le roi
à son palais royal. Paris, Pierre Sévestre, 1649,
6p.
BYU, Clev, Fol & (ve), Har, Md, NYPL, Wis

M 3810.
Très-humble remontrance à la reine régente par
messieurs du Parlement de Paris en faveur des
Parlements de Bordeaux et de Provence, sur le
sujet des désordres qui sont èsdites provinces,
prononcée par M. le président de Novion, le 25e
jour d'octobre 1649.
BYU, Clev, Fol (ve), Har, Md, Minn

M 3811.
Très-humble remontrance à nos seigneurs du
Parlement pour les cardinaux françois en faveur
du clergé de France. Paris, 1651, 28p.
Clev, Md

M 3812.
Très-humble remontrance d'un gentilhomme
bourguignon à monsieur le prince de Condé, avec
la réponse de l'écho de Charenton aux plaintes de

446

la France. Paris, Arnould Cottinet, 1649, 8p.
BYU, Clev, Fol & (ve), Har (ve), Md, Minn,
NYPL, Wis

M 3813. Très-humble remontrance des bons bourgeois de
Paris à nos seigneurs du Parlement, sur le sujet
de leur première assemblée après le retour des
députés. Paris, Jacques Le Rouge, 1652, 15p.
Fol, Har

M 3814. Très-humble remontrance du Parlement au roi
et à la reine régente. Paris, par les imprimeurs
et libraires ordinaires du roi, 1649, 16p.
BYU, Fol, Har (ve), Md, Minn, NYPL, Wis

M 3815. Très-humble remontrance du Parlement de
Bordeaux au roi, sur le sujet de la retraite de
monsieur le Prince en son gouvernement. (S. 1.,
1651), 30p.
NYPL

M 3816. Très-humble remontrance du Parlement de Provence
au roi, sur le gouvernement de monsieur le comte
d'Alais. (S. 1., 1649).
Clev, Fol (ve), Har (ve), Md, Minn (ve), Wis

M 3817. Très-humble remontrance faite à monsieur le
prince de Condé, sur les affaires présentes.
(S. 1.), 1652, 15p.
Fol, Md

M 3818. Très-humble remontrance faite au roi dans la
ville de Compiègne, par un jeanséniste (sic)
touchant la paix. Paris, 1652, 8p.
Har, Wis

M 3820. Très-humble remontrances (sic) faite au roi et
à la reine par messieurs les gens du roi, députés
de la cour du Parlement pour le traité de la paix.
Paris, Claude Leroy, 1652, 7p.
Clev, Har

M 3821. Très-humble remontrance faite au roy et à la
reyne par Mgr. l'évesque d'Angers, sur les
actes d'hostilités, sacriléges, voilements et incendies commis par les troupes du mareschal d'Hocquin-

court, dans plusieurs lieux de son diocèse, et
singulièrement ès environs de la ville d'Angers.
Paris, Salomon Delafosse, 1652, 15p.
Fol, Har, Md

M 3822.　Très-humble remontrance faite au roi par messieurs les députés du Parlement de Paris, contre
le retour du cardinal Mazarin.　Paris, Jacob Chevalier, 1652, 7p.
Fol, Har, Md, Wis (ve)

M 3823.　Très-humble remontrance faite au roi par monseigneur l'évêque d'Avranches, sur les actes
d'impiété, sacrilége, voleries et violements qui
se commettent tous les jours ès environs de la
ville de Paris, depuis l'arrivée de Sa Majesté à
Saint-Germain-en-Laye.　Paris, (s. d.), 15p.
Clev, Fol, Har, Minn

M 3824.　Très-humble remontrance faite au roi par monseigneur l'évêque de Poitiers, sur les approches
du cardinal Mazarin.　(S. 1. , 1652), 18p.
Har

M 3825.　Très-humble supplication faite à monseigneur le
garde des sceaux par un Provencal qui a servi le
roi sous les ordres de M. le comte d'Ales, au
(sic) derniers mouvements de Provence, demandant
les évocations.　(S. 1. n. d.), 7p.
Md

M 3826.　Très-humble (la) supplication faite au roi par messieurs de la ville de Lyon, pour lui montrer le
tort que le cardinal Mazarin cause à son autorité
royale, étant ennemi de l'Etat.　Présenté au roi
par deux gentilshommes lyonnois.　Jouxte la copie
imprimée à Lyon, Paris, 1652, 8p.
Fol

M 3827.　Très-humbles (les) remercîments des bourgeois de
Paris à Mademoiselle, pour nous avoir procuré la
paix.　Paris, Antoine Quenet, 1649, 7p.
BYU, Fol, Md, Minn, NYPL, Wis

M 3828.　Très-humbles remontrances de la province de
Guyenne au roi.　Paris, Pierre Variquet, 1649, 20p.
Fol, Har

448

M 3829. Très-humbles remontrances de M. le comte d'Alais,
1649.
Clev (ve)

M 3831. Très-humbles (les) remontrances des trois Estats,
présentées à sa majesté pour la convocation des
Estats généraux. C'est l'adieu du sieur de
Sandricourt. Paris, 1652, 20p.
Har, Md, NYPL

M 3833. Très-humbles remontrances du Parlement de
Normandie, au semestre de septembre, au roi et
à la reine régente. Paris, Antoine Estienne,
1649, 26p.
Har

M 3834. Très-humbles remontrances du Parlement de
Tholose faites au roi contre le retour du cardinal
Mazarin, et pour la surséance de la déclaration de
Sa Majesté contre monsieur le Prince. Paris,
Jacob Chevalier, 1652, 8p.
Fol, Har (ve), Minn

M 3835. Très-humbles remontrances faites au Parlement
par les bourgeois de Paris, sur l'état présent
des affaires. Paris, J. Guillemot, 1652, 16p.
Fol, Minn

M 3836. Très-humbles remontrances faites au roi dans
son avénement en sa majorité, sur les désordres
de l'Etat et rétablissement d'un premier ministre.
Paris, André Chouqueux, 1651, 24p.
Fol, Har, Minn

M 3837. Très-humbles remontrances faite (sic) au roi à
la reine par madame et madamoiselle de Longueville, pour la liberté de messieurs les Princes.
Paris, 1651, 7p.
BYU, Har

M 3839. Très-humbles remontrances faites au roi par les
députés de la province de Guyenne, pour lui demander
la paix. (S. l.), 1650, 31p.
Har, Md

M 3840.   Très-humbles remontrances faites par écrit à
Son Altesse Royale, dans son palais, par un grand
nombre de notables bourgeois de Paris, mardi
dernier 2 avril 1652, sur leurs resolutions touchant
les approches du cardinal Mazarin avec l'armée du
roi pour bloquer Paris, et le bruit de l'arrivée
de M. le Prince à Orléans pour l'empêcher,
ensemble la requête, arrêt et motif qui ont obligé
les frondeurs à procéder criminellement contre
le ministre ressuscité. Paris, 1652, 24p.
Fol (ve), Har, Md, Minn, NYPL, Wis

M 3841.   Très-humbles remontrances par écrit, faites et
présentées au roi par messieurs du Parlement de
Paris, en la ville de Sully-sur-Loire, contre le
retour et pour l'éloignement ou la punition du
cardinal Mazarin. Paris, veuve J. Guillemot,
1652, 15p.
BYU, Fol, Har (ve), Md, Minn

M 3842.   Très-humbles (les) supplication du maréchal
d'Hocquincourt à monseigneur le prince de Condé,
après la bataille (de Bléneau), et la réponse qui
lui a été faite, ensemble les reproches de ce
maréchal au maréchal de Turenne, sur la conduite
de ses troupes au combat. Paris, André Chouqueux,
1652, 8p.
Clev, Fol (ve), Har

M 3843.   Trève (la) accordée et signée entre le roi et Son
Altesse Royale, avec les ordres donnés pour la
marche de son armée. Paris, Laurent Toussaint,
1652, 7p.
Clev

M 3845.   Trictrac (le) de la cour. (S. 1. , 1652), 3p.
BYU, Clev, Fol, Har (ve), Md, Minn, NYPL

M 3846.   Triolets à faire le Tacet sur le temps présent.
Paris, Simon Le Porteur, 1652, 8p.
Fol

M 3847.   Triolets à la mode sur la paix, faits dans la Pomme
de pin, pour l'heureux retour du roi à Paris.
Paris, Denys Langlois, 1649, 11p.
Clev, Har

M 3848.　Triolets (les) d'Apollon et des neuf Muses.　Paris
François Noël, 1650, 8p.
Har

M 3849.　Triolets (les) de Bourdeaux.　(S. 1.), 1649, 7p.
Fol, Har (ve)

M 3850.　Triolets de joie chantés par Paris, pour chasser
la mélancolie.　Première partie.　Paris, Denys
Langlois, 1649, 8p.
Md

M 3851.　Triolets (les) de la cour.　Paris, N. Bessin, 1649,
10p.
Clev, Fol (ve), Har, Md

M 3852.　Triolets (les) de la cour à l'arrivée de Mazarin.
(S. 1.), 1652, 7p.
Fol, Minn, Wis

M 3853.　Triolets (les) de Mazarin sur le sujet de sa fuite.
Sur la copie imprimée à Anvers, 1651.
Clev, Fol (inc), Wis

M 3854.　Triolets de Paris.　(S. 1.), 1649, 8p.
Clev, Har, Md, Minn, NYPL, Wis

M 3855.　Triolets de Saint-Germain.　(S. 1.), 1649, 8p.
BYU, Clev, Fol, Har, Md, Minn, NYPL, Wis

M 3856.　Triolets (les) du grand combat, Savoyard et
Champagne, Paris, 1649, 8p.
Clev, Fol, Md, Minn, NYPL

M 3857.　Triolets du Palais-Royal envoyés au palais d'Orléans,
avec la réponse du palais d'Orléans au Palais-Royal.
(S. 1.), 1649, 7p.
Fol, Har, NYPL

M 3858.　Triolets du prince de Condé.　Paris, 1649, 8p.
BYU, Fol, Har, Md, Minn, NYPL, Wis

M 3859.　Triolets (les) du temps, selon les visions d'un
petit-fils du grand Nostradamus, faits pour la
consolation des bons François et dédiés au Parlement.　Paris, Denys Langlois, 1649, 11p.
BYU, Clev, Fol, Har & (ve), Md, Minn,
NYPL, Wis

M 3860. Triolets nouveaux sur la paix, faits dans la Pomme de pin, pour l'heureux retour du roy. Paris, Denys Langlois, 1649, 7p.
Fol (ve), Md

M 3861. Triolets pour le temps présent. Paris, Claude Boudeville, 1650, 7p.
Fol, Har (pts I-II), Md, Minn, NYPL, Wis

M 3862. Triolets prophétiques sur la naissance du prince duc de Valois. Paris, Pierre Dupont, 1650, 11p.
Fol

M 3863. Triolets royaux du roi, de la reine, du duc d'Anjoy, sur le bon succès de leur voyage (en Normandie). Paris, David Beauplet, 1650, 7p.
Fol, Har, Md, Minn

M 3864. Triolets (les) royaux présentés à Leurs Majestés sur leur retour à Paris. Paris, Alexandre Lesselin, 1649.
Clev (ve), Fol (ve), Har (pts I-II), Minn (pt I), Wis

M 3865. Triolets sur Cambrai. (S. 1.), 1649, 7p.
Fol

M 3866. Triolets sur la conférence tenue à Ruel. (S. 1.), 1649, 12p.
Clev, Fol, Har, Md, Minn, NYPL

M 3867. Triolets sur la France métamorphosée. (S. 1.), 1649, 6p.
Clev, Fol, Har, Md, Minn, NYPL, Wis

M 3868. Triolets sur la jonction des princes pour la déroute des Mazarins. Paris, Nouel Le Poultier (sic), 1652, 7p.
Har

M 3869. Triolets sur la mode de la paille qui court. Paris, Nicolas Lerrein, 1652, 7p.
Fol, Har, Wis

M 3870. Triolets sur le désir que les Parisiens ont de revoir le roi. (S. 1.), 1649, 8p.
Clev, Fol, Har, Md, Minn, NYPL, Wis

M 3871.　Triolets sur le tombeau de la galanterie et sur
la réforme générale. (S. 1.), 1649, 24p.
BYU, Clev, Fol, Har, Md, Minn, Wis

M 3872.　Triolets sur le ton royal pour la conférence de
Ruel. Paris, Jacques Guillery, 1649, 8p.
BYU, Clev, Fol, Har, Md, Minn, NYPL, Wis

M 3873.　Triomphe (le) de l'innocence manifesté par la
destruction des impostures et faux bruits qu'ont
semé les partisans du cardinal Mazarin contre
l'intégrité de monseigneur le Prince, avec les
faibles raisons par lesquelles ils tâchoient de
déguiser leur médisance, pour rendre sa conduite
odieuse et suspecte, que l'auteur montre ne pouvoir
subsister sans que le prince eût manqué à toutes
sortes de bonnes maximes. Paris, 1651, 59p.
Clev, Minn, NYPL

M 3876.　Triomphe (le) de la paille sur le papier sortant
du Palais-Royal, avec le pour et le contre de
l'un et de l'autre. (S. 1. , 1652), 8p.
Fol

M 3877.　Triomphe (le) de la paix, ou Victoire de la France
remportée sur ses ennemis, par monsieur Mercier. Paris, Nicolas Gasse, 1649, 8p.
BYU, Clev, Har (ve), Md, Minn, NYPL, Wis

M 3878.　Triomphe (le) de la vérité sans masque, par le
sieur Du Pelletier. Paris, veuve André Musnier,
1649, 8p.
BYU, Fol & (ve), Har, Md, NYPL

M 3879.　Triomphe (le) de monseigneur le duc de Beaufort.
Paris, Nicolas de La Vigne, 1649, 8p.
Md, Minn, NYPL

M 3880.　Triomphe (le) de Paris et sa joie sur l'espérance
du prompt retour du roi en cette ville. Paris,
Jacques Guillery, 1649, 8p.
Clev, Fol, Md, Minn, NYPL

M 3881.　Triomphe (le) des armes parisiennes et le retour
de l'abondance à Paris. Paris, Claude Morlot,
1649, 8p.
BYU, Clev, Fol, Har, Md, Minn, NYPL, Wis

M 3883. Triomphe (le) du faquinissime cardinal Mazarin, décrit avec les ornements et la pompe qu'on voyoit dans les triomphes de l'ancienne Reyne (sic). Hymne. (S. 1. , 1652), 8p.
Fol, Har, Md, Minn, Wis

M 3884. Triomphe (le) royal et la réjouissance des bons François sur le retour du roi, de la reine et des princes, avec la harangue qui leur a été faite à leur entrée, le 18 de ce mois, ensemble l'explication du feu artificiel de la Grève, dédié à Mademoiselle. Paris, veuve Jean Remy, 1649, 18p.
Clev, Fol (inc), Har, Minn, Wis

M 3886. Trois (les) agréables conférences de deux paysans de Saint-Ouen et de Montmorency, sur les affaires du temps. Paris, 1649, 16p.
Wis

M 3887. Trois (les) masques de boue, ou la Savonnette. (S. 1.), 1651, 8p.
Fol, Har, Md

M 3888. Trois séditieuses propositions faites dans le conseil par le cardinal Mazarin, et combattues par M. de Châteauneuf. (S. 1. , 1652), 8p.
Clev, Fol, Har

M 3889. Troisième affiche apposée à Paris, le 19 juillet 1651. (S. 1. n. d.), 6p.
Fol (ve), Har, Minn

M 3890. Troisième arrêt du conseil d'Etat du roi, portant cassation de l'arrêt donné par le Parlement de Paris, le vingt-quatrième juillet dernier, pour la vente du reste des meubles de M. le cardinal Mazarin, et défense audit Parlement et aux commissaires nommés de l'exécuter. Pontoise, Julien Courant. (S. d.), 4p.
Fol, Md

M 3891. Troisième (le) combat donné devant Etampes, à l'attaque de ses faubourgs, où le maréchal de Turenne a encore perdu plus de cinq cents hommes, et l'entrée dans ladite ville de cent cavaliers des

princes, chargés de munitions de guerre, avec les
noms des morts, blessés et prisonniers, la nuit
du 30 au 31 mai 1652. Paris, Jean Brunet, 1652,
7p.
Fol, Har

M 3892. Troisième (le) combat donné le trentième mai,
jour de la Fête-Dieu, devant la ville d'Etampes,
entre les troupes de Son Altesse Royale, commandées par le comte de Tavannes et le baron de
Clinchamp, et celles du maréchal d'Hocquincourt,
de Broglio et de Chil (sic), avec les noms des
morts et blessés et des prisonniers, entre
lesquels sont les généraux Broglio, italien, et
Chil, polonois. Paris, Jacques Le Gentil, 1652,
8p.
Md

M 3893. Troisième lettre du roi aux prévost des marchands
et échevins de la ville de Paris, et celle aussi à
eux adressée par Son Altesse Royale. Saint-
Germain en Laye. (S. d.), 4p.
Har

M 3895. Trompette (le), ou Héraut de ciel dénoncant au roi,
à la reine, à leur conseil, aux duc d'Orléans,
prince de Condé et autres, ville de Paris et reste
du royaume la paix que Dieu veut leur donner, et
qu'il leur présente, ou la destruction, s'ils la
refusent de sa main libérale. Paris, 1652, 23p.
Fol, Md

M 3897. Trône (le) royal et magnifique de Louis XIV
Auguste et Dieudonné. Paris, Pierre Variquet,
1649, 14p.
Clev, Minn

M 3898. Trophées (les) et magnificences publiques sur le
joyeux retour du roi et de la reine régente, sa
mère, en sa (sic) bonne ville de Paris. Paris,
Alexandre Lesselin, 1649, 8p.
NYPL

M 3899. Trou (le) fait à la nuit par Mazarin, burlesque, ou
Sa fuite hors du royaume, et la route qu'il a tenue
depuis sa sortie. Paris, 1651, 8p.
BYU, Clev, Har, Md

M 3900. Tu autem (le) faisant pressentir aux peuples:
1. ce qu'on doit espérer si monseigneur le Prince
à l'avantage sur Mazarin; 2. ce qu'on doit appré-
henser si Mazarin à l'avantage sur monseigneur le
Prince; 3. qu'on ne peut choquer monseigneur le
Prince sans choquer le roi; 4. et que c'est offenser
le roi que d'entrer dans le parti du Mazarin.
(S. 1. , 1652), 16p.
Fol, Har (ve), Md, Minn

M 3902. Tymbre (le) de l'Hôtel de Ville parlant au cardinal
Mazarin sur les assemblées des Princes. Paris,
1652, 7p.
Har, Minn

M 3903. Typhon Jovem rapiens. Ode in Julium Mazarinum.
Parisiis. Dyonisius Langloeus, 1649, 6p.
Clev, Fol, Md, Minn, NYPL, Wis

M 3904. Tyronomanie (la), ou Entreprise tyrannique du conseil mazarin contre messieurs les Princes et le
Parlement de Paris: 1. la découverte de leur
mauvaise intention contre l'Etat; 2. faisant voir
comme ils sont ennemis de la paix générale;
3. et qu'ils ne tendent qu'à déchirer la monarchie
de France. Paris, 1652, 24p.
Clev, Fol

M 3905. Union de la noblesse. (S. 1. , 1651), 14p.
BYU, Clev, Fol, Har (ve), Minn (inc)

M 3906. Union de la noblesse de France touchant leurs
prééminences. (S. 1. , 1649), 7p.
Har (ve), Md

M 3907. Union (l') de la province de Normandie avec messieurs les Princes, envoyée à Son Altesse Royale
et présentée au roi en forme de très-humble
remontrance par les députés de ladite province.
(S. 1.), 1652, 14p.
Har, Minn

M 3908. Union de la ville de Paris avec Son Altesse Royale
et monseigneur le Prince, suivant l'arrêt du
Parlement du premier jour de ce mois. Paris,
veuve Jean Guillemot, 1652, 7p.
Fol (ve), Har & (ve), Md, Minn

M 3909.   Union (l') de messieurs les Princes pour le soulage-
          ment de la France. Paris, Jacob Chevalier, 1600
          (sic), 8p.
          Clev, Fol, Har (ve), Minn (inc)

M 3910.   Union (l') des bons François et le panégyrique
          qu'ils présentent à nos seigneurs du Parlement.
          Paris, François Musnier, 1649, 8p.
          BYU, Clev, Fol, Har, Md, Minn, NYPL, Wis

M 3911.   Union des trois Parlements de Toulouse, de
          Bordeaux et de Provence. Toulouse, 1649, 8p.
          Fol, Har (ve), Wis

M 3912.   Union (l') et alliance de l'Espagne avec la France,
          avec les protestations du roi d'Espagne contre
          Mazarin, sujet aussi remarquable que curieux.
          Paris, Pierre Variquet, 1649, 8p.
          BYU, Clev, Fol, Har, Md, Minn, NYPL, Wis

M 3914.   Union (l'), ou Association des Princes sur l'injuste
          détention des princes de Condé, Conty et duc de
          Longueville. Jouxte la copie imprimée à Bordeaux,
          1650, 11p.
          BYU, Fol, Har, Md

M 3915.   Vaisseau (le) de Paris échappé du naufrage par
          l'hereux retour du roi dans sa bonne ville de
          Paris, ode. Paris, veuve Jean Remy, 1649, 6p.
          Clev

M 3916.   Vengeance (la) véritable, charitable et permise,
          selon les lois divines et humaines, que messieurs
          du Parlement et les habitants de Paris veulent et
          doivent prendre du mauvais ministre d'Etat.
          Paris, 1649, 8p.
          BYU, Clev, Fol (ve), Minn, NYPL, Wis (ve)

M 3917.   Véritable ami du public. (S. l. , 1649), 7p.
          BYU, Clev, Fol (ve), Har, Md, Minn, Wis

M 3918.   Véritable (le) ami sans flatterie, à messieurs du
          Parlement qui veulent quitter le parti de messieurs
          les Princes pour suivre celui du Mazarin. (S. l. ,
          1652), 14p.
          Har (ve), Minn

M 3919. Véritable (la) apparition d'Hortensia Buffalini à Jules Mazarini, son fils, par P. D. P. P. sieur de Carigny. Paris, Robert Sara, 1649, 8p.
BYU, Clev, Fol, Har, Md, Minn, Wis

M 3920. Véritable (le) arrêt de la cour de Parlement donné, toutes les chambres assemblées, les vendredi et samedi 19 et 20 juillet 1652. Paris, par les imprimeurs et libraires ordinaires du roi, 1652, 6p.
Fol. Har. Md. Minn, NYPL

M 3923. [see Addendum]

M 3924. Véritable censure de la Lettre d'avis écrite par un provincial à messieurs du Parlement, et la véritable censure de la réponse à la même lettre, avec la réfutation de la réplique à ladite réponse, ou la Critique des trois plus fameux libelles que nous ayons vu paraître depuis le commencement de ces derniers troubles jusques à présent, par un des plus illustres grammairiens de Samothrace. Domine, libera animam meam a labiis iniquis et a linqua dolosa. Paris, 1649, 24p.
BYU, Clev, Fol, Har, Md, Minn, NYPL, Wis

M 3925. Véritable (la) conduite du courtisan généreux. Paris, François Preuveray, 1649, 14p.
Clev, Fol, Har, Md, Minn, Wis

M 3926. Véritable (le) contre le menteur. Mentita est iniquitas sibi. Paris, 1652, 32p.
Fol, Md, NYPL

M 3927. Véritable (le) courrier bordelois apportant toutes sortes de nouvelles de Bordeaux et de Loches. (S. l.), 1650, 8p.
BYU, Fol, Har, Md

M 3928. Véritable (le) courrier bordelois, ou Nouvelles très-assurées de tout ce qui s'est passé tant à Bourg qu'à Bordeaux, depuis le 22e septembre jusques au 27, touchant les articles de la paix. Paris, Sébastien Martin, 1650, 4p.
Har

M 3929. Véritable (le) courrier apportant les nouvelles certaines de tout ce qui s'est fait et passé à Bourg et à

Bordeaux, depuis le 27 septembre jusqu'au 5 octobre, concernant la paix assurée; de Bordeaux ce trente septembre 1650. Paris, Pierre Du Pont, 1650, 4p. Md

M 3930. Véritable (le) courrier, envoyé par messieurs les députés du Parlement de Paris, de tout ce qui s'est fait et passé, depuis le 16 septembre jusqu'à présent, tant en la ville de Bordeaux que dans la ville de Bourg, arrivé le 25. Paris, Jacob Chevalier, 1650, 8p. Har, Md

M 3931. Véritable (la) déclaration de messieurs les princes faite au Parlement le 22 août 1652. Paris, 1652, 12p. Har

M 3932. Véritable (le) entretien de la reine d'Angleterre avec le roi et la reine à Saint-Germain en Laye, en présence de plusieurs seigneurs de la cour et autres personnes de considération, ensemble les particularités de ce qui s'est passé de plus remarquable dans leurs résolutions touchant les affaires pressantes pour la paix générale. Paris, Jean Petrinal, 1652, 8p. BYU, Fol, Md

M 3933. Véritable (la) et sincère union des princes et des peuples pour la cause commune. Paris, Jean Brunet, 1652, 11p. Fol, Md

M 3934. Véritable (la) fronde des Parisiens frondant Jean François Paul de Gondy, archevêque de Corinthe, coadjuteur de Paris, et depuis le voeu du mazarinisme, indigne cardinal de la sainte Eglise, ennemi juré des Princes du sang et ami du Mazarin et des mazarins, avec des avis nécessaires à messieurs les Princes, au Parlement, aux Parisiens et à monsieur de Penis. Paris, 1652, 24p. Clev, Fol, Har, Md

M 3935. Véritable (le) Gilles de niais, en vers burlesques. (S. l. n. d.), 8p. Clev, Fol (ve), Har, Md

M 3936. Véritable harangue faite à messieurs du Parlement
par le courrier envoyé de la part de Son Altesse
l'archiduc Léopold, apportant le traité de paix
entre les couronnes de France et d'Espagne.
Paris, Jean Brunet, 1649, 7p.
Clev, Fol & (ve), Har, Md, Minn, NYPL, Wis

M 3937. Véritable (la) harangue faite au roi par monseigneur
le cardinal de Retz, pour lui demander la paix et
son retour à Paris, au nom du clergé et accompagné
de tous ses députés, prononcée à Compiègne, le
12 septembre 1652. Paris, veuve J. Guillemot,
1652, 8p.
BYU, Clev, Fol, Har (ve), Md, Minn, NYPL,
Wis

M 3938. Véritable (le) journal de ce qui s'est passé pendant
le siége de Coignac, et comme quoi il a été levé
en présence de monsieur le Prince, le 15 novembre
1651. Paris, par les imprimeurs et libraires
ordinaires du roi, 1651, 8p.
Fol, Har, Md

M 3940. Véritable (la) lettre circulaire de messieurs du
Parlement, envoyée à tous les Parlements de
France. Paris, veuve J. Guillemot, 1652, 4p.
Fol, Har, Minn, NYPL

M 3940a. Véritable (la) levée du siége d'Etampes par l'armée
des Mazarins, commandée par le maréchal de
Turenne, avec la défaite de leur arrière garde
par l'armée de Son Altesse Royale, commandée
par les sieurs de Tavannes et de Clinchamps, la
prise de leur bagage et le nombre des morts et
prisonniers, apportée à Son Altesse Royale, cette
nuit, le 7 juin 1652. Paris, Jean Brunet, 1652, 8p.
Fol

M 3941. Véritable (le) manifeste de la France à Son Altesse
Royale et à messieurs du Parlement sur les
désordres des gens de guerre. Paris, Claude Le
Roy, 1652, 8p.
Fol

M 3942. Véritable (le) manifeste de monseigneur le Prince
touchant les raisons de sa sortie, et les protestations qu'il fait aux Parisiens, qu'il n'abandonnera
jamais leurs intérêts. Paris, par l'imprimeur

de Son Altesse de Condé, 1652, 8p.
Clev, Fol (ve), Har (ve), Md, Minn (ve),
NYPL (ve), Wis

M 3945.   Véritable (la) relation de ce qui s'est fait et passé
au Parlement, toutes les chambres assemblées, en
présence de Son Altesse Royale et de messieurs
les Princes, le mardi 25 juin 1652, ensemble la
teneur de l'arrêt dudit jour. Paris, veuve J.
Guillemot, 1652, 7p.
Minn

M 3947.   Véritable (la) relation de ce qui s'est passé entre
les habitants de la ville d'Angers et les troupes
du cardinal Mazarin, conduites par le maréchal
d'Hocquincourt, d'Angers les 14 et 17 février
1652. Paris, veuve J. Guillemot, 1652, 8p.
Fol, Har, Md, Minn

M 3948.   Véritable (la) relation de la défaite de l'armée de
M. le marquis de Saint-Luc par les troupes de
MM. les princes, envoyée par M. le prince de
Conty à Son Altesse Royale. Paris, veuve J.
Guillemot, 1652, 8p.
Fol (ve), Har, Md

M 3950.   Véritable (la) relation de tout ce qui s'est fait
et passé au Parlement, toutes les chambres
assemblées, en présence de Son Altesse Royale
et de messieurs les les princes, le mardi 25e
jour de juin 1652, ensemble la teneur de l'arrêt
dudit jour. Paris, veuve J. Guillemot, 1652, 7p.
Fol, Har, Md, NYPL

M 3951.   Véritable remontrances faite au roi et à la reine
régente par monseigneur le premier président,
avec la réponse de la reine régente à messieurs
les députés du Parlement. Paris, Jacob Chevalier,
1651, 8p.
BYU, Clev, Fol, Har, Md

M 3953.   Véritable réponse au prétendu manifeste de monsieur le Prince. Paris, 1652, 8p.
Clev, Md, NYPL

M 3954.   Véritable (la) réponse du roi à la harangue du
cardinal de Retz et messieurs du clergé. Compiègne, Julien Courant, 1652, 7p.
Har (ve), Md

M 3955.   Véritable (la) réponse du roi faite à la harangue
de M. le cardinal de Retz, en présence de MM.
les députés du clergé de Paris.
Fol (ve)

M 3956.   Véritable (la) réponse du roi faite à messieurs les
députés des six corps de marchands de la ville
de Paris, représentée à Son Altesse Royale par
lesdits députés à leur retour de Pontoise, le 2e
jour d'octobre 1652. Paris, veuve J. Guillemot,
1652, 7p.
Har (ve), Md

M 3957.   Véritable (la) réponse du roi faite par M. le garde
des sceaux aux remontrances par écrit présentées
à Sa Majesté dans la ville de Sully, le troisième
avril 1652, par MM. les députés du Parlement
de Paris, où se voit le peu de satisfaction que
ces messieurs ont reçu de la cour sur le sujet
de leur députation. Paris, Salomon de La Fosse,
1652, 7p.
Clev, Fol, Minn

M 3958.   Véritable (la) réponse faite à messieurs les députés
du Parlement de Paris par messire Mathieu
Molé, premier président dudit Parlement et garde
des sceaux de France, avec un avis sur cette
réponse. Paris, 1652, 8p.
Fol, Har

M 3959.   Véritable (la) réponse faite par le roi à la dernière
lettre de Son Altesse Royale. Compiègne, Julien
Courant, 1652, 8p.
Md

M 3961.   Véritable (la) réponse faite par les dames du
Parlement de Paris à la lettre qui leur a été
écrite par les dames du Parlement de Bordeaux,
pour les remercier de la paix, suivant l'extrait
tiré de leurs registres, contenant un agréable
récit de ce qui s'est passé leurs registres, con-

tenant un agréable récit de ce qui s'est passé à Bordeaux durant que la cour y a demeuré. (S. 1.), 1650, 14p.

Har

M 3962.   Véritable (la) réponse que M. le garde des sceaux a faite à messieurs les députés du Parlement, de la part de Sa Majesté. Paris, par les imprimeurs et libraires ordinaires du roi, 1652, 6p.

Clev, Fol, Har

M 3964.   Véritable (la) suite du Parlement burlesque de Pontoise, contenant les noms et les éloges de quatre nouveaux renégats et la harangue faite par Mazarin à son départ, par l'auteur de la première partie. (S. 1.), 1652, 7p.

Clev, Fol, Har (pt II), Md, Minn

M 3967.   Véritable (la) union des princes et des peuples pour la cause commune. Paris, Jean Brunet, 1652, 11p.

Har

M 3968.   Véritable (le) traité et articles de paix accordés entre le roi et le duc Charles de Lorraine dans la ville de Melun, le 15 juin 1652. Paris, Salomon de La Fosse, 1652, 7p.

Md

M 3969.   Véritables (les) maximes du gouvernement de la France justifiées par l'ordre des temps, depuis l'établissement de la monarchie jusques à présent, servant de réponse au prétendu arrêt de cassation du conseil, du 18 janvier 1652. Dédié à Son Altesse Royale. Paris, veuve J. Guillemot, 1652.

BYU, Fol, Har (pts I-II), Md, Minn (pts I-II)

M 3970.   Véritables (les) motifs de la retraite de monsieur le comte d'Harcourt et les justes raisons qui l'ont obligé de quitter le commandement de l'armée mazarine. Paris, Jacob Chevalier, 1652, 7p.

Clev, Fol, Har, Minn

M 3971.   Véritables (les) motifs des troubles de la France. (S. 1.), 1650, 8p.

Fol, Md

M 3972. Véritables (les) moyens pour détruire Mazarin.
Paris, 1652, 7p.
Clev, Fol, Har, Minn, Wis

M 3973. Véritables (les) nouvelles arrivées de Bourges,
touchant tout ce qui s'y est fait et passé à la
réception du roi, le 7 du courant, et en la sortie
de M. le prince de Conty de ladite ville, le 4
dudit mois. Paris, 1651, 8p.
Fol, Md

M 3976. Véritables (les) particularités du combat donné
entre l'armée des princes et celle des mazarins,
où les ennemis ont perdu plus de douze cents
hommes, avec la liste des morts, blessés et
prisonniers, tant de l'un que de l'autre parti,
et la prise de douze drapeaux. Paris, Jean Brunet,
1652, 8p.
Fol

M 3977. Véritables raisons de l'union du Parlement de
Bordeaux avec monsieur le Prince, adressées
au roi. Bordeaux, Guillaume de La Court, 1651,
15p.
BYU, Fol, Har, Md

M 3978. Véritables (les) reproches faites (sic) à Jules
Mazarin par un ministre d'Etat. Paris, François
Noël, 1649, 4p.
Clev, Fol, Har, Md, Minn, NYPL

M 3979. Véritables (les) sentiments d'Etat pour la paix
et sur la sacre du roi Louis XIV, avec les marques
de sa conduite pour le repos du royaume, par
Mre H. de B. P. D. Paris (messire H. de Barroys,
prêtre de Paris). Paris, 1652, 28p.
Fol, Md

M 3980. Véritables sentiments de monseigneur le premier
président pour le service du roi et pour le bien de
tout le peuple. Paris, Jean de La Caille, 1649, 8p.
BYU, Clev, Fol, Har, Md, Minn, NYPL

M 3981. Véritables (les) sentiments des bourgeois et
habitants de la ville de Paris sur le glorieux retour
de messieurs les princes de Condé, de Conty, et
du duc de Longueville. (S. 1.), 1651, 8p.
Minn

M 3983. Véritables (les) souffrances et la passion générale
de toute la cour. Paris, 1649, 8p.
Clev, Fol, Har, Md, Minn, NYPL, Wis

M 3984. Véritables (les) soupirs françois sur le départ
de Son Eminence et de ces (sic) savonnettes. (S. 1.),
1651, 12p.
Har (ve)

M 3985. Vérité (la) dans sa naïveté, ou Discours véritable
sur la vie du prince de Condé, avec ses justes
plaintes au Parlement. (S. 1.), 1650, 20p.
Fol (ve), Har (ve), Md, NYPL

M 3986. Vérité (la) de ce qui s'est passé à Paris en trois
fâcheuses rencontres, contre les impostures contenues en la Lettre mazarine du bourgeois désintéressé, avec la réponse à la Lettre écrite par le
cardinal Mazarin, sous le nom du roi, au Parlement de Rouen. Paris, veuve J. Guillemot, 1652,
18p.
Fol, Har (ve), Md, Minn

M 3987. Vérité (la) découverte contre la Vérité cachée, en
vers. Paris, 1649, 7p.
Clev, Fol, Har, Md, Minn, NYPL, Wis

M 3988. Vérité (la) découverte des pernicieuses intentions
que le cardinal Mazarin avoit contre l'Etat, contre
messieurs les princes, contre les chefs des
frondeurs, et finalement contre Son Altesse Royale,
pour se rendre maître absolu de toutes les affaires
de France, avec une parfaite déclaration des
funestes dessiens qu'il a de se remettre, pour se
venger et pour reussir en ses premières volontés,
ou pour tout perdre en case qu'il ne puisse arriver
en ses entreprises. Paris, 1651, 24p.
Md

M 3989. Vérité (la) découverte, ou l'Innocence reconnue,
présentée à monseigneur le duc de Beaufort.
Paris, Pierre Targa, 1650, 16p.
Fol

M 3990. Vérité (la) démasquée, faisant voir dans deux con-
tradictions apparentes: 1. que ceux qui sont ici au

service de messieurs les princes, sont les
véritables serviteurs du roi: 2. et que ceux qui
sont à Compiègne ou ailleurs auprès du roi, sont
les véritables ennemis du roi. Ceux qui liront
ce raisonnement sans passion, lui donneront
facilement les mains. (S. 1.), 1652, 24p.
Fol & (ve)

M 3991. Vérité (la) des proverbes de tous les grands de la
cour. (S. 1.), 1652, 6p.
Clev, Fol

M 3992. Vérité (la) du royaliste, présentée au roi par
M. E. G. E. N. R. S. , président. A Sa Majesté.
Ecouté, lecteur. Paris, 1652, 23p.
Fol

M 3993. Vérité (la) du temps reconnue de tous. Paris,
1652, 7p.
Md

M 3995. Vérité (la) nue. (S. 1.), 1649, 7p.
BYU, Clev, Har, Md, Minn

M 3996. Vérité (la) parlant à la reine. (S. 1.), 1649, 16p.
BYU, Clev, Fol, Har, Md, Minn, NYPL, Wis

M 3997. Vérité (la) parlante (sic) avec vérité sur l'état
présent: 1. sur la corruption de tous les ordres
et lois du royaume dans le ministère du cardinal
Mazarin; 2. sur les malheurs que la France a
soufferts par sa tyrannie; 3. sur les moyens de
prévenir à l'avenir le gouvernement des étrangers;
4. et pour pourvoir à la régence durant la minorité
et le bas âge de nos rois. Paris, 1652, 31p.
Fol (ve), Md

M 3998. Vérité (la) prononçant ses oracles sans flatterie:
1. sur la reine; 2. sur le roi; 3. sur le duc
d'Orléans; 4. sur le prince de Condé; 5. sur le
Parlement; 6. sur le duc de Beaufort; 7. sur le
coadjuteur; 8. sur le Parlement de Pontoise; 9. sur
Paris et sur l'Etat. (S. 1.), 1652.
Fol (ve), Har (pts I-II), Md, Minn, Wis (pt I)

M 4000. Vérité (la) reconnue, ou les Intrigues de Saint-
Germain. Paris, Arnould Cottinet, 1649, 8p.
BYU & (ve), Clev, Fol, Har, Md, Minn, NYPL

M 4002. Vérité (la) reconnue par monseigneur le prince
de Condé sur les entreprises de la reine contre la
ville de Paris. Pierre Lombard, 1652, 7p.
Har

M 4003. Vérité (la) sans fard. (S. 1. n. d.), 7p.
BYU, Clev, Fol, Har, Md, Minn, Wis

M 4004. Vérité (la) sans masque de la misère persécutée,
ou la Plainte des pauvres à la reine contre le
cardinal Mazarin. In puteo veritas; neque urgeat
puteus os suum super me. Ps. lxviii. (S. 1.),
1649, 8p.
BYU, Clev, Fol, Har (ve), Md, Minn, NYPL,
Wis

M 4007. Vérité (la) toute nue, ou Avis sincère et désintéressé sur les véritables causes des maux de
l'Etat, et les moyens d'y apporter le remède.
Paris, 1652, 23p.
Md

M 4008. Vérités (les) de l'hermite de l'île d'Oleron,
présentées au roi à Poitiers. Paris, 1652, 15p.
Clev, Fol, Har (ve)

M 4009. Vérités (les) de l'homme d'Estat désintéressé.
Bourdeaux, J. Mongiron Millanges, 1650, 8p.
Clev, Fol & (ve), Har (ve), Minn, Wis

M 4010. Vérités (les) de Mazarin découvertes. Paris,
1649, 4p.
BYU, Clev, Fol, Har, Md, Minn

M 4011. Vérités (les) historiques, ou l'Examen fidèle
des actions et des peines du cardinal Mazarin.
Paris, Jean Brunet, (1650), 8p.
Clev (ve), Fol, Har, Md

M 4012. Vérités (les) inconnues, récitées par le censeur
solitaire à l'hermite de Tomblaine (sic), sur le
temps présent. Paris, 1649, 15p.
Fol

M 4013. Vérités (les) mazariniques sur chaque lettre du
nom de Mazarin, avec les nargues pour messire

Jules. Neque urgeat super me puteus os suum.
Ps. lxviii. (S. 1.), 1651, 8p.
Clev (ve), Fol, Har, Md

M 4014. Vers à la Fronde sur la mode des hommes,
présentés aux curieux du temps. Paris, Alexandre
Lesselin, 1650, 11p.
Wis

M 4015. Vers burlesques à Scarron sur l'arrivée du convoi
à Paris. Jouxte la copie imprimée à Paris,
1649, 4p.
Md

M 4016. Vers burlesques envoyés à monsieur Scarron, sur
l'arrivée du convoi à Paris. Paris, Claude
Boudeville, 1649, 4p.
BYU, Clev, Fol (ve), Har (ve), Md, Minn,
NYPL, Wis

M 4017. Vers burlesques per l'honnor d'un chiamato Julio,
ensemble le passage de Jules Mazarin, avec le
récit des pièces qui ont été trouvées dans son
inventaire, présent un commissaire, et en l'absence
de Varin. Paris, Nicolas Gasse, 1649, 15p.
BYU, Clev, Fol (ve), Har (ve), Md, Minn,
NYPL (inc), Wis

M 4018. Vers présentés à monseigneur le duc de Beaufort,
pair de France. Paris, Alexandre Lesselin,
1649, 4p.
Fol, Har

M 4019. Vers présentés au roi à son entrée royale en sa
ville de Paris, par le sieur Du Pelletier, Parisien.
Paris, J. Jullien, 1649, 6p.
Clev (ve), Har, Md

M 4020. Vers satyriques sur les noms et vies des partisans.
Paris, 1649, 12p.
Clev, Fol, Har, Md, Minn, NYPL, Wis

M 4021. Vers sur l'effigie ou image de la justice qui étoit
au haut du feu d'artifice fait en la place de Grève,
le 5 septembre 1649, en présence du roi, le
cardinal Mazarin étant près de Sa Majesté. Paris,

1649, 4p.
BYU & (ve), Clev, Fol, Har, Md, NYPL, Wis

M 4022.   Vertu (la) triomphante, à Mgr. le duc de Vandosme
(sic), et à Mgr. le duc de Beaufort, sur le choix
(sic) qu'il a pleu à Leurs Majestés de les gratifier
de la charge de grand maistre, chef et superintend-
ant général de la navigation et commerce de France,
et Mgr. le duc de Beaufort, son second fils, pour
la survivance de cette importante charge et des
premières de la couronne. (S. 1.), 1650, 6p.
Md

M 4023.   Vertus (les) héroïques de monseigneur le prince
de Condé. (S. 1.), 1650, 7p.
Har (ve), Md

M 4024.   Victoire (la) de Pallas et le triomphe des Muses.
Paris, 1649, 12p.
Clev, Har, Wis

M 4026.   Vie (la) infâme de la Maltaute (sic), dédiée aux
curieux par les peuples de Paris. Paris, François
Musnier, 1649, 8p.
Clev, Fol, Har (ve), Minn, Wis

M 4027.   Vie (la), moeurs et généalogie de Jules Mazarin,
cardinal, où se voient les banqueroutes de son
père, les trahisons par lui faites, tant aux Saints
Pères, au roi d'Espagne, qu'à l'Empereur, et à
présent les troubles en France, et par arrêt du 8
janvier déclaré perturbateur du repos public,
ennemi du roi et de l'Etat, et sa poursuite secrète
contre MM. de Vendôme et de Beaufort. Jouxte
sur (sic) la copie imprimée à Anvers par Samuel
Beltrincklt le jeune, 1649, 8p.
Md, NYPL

M 4029.   Viole (la) violée, ou le Violon démanché. Paris,
1649, 11p.
BYU, Clev, Fol, Har, Md, Minn, NYPL, Wis

M 4030.   Virelay sur les vertus de sa faquinance. Paris,
1652, 7p.
Fol, Wis

M 4031.   Virgile (le) mazarin, ou l'Après soupée de messieurs de Saint-Germain.   Paris, Mathurin Hénault, 1649, 6p.
Clev, Fol, Har, Md, Minn, NYPL, Wis

M 4032.   Visage (le) de bois au nez de Mazarin, et son exclusion de la conférence qui se tient à Ruel, par le che. M. D. L.   Paris, Jean Hénault, 1649, 8p.
BYU, Clev, Fol & (ve), Har, Md, Minn, Wis

M 4033.   Visage (le) de la cour et la contenance des grands, avec leur censure et le dialogue du roi et du duc d'Anjou avec la mamman (sic), en proverbes. Paris, 1652, 20p.
Clev, Fol, Har, Md

M 4034.   Visages (les) qui se demontent, en vers burlesques. (S. 1.), 1649, 7p.
Clev, Fol, Har (ve), Minn, Wis

M 4035.   Visages (les) qui se démonte (sic) en la cour espagnole et italienne. (S. 1.), 1649, 12p.
Clev, Minn

M 4036.   Vision miraculeuse d'un hermite, envoyée à monseigneur le prince de Condé, en son dernier logement du bois de Vincennes.   Paris, 1650, 7p.
Clev, Fol, Har, Md, Minn

M 4037.   Vision (la) prophétique de sainte Geneviève, patrone et protectrice de la ville de Paris.   Ab incursu et et daemonio meridiano.   Paris, Pierre Dupont, 1649, 8p.
Clev, Fol, Har, Md, NYPL

M 4038.   Visions astrologiques de Michel Nostradamus sur toutes les affaires de ce temps et la confusion de Mazarin, en vers burlesques.   Paris, veuve André Musnier, 1649, 11p.
Clev, Fol, Har, Md, Minn, Wis

M 4041.   Visions (les) effroyables apparues au père supérieur des Théatins, confesseur et prédicateur du cardinal Mazarin, avec les trois centuries de Pallemont, Menalcas et Damette, aussi Théatins.   Paris, Jacques Bellay, 1652, 8p.
Har

M 4042.   Visions (les) horribles de Mazarin sur sa fuite.
          Paris, 1649, 8p.
          BYU, Clev, Har, Md

M 4043.   Visions (les) nocturnes de Me Mathurin Questier,
          Parisien, dans l'explication desquelles on verra
          naïvement dépeint (sic) les affaires du temps
          présent, dédiées aux débellateurs des ennemis du
          repos de la France. Paris, veuve d'Anthoine
          Coulon, 1649.
          Clev, Fol (ve), Har, Md, Minn, Wis

M 4044.   Vive le roi ! (le) des Parisiens sur le retour de
          son (sic) glorieux monarque Louis XIVe de ce nom,
          par N. J. T. (Nicolas Jamin, Tourangeau).
          Paris, Pierre Du Pont, 1649, 7p.
          Clev

M 4045.   Voeu (le) des bons Bordelois fait à monseigneur le
          prince de Condé, gouverneur de Guyenne. Bordeaux,
          Pierre Du Coq, 1651, 8p.
          Md, Minn

M 4046.   Voeu (le) des Parisiens à la Vierge pour le retour
          de Leurs Majestés dans leur bonne ville de Paris.
          Paris, 1649, 7p.
          Clev, Har, Md

M 4049.   Voeux (les) des religieux de Saint-Denys pour la
          paix du royaume, envoyés à monseigneur le
          prince de Conty. Paris, Guillaume Sassier,
          1649, 8p.
          BYU, Clev, Fol, Har, Md, Minn

M 4050.   Voeux présentés à nos seigneurs du Parlement et
          à monseigneur le duc de Beaufort par les bourgeois
          de la ville de Paris pour le retour de roi. (S. 1.),
          1649, 8p.
          BYU, Clev, Fol & (ve), Har, Md, Minn, NYPL,
          Wis

M 4051.   Voici ce que l'on ne sait pas. (S. 1.), 1650, 8p.
          Fol, Har, Md, Minn

M 4052.   Voies (les) de la paix. Paris, 1652, 24p.
          Fol, Har, Md

M 4056. Voix (la) du peuple à monseigneur le duc de Beaufort, pair de France. Paris, François Noël, 1649, 6p.
BYU, Clev, Fol, Har, Md, Minn, NYPL

M 4057. Voix (la) du peuple à monseigneur le prince de Conty. Paris, Pierre Targa, 1653, 20p.
Har, Md

M 4058. Voix (la) du peuple au roi pour la paix générale. Paris, 1652, 44p.
Fol, Har, Md

M 4059. Voix (la) du peuple de Provence contre les armes de monsieur le comte d'Alais. (S. 1.), 1649.
Clev, Fol (ve), Har (ve), Minn, Wis

M 4060. Voix (la) du peuple, servant d'avertissement à monsieur le Prince dans la conjoncture des affaires du temps. Paris, 1652, 19p.
Fol, Har, Md

M 4061. Voyage (le) de la France à Saint-Germain, avec ses plaintes à la reine contre le cardinal Mazarin et ses prières pour la paix et le retour de Leurs Majestés à Paris, par L. B. E. F. D. G. M. O. D. R. Paris, 1649, 16p.
BYU, Clev, Fol, Har, Minn, NYPL, Wis

M 4062. Voyage (le) de Théophraste Renaudot, gazetier, à la cour. (S. 1.), 1649, 8p.
Har (ve)

M 4063. Voyage (le) des justes en Italie et autres lieux. (S. 1.), 1649, 3p.
BYU, Clev, Fol, Har (ve), Minn, NYPL, Wis

M 4065. Vrai amateur de la paix contre les avis dangereux du libelle intitulé: Avis salutaires et généreux (à tous les bons François), etc. Paris, Nicolas de La Vigne, 1649, 22p.
BYU, Clev, Fol, Har, Md, Minn, NYPL, Wis

M 4066. Vrai (le) caractère du tyran, avec toutes les maximes du Mazarin contradictoirement opposées à celles de la politique, de la morale et du

christianisme, le tout vérifié par des exemples tirés de sa vie. (S. l.), 1650, 35p.
Clev, Har, Md, Wis

M 4067. Vrai (le) courtisan sans flatterie, qui déclare ce que c'est que l'autorité royale.   Paris, veuve d'Antoine Coulon, 1649, 16p.
Clev, Fol (ve), Har & (ve), Md, Minn, NYPL & (ve), Wis

M 4068. Vrai (le) et le faux de monsieur le Prince et de monsieur le cardinal de Retz. (S. l.), 1652, 20p.
Fol & (ve), Har, Md, Minn, NYPL (ve), Wis

M 4069. Vrai (le) François à messieurs de Paris sur les actions héroïques des généraux des armées du roi et de nos seigneurs du Parlement.   Paris, Guillaume Sassier, 1649, 8p.
BYU, Clev, Fol, Har, Minn, NYPL, Wis

M 4070. Vrai (le) lustre des honnêtes dames, ou leur parfaite économie. (S. l. n. d.), 4p.
Har, Md

M 4071. Vrai (le) Parisien et la harangue d'un bourgeois faite à ses compagnons, allant au dernier convoi. Paris, veuve d'Anthoine Coulon, 1649, 7p.
Clev, Har, Md, Minn, NYPL, Wis

M 4073. Vrai (le) politique, ou l'Homme d'Etat désintéressé, au roi Louis XIV, surnommé de Dieu donné.   Paris, François Noël, 1649, 15p.
BYU, Clev, Fol, Har, Md, Minn, NYPL, Wis

M 4075. Vraie suite de la déclaration du roi accordée pour la pacification des troubles de Bordeaux, du 1er octobre 1650, à Bourg sur la mer, portant amnistie générale de ce qui a été fait depuis la dernière déclaration de Sa Majesté, du 26 décembre 1649, enregistre en ladite cour le 7 janvier 1650, ensemble les propositions de monseigneur le duc d'Orléans, registres du Parlement de Paris, lettres de Sadite Majesté portant approbation d'iceux, et révocation de M. le duc d'Epernon du gouvernement de Guyenne, avec l'arrêt d'enregistrement et publication et actes de protestation (sic) de serment faits par madame la Princesse, pour elle et M. le

duc d'Enguyen (sic), son fils, des ducs de Bouillon et de Larochefoucault, de demeurer dans le service du roi. Paris, par les imprimeurs et libraires ordinaires du roi, 1650, 7p.
Har, Md

M 4077. Vrais (les) motifs présentés à la reine par un ministre de la religion prétendue réformée, avec la menace du prophète véritable contre le sieur Mazarin. Paris, 1652, 8p.
Har

M 4078. Vrais (les) moyens de faire la paix, ou Avis aux bons François sur les affaires présentes. Paris, Denis Langlois, 1649, 8p.
Clev, Fol, Har, Md, Minn, NYPL, Wis

M 4079. Vrais (les) moyens de maintenir la paix, ou les Sentiments d'un bon François aux habitants de la ville de Paris. Paris, Pierre Targa, 1649, 7p.
Clev, Har, Minn

M 4080. Vrais (les) sentiments des bons François touchant la paix, à la reine régente. Paris, Mathurin Hénault, 1649, 8p.
Clev, Fol, Md, Minn, Wis

M 4081. Vraisemblable (le) sur la conduite de monseigneur le cardinal de Retz. (S. l.), 1652, 8p.
Clev, Fol, Har (ve), Md, Minn, Wis

M 4082. Zèle (le) et l'amour des Parisiens envers leur roi. Paris, Pierre Du Pont, 1649, 8p.
BYU, Clev, Fol, Har, Md, Minn, NYPL, Wis

Ma 2. A nos seigneurs de Parlement. (S. l. , 1649), 8p.
Minn, NYPL

Ma 5. Agréable conférence de deux paysans de Saint-Ouen et de Montmorency, etc. [54.]
NYPL

474

Ma 15.	Apologie des Normans au roy, etc. [113.] Har
Ma 16.	Apologie (l') du théâtre du monde renversé, etc. [216.] NYPL (ve)
Ma 18.	Arrest de la cour de Parlement de Tolose donné aux chambres assemblées, le dix-huictiesme may 1652, contre le sieur Foulé, désigné intendant en la province de Languedoc par le cardinal Mazarin. Paris, 1652, 4p. Har
Ma 19.	Arrest de la cour de Parlement donné contre les sédicieux (sic). Paris, Louis Barbote, 1652, 7p. Har
M 20a.	Arrest de la cour de Parlement donné en faveur de monsieur le mareschal de Turenne. Du huictième mars 1649. Paris, par les imprimeurs et libraires ordinaires du roy, 1649, 4p. Har
Ma 22.	Arrest de la cour de Parlement portant deffences (sic) à toutes personnes de s'attroupper, sous prétexte de décharge de loyers, à peine de la vie; avec injonction au prévost des Marchands et eschevins, de donner les ordres nécessaires pour empescher lesdits desordres. Du treiziesme avril 1652. Paris, par les imprimeurs et libraires ordinaires du roy, 1652, 7p. Wis
Ma 23.	Arrest de la cour de Parlement portant qu'il sera procédé à la vente des meubles et autres biens appartenans au cardinal Mazarin. Du mercredy vingt-quatriesme juillet 1652. Paris, par les imprimeurs et libraires ordinaires du roy, 1652, 4p. Har, Md
Ma 24.	Arrest de la cour de Parlement pour la descharge entière des loyers des maisons du quartier de Noël, escheu à Pasques dernier. Du 19 may 1649. Paris Jean Brunet, 1649, 7p. NYPL

Ma 25.   Arrest de la cour de Parlement toutes les chambres
assemblées, en faveur des manans et habitans des
ville, bourgs et villages, pour l'éloignement des
gens de guerre. Du quatorzième mars 1652.
Paris, par les imprimeurs et libraires ordinaires
du roy, 1652, 6p.
Har, Minn

Ma 30.   Arrest notable rendu sur le fait des malversations
des partisans au recouvrement des taxes des aisez.
Donné en Parlement le septiesme jour de septembre
1652. Paris, François Preuveray, 1652, 8p.
Har, Md

Ma 31.   Arrivée extraordinaire du Courier françois, etc.
[399.]
Har, Md

Ma 36.   Au prince du sang, surnommé la Cuirasse. [432.]
Minn, NYPL

Ma 37.   Avant-courier (l') françois. En vers burlesques.
(S. l. , 1649), 7p.
Clev, Har, Md, Minn, NYPL

Ma 38.   Advertissement à messieurs les prévôt des marchands et eschevins de la ville de Paris, sur la
fuitte et le retour funeste du cardinal Mazarin,
etc. [466.]
Md

Ma 39.   Advis à la reyne sur la conférence de Ruel. [472.]
NYPL

Ma 41.   Advis aux bons et fidelles serviteurs du roy, etc.
[480.]
NYPL

Ma 47.   Advis important et nécessaire sur l'Estat, et le
bien des affaires présentes, etc. [525.]
NYPL

Ma 50.   Babillard (le) du temps, en vers burlesques,
racontant tout ce qui s'est fait et passé entre les
armées mazarines et celles de messieurs les
princes, avec des triolets sur le mesme sujet.

Paris, Jacob Chevalier, 1652, 8p.
Har

Ma 53. Banissement (le) du mauvais riche, etc. [576.]
Minn

Ma 60. Censeur du temps et du monde, etc. [667.]
NYPL

Ma 65. Combat (le) des Fueillans (sic). (S. 1. ,) 1649, 8p.
Clev, Har, Minn, NYPL, Wis

Ma 70. Complainte (la) des pauvres à la reine.
Clev

Ma 72. Cordeliers (les) d'Estat, ou la Ruine des mazarins,
anti-mazarins et amphibies, occasionnée par les
rages de nos guerres intestines. Par le sieur de
Sandricourt. C'est le Songe des bauldriers et des
cordeliers que j'ay commencé en la première
partie de mon Hydromante; et la IVe pièce de cet
ouvrage. Paris, 1652, 32p.
Har, Md

Ma 76. Courrier (le) de la cour apportant les nouvelles de
S. Germain depuis le quinziesme mars 1649 jusques
au vingt-deuxiesme. En vers burlesques. Paris,
Nicolas de La Vigne, 1649, 8p.
Minn (pt III), NYPL

Ma 79. [see Addendum]

Ma 84. Déclaration du roy, portant l'amnistie générale
accordée à la ville de Bourdeaux. Jouxte la
coppie imprimée à Bordeaux. Paris, par les
imprimeurs et libraires ordinaires du roy, 1653,
8p.
Md

Ma 87. Défaite (la) de l'armée de monsieur de Biron, par
celle de monseigneur le prince de Conty, commandée par monsieur de Marsin. Avec la Lettre
de Son Altesse de Conty à madame la Princesse.
Jouxte la copie imprimée à Bourdeaux. Paris,
Salomon de La Fosse, 1652, 8p.
NYPL

Ma 88.   Deffaite (la) de l'armée du comte d'Harcourt par
l'armée de monseigneur le Prince. Paris,
Philippe Clement, 1652, 7p.
Har

Ma 93.   Déroute (la) des trouppes de Mazarin, etc. [1052.]
Har

Ma 95.   Description de la boutique de Vivenay, etc. [1056.]
NYPL

Ma 99.   Discours désintéressé sur ce qui s'est passé de
plus considerable depuis la liberté de messieurs
les princes, etc. [1118.]
Har

Ma 118a.   Généalogie (la) de monsieur le premier président,
garde des sceaux, et ministre d'Estat en France;
envoyée au roy. (S. l.), 1652, 19p.
Clev

Ma 119.   Généreuse (la) résolution de messieurs les princes,
prise en l'assemblée du Parlement, ce jourd'huy
17 juillet, pour aller délivrer messieurs les
députez à Sainct-Denys. Avec le décampement
du roy et de son armée. Paris, Jean Brunet, 1652,
7p.
Md

Ma 120.   Grand (le) vol des princes faisant voir, I. Quelle
doit estre leur ambition pour estre véritablement
grand (sic) et pour bien establir la durée de leur
puissance. II. Quels doivent estre leurs efforts
pour la liberté publique, et pour la seureté du
commerce entre les peuples ausquels ils doivent
leur protection. III. Quelle doit estre leur conduite dans le maniement des affaires de l'Estat et
de la Guerre. IV. Quelle doit estre leur intention
dans toutes leurs entreprises, pour arriver à une
fin heureuse. Discours politique servant d'instruction à toute leur vie et de règle à toutes leurs
actions. (S. l.), 1652, 270p.
Har

Ma 126.   Heureuse (l') et triomphante arrivée de monsieur
le Prince dans la ville de Paris. Paris, Philippe
Clément, 1652, 7p.
Har

Ma 127.   Homme (l') injuste, ou le Martir d'Estat, pour faire
cognoistre la vérité. Paris, André Chouqueux,
1652, 8p.
Har

Ma 129.   Instruction faite au peuple de Paris par un homme
de bien. (S. 1. , 1652), 8p.
Har, Minn

Ma 133.   Justes (les) apprehensions du peuple de Paris sur
la demeure du cardinal Mazarin, etc. [1782.]
Har

Ma 140.   Lettre d'un gentilhomme suédois, etc. [1880.]
NYPL

Ma 142.   Lettre (la) de l'archiduc Léopold à Son Altesse
Royale. Paris, Salomon de La Fosse, 1652, 7p.
Har, Md

Ma 149.   Lettre de monsieur le Prince à Son Altesse Royale
sur le sujet de son esloignement de la Cour, etc.
[2033.]
Har

Ma 151.   Lettre de Son Altesse Royale escrite au roy sur
l'état des affaires présentes, etc. [2060.]
Minn

Ma 158.   Lettre du roy escrite à son ambassadeur à Rome,
etc. [2161.]
Md

Ma 164.   Liste de messieurs les quartiniers et de leurs
mandez, pour la nomination ordonnées (sic) par
les arrests de la cour des xxix. décembre dernier
et ix. du présent mois de février touchant les rentes
de la Ville; l'assemblée remise à samedy prochain,
une heure précise de relevée, en l'hostel de ladite
Ville, où la compagnie se trouvera, s'il luy plaist.
Paris, Pierre Rocolet, 1650, 6p.
Har

Ma 177.   Onophage (l') ou le Mangeur d'asne, etc. [2599.]
Clev, Har (ve's)

Ma 179. Paranymphe (le) de la paix, ou l'Alcion des
tempestes de l'Estat dans la naissance du premier
prince du sang. Présenté à Son Altesse Royale,
par G. S. Paris, Guillaume Sassier, 1650, 8p.
Har, Minn

Ma 182. Partisan (le) tenté du désespoir par le démon de la
maltaute, etc. [2722.]
Har

Ma 185. Poëme sur la barbe du prem. présid. [2805.]
Clev, NYPL

Ma 186. Politique (le) du temps, etc. [2812.]
Har, Md, Minn

Ma 189. Premier (le) courrier des princes, apportant toutes
les nouvelles tant de la cour que de l'armée de Son
Altesse et d'ailleurs. Paris, André Chouqueux,
1652, 16p.
Har

Ma 192. Raisons d'Estat contre le ministère estranger.
[2962.]
Md

Ma 193. Raisons (les) ou les motifs véritables de la deffense
du Parlement, etc. [2967.]
Har (ve), Minn

Ma 194. Récit (le) véritable de la chasse donnée à l'armée
mazarine par monsieur le duc de Beaufort.
Ensemble ce qui s'est passé à la prise des faux-
bourgs de Gergeau par les trouppes de Son Altesse
Royale. Paris, André Chouqueux, 1652, 6p.
Har

Ma 195. Récit véritable de tout ce qui s'est fait et passé en
toute la Normandie, etc. [3025.]
Md

Ma 196. Règlement de monseigneur l'illustrissime et
révérendissime archevesque de Paris, touchant ce
qui se doit pratiquer durant ce saint temps de
caresme. Paris, Pierre Targa, 1649, 7p.
Har

Ma 202.   Relation véritable contenant tout ce qui s'est faite
et passé au siége de Ville-neufve d'Àgénois, où
les trouppes du comte d'Harcourt ont esté defaites
par celles de monsieur le Prince, sous la conduite
des sieurs Marcin (sic) et Balthasar. Avec la
desroute et honteuse sortie des mazarins. Paris,
Guillaume Desprez, 1652, 6p.
Har

Ma 203.   Relation véritable contenant tout ce qui s'est passé
à la défaite des troupes du mareschal de Turenne,
à l'attaque de la ville d'Estampes, par l'armée de
Son Altesse Royale, commandée par messieurs les
comtes de Tavannes et de Clinchamp. Paris,
Jacques Le Gentil, 1652, 7p.
Har, Md

Ma 207.   Rengrègement (le) d'anathème, ou Fulminatoire
de Mazarin, cause par son obstination à rester en
France. Paris, 1652, 8p.
Clev

Ma 208.   Responce (sic) au prétendu manifeste de monsieur le
Prince. Paris, 1652, 8p.
Har, Minn

Ma 211.   Responce des Parisiens à monsieur le prince de
Condé sur la protestation qu'il leur a faite de les
protéger contre Mazarin et ses adhérans (sic).
Paris, 1651, 7p.
Har (ve)

Ma 212.   Response du roy donnée par escrit aux sieurs le
Vieux et Piètre sur les asseurances qu'ils ont
portées à Sa Majesté des bonnes intentions qu'avoit
sa bonne ville de Paris pour son service et pour
le restablissement de son auctorité. Pontoise,
Julien Courant, 1652, 7p.
Har, Md

Ma 213.   Response du roy donnée par escrit aux six corps
des marchands sur les asseurances qu'ils ont
portées à Sa Majesté des bonnes intentions qu'avoit
sa bonne ville de Paris pour son service et pour le
restablissement de son auctorité. Paris, par les
imprimeurs et libraires ordinaires du roi, 1652, 7p.
Md

Ma 221. Second discours, ou Dialogue des trois figures de bronze qui sont sur le pont au Change. Paris, 1649, 4p.

Har, Md, Minn, NYPL, Wis

"Supplément à la Bibliographie des Mazarinades," Bulletin du
Bibliophile et du Bibliothècaire, (1862), 786-829.

Mb 1.   A Mazarin, sonnet.   S. 1. n. d. (1649), 1p.
         Clev, Fol, Har

Mb 3.   L'Adieu du cardinal Mazarin à monsieur de Paris
         et ses regrets. S. 1. , 1649, 8p.
         Har, Minn

Mb 9.   Arrêt de la Chambre des vacations contre quelques
         placards depuis peu affichez. Du vingt-deuxième
         septembre 1655. Paris, par les imprimeurs et
         libraires ordinaires du roi, 7p.
         Har

Mb 13.   Arrêt de la Cour de parlement, donné par les
         Chambres assemblées, du 20 juillet 1652, par
         lequel le cardinal Mazarin est déclaré détenteur
         de la personne du roy, monsieur le duc d'Orléans,
         lieutenant général du roy dans tout le royaume, et
         monsieur le prince de Condé, chef des armées sous
         l'autorité de Son Altesse Royale. Paris, veuve
         J. Guillemot, 1652, 6p.
         Fol (ve), Minn

Mb 15.   Arrêt de la Cour de parlement portant qu'il sera
         fait assemblée en l'hôtel de cette ville pour la
         sûreté d'icelle et éloignement du cardinal Mazarin;
         du mercredy vingt quatrième juillet 1652. Paris
         par les imprimeurs et libraires ordinaires du roy,
         1652, 4p.
         Fol, Har, Minn

Mb 16.   Arrêt de la Cour de parlement portant règlement
         sur le fait des promesses, billets et lettres de
         change et des juridictions qui doivent en avoir la
         connoissance. Du seizième may mil six cent
         cinquante. Paris, Antoine Estienne, 1650, 5p.
         Har

Mb 21. Arrêt du Conseil d'Etat portant cassation de la prétendue élection faite du sieur Broussel, à la charge de prévôt des marchands de la ville de Paris, et des nommés Gervais et Horry (Holry) à celles d'échevins. Compiègne, Julien Courant, 1652, 4p.
Har

Mb 25. Arrêt notable de la Cour de parlement donné en faveur des fermiers pour la diminution de la moitié du loyer de leurs fermes. Donné au parlement le 4e jour de mars 1650. Paris, Thomas Loset, 1650, 4p.
Har

Mb 28. L'Arrivée du duc de Lorraine à Paris le 2 juin 1652, avec la marche de ses troupes et celle de l'archiduc. Paris, Jacob Chevalier, 1652, 7p.
Fol

Mb 33. Avertissement donné à monsieur le Prince par un bon François, sur la trahison découverte du mareschal de Turenne contre la ville de Paris. Paris, Gilles de Halline, 1652, 16p.
Har

Mb 40. La Complainte des pauvres à la reyne régente, mère du roy, contre le cardinal Mazarin. In puteo veritas. S. 1. n. d. , 8p.
NYPL

Mb 46. Contre satyre ou Response aux Cent quatre vers du sieur Scarron, pour luy monstrer qu'ayant inventé les vers burlesques, il se peut dire l'autheur des libelles diffamatoires de cette espèce. S. 1. , 1651, 7p.
Har

Mb 52. La Déclaration du duc de Lorraine envoyée à Son Altesse Royale, faite à messieurs du parlement, contre Mazarin. Paris, Claude le Roy, S. d. , 8p.
Fol & (ve), Minn

Mb 53. Déclaration du roy par laquelle sont donnez six jours aux habitants de Paris pour rentrer dans leur devoir. Lyon, Jean-Aymé Candy, jouxte la

484

copie imprimée à Saint-Germain en Laye, 1649, 4p.
Har

Mb 56. Déclaration du roy portant pacification pour la
tranquillité publique, avec la déclaration du roy
pour le rétablissement du parlement en la ville
de Paris, vérifiées au parlement, toutes les
chambres assemblées au château du Louvre,
publiées, et roy y séant, le 22 octobre 1652.
Paris, par les imprimeurs et libraires ordinaires
du roy, 1652, 8p.
Minn

Mb 61. Déclaration du roy pour faire cesser les mouvements
et restablir le repos et la tranquillité en son royaume,
vérifiée en parlement, Chambre des comptes et Cour
des aydes les 1er et 3 avril 1649, avec les arrêts de
vérification desdites cours. Paris, par les
imprimeurs et libraires ordinaires du roy, 1643,
16p.
Har

Mb 64. Défaite des troupes des sieurs de l'Islebonne et du
Plessis Belière et Sauveboeuf par le comte de
Lauzun en Guienne, avec la liste des morts, blessés
et prisonniers, avec le partement du prince de
Condé, du duc de Lorraine et duc de Wittemberg
de cette ville. Paris, Simon le Porteur, 1652, 8p.
NYPL

Mb 66. La défaite les troupes du duc d'Epernon par le
comte de Bouteville, avec la prise du chasteau de
Tallant par les troupes de la ville de Dijon, où
ledit duc a perdu plus de mille hommes outre
quantité d'officiers prisonniers. Paris, Jean
Brunet, 1652, 8p.
Fol

Mb 68. Le dernier adieu de Mazarin à la France sur
l'arrivée du duc de Lorraine et la défaite de ses
troupes devant Etampes. Paris, Francois Pousset,
1652, 7p.
NYPL

Mb 71. Les dernières résolutions prises dans le conseil du
roy pour la paix. Paris, Jacques le Gentil, 1652,
8p.
Fol, Har

Mb 72. Des Konincx Declaratic Gesonden aen't van Parys, nopende de Gevangen-neminge van de princess van Condé, ende Conty; mitsgaders den Hertogh van Longueville. Amsterdam, Ve Joost Broersz, 1650, 14p.
NYPL

Mb 78. Edit du roy portant exemption aux capitaines, lieutenants et enseignes et autres officiers de cette ville de Paris de loger en leurs maisons aucuns gens de guerre de quelque qualité et condition qu'ils soient, enregistré au siége de la maréchaussée de France le 25e jour d'avril 1576 et publié audit siége le 18 janvier 1649. S. 1. n. d. (1649), 3p.
Fol, Har

Mb 102. L'Intérêt des provinces. Paris, 1649, 11p.
Fol, Har

Mb 105. Journal contenant tout ce qui s'est fait et passé au siége du chasteau de Monront depuis le 15 aoust 1652, jour de la capitulation jusqu'à présent. Pontoise, Julien Courant, 1652, 7p.
Fol

Mb 108. Les Larmes et complaintes de la reyne d'Angleterre sur la mort de son époux, et l'imitation du quatrain du sieur de Pibrac, par David Ferrand.
NYPL

Mb 110. Lettre d'équivoques du courrier burlesque par S. P. Q. R. Paris, Sébastien Martin, 1649, 6p.
Har

Mb 112. Lettre d'un gentilhomme de la cour à un seigneur qui est à l'armée, touchant l'attentat commis aux Filles-Dieu à Paris, en la personne de mademoiselle de Sainte-Croix, etc.
NYPL

Mb 119. Lettre de messieurs de la noblesse envoyée à tous les gentils-hommes du royaume pour la convocation des états généraux au 1er novembre 1652. Paris, veuve J. Guillemot, 1652, 8p.
NYPL & (ve)

Mb 124.   Lettre du cardinal Mazarin à l'archiduc Léopold pour servir d'excuse au duc de Lorraine et couvrir sa mauvaise foi envers les princes. Paris, Jean Brunet, 1652, 6p.

Har

Mb 125.   Lettre du maréchal de Turenne à la reyne. S. 1., 1650, 8p.

NYPL

Mb 127.   Lettre du roy envoyée à messieurs de la Chambre des comptes. Paris, 1649, 4p.

Har

Mb 128.   Lettre du roy envoyée à monsieur le maréchal de Lhospital, gouverneur de la ville de Paris. Paris, Pierre Rocolet, 1652, 4p.

Fol (ve), Har, Minn

Mb 134.   Lettres monitoires de monsieur l'official de l'archevêché de Paris pour avoir preuves des contraventions faites par un certain quidan et ses adhérents à la déclaration du roy et aux arrêts de la cour. Paris, par les imprimeurs et libraires, 1652, 6p.

Fol

Mb 135.   Lettres véritables du duc de Lorraine envoyées à Son Altesse Royale et à madame la duchesse d'Orléans sur quelques libelles publiez à Paris descriant la conduite de Son Altesse de Lorraine en France. S. 1., 1652, 8p.

Mb 136.   Le Libérateur. (S. 1., 1652), 19p.

Har

Mb 137.   La Lorraine en trouble sur les signes apparus dans la ville de Nancy, le vendredi quatorzième jour du présent mois de juin, sur les huit heures du soir, envoyé à monsieur de Loménie, secrétaire d'Etat; ensuite l'explication faite par Nekel, astrologue allemand, sur ce sujet. Paris, 1652, 8p.

Har

Mb 148.   Les Nouvelles de l'élargissement de monseigneur le Prince, envoyées au cardinal Mazarin par un sien ami. S. 1., 1650, 7p.
Fol

Mb 150.   Ordonnance de messieurs les prevost des marchands et eschevins, pour la conduite des bleds et farines pour la nourriture des bourgeois et habitants de la ville et fauxbourgs de Paris, du vingt-cinquième janvier 1649. Paris, Pierre Rocolet, 1649, 4p.
Minn

Mb 155.   Prédiction du retour du roy sur le desbordement de la rivière. Paris (1649), 3p.
Har

Mb 156.   Les Présents faits à Son A. Royalle et a messieurs les princes de Condé et de Beaufort à leur arrivée au palais, pour messieurs du parlement. Paris, Jean Brunet, 1652, 7p.
Fol

Mb 160.   Le Qu'as-tu vu de la cour, rapportant tout ce qui s'est fait et passé. Paris, 1652, 8p.
Wis

Mb 163.   La Récit véritable de tout ce qui s'est fait et passé à l'assassinat commis proche l'hostel de Schomberg, au sujet de monseigneur le duc de Beaufort. Paris, 1650, 7p.
Fol (ve), Har

Mb 165.   Réflexions sur le changement des grands vicaires par M. le cardinal de Retz. S. 1., 1656, 5p.
Har

Mb 166.   Règlement fait par messieurs les prévost des marchands et eschevins de la ville de Paris sur la police du bois et charbon, le 23 octobre 1648. Paris, Fr. Rocolet, 1648, 12p.
Fol (ve)

Mb 170.   Relation de tout ce qui s'est fait et passé en la députation du corps de la milice de Paris, et l'assurance que le roy a donnée de se rendre lundy

à Paris, avec toute la satisfaction qu'on a desirée de Sa Majesté. Paris, Le Petit, 1652, 11p.
Fol, Har, NYPL

Mb 177.   Réponse de monseigneur le prince de Condé au discours de la reyne régente leu au Palais royal en présence des députés du parlement, Chambre des comptes, Cour des aydes et corps de ville de Paris sous le nom du roy et de le reyne, présente au parlement, les chambres assemblées, le 19 aoât 1651. Paris, veuve J. Guillemot, 1651, 8p.
Har

Mb 186.   La Sainte réconciliation et Paris en repos par le moyen de la paix et l'espérance qu'on a de la faire avec l'archiduc Léopold. Paris, Davis Beauplet, 1649, 4p.
Har

Mb 190.   Sentence rendue par monsieur le lieutenant civil, suivant l'arrêt de la Cour du parlement, pour le rabais des maisons de la ville et fauxbourgs de Paris. Paris, Jean Brunet, 1652, 4p.
Fol, Har, NYPL

Mb 192.   Les Souhaits de la France, à monseigneur le duc d'Angoulême. Paris, Pierre du Pont, 1649, 4p.
Har

Mb 193.   Les Souhaits de la France accomplis et la réjouissance des François sur la naissance d'un prince tant désiré. Paris, Denys Pelé, 1650, 6p.
Har

Mb 195.   Suite et seconde lettre du bon pauvre à la reyne régente. Paris, Rollin de La Haye, 1649, 8p.
Clev, Fol, Har, Minn, NYPL, Wis

Mb 197.   Suite et septiesme arrivée extraordinaire du courrier françois, apportant les nouvelles des propositions faites pour la paix générale de la part du roi d'Espagne. Paris, veuve André Musnier, 1649, 8p.
Har

Mb 198. Suite véritable des intrigues de la paix et des
négociations de monsieur le Prince, faites à
la cour jusques à présent. S. 1. n. d. , 1652, 7p.
Fol (ve)

Mb 201. Les Ténèbres de Mazarin, en vers burlesques.
S. 1. , 1649, 6p.
Har, Wis

Mb 203. Triolets sur l'arrivée du roy en sa bonne ville
de Paris. Paris, David Beauplet, 1650, 7p.
Clev

"Supplément à la Bibliographie des Mazarinades," Bulletin du Bibliophile et du Bibliothécaire, (1869), 61-81.

Mc 3.   Agréable (l') conférence de deux Normands s'estant
            rencontrés sur le pont Neuf de cette ville de Paris,
            traitant sur les affaires du temps présent, dont
            l'un se nomme Perrin et l'autre Colas. Dialogue.
            Paris, Louis Pousset, 1652.
                Har

Mc 10.   Arrêt de la cour de Parlement portant nouvelle
            police pour la distribution publique du pain, blé
            et farines en cette ville et faubourgs de Paris;
            avec pouvoir à tous marchands forains et autres
            d'y en amener et les vendre à tel prix qu'ils
            conviendront avec les acheteurs.   Du 11 mars
            1649. Paris, par les imprimeurs et libraires
            ordinaires du roy, 1649, 4p.
                Har

Mc 14.   Arrêt de la cour de parlement portant qu'aucuns
            cardinaux naturalisez, mesme François, ne seront
            reçus dans les conseils d'Estat du roy et que les
            qualités de notre cher et bien aimé attribuées au
            cardinal Mazarin seront retranchées de la déclara-
            tion de Sa Majesté. Du lundy 20 février 1651.
            Paris, 1651, 4p.
                NYPL (ve)

Mc 19.   Arrêt du conseil d'Estat du roy par lequel il est
            ordonné aux receveurs des tailles de ce royaume de
            continuer leurs diligences contre les collecteurs
            desdites tailles suivant les ordonnances et règle-
            ments du 21 avril 1649. Paris, par les imprimeurs
            et libraires ordinaires du roy, 1649, 4p.
                Har, NYPL

Mc 26.   Compliments (les) de la place Maubert, reformez
            par une des plus fameuses harengères de Paris,
            avec la harangue qu'elle a faite aux dames de son
            exercice, et la response qu'elles luy ont faite; en

vers burlesques. S. 1. , 1650, 7p.
Clev

Mc 27. Censure d'un livre intitulé Remontrances faites au roy sur le pouvoir et l'authorité que Sa Majesté a sur le temporel de l'état ecclésiastique. S. 1. n. d. , 7p.
Har

Mc 29. Courrier (le) de la court (sic) rapportant toutes nouvelles de ce qui s'est fait et passé de plus mémorable et secret depuis le huitiesme du présent mois. Paris, Jean Brunet, 1652, 7p.
Har, NYPL

Mc 53. Lettre de l'archiduc Léopold envoyée à mademoiselle pour traiter la paix (sic). Paris, J. Dédin, 1649, 6p.
NYPL

Mc 54. Lettre de la princesse Elisabeth envoyée au roi d'Angleterre, son frère, sur les entreprises faites avec le duc Charles. Paris, Simon le Porteur, 1652, 7p.
Har

Mc 56. Lettres du Roy escrites à messieurs les prévôt des marchands et échevins de la ville de Paris sur les affaires présentes. De Saumur, des 10 et 11 février 1652. Paris, P. Rocolet, 1652, 8p.
Har

Mc 59. Modèle de procuration qu'il faut écrire à la main pour après la signer. S. 1. n. d. , 2p.
Har

Mc 61. Nez (le) pourri de Théophraste Renaudot, grand gazetier de France et espion de Mazarin, appelé dans les chroniques nebulo hebdomadarius, de patriâ diabolorum, avec sa vie infame et bouquine, récompensé d'une vérole euripienne, ses usures, la décadence de ses monts de piété et la ruine de tous ses journaux et alambics (excepté celle de sa conférence rétablie depuis quinze jours) par la perte de son procès contre les docteurs de la Faculté de médecine de Paris. S. 1. n. d. , 6p.
Har

Mc 62.

Observations curieuses sur l'Etat et gouvernement de France, avec les noms, dignitez et familles principales, comme il est en la présente année 1649. Paris, Gervais Alliot et Jacques Langlois, 1649, 31p.

Har, NYPL

Mc 72.

Récit véritable d'une action prophane et extra-ordinaire, arrivée vendredi dernier 11 juin 1649, à la messe du R. P. Benoist, prêtre de l'Oratoire, dans leur église de Saint-Honoré à Paris, sur les sept à huit heures du matin. Paris, François Preuveroy, 1649, 8p.

Har

Mc 81.

Salve (le) regina des financiers à la Reyne. S. l. n. d., 4p.

Har

Mc 85.

Sortie (la) de monseigneur le duc de Beaufort du bois de Vincennes. Paris, Rollin de la Haye, 1649, 4p.

Har

Mc 88.

Trente-quatre anagrammes sur l'auguste nom de Sa Majesté très-chrétieune Louis quatorzième (sic) du nom, roy de France et de Navarre. La suite des anagrammes: l'absence inopinée du roi et l'affliction des bons François à cette occasion; que ces bons François sont fort aymez de Dieu; et ce qu'ils doivent faire pour se conserver cet amour divin, venir au-dessus de leurs entreprises militaires, et de leur entier soulagement. Paris, François Noël, 1649, 11p.

NYPL

Mc 90.

Véritable (le) Avis présenté au roy et à la reyne régente et à nos seigneurs de son conseil et habitants de Paris, le 17 juillet 1651, touchant le canal qui est à faire pour empescher la crue des eaux, et commencera au-dessous de Créteil, viendra rendre à la porte du Temple, d'où il renverra de l'eau de tous côtés où il en sera besoin, tant pour nettoyer les principales rues, les clouaques et grand égout soit vers les bastions de l'Arsenac (sic) ou de la Conférence, pour monter les bateaux ou bois flottés

venant de Seine et pour descharger la grande crue des eaux vers Chaliot, sans faire tort aux basses eaux et à la navigation des rivières, par le sieur de Marsay. S. 1. n. d. , chez Pierre Targa, 11p.
Har

Ernest Labadie, "Nouveau Supplément à la Bibliographie des
Mazarinades," Bulletin du Bibliophile et du Bibliothécaire, (1903), 293-303, 363-372, 435-443, 555-565,
676-680; (1904), 91-98, 131-141.

ML 8.   Apologie de Messieurs les Deputez du Parlement
            de Bordeaux sur les affaires de ce Temps. S. 1.,
            1650, 8p.
            Har

ML 15.   Arrest de la Cour de Parlement du tresiesme Mars
            mil six cens quarante neuf. Concernant la Cour
            des Aydes. A Bourdeaux, chez Guillaume Millanges
            Imprimeur ordinaire du Roy, 1649, 7p.
            Har

ML 18.   Arrest de la Cour du Parlement de Bourdeaux.
            Du 3 Avril 1649. portant defenses d'arrester les
            Courriers & autres Messagers. A Bourdeaux,
            par Jacques Mongiron Millanges, Imprimeur ordi-
            naire du Roy, 1649, 4p.
            Har

ML 20.   Arrest de la Cour de Parlement de Bourdeaux, du
            cinquiesme Avril 1649. Par lequel il est deffendu
            aux Cottisateurs & Collecteurs des Parlements, de
            se dessaisir des Tailles, des années 1647. & 1648.
            A Bourdeaux, par Mongiron Millanges, Imprimeur
            ordinaire du Roy, 1649, 4p.
            Har

ML 22.   Arrest de la Cour de Parlement de Bourdeau,
            portant decret de prinse de corps, & appel à trois
            briefs jours faute de les apprehender, contre cer-
            tains personnages y dénomez, du 7. d'Avril 1649.
            A Bourdeaux, par J. Mongiron Millanges, Impri-
            meur du Roy, 1649, 7p.
            Har

ML 34.   Arrest de la Cour de Parlement de Bourdeaux,
            touchant la desmolition de la Citadelle de Libourne,

& autres choses y mentionnées. A Bourdeaux,
par J. Mongiron Millanges, Imprimeur du Roy,
1649, 8p.
Har

ML 50. Arrest de la Cour de Parlement de Bordeaux.
Du quatorziesme Aoust 1649. Portant que le Roy
sera informé des troubles excitez de nouveau, dans
la ville de Bourdeaux, & Province de Guyenne, par
la continuation des actes d'Hostilité. A Paris,
Jouxte la coppie imprimé (sic) à Bourdeaux, 1649,
7p.
Har

ML 80. Arrest de la Cour de Parlement de Bourdeaux.
Portant cassation des Jugements, condamnations &
Ordonnances du sieur Foulé. . . A Bourdeaux, par
J. Mongiron Millanges, Imprimeur ordinaire du
Roy, 1650, 8p.
Har

ML 82. Arrest de la Cour de Parlement de Bourdeaux.
Portant inhibitions & deffenses à tous Lieutenants
Generaux Criminels & particuliers, de lever
aucunes sommes de deniers sur les habitans des
Villes & Parroisses du Ressort de la Cour, en
vertu des Ordonnances du sieur Duc d'Espernon,
sur les peines y contenues. A Bourdeaux. Par J.
Mongiron Millanges, Imprimeur ordinaire du Roy,
1650, 8p.
Har

ML 122. Causes (les) de la Reception de Madame la Princesse de Condé et de Monsieur le Duc d'Anguyen
son fils, en la Ville de Bourdeaux. S. f. de titre,
n. 1. , n. d. (1650), 7p.
NYPL (ve)

ML 124. Codicile de Monsieur le Duc d'Espernon. S. 1.
M. D. C. L. (1650), 8p.
Fol (ve)

ML 141. Courier (lc) Bordelois, apportant la Nouvelle
resolution prise par les habitans de Bordeaux
contre le Cardinal Mazarin. Avec la Requeste
presentée par Madame la Princesse audit Parle-

ment sur ce sujet. s. l. , 1650, 8p.
Har

ML 143. Courrier (le) Bourdelois apportant toutes sortes
de nouvelles. A Paris, chez Salomon de la Fosse,
1652. Avec permission de son Altesse Royale.
8p.
Fol

ML 144. Courrier (second) Bourdelois apportant toutes
sortes de nouvelles. A Paris, chez Claude le Roy,
au Mont Saint Hilaire, 1652, 8p.
Fol

ML 145. Courrier (troisième) Bourdelois apportant toutes
sortes de nouvelles. A Paris, chez Claude Le Roy,
au Mont Saint Hilaire, 1652. Avec permission de
Son Altesse Royale. 8p.
Fol

ML 146. Courrier (le quatriesme) Bourdelois apportant
toutes sortes de nouvelles. A Paris, chez Claude
Le Roy, au Mont Saint Hilaire, 1652, 8p.
Fol (ve)

ML 147. Courrier (cinquiesme) Bourdelois apportant toutes
sortes de nouvelles. A Paris, chez Claude Le
Roy, au Mont Saint Hilaire, 1652. Avec Permission de Son Altesse Royale. 8p.
Fol

ML 148. Courrier (sixiesme) Bourdelois apportant toutes
sortes de nouvelles. A Paris, chez Claude Le
Roy, au Mont Saint Hilaire, 1652. Avec Permission de Son Altesse Royal. 8p.
Fol

ML 149. Courrier (septiesme) Bourdelois apportant toutes
sortes de nouvelles. A Paris, chez Claude Le Roy,
au Mont Saint Hilaire, 1652. Avec Permission de
Son Altesse Royale, 8p.
Fol

ML 150. Courrier (huictiesme) Bourdelois apportant toutes
sortes de nouvelles. A Paris, chez Salomon de
la Fosse, sous le Quay de Gévre, près le Pont aux
Changes, 1652, 8p.
Fol

ML 151. Courrier (neufiesme) Bourdelois apportant toutes
sortes de nouvelles. A Paris, chez Salomon de la
Fosse, . . . 1652. Avec Permission de Son
Altesse Royale. 8p.
Fol

ML 152. Courrier (dixiesme) Bourdelois apportant toutes
sortes de nouvelles. A Paris, chez Claude Le
Roy, au Mont Saint Hilaire. Avec permission de
Son Altesse Royale. 1652, 8p.
Fol

ML 153. Courrier (unziesme) Bourdelois apportant toutes
sortes de nouvelles. A Paris, chez Salomon de La
Fosse, 1652. Avec permission de Son Altesse
Royale, 8p.
Fol

ML 154. Courrier (douziesme) Bourdelois, apportant toutes
sortes de nouvelles. A Paris, chez Salomon de
la Fosse, 1652. Avec permission de Son Altesse
Royale, 8p.
Fol

ML 155. Courrier (treiziesme) Bourdelois, apportant toutes
sortes de nouvelles. A Paris, chez Salomon de la
Fosse, 1652. Avec permission de Son Altesse
Royale, 8p.
Fol

ML 156. Courrier (quatorziesme) Bourdelois, apportant
toutes sortes de nouvelles. A Paris, chez
Salomon de la Fosse, 1652. Avec permission de
Son Altesse Royale, 8p.
Fol

ML 157. Courrier (quinziesme) Bourdelois, apportant toutes
sortes de nouvelles. Contenant ce qui s'est passé à
Bourdeaux touchant l'exil de 14 Presidens & Conseillers du Parlement, par les Bourgeois de la
dite Ville, avec les Noms tant desdits Presidens
Conseillers que des Principaux de l'Assemblée
de Lormiere. A Paris, chez Salomon de la Fosse,
sur le Quay de Gesvres, vers le Pont Marchands.
1652. Avec permission de son Altesse Royale, 8p.
Fol

ML 158.   Courrier (seiziesme) Bourdelois, apportant toutes
          sortes de nouvelles. Contenant tout ce qui s'est
          passé à la Ville de Bourdeaux & ès Environs. A
          Paris, chez Salomon de La Fosse, sur le quay
          de Gesvres, vers le Pont Marchands. 1652. Avec
          permission de Son Altesse Royale, 8p.
          Fol

ML 159.   Courrier (dix-septième) bourdelois. Apportant
          toutes sortes de nouvelles. Contenant tout ce qui
          s'est passé à la ville de Bourdeaux et ès Environs.
          Paris, chez Salomon La Fosse. . . 1652, . . . 8p.
          Fol

ML 160.   Courrier (Le) extraordinaire apportant les nouvelles
          de Bordeaux, Bourg, Libourne, Tallemon, la
          Bastide et autres lieux. Avec l'estat des Troupes
          Espagnolles. Ensemble la démarche du Comte
          d'Harcourt, & la dispotion de l'Armée de Monsieur
          le Prince. A Paris, chez Jacob Chevalier, proche
          S. Jean de Latran, 1652, 8p.
          Har

ML 174.   Deffaicte des trouppes du Comte d'Harcourt dans
          le Perigord. Par le Collonel Balthazard. A Paris,
          chez Salomon de La Fosse, 1652. Avec la permis-
          sion de Son Altesse Royalle, 7p.
          Har

ML 201.   Histoire véritable de tout ce qui s'est fait & passé
          en Guienne pendant la Guerre de Bourdeaux. . . . S. 1.
          n. d. , (1650), 80p.
          Fol

ML 259.   Lettre du Roy, escrite à sa Cour de Parlement de
          Bourdeaux, sur le sujet de sa Majorité. Avec le
          remerciement de Sa Majesté fait à la Reyne de sa
          Regence. A Bourdeaux, chez J. Mongiron Millanges,
          Imprimeur ordinaire du Roy, 1651, 7p.
          Har

ML 307.   Relation de la défaite de l'armée du Marquis de S-
          Luc devant Miradoux par Messieurs les Princes de
          Condé et de Conty, ensemble la defaite de quatre
          mil hommes des troupes de Mazarin. Bordeaux,
          1652, 8p.
          Fol (ve)

ML 318. Remonstrance de la Province de Guyenne à Monseigneur le Prince de Condé, pour la reunion de la maison royalle. A Paris, 1651, 7p.
Fol

Emile Socard, "Supplément à la Bibliographie des Mazarinades,"
Le Cabinet Historique, (1876), XXII, 223-247.

Ms 1.   Abregé de l'estat general de la Recepte et dépense
         de tout le Royaume de France. Sans titre, 8p.
         Har

Ms 5.   Arrest de la Covr de Parlement, contre le nommez
         Henry de Belloy, sieur de Charmoy, Sainct-Ange
         et leurs complices, touchant la Violence publique,
         impietez, sacrileges et autres actes par eux com-
         mis le vingt-cinquième de Mars 1648. au Monastere
         des Filles-Dieu de Paris, Ordre de Fronteuault.
         Portant que pour seruir de memoire à l'aduenir,
         la teneur dudit Arrest sera grauée au milieu d'une
         Croix deuant ledit Monastere, Vne Messe basse
         celebrée à perpetuité, et une Lampe ardente entre-
         tenue iour et nuict, etc. A Paris, par Antoine
         Estienne, 1648, 7p.
         Fol, Minn

Ms 8.   Arrest de la Covr dv Parlement de Bordeavx: povr
         la ivstification de M. le Prince: sur le suiet des
         calomnies inuentées contre son Altesse par les
         factionnaires du Cardinal Mazarin, pour le faire
         sortir de Paris, et faciliter le retour de leur
         Maistre. Ensemble les Remonstrances du mesme
         Parlement faites au Roy sur ce sujet, et les Lettres
         écrittes à la Reyne Regente, à M. le Duc d'Orléans,
         et à M. le Prince. A Paris, 1651, 12p.
         Fol, NYPL

Ms 9.   Arrest de la Covr de Parlement, donné en l'avdiance
         de la grand'Chambre le 13. Iuin 1651. au profit de
         Monsieur le Duc de Vandosme. Contre Monsieur
         le Duc et Madame la Duchesse d'Elbeuf, touchant
         les biens de la succession de feuë Madame la
         Duchesse de Beaufort. Ensemble les plaidoyers des
         aduocats des parties, et de Monsieur Talon Aduocat
         général, qui ont parlé en cette cause. A Paris, la
         Veufue I. Guillemot, 1651, 68p.
         Har

Ms 12. Arrest de la Covr de Parlement. Portant la leuée qui doit estre faite sur les Maisons de cette Ville et Fauxbourgs, et restablissement de droicts d'Entrées, et autres, pour subuenir à la seureté de la Ville, et esloignement du Cardinal Mazarin. A Paris, Par les Imprimeurs et Libr. ordinaires du Roy, 1652.
NYPL

Ms 22. Articles proposees et arrestees en la Chambre S. Louis, par les Deputez des 4. Compagnies Souueraines, de Paris en l'année 1648. Ensemble vn extraict des Declarations du Roy, Arrests du Conseil, Parlement, Chambre des Comptes, et Cour des Aydes. A Paris, M. DC. XLVIII, vingt p.
Fol

Ms 29. Déclaration dv Roy, contre les blasphematevrs du Sainct Nom de Dieu. Vérifiée en Parlement, sa Majesté y seant, le septiesme septembre 1651. A Paris, par les Imprimeurs et Libraires ordinaires du Roy, 1651, 7p.
Fol

Ms 33. Edict dv Roy, portant revocation des Hereditez et Suruiuances des Offices, gages, droicts et taxations tenus en heredité par tous les Officiers de ce Royaume. Verifié en la Grande Chancellerie de France, le vingt-neufiéme jour du mois d'Octobre 1646. Sans titre. A la fin: Paris, par Antoine Estienne, 1649, 4p.
Har

Ms 38. Factvm, dv procez pendant en la Covr, avquel les P. P. . . de l'Ordre des Mendians, pretendent vnir à leur maison, vn Prieuré de l'Ordre de saint Benoist. A Paris, 1649, 10p.
NYPL

Ms 40. Factvm povr Monsievr le Dvc d'Elboevf contre Monsievr le Dvc de Vendosme. S. 1. , 1651, 7p.
Fol (ve), Har

Ms 41. Factvm pour Monsieur le Duc de Vandosme. Contre les Prétensions de Monsieur et Madame d'Elbeuf. Sans titre. 11 et 47p.
Fol (ve)

Ms 43.   Histoire sommaire d'vn impostevr de nostre temps,
Qui par ses artifices et inventions malicieuses, en
rodant toute la France depuis vingt ans, fourbe,
trompe et abuse toutes sortes de personnes, Religieux et Séculiers. A Paris, chez Iean de la Caille,
1648, 14p.
Har

Ms 45.   Histoire veritable de tovt ce qvi s'est fait et passé
à la mort d'vn des volevrs qui auoit pris le S.
Ciboire dans l'Eglise S. Sulpice, et jetté les
Hosties par terre.   Leqvel a esté condamné à
faire amande honorable nud en chemise la torche
au poing, deuant ladite Eglise et à estre mené au
bas de la rue de Tournon, et la estre attaché à vn
poteau, et étrangle,' puis brûlé, et ses cendres
jettées au vent.   Ce qui a esté fait le 16 Iuin 1649.
A Paris, chez Guillaume Sassier, 1649, 8p.
NYPL

Ms 47.   Iovrnal (Le) fvnebre et tombeav lvminevx de la
qvarantenne de Madame la Princesse Doüairière
de Condé, faicte dans les Carmelites du Faux-bourg
S. Iacques à Paris, le II. Janvier 1651.   A Paris,
chez Nicolas Iacqvard, 1651, 11p.
Fol

Ms 49.   Lettre d'avis, à Monseigneur l'archevesqve de
Paris, trovvée sous les charniers des Innocens.
A Paris, 1652, 7p.
Har

Ms 51.   Lettre de Monsievr le Prince escrite à Messievrs
dv Parlement; sur le sujet de l'écrit de la Reyne,
porté par Messieurs les gens du Roy.   A Paris,
1651.   A la fin: A Paris, de l'imprimerie de
Nicolas Viuenay, 6p.
Fol (ve), NYPL

Ms 53.   Lettre escrite de Bazas par vn ecclesiastiqve
à vn Prestre de sainct Suplice, au faux-bourg
sainct Germain.   Contenante l'apostasie d'vn
Ianseniste, nommé Labadie, leqvel par desespoir
de n'auoir pû semer son erreur dans le Diocese
de Tholose a renoncé à l'Eglise Romaine pour
embrasser la Religion prétenduë Reformée.

Et a protesté en se faisant qu'il n'a pas changé la croyance du Iansenisme en professant le Caluinisme, mais que seulement il a commencé de faire profession publique de quelques poincts moins importans à la Religion, qui seront aisément receus par ses bons amis les Iansenistes. A Paris, 1651, 8p.
Fol (ve)

Ms 58. Maintien (Le) de la Preseance de Monsieur le Duc de Vandosme, à cause de la Pairie de Vandosmois, contestée par Monsieur le Duc d'Elbeuf, aussi Pair de France. Sans titre. 23p.
Fol, Har

Ms 59. Manifeste (Le) de la veritable doctrine des Iansenistes telle qv'on la doit exposer av pevple. Composé par l'Assemblée du P. R. Contre les calomnies des Molinistes, et les sinistres explications qu'on luy donne, au desaduantage de la verité. A Paris, chez Emanvel Govrdon, 1651, 31p.
Har

Ms 62. Parnasse (Le) alarmé. A Paris, 1649, 16p.
Fol, Har, Minn, NYPL, Wis

Ms 63. Piece (La) de Cabinet. Dediée aux Poëtes du Temps. A Paris, chez Iean Paslé, 1648, 16p.
Fol, Har, NYPL

Ms 66. Reflexions svr l'arest dv Parlement, donné en faueur de M. le Duc de Vendosme, contre les prétentions de M. le Duc d'Elboeuf. Présentées à M. de Vendosme. Sans titre. A la fin: A Paris, chez Guillaume Sassier, s. d. , 7p.
Har

Ms 69. Remonstrance à Nosseignevrs de Parlement. Sans titre. 7p.
Har

Ms 70. Remonstrance de la Province de Gvyenne à Monseignevr le Prince de Condé, povr la revnion de la Maison Royale. A Paris, 1651, 7p.
Fol, Minn

Ms 71.   Remonstrances des trois Estats, à la Reyne regente.
Povr la paix. A Paris, chez Iean Brvnet, 1649, 24p.
Har, Minn, NYPL

Ms 72.   Response av Parnasse alarmé. Par l'Académie Franço:
S. 1. , 1649, 6p.
Fol, Har, Minn

Ms 75.   Second sermon de l'Evcharistie povr le Dimanche de
l'Octave. Seconde Partie. Preschée par le R. P. A.
D. A Paris, chez Pierre Dv Pont, 14p.
Har

Ms 76.   Seconde visite dv médecin politiqve. Sans titre. A la
fin: A Paris, chez la veufue Theod. Pépingvé, et Est.
Mavcroy, 1649, 8p.
Minn

Ms 77.   Sentence bvrlesqve. S. 1. , 1649, 8p.
Har, NYPL

Ms 78.   Sermon de l'Evcharistie povr l'octave de la Feste-
Diev. Premiere Partie. Preschée par le R. P. A. D.
A Paris, chez Pierre Dv Pont, 1649, 16p.
Har

Ms 79.   Sermonde S. Lovis Roy de France, fait et prononcé
devant le Roy et la Reyne Regente sa Mere. Par Mon-
seignevr l'Illustrissime et Reuerendissime I. F.
PAUL DE GONDY, Archeuesque de Corinthe, et
Coadjuteur de Paris: A Paris dans l'Eglise de S.
Lovis des PP. Iesuites, au iour et Feste dudit
saint Louis, l'an 1648. A Paris, 1649, 12p.
Fol, Har & (ve), Minn, NYPL

Ms 80.   Sovpirs (Les) et regrets d'vn coevr repenty. A
Paris, chez Denys Pelé, 1650, 15p.
Har, Minn

Ms 83.   Svitte et devxiesme apologie dv Theatre dv monde
renversé, ov la comedie des comedies abbatve du
temps present. Par J. C. D. L. (De Lorme.)
A Paris, chez Robin de la Haye, 1649, 7p.
NYPL

Ms 84.   Tombeav (Le) de l'Espagne ou les victoires des Francois. Dedié à Monseigneur le Mareschal de Schomberg. A Paris, chez Guillaume Sassier, 1649, 22p.
NYPL

Ms 86.   Tres-hvmbles remonstrances à Madamoiselle et à Messievrs de son Conseil. Par la Noblesse et tiers Estat de son Bailliage, Duché et Pairie de Montpensier, sur la pauureté et misere du Peuple. Sans titre. 15p.
Har

Extraicts de La Gazette:

Ms 91.   Mascarade en forme de balet, Dansé par le Roy au Palais Cardinal le 26 de ce mois. Sans titre. A la fin: A Paris . . . le 26 février 1651. p. 221-232.
Har

Ms 93.   Particvlaritez (Les) de la détention des Princes de Condé et de Conty, et Duc de Longueville, Avec les protestations de fidelité faites au Roy sur ce sujet, par les Députez du Parlement de Roüen. Sans titre. A la fin: A Paris . . . le 25 janvier 1650. p. 137-148.
NYPL

Ms 95.   Procez verbavx de ce qui s'est n'aguères traitté à Stenay en l'abouchement du Député de France et de celui d'Espagne, sur le sujet de la paix. Sans titre. A la fin: A Paris, . . . 1651. p. 453-464.
Har

Ms 96.   Relation extraordinaire, contenant la fvrievse et sanglante Deffaitte des Armées des Tartares et Cosaques, par l'Armée du Roy de Pologne; auec la prise de toute leur Artillerie et Bagage. Sans titre. A la fin: A Paris . . . le 29 Iuillet 1651. p. 745-752.
Har

Ms 97.   Response (La) de l'Archidvc Leopold, faite à Messieurs les Deputez pour la continuation de la Paix Generalle, Envoyée à son Altesse Royale. Sans titre. A la fin: A Paris, . . . le 26 septembre 1650. p. 1293-1300.
Har

Ms 100.   Intermedes de la Tragedie du College de Clermont de
la Compagnie de Iesvs. Dediée av Roy. S. 1. n. d. , 8p.
Har

ADDENDUM

M 1258.   Entreuve (l') de Mazarin et de monsieur Bitaut, conseiller au Parlement de Paris.   Paris, Jacob Chevalier, 1652, 14p.
            Clev, Fol, Har, NYPL

M 1782.   Justes (le) appréhensions du peuple de Paris sur la demeure du cardinal Mazarin, et les justes moyens, pour rendre la paix assurée.   Paris, 14p.
            Clev, Fol & (ve), Har & (ve), Md, Minn, Wis

M 1948.   Lettre de la signora Foutakina à messer Julio Mazarini, touchant l'armement des bardaches pour donner secours à son éminence, en vers burlesques.   (S. l.), 1951, 7p.
            Har, Wis

M 2160.   Lettre du roi écrite à Son Altesse Royale, de Poitiers, le 16 novembre 1651.   Paris, 1651, 4p.
            Fol (ve), Md

M 3708.   Soupirs (les) et regrets des nièces de Mazarin sur la perte et mauvaise vie de leurs oncles (sic).   Paris, 1649, 4p.
            BYU, Clev, Fol, Har, Md, Minn, Wis

M 3923.   Véritable (le) bandeau de Thémis, ou la Justice bandée.   Voe vobis qui judicatis terram.   (S. l. , 1649), 11p.
            BYU, Clev, Fol & (ve), Har (ve), Md, Minn, NYPL, Wis

Ma 79.   De profundis (le) de Jules Mazarin, etc. [860.]
            Har, Minn, NYPL